Planverfahren bei Kleininsolvenzen

Schriften zum Zivilverfahrensrecht
und Insolvenzrecht

Herausgegeben von Martin Ahrens

Band 13

Catharina Wrede

Planverfahren bei Kleininsolvenzen

PETER LANG

Bibliografische Information der Deutschen Nationalbibliothek
Die Deutsche Nationalbibliothek verzeichnet diese Publikation in der Deutschen Nationalbibliografie; detaillierte bibliografische Daten sind im Internet über http://dnb.d-nb.de abrufbar.

Zugl.: Göttingen, Univ., Diss., 2024

Umschlaggestaltung: © Olaf Gloeckler, Atelier Platen, Friedberg

D 7
ISSN 2192-4953
ISBN 978-3-631-91118-1
E-ISBN 978-3-631-91126-6
E-ISBN 978-3-631-91127-3
DOI 10.3726/b21348

Peter Lang – Berlin· Bern · Bruxelles · New York · Oxford · Warszawa · Wien

Diese Publikation wurde begutachtet.

www.peterlang.com

Vorwort

Die vorliegende Arbeit wurde von der Juristischen Fakultät der Georg-August-Universität Göttingen im Wintersemester 2022/23 als Dissertation angenommen. Rechtsprechung und Literatur sind bis einschließlich Juli 2023 berücksichtigt.

Mein ganz besonderer Dank gilt zuallererst meinem Doktorvater, Herrn Prof. Dr. Dr. h.c. Martin Ahrens, der sowohl die Entstehung der Arbeit durch seine Betreuung entscheidend gefördert hat als auch ein hervorragender akademischer Lehrer war. Mit großer Freude blicke ich auf meine Zeit als Mitarbeiterin an seinem Lehrstuhl zurück. Ihm danke ich zudem für die Aufnahme der Arbeit in seine Schriftenreihe.

Herrn Prof. Dr. Joachim Münch danke ich für die Erstellung des Zweitgutachtens und seine anregenden Anmerkungen mit besonderem Blick auf den Insolvenzplan. Herrn Prof. Dr. Dr. h.c. Volker Lipp danke ich für die Übernahme des Vorsitzes in der Disputation.

Ein herzlicher Dank gebührt weiterhin meinen Kollegen am Lehrstuhl für die angenehme und freundschaftliche Zusammenarbeit. Hierbei danke ich im Besonderen Herrn Rechtsanwalt Gabriel Strüder für die zahlreichen fachlichen wie privaten Diskussionen und Gespräche. Ferner gilt mein Dank meinen geschätzten Kollegen, den Herren Rechtsanwälten Christian Heicke und Christian Weiland. Während meiner gesamten Zeit am Lehrstuhl begleitete mich auch Frau Anne Diedrich, der ich sehr dankbar für ihr stets offenes Ohr und ihre wohlwollende Unterstützung bin.

Dankbar bin ich auch meinen Göttinger Freunden und meiner Familie. Besonders bedanke ich mich bei meinen Geschwistern, Constantin und Carolin Voß, die mir bereits mein ganzes Leben und auch ganz besonders auch während meiner Zeit in Göttingen zur Seite stehen. Von ganzem Herzen danke ich weiterhin meinem Mann, Björn Wrede, der sowohl mit seinem analytischen Blick ein strenger Kritiker war als auch mir immer liebevoll und motivierend zur Seite stand, zuletzt gemeinsam mit unserer geliebten Tochter Alea. Größter Dank gebührt schließlich meinen Eltern, Birgit und Jürgen Voß, die mich mit Rat und Tat bedingungslos unterstützt und darin bestärkt haben, eigene Wege zu gehen.

Catharina Wrede
München, im September 2023

Inhaltsverzeichnis

1. Kapitel: Gang und Eingrenzung der Untersuchung

A. Einleitung

Pläne eröffnen den Verfahrensbeteiligten einer Insolvenz *„eine Option auf Privatisierung der Insolvenzabwicklung"*.[1] Durch eine konsensuale Einigung kann von inhaltlichen oder verfahrensrechtlichen Vorgaben des Insolvenzrechts abgewichen werden. Die Reichweite und den Umfang, in dem anderweitige Regelungen getroffen werden, bestimmen die Beteiligten dabei weitgehend autonom.

Aufgrund der wirtschaftlichen Vorteile, wohl aber auch um gerichtliche Ressourcen zu sparen, rückt das Konzept einer durch die Parteien geplanten Insolvenzabwicklung vermehrt in den Fokus sowohl des deutschen als auch des europäischen Gesetzgebers. Der deutsche Gesetzgeber erweiterte das Insolvenzplanverfahren für Unternehmer mittels des 2012 in Kraft getretenen Gesetzes zur weiteren Erleichterung der Sanierung von Unternehmen (ESUG)[2] und eröffnete mit der am 01.07.2014 in Kraft getretenen Gesetzesänderung zur Verkürzung des Restschuldbefreiungsverfahrens und zur Stärkung der Gläubigerrechte[3] auch für Verbraucher den Anwendungsbereich des Insolvenzplans, indem die Ausschlussvorschrift des § 312 InsO abgeschafft wurde. Der europäische Gesetzgeber verfolgte den Ansatz einer konsensualen Abwendung der Insolvenz mit seiner am 16.07.2019 in Kraft getretenen Richtlinie über präventive Restrukturierungsrahmen, über Entschuldung und über Tätigkeitsverbote sowie über Maßnahmen der Steigerung der Effizienz von Restrukturierungs-, Insolvenz- und Entschuldungsverfahren (Restrukturierungsrichtlinie)[4]. Um die Vorgaben dieser Richtlinie umzusetzen, verabschiedete der deutsche Gesetzgeber im Rahmen des am 01.01.2021 in Kraft getretenen Gesetzes zur Fortentwicklung des Sanierungs- und Insolvenzrechts (SanInsFoG) unter anderem das Gesetz über den Stabilisierungs- und Restrukturierungsrahmen für Unternehmen (StaRUG).

---

1 Diese Äußerung Eidenmüllers bezieht sich nur auf den Insolvenzplan MüKo-InsO/Eidenmüller, Vor §§ 217–269 Rn. 1; die Nutzung dieser sehr allgemein gehaltenen „Worthülse" kritisch durchleuchtend Jaeger/Münch, InsO, Vor §§ 217–269 Rn. 59.

2 BGBl. I 2011, S. 2582.

3 BGBl. I, Nr. 38 vom 18.07.2013.

4 Richtlinie EU 2019/1023.

Im Fokus der folgenden Betrachtungen stehen – angeregt durch die am 01.07.2014 in Kraft getretene Gesetzesänderung zur Verkürzung des Restschuldbefreiungsverfahrens und zur Stärkung der Gläubigerrechte – die Planverfahren, die Verbrauchern offenstehen, um ihre Insolvenz auf konsensualem Wege abzuwickeln. Dies sind namentlich das außergerichtliche Schuldenbereinigungsplanverfahren, das gerichtliche Schuldenbereinigungsplanverfahren und das Insolvenzplanverfahren. Alle diese Verfahren zielen darauf ab, mittels eines Plans, der parteiautonom zu verhandelnde Regelungen enthält, die Insolvenz zu vermeiden oder zu bewältigen.

Neben den Planverfahren im engeren Sinn bietet die einvernehmliche Einstellung des Insolvenzverfahrens nach den §§ 213 ff. InsO eine weitere Möglichkeit, die Insolvenz konsensual beizulegen. Aus diesem Grund wird auch hierauf eingegangen, um so schlussendlich alle konsensualen Lösungsmöglichkeiten umfassend betrachten zu können.

Bereits die Anzahl der Möglichkeiten verdeutlicht, wie wichtig es für einen Verbraucher künftig sein wird, von vornherein ein bestimmtes Planverfahren zu favorisieren und dieses spezifisch vorzubereiten. Ob die einzelnen Planverfahren hierbei gleichermaßen den Schuldner- bzw. Gläubigerbelangen Rechnung tragen, wird Gegenstand dieser Untersuchung sein. Dabei ist zu untersuchen, in welchen Situationen ein Verbraucher mit welchem Planverfahren seine Motivationen bestmöglich verfolgen kann. Zugleich werden Hürden aufgezeigt, die Schuldner sowie Gläubiger bei den jeweiligen Verfahren beachten müssen. Aufgrund der Aktualität werden dabei das Insolvenzplanverfahren sowie die damit dem Verbraucherschuldner neu eröffneten Möglichkeiten im Mittelpunkt der Betrachtung stehen.

Außerdem werden die Möglichkeiten konsensualer Insolvenzbeilegung für Kleinunternehmer betrachtet. Deren Insolvenzverfahren zeichnen sich typischerweise durch überschaubare Vermögensverhältnisse aus, die denen in Verbrauchersachen ähneln.[5] In der Insolvenz des Kleinunternehmers – einem Regelinsolvenzverfahren – ist ausschließlich das Insolvenzplanverfahren anwendbar. Folglich werden diesen im Vergleich zu Verbrauchern unterschiedliche Möglichkeiten der konsensualen Einigung eröffnet, obwohl ähnliche Vermögensverhältnisse vorliegen. Die hieraus resultierenden Problemkreise sowie Lösungsmöglichkeiten werden im Folgenden erörtert.

Zu diesem Zweck werden zunächst die einzelnen Verfahren entsprechend ihrer zeitlichen Abfolge im Verfahrensablauf mit ihren jeweiligen Besonderheiten

5 Zur genauen Abgrenzung siehe in diesem Kapitel unter D.

herausgearbeitet (Kapitel 3 bis 6), um abschließend zwischen den Verfahren abzuwägen (Kapitel 7) und ein Fazit mit Ausblick zu ziehen (Kapitel 8). Diesen Teilen werden einleitend insbesondere die mit Planverfahren verbundenen Zielsetzungen der verschiedenen am Verfahren beteiligten Personengruppen vorangestellt (Kapitel 2). Anhand dieser Ziele können zum einen Pläne kategorisiert werden, zum anderen basiert jede Abwägungsentscheidung letztlich auf den von der jeweiligen Personengruppe verfolgten Zielen.

B. Gesetzgeberische Ansätze zur Ausweitung von Planlösungen insbesondere bei Kleininsolvenzen

Deutlich erkennbar ist die Intention des Gesetzgebers, den Beteiligten einer Insolvenz Verfahren bereitzustellen, mittels derer diese gleichsam begrenzt wie abgesichert durch bestimmte verfahrensrechtliche Vorgaben privatautonom die Abwicklung der jeweiligen Insolvenz oder auch nur Teile dieser regeln können. Soweit eingangs bereits sehr pauschal von einer „Privatisierung der Insolvenz" die Rede war, ist allerdings einschränkend darauf hinzuweisen, dass Gegenstand solcher Einigungen – natürlich – nur dasjenige sein kann, was die Parteien privatautonom herbeiführen und ändern können. Nicht hiervon umfasst sind naturgemäß beispielsweise den Gerichten übertragene Entscheidungen. Daher kann auch die in Verfahren natürlicher Personen sehr bedeutsame Restschuldbefreiung gerade nicht privatautonom vereinbart, sondern nur nach Durchlaufen des regulären Restschuldbefreiungsverfahrens inklusive der Wohlverhaltensphase erreicht werden.[6]

Ihren Ursprung hat diese Idee im amerikanischen Chapter 11-Verfahren.[7] Hieran angelehnt entwickelte der deutsche Gesetzgeber das Insolvenzplanverfahren, das zunächst nur in Regelinsolvenzverfahren anwendbar war. In Verbraucherinsolvenzverfahren nach den §§ 304 ff. InsO hingegen stellte der Gesetzgeber eigene auf dem Prinzip der konsensualen Einigung beruhende Verfahren zur Verfügung, das außergerichtliche und das gerichtliche Schuldenbereinigungsplanverfahren.

Obwohl – oder gerade weil – diese Verfahren zunächst nur mäßig erfolgreich waren, erweitert der Gesetzgeber kontinuierlich die Möglichkeiten konsensualer Beilegung einer Insolvenz. So war der anfänglich befürchtete Ansturm auf das Insolvenzplanverfahren verbunden mit einer übermäßigen Belastung der

---

6 AG Göttingen, NZI 2021, 283 m. Anm. Madaus; Ahrens, ZVI 2021, 209.
7 BAG, NZI 2008, 122 Rn. 20; BGH, NZI 2009, 859 Rn. 9.

Gerichte ausgeblieben.[8] Aber auch das außergerichtliche und gerichtliche Schuldenbereinigungsplanverfahren verzeichneten keine hohen Erfolgszahlen.[9] Als Antwort hierauf öffnet der Gesetzgeber das Insolvenzplanverfahren auch für Verbraucher.

Aber auch Unternehmern wurde mit dem am 01.01.2021 in Kraft getretenen Gesetz über den Stabilisierungs- und Restrukturierungsrahmen für Unternehmen (StaRUG) ein weiteres Verfahren zur konsensualen Einigung anheimgestellt, diesmal im außergerichtlichen Bereich. Dieses ein Kernelement des Gesetzes zur Fortentwicklung des Sanierungs- und Insolvenzrechts (SanInsFoG) bildende Gesetz dient der Umsetzung der Restrukturierungsrichtlinie auf nationaler Ebene. So können Schuldner nach dem StaRUG vor Eröffnung des Insolvenzverfahrens ein Restrukturierungsvorhaben anzeigen, woraufhin ggfs. in einem weitgehend dem Insolvenzplanverfahren angenäherten Rahmen in Abstimmung mit den Gläubigern und dem Gericht über die Annahme eines entsprechenden Restrukturierungsplans entschieden wird. Hiervon umfasst ist insbesondere auch die Möglichkeit, den Restrukturierungsplan gegen den Willen einzelner Gläubiger durchzusetzen und hierdurch der sogenannten „Akkordstörer-Problematik“ zu begegnen.[10]

Hervorzuheben bleibt insoweit, dass nach § 4 StaRUG bei Insolvenz einer natürlichen Person solche Forderungen einer Gestaltung durch den Restrukturierungsplan unzugänglich sind, die in keinem Zusammenhang mit der unternehmerischen Tätigkeit des Schuldners stehen. Entsprechend stehen natürlichen Personen nach § 30 Abs. 1 S. 2 StaRUG die Instrumente des Stabilisierungs- und Restrukturierungsrahmens auch nur zur Verfügung, soweit sie unternehmerisch tätig sind. Verbrauchern ist der Zugang zu diesem Verfahren damit gänzlich verschlossen. Aber auch im Fall der Insolvenz eines typischen Kleinunternehmers, dessen Vermögensverhältnisse regelmäßig denen eines Verbrauchers gleichen, wird dieses Verfahren aufgrund dieser Begrenzung des Anwendungsbereichs regelmäßig nicht in Betracht zu ziehen sein.

Bereits dieser erste quantitative Überblick legt die Vermutung nahe, dass bei der Einführung neuer und Öffnung bestehender Verfahren der Gesetzgeber in erster Linie die Personengruppen der Verbraucher sowie der Unternehmer vor

---

8 Uhlenbruck/Vallender, 13. Aufl. 2010, § 312 Rn. 82.

9 Schmidt, Privatinsolvenz, § 3 Rn. 4, 34.

10 Schluck-Amend, in: K. Schmidt/Uhlenbruck, Die GmbH in Krise, Restrukturierung und Insolvenz, Rn. 9.21 ff., 10.108 ff.; Spahlinger/Schlott, in: Bieg/Borchardt/Frind, Unternehmenssanierung und Fortführung, Teil 2 A. II. Rn. 11.

Augen hatte, während der hier ebenfalls betrachtete „Kleingewerbetreibende" weitgehend unbeachtet blieb.[11]

C. Begriffsbestimmungen

Im Rahmen der folgenden Betrachtungen wird begrifflich zwischen den „Planverfahren" und den „konsensualen Verfahren" unterschieden. Die Planverfahren umfassen den außergerichtlichen Einigungsversuch, den gerichtlichen Einigungsversuch und das Insolvenzplanverfahren. Die konsensualen Verfahren beziehen zusätzlich zu den gerade genannten Verfahren die einvernehmliche Einigung nach § 213 InsO.

Wird ausschließlich Bezug auf den außergerichtlichen und gerichtlichen Einigungsversuch genommen, werden diese als „die Schuldenbereinigungsplanverfahren" bzw. „die Einigungsversuche" bezeichnet. Hierdurch wird die diesen Planverfahren eigene Intention herausgestellt, ausschließlich in der Insolvenz eines Verbrauchers anwendbar zu sein.

Schließlich wird in der Bearbeitung unterschieden zwischen den Insolvenzverfahren von Verbrauchern und von Kleinunternehmern, wobei letztere auch als Kleingewerbetreibende bezeichnet werden. Gemeinsam bilden diese die „Kleininsolvenzverfahren" bzw. kurz „Kleinverfahren".

D. In die Untersuchung einbezogene Personengruppen

I. Definition und Abgrenzung des Verbraucherbegriffs der InsO

Die Betrachtungen werden eingegrenzt auf sogenannte Kleininsolvenzverfahren. Diese sind eine Untergruppe der Privatinsolvenzverfahren. Privatinsolvenzverfahren umfassen ausschließlich Insolvenzverfahren natürlicher Personen.[12]

Innerhalb der Privatinsolvenzverfahren wird zwischen drei Personengruppen unterschieden: den Verbrauchern, den Kleinunternehmern und den sonstigen selbständig Tätigen.[13] Kleininsolvenzverfahren sind die Verfahren von Verbrauchern und Kleinunternehmern.

Die Insolvenzordnung knüpft den persönlichen Anwendungsbereich einzelner Verfahren des Insolvenzrechts an das Merkmal der natürlichen Person,

---

11 Zu der der Abgrenzung der Personengruppen in diesem Kapitel unter D.

12 Gottwald/Haas/Ahrens, Insolvenzrechts-Handbuch, § 74 Rn. 29; Schmidt, Privatinsolvenz, § 1 Rn. 1.

13 Schmidt, Privatinsolvenz, Einleitung Rn. 12; Ahrens, ZZP 122, 133, 136.

dies gilt beispielsweise für die Regelungen der Kostenstundung und der Restschuldbefreiung.[14] In dem für die folgenden Betrachtungen zentralen Bereich der §§ 304 ff. InsO unterteilt das Gesetz die Privatinsolvenzen, indem es die §§ 304 ff. InsO nur für Verbraucher anwendbar erklärt. Die maßgeblichen Abgrenzungskriterien nennt § 304 Abs. 1 InsO. So sind nach dem Wortlaut des § 304 Abs. 1 S. 1 InsO die folgenden Vorschriften anwendbar auf natürliche Personen, die keine wirtschaftliche selbständige Tätigkeit ausüben.[15] Nach § 304 Abs. 1 S. 2 InsO werden außerdem Personen einbezogen, die früher eine wirtschaftlich selbständige Tätigkeit ausübten, nunmehr aber überschaubare Vermögensverhältnisse haben und keine gegen sie gerichteten Forderungen aus Arbeitsverhältnissen bestehen. Systematisch muss folglich festgestellt werden, welche Insolvenzen natürlicher Personen den Verbraucherinsolvenzen i.S.d. §§ 304 ff. InsO zuzuordnen sind, um die übrigen den sonstigen Privatinsolvenzen zuzuordnen. Nur den Verbrauchern steht der Zugang zu den Schuldenbereinigungsplanverfahren der §§ 304 ff. InsO offen.

1. Keine selbständige wirtschaftliche Tätigkeit

a) Keine aktuelle wirtschaftliche Tätigkeit, § 304 Abs. 1 S. 1 InsO

Als Abgrenzungsmerkmal zwischen Verbraucher- und sonstigen Privatinsolvenzen wird die wirtschaftlich selbständige Tätigkeit im Zeitpunkt des Insolvenzantrags herangezogen.[16] Übt eine Person bei Antragstellung keine wirtschaftlich selbständige Tätigkeit aus, unterliegt sie den besonderen Vorschriften der Insolvenzordnung für Verbraucher.[17] Verbraucher sind somit typischerweise Arbeitnehmer, Beamte, Künstler, nicht Erwerbstätige, Hausfrauen und -männer oder Personen in der Ausbildung.[18]

Eine selbständige Tätigkeit im Sinne des § 304 Abs. 1 S. 1 InsO verlangt ein planmäßiges Auftreten am Markt in eigenem Namen, für eigene Rechnung und auf eigene Verantwortung.[19] Hiervon kann auch ein Arbeitnehmer erfasst sein,

---

14 Vgl. § 4a Abs. 1 S. 1 InsO und § 286 InsO „natürliche Person".

15 Zur Abgrenzung zwischen natürlichen und juristischen Personen vgl. Kohte/Ahrens/Grote/Busch/Lackmann/Kohte/Busch, § 304 Rn. 3 ff.

16 Heilmaier, in: Beck/Depré, Praxis der Insolvenz, § 40 Rn. 2.

17 Braun/Buck, § 304 Rn. 1, 4; MüKo-InsO/Vuia, § 304 Rn. 59.

18 Kohte/Ahrens/Grote/Busch/Lackmann/Kohte/Busch, § 304 Rn. 8; Schmidt, Privatinsolvenz, § 2 Rn. 2.

19 Kohte/Ahrens/Grote/Busch/Lackmann/Kohte/Busch, § 304 Rn. 8 f.; Uhlenbruck/Sternal, § 304 Rn. 10.

der eine Nebentätigkeit von ausreichendem Umfang ausübt, eine gelegentliche Nebentätigkeit genügt den Anforderungen hingegen nicht.[20] Der Verbraucherbegriff der Insolvenzordnung ist damit grundlegend anders gelagert, als etwa der auf die Zweckrichtung des jeweiligen Geschäfts abstellende Begriff des § 13 BGB.[21]

b) Frühere selbständige Tätigkeit, § 304 Abs. 1 S. 2 InsO

Darüber hinaus umfasst der Anwendungsbereich der Verbraucherinsolvenzen gemäß § 304 Abs. 1 S. 2 InsO natürliche Personen, die früher eine selbständige wirtschaftliche Tätigkeit ausgeübt haben, deren Vermögensverhältnisse nunmehr unüberschaubar sind und gegen die keine Forderungen aus Arbeitsverhältnissen bestehen.

Schwierigkeiten können sich bei der Bestimmung des Endes der wirtschaftlichen Tätigkeit ergeben, da eine Insolvenz unweigerlich mit wirtschaftlichen Schieflagen verknüpft ist.[22] Hierbei kann nicht unreflektiert auf das Ende der Kaufmannseigenschaft im Handelsrecht zurückgegriffen werden, das erst nach Beendigung jeglicher Abwicklungstätigkeiten eintritt.[23] Verallgemeinert ist die selbständige wirtschaftliche Tätigkeit nach insolvenzrechtlichen Kriterien beendet, sobald keine betrieblichen Geschäfte mehr durchgeführt werden und das Geschäft somit nicht mehr reorganisationsfähig ist.[24] Dies ist unter anderem der Fall, wenn der Betrieb nach § 613a BGB auf einen neuen Unternehmensträger übertragen wurde oder wenn ein Insolvenzverfahren des Unternehmensträgers mangels Masse nach §§ 26, 207 InsO oder nach Anzeige der Masseunzulänglichkeit nach § 211 InsO eingestellt wurde.[25] Zur Bestimmung des Endes

---

20 BGH, NJW-RR 2011, 1068; Kohte/Ahrens/Grote/Busch/Lackmann/Kohte/Busch, § 304 Rn. 9; Schmidt, Privatinsolvenz, § 2 Rn. 3.

21 K. Schmidt/Stephan, § 304 Rn. 4; Kohte/Ahrens/Grote/Busch/Lackmann/Kohte/Busch, § 304 Rn. 8.

22 Kohte/Ahrens/Grote/Busch/Lackmann/Kohte/Busch, § 304 Rn. 12; zum Beginn der wirtschaftlichen Tätigkeit erst nach den Vorbereitungshandlungen vgl. Kohte/Ahrens/Grote/Busch/Lackmann/Kohte/Busch, § 304 Rn. 11.

23 Kohte/Ahrens/Grote/Busch/Lackmann/Kohte/Busch, § 304 Rn. 12.

24 Kohte/Ahrens/Grote/Busch/Lackmann/Kohte/Busch, § 304 Rn. 13; Gottwald/Haas/Ahrens, Insolvenzrechts-Handbuch, § 79 Rn. 22.

25 Kohte/Ahrens/Grote/Busch/Lackmann/Kohte/Busch, § 304 Rn. 12.

der betrieblichen Tätigkeit können in etwa die Ausführungen zu § 165 Abs. 1 Nr. 3 SGB III herangezogen werden.[26]

Als überschaubar gelten Vermögensverhältnisse, wenn weniger als zwanzig Gläubiger vorhanden sind. § 304 Abs. 2 InsO zieht hiermit eine klare Linie, die keinen Spielraum lässt.

Bestehen Forderungen aus Arbeitsverhältnissen oder Ansprüche, die anlässlich eines Arbeitsverhältnisses entstanden sind, führt dieser Umstand direkt zu einer Zuordnung zu den sonstigen Privatinsolvenzen.[27] Grundlage hierfür ist die starke Schutzbedürftigkeit der Arbeitnehmer und ihrer Forderungen. Ihnen zugunsten bestehende Schutzvorschriften sollen nicht durch das besondere Verfahren der §§ 304 ff. InsO umgangen werden.[28]

2. Zurechnung selbständiger wirtschaftlicher Tätigkeit

Aus systematischen Aspekten sind Gesellschafter ebenso wie Geschäftsführer und Vorstandsmitglieder zunächst nicht als wirtschaftlich selbständig Tätige einzuordnen, weil die Gesellschaft Träger des Unternehmens ist.[29] In bestimmten Konstellationen stehen sie aber so eng mit der Gesellschaft in Verbindung, dass ihnen nach dem Sinn und Zweck des § 304 InsO die Tätigkeit der Gesellschaft zuzurechnen ist. Hierbei ist zwischen Personen- und Kapitalgesellschaften zu unterscheiden.

Bei Personengesellschaften genügt für die Nichterfüllung des Verbraucherbegriffs regelmäßig die Stellung als persönlich haftender Gesellschafter, sobald der Geschäftsbetrieb aufgenommen wurde.[30] Dies wird mit der engen Verknüpfung der Tätigkeit der Gesellschaft mit dem Gesellschafter begründet.[31]

---

26 Gottwald/Haas/Ahrens, Insolvenzrechts-Handbuch, § 79 Rn. 22, dort wird in Rn. 23 Stellung bezogen zu demjenigen, der in der Insolvenzsituation eine selbständige wirtschaftliche Tätigkeit aufnimmt; zu den Kriterien des § 165 Abs. 1 Nr. 3 SGB III vgl. BeckOK-SozialR/Plössner, SGB III § 165, Rn. 20 ff.; Boecken/Düwell/Diller/Hanau/Regh, Gesamtes Arbeitsrecht, SGB III § 165 Rn. 13 f.

27 Zum weiten Verständnis der „Forderungen aus Arbeitsverhältnissen“ BGH, NZI 2005, 676, 677 f.; Uhlenbruck/Sternal, § 304 Rn. 25 ff.; BeckOK-InsO/Savini, § 304 Rn. 17.

28 Nerlich/Römermann/Römermann, § 304 Rn. 16; Henckel, ZIP 2000, 2045, 2050.

29 Kohte/Ahrens/Grote/Busch/Lackmann/Kohte/Busch, § 304 Rn. 14; Uhlenbruck/Sternal, § 304 Rn. 14; MüKo-InsO/Vuia, § 304 Rn. 66.

30 BGHZ 45, 282, 284; BGH, NZI 2005, 676, 676; K. Schmidt/Stephan, § 304 Rn. 5; HK-InsO/Waltenberger, § 304 Rn. 8; MüKo-InsO/Vuia, § 304 Rn. 67.

31 K. Schmidt/Stephan, § 304 Rn. 5; Uhlenbruck/Sternal, § 304 Rn. 15; MüKo-InsO/Vuia, § 304 Rn. 67.

Bei Kapitalgesellschaften wird die selbständige Tätigkeit an zwei Punkte angeknüpft. Die jeweilige Person muss erstens ein erhebliches wirtschaftliches Risiko tragen und zweitens in die Abwicklung der Geschäfte einbezogen sein.[32] In der Literatur herrscht weitgehend Einigkeit darüber, dass ab einer 50-prozentigen Beteiligung an einer Kapitalgesellschaft keine Verbrauchereigenschaft des Gesellschafters anzunehmen ist.[33] Der Gesellschafter ist in diesem Fall wirtschaftlich betrachtet wie bei einer Tätigkeit im eigenen Namen vom Erfolg oder Misserfolg des Unternehmens betroffen.

Abgrenzungsschwierigkeiten treten auf, wenn eine natürliche Person Kapital aus der Verwendung von Vermögensgegenständen zieht, wie etwa der Vermietung von Wohnungen. Hierbei ist nach der Anzahl der vermieteten Objekte und dem Kapitalfluss zu entscheiden.[34]

II. Der Begriff des Kleingewerbetreibenden

In der bis 2001 gültigen Fassung des § 304 InsO wurde im Bereich der selbständig tätigen natürlichen Personen zwischen den Kleingewerbetreibenden und den sonstigen selbständig tätigen natürlichen Personen unterschieden. Es sollte sich bei einem Kleingewerbetreibenden um natürliche Personen handeln, die zwar keine Verbraucher i.S.d. § 304 InsO sind, deren Vermögensverhältnisse aber in ihrer Komplexität vergleichbar mit denen von Verbrauchern sind.[35] Maßgeblich kam es auf die Anzahl an Gläubigern an, die erheblich den Aufwand eines Planverfahrens beeinflusst, dessen Erfolg von der aktiven Einbeziehung der Gläubiger abhängt. Die durch diese Differenzierung geschaffene Rechtsunsicherheit war einer der Gründe dafür, den Kleingewerbetreibenden aus dem Anwendungsbereich der §§ 304 ff. InsO auszuschließen.[36]

---

32 K. Schmidt/Stephan, § 304 Rn. 5; Uhlenbruck/Sternal, § 304 Rn. 16.

33 Ab welcher prozentualen Beteiligung ein erhebliches wirtschaftliches Risiko angenommen werden kann, wird nicht einheitlich beurteilt. Für eine 50 prozentige Beteiligung LG Hamburg, NZI 2013, 307; K. Schmidt/Stephan, § 304 Rn. 5; FK-InsO/Busch, § 304 Rn. 21; Gottwald/Haas/Ahrens, Insolvenzrechts-Handbuch, § 79 Rn. 20; den Fall der Mehrheitsbeteiligung von 96 Prozent bespricht BGH, NZI 2009, 384, 385; die Entscheidung befürwortend Uhlenbruck/Sternal, § 304 Rn. 13; zum geschäftsführenden Alleingesellschafter einer GmbH BGH, NZI 2005, 676, 677; a.A. Fuchs, NZI 2002, 239, 240 f.

34 LG Göttingen, ZVI 2007, 367 f.; AG Leipzig, ZInsO 2011, 2241, 2244; allgemein vgl. Büttner, ZInsO 2011, 2201 ff.

35 MüKo-InsO/Vuia, § 304 Rn. 17; Vallender, NZI 2001, 561, 562 f.

36 MüKo-InsO/Vuia, § 304 Rn. 17; Pape, ZInsO 2001, 587, 590.

Mit der Abschaffung der entsprechenden gesetzlichen Regelung hat die Abgrenzung zwischen dem Kleinunternehmer und der sonstigen selbständig tätigen natürlichen Person ihre Bedeutung verloren. Bezüglich der Insolvenzsituation besteht zwischen Verbrauchern und Kleingewerbetreibenden allerdings eine besondere Verknüpfung, da diese ähnliche Vermögensstrukturen aufweisen. Die sich hierdurch ergebenden Spannungen werden Gegenstand der Bearbeitung sein.

Insbesondere wird zu untersuchen sein, ob im Bereich des Insolvenzplans hinsichtlich der Kleingewerbetreibenden ebenfalls auf für Verbraucher vorgeschlagene Auslegungsgrundsätze und Analogien zurückzugreifen ist. Zudem muss grundsätzlich hinterfragt werden, in wie weit vor dem Hintergrund der Öffnung des Insolvenzplanverfahrens für Verbraucher nicht auch eine Erweiterung des Anwendungsbereichs der Schuldenbereinigungspläne auf Kleinunternehmer sinnvoll wäre.

2. Kapitel: Zielsetzungen von Plänen in Kleininsolvenzen

Wege zur Bewältigung einer Insolvenz mittels eines Plans beruhen auf konsensualem Zusammenwirken zwischen Schuldner und Gläubigern und können daher gewöhnlich nur gefunden werden, wenn beide Seiten für sich Vorteile in einem vom Regelinsolvenzverfahren abweichenden Vorgehen sehen. Daher sollen im Folgenden mögliche Motivationen einzelner Beteiligter aufgezeigt werden, ein Planverfahren einzugehen.

Hierfür werden zunächst die allgemeinen Ziele der Schuldenbereinigungsplanverfahren (hierzu unter A.) sowie klassischen Ziele und Arten eines Unternehmens-Insolvenzplans aufgezeigt (hierzu unter B.), um sodann auf diesen Grundlagen aufbauend Vorschläge für Planziele und Plankategorien in Verbraucherverfahren aufzuzeigen (hierzu unter C und D.). Inwieweit die jeweiligen Motivationen in den einzelnen Planverfahren umgesetzt werden können, wird Gegenstand der folgenden Kapitel sein, in denen die verschiedenen Pläne besprochen werden.

A. Ziele der Schuldenbereinigungsplanverfahren

Schuldenbereinigungspläne wurden vom Gesetzgeber vornehmlich aus praktischen Erwägungen in das Verbraucherinsolvenzverfahren integriert. Als teils verpflichtend durchzuführende teils in das Ermessen des Gerichts gestellte Verfahrensstadien sollten sie der Verfahrensbeschleunigung sowie der Entlastung der Gerichte dienen.[37]

Neben diesem Primärziel ist aus dem generellen Sinn und Zweck des Verbraucherinsolvenzverfahrens auf weitere Zielsetzungen zu schließen. Das Verbraucherinsolvenzverfahren soll dem Schuldner den Weg in ein schuldenfreies Leben ermöglichen.[38] Dieses soziale Anliegen wurde als Meilenstein des sozialen Rechtsstaates bezeichnet.[39] Ausdruck des Weges in ein schuldenfreies Leben ist insbesondere die Restschuldbefreiung, der Schuldner soll nach Durchlaufen dieses Verfahrens wirtschaftlich rehabilitiert sein. Ein ähnliches Ergebnis

37 Braun/Buck, § 305 Rn. 1; MüKo-InsO/Vuia, § 305 Rn. 2; Graf-Schlicker/Pollmächer, § 306 Rn. 12 ff.; Uhlenbruck/Sternal, § 306 Rn. 17.

38 Schmidt, Privatinsolvenz, § 1 Rn. 1.

39 Ahrens, ZVI 2012, 122, 122.

kann mittels eines Schuldenbereinigungsplans erzielt werden. Bereits vor der Eröffnung des Insolvenzverfahrens hat der Schuldner zur Durchführung des außergerichtlichen Schuldenbereinigungsplanverfahrens Unterlagen über seine Vermögenslage zusammenzustellen. Hierdurch setzt er sich frühzeitig mit seiner Situation auseinander und entwickelt bestenfalls selbständig Lösungsmöglichkeiten. Das Ziel der Schuldenbereinigungsplanverfahren besteht daher auch darin, dem Schuldner einen „Fahrplan" vorzugeben, an dem er sich orientieren und möglichst selbständig die Vorbereitungen eines Insolvenzverfahrens erledigen kann.[40] Die Beschäftigung mit Planlösungen wurde in die Vorbereitungshandlungen integriert, damit der Schuldner erkennt, ob der Weg der Restschuldbefreiung oder der einer privatautonomen Planlösung für ihn vorteilhaft ist. An dieser Stelle schließt sich der Kreis. Indem nämlich der Schuldner weitgehend selbständig tätig wird, werden die Gerichte entlastet.

Nicht direkt im Schuldenbereinigungsplanverfahren verankert ist die Gläubigermotivation, ein solches Verfahren zu unterstützen. Hierfür ist ein Rückgriff auf § 1 S. 1 InsO nötig, wonach die Gläubiger nach bestmöglicher Befriedigung streben. Sofern ihnen ein höherer Erwartungswert als im Regelverfahren angeboten wird, ist mit ihrer Zustimmung zu rechnen. Daneben können Gläubiger ideelle Motivationen verfolgen. Indem sie etwa weitgehend auf offene Forderungen verzichten, können sie einem familienangehörigen Schuldner entlasten. Aus der fehlenden unmittelbaren gesetzlichen Verankerung einer Gläubigermotivation kann geschlussfolgert werden, dass diese für den Gesetzgeber bei der Regelung der §§ 305 ff. InsO nicht im Fokus stand. Inhaltlich wird diese Schlussfolgerung gestützt durch die Lösung vom Gläubigergleichbehandlungsgrundsatz, dem im Insolvenzplanverfahren hingegen eine zentrale Rolle zukommt.[41]

B. Ziele und Planarten der Unternehmensinsolvenz

I. Planziele der Unternehmensinsolvenz

Bis zum 01.07.2014 konnten nur Selbständige und Unternehmen den Insolvenzplan als Verfahrenselement zur Bewältigung ihrer Insolvenzsituation nutzen. Konsequenterweise bemessen sich die dem Insolvenzplan zugesprochenen Ziele an dieser thematischen Ausrichtung.

Als zentrales Ziel der Insolvenzordnung wird auch im Insolvenzplanverfahren die Gläubigerbefriedigung entsprechend § 1 S. 1 InsO in den Vordergrund

40 MüKo-InsO/Vuia, § 305 Rn. 5.

41 AG Stuttgart, NZI 2001, 328, 329; Uhlenbruck/Sternal, § 309 Rn. 37.

gerückt.[42] Die Vorschriften über den Insolvenzplan geben dabei einen Rechtsrahmen vor, in dessen Grenzen durch Verhandlungen und Austauschprozesse eine Einigung gefunden werden kann, wenn das Insolvenzverfahren nicht nach den Vorschriften über das Regelinsolvenzverfahren ablaufen soll.[43] Da es sich bei einem Insolvenzplan um ein privatautonomes Gestaltungsmittel handelt, wird dieser nur vereinbart, wenn neben den Gläubigern auch dem Schuldner zumindest ein Vorteil zugesprochen wird. Ausgehend von diesem Ansatzpunkt soll durch den konsensualen Austausch der Parteien die wirtschaftlich beste und sinnvollste Insolvenzbewältigung bewirkt werden.[44]

Primäres Ziel eines Gläubigers ist es typischerweise, möglichst weitgehend Ersatz für die nicht erfüllten Forderungen zu erhalten. Dieses Ziel muss nicht ausschließlich in Form von Geldausschüttungen erreicht werden. Für den Gläubiger vorteilhaft sein kann etwa eine Beteiligung an den Anteilen eines Unternehmens oder eine Aufrechterhaltung des Unternehmens, um mit diesem auch in Zukunft Geschäfte zu schließen.[45] Weiterhin ist für Gläubiger das sogenannte „schnelle Geld" vorteilhaft sowie eine kostengünstige Insolvenzbewältigung, die die Masse nicht zu sehr schmälert.[46]

Der Schuldner kann durch einen Insolvenzplan den Erhalt seines Unternehmens sichern, teils gleichbedeutend mit seiner wirtschaftlichen Existenz, ohne mit dem Makel der Insolvenz versehen an Ansehen zu verlieren.[47] Dies kommt dem Schuldner sowohl in ökonomischer wie auch in sozialer Hinsicht zu Gute.

II. Planarten der Unternehmensinsolvenz

1. Fortführungs- und Sanierungspläne

Die Ziele einer Unternehmensinsolvenz finden ihren Ausdruck in vier Plankategorien, erstens Fortführungs- und Sanierungspläne, zweitens Pläne zur

42 BT-Drs. 12/2443, S. 78, S. 90 ff.; Jaeger/Münch, InsO, Vor §§ 217–269 Rn. 5, 55; Kübler/Prütting/Bork/Spahlinger, § 217 Rn. 1; K. Schmidt/Spliedt, Einführung § 217 Rn. 1; MüKo-InsO/Eidenmüller, Vor §§ 217–269 InsO Rn. 8 f.; Bork, Einführung in das Insolvenzrecht, Rn. 365.

43 Jaeger/Münch, InsO, Vor §§ 217–269 Rn. 7; FK-InsO/Jaffé, § 217 Rn. 5.

44 Braun/Braun/Frank, § 217 Rn. 1; FK-InsO/Jaffé, § 217 Rn. 5; Schiessler, Insolvenzplan, S. 27 ff.

45 MüKo-InsO/Eidenmüller, Vor §§ 217–269 Rn. 7; Schmidt-Preuß, NJW 2016, 1269, 1270.

46 Schiessler, Insolvenzplan, S. 24.

47 Schiessler, Insolvenzplan, S. 24.

übertragenden Sanierung, drittens Liquidationspläne und viertens verfahrensleitende oder verfahrensbegleitende Pläne, wobei der letztgenannte vierte Plantyp durchaus auch als eine eigenständige Plankategorie eingeordnet werden kann.[48] Diese Kategorien sind nicht abschließend, wobei insbesondere Mischformen eine wichtige Rolle spielen.[49]

Ausdruck der mit dem Insolvenzplanverfahren verfolgten Grundidee des Gesetzgebers ist der Fortführungs- und Sanierungsplan, auch Reorganisationsplan genannt. Unter Erhalt des Rechtsträgers wird das Unternehmen meist durch die Reduzierung oder Stundung von Verbindlichkeiten sowie durch die Umsetzung betriebs- und finanzwirtschaftlicher Maßnahmen saniert.[50] Die Gläubiger werden aus den laufenden Einkünften des Unternehmens befriedigt, was im Einzelfall zu einer höheren Quote als bei sofortiger Verwertung des Unternehmens führen kann.[51] Trotz aller Bestrebungen des Gesetzgebers, die Sanierungsmöglichkeiten fortzuentwickeln und attraktiv zu machen, ist zu berücksichtigen, dass eine Sanierung im Einzelfall immer die bestmögliche Gläubigerbefriedigung sicherstellen muss. Dies ist dann der Fall, wenn der Fortführungswert eines Unternehmens dessen Liquidationswert übersteigt.[52]

2. *Übertragungspläne*

Bei der übertragenden Sanierung mittels eines Insolvenzplans wird das Unternehmen auf einen anderen bereits bestehenden oder neu gegründeten Rechtsträger übertragen.[53] Hierdurch werden die sachlichen wie auch die personellen Ressourcen eines Unternehmens zusammengehalten. Eine Befriedigung der Gläubiger kann etwa durch eine einmalige Geldzahlung in Form des

48 MüKo-InsO/Eidenmüller, § 217 Rn. 171 ff.; Braun/Braun/Frank, Vor § 217 Rn. 8; differenzierend zwischen den drei Grundtypen und den einen eigenen Typ bildenden verfahrensbegleitenden Plänen Jaeger/Münch, InsO, §§ 217–269 Rn. 49.

49 Nerlich/Römermann/Braun, Vorbemerkung vor §§ 217 bis 269 InsO Rn. 196; HK-InsO/Fiebig, Vor §§ 217 ff. Rn. 11; Braun/Braun/Frank, Vor § 217 Rn. 13.

50 Braun/Braun/Frank, Vor § 217 Rn. 10; MüKo-InsO/Eidenmüller, § 217 Rn. 176 f.; eine Sonderform bilden Pläne, deren einziger Zweck in der Stundung der Forderungen besteht, sog. Moratoriumspläne Nerlich/Römermenn/Braun, Vorbemerkung vor §§ 217 bis 269 InsO Rn. 202.

51 MüKo-InsO/Eidenmüller, § 217 Rn. 176.

52 MüKo-InsO/Eidenmüller, Vor §§ 217–269 Rn. 7.

53 Jaeger/Münch, InsO, Vor §§ 217–269 Rn. 45, 47; HK-InsO/Fiebig, § 217 Rn. 18; Braun/Braun/Frank, Vor § 217 Rn. 11; MüKo-InsO/Eidenmüller, § 217 Rn. 173; kritisch zu diesem Plantyp Jaffé, ZIP 2001, 2301, 2302 f.

Verkaufserlöses oder durch kontinuierliche Zahlungen aus dem Gewinn oder durch die Ausgabe von Anteilsrechten an dem neuen Unternehmen erfolgen.[54] Ein Vorteil der übertragenden Sanierung mittels Insolvenzplans besteht für Unternehmen darin, dass von den für die übertragende Sanierung im Regelinsolvenzverfahren geltenden Vorschriften der §§ 160 Abs. 2 Nr. 1, 161, 162, 163 InsO und der §§ 187 bis 206 InsO abgewichen werden kann.[55]

3. *Liquidationspläne*

Mit einem Insolvenzplan kann das allgemeine Ziel einer Regelinsolvenz, die Liquidation, verfolgt werden. Hierbei werden im Allgemeinen sämtliche Gegenstände eines Unternehmens einzeln verkauft und der Erlös wird zwischen den Gläubigern anteilig aufgeteilt.[56] Gegenüber dem Regelinsolvenzverfahren kann im Insolvenzplan insbesondere der Zeitpunkt der Veräußerung individuell festgelegt werden, es kann auf eine positive wirtschaftliche Lage gewartet werden bzw. bei Saisongütern auf den Eintritt in die Saison.[57] Von einigen Stimmen in der Literatur wird die Vorteilhaftigkeit des Insolvenzplans zum Ziel der Liquidation gegenüber dem Regelinsolvenzverfahren bezweifelt.[58]

4. *Verfahrensleitende und verfahrensbegleitende Pläne*

Pläne zur Verfahrensleitung oder Verfahrensbegleitung regeln einzelne Abschnitte des Insolvenzverfahrens abweichend vom Regelinsolvenzverfahren, dabei muss der Plan nicht zwingend zu einer Aufhebung des Insolvenzverfahrens führen.[59] Der Streit um die Zulässigkeit dieser Planart ist seit der Neuregelung des § 217 InsO und § 258 InsO beigelegt.[60] § 217 S. 1 InsO erwähnt ausdrücklich die „Verfahrensabwicklung“ als Planinhalt und § 258 Abs. 1 InsO

---

54 Braun/Braun/Frank, Vor § 217 Rn. 11; MüKo-InsO/Eidenmüller, § 217 Rn. 174.

55 HK-InsO/Fiebig, § 217 Rn. 18; MüKo-InsO/Eidenmüller, § 217 Rn. 174.

56 HambKomm-InsO/Thies/Lieder, Vorbem. zu §§ 217 ff. InsO Rn. 14; Braun/Braun/Frank, Vor § 217 Rn. 9.

57 Jaeger/Münch, InsO, Vor §§ 217–269 Rn. 45 f.; Braun/Braun/Frank, Vor § 217 Rn. 9; MüKo-InsO/Eidenmüller, § 217 Rn. 172.

58 Kübler/Prütting/Bork/Spahlinger, § 217 Rn. 25; Ahrens/Gehrlein/Ringstmeier/Silcher, § 217 Rn. 47 f.; FK-InsO/Jaffé, § 217 Rn. 72.

59 Kübler/Prütting/Bork/Spahlinger, § 217 Rn. 26; MüKo-InsO/Eidenmüller, § 217 Rn. 180; Braun/Braun/Frank, vor § 217 Rn. 16; FK-InsO/Jaffé, § 217 Rn. 81.

60 Vor der Gesetzesänderung dagegen LG Frankfurt, NZI 2008, 110.

stellt folgerichtig fest, ein Insolvenzplan könne „etwas anderes“ als die Aufhebung des Insolvenzverfahrens vorsehen.

III. Der „prepackaged plan“ oder auch zum Restrukturierungsplan nach dem StaRUG

Angelehnt an das amerikanische Recht wurde zumindest vor der Einführung des Restrukturierungsvorhabens nach dem StaRUG neben der inhaltlichen Kategorisierung der Planvorhaben auch eine Unterteilung nach dem Zeitpunkt der Erstellung des Insolvenzplans vorgenommen. So wird ein Insolvenzplan üblicherweise nach der Eröffnung des Insolvenzverfahrens zwischen Schuldner und Gläubigern vereinbart, geschieht dies bereits vor der Eröffnung des Insolvenzverfahrens, spricht man von einem „prepackaged plan“.[61] Indem der Plan bereits frühzeitig erarbeitet und zwischen dem Schuldner und den Gläubigern abgesprochen wird, kann wertvolle Zeit nach dem Insolvenzantrag gespart werden, die insbesondere im Fall einer geplanten Sanierung maßgeblich die Erfolgschancen der Sanierung erhöht.[62] Idealerweise wird der Plan mit dem Antrag auf Eröffnung des Insolvenzverfahrens eingereicht.[63] Nicht möglich ist aber eine verbindliche außergerichtliche Abstimmung über den Insolvenzplan wie im amerikanischen Recht, sogenannte pre-voted prepacks.[64]

Mit In-Kraft-Treten des StaRUG am 01.01.2021 ist diese Differenzierung im deutschen Recht weitgehend obsolet geworden. So besteht für Unternehmen, an deren Insolvenz sich die Kategorisierung der herkömmlichen Ziele eines Insolvenzplans weitgehend orientiert, nunmehr ein eigenständiges Verfahren, in dessen Rahmen vor Eröffnung des Insolvenzverfahrens ein Restrukturierungsplan abgeschlossen werden kann.

---

61 MüKo-InsO/Eidenmüller, § 217 Rn. 169; Braun/Braun/Frank, Vor § 217 Rn. 15; Braun/Uhlenbruck, Unternehmensinsolvenz, S. 566 ff.; Eidenmüller, Unternehmenssanierung zwischen Mark und Gesetz, S. 437 ff.

62 MüKo-InsO/Eidenmüller, § 217 Rn. 169.

63 Braun/Uhlenbruck, Unternehmensinsolvenz, S. 566.

64 MüKo-InsO/Eidenmüller, § 217 Rn. 170; Braun/Uhlenbruck, Unternehmensinsolvenz, S. 568; McCormack, Corporate Rescue Law – an Anglo-American Perspective, p. 104; Eidenmüller, Unternehmenssanierung zwischen Markt und Gesetz, S. 438.

C. Ziele in der Insolvenz eines Verbrauchers

I. Entwicklung von Planarten aus den Planzielen

Um herauszufinden, ob und wieweit die einzelnen Planarten den Belangen eines Verbraucherschuldners und der Gläubiger gerecht werden können, sind vorbereitend die von diesen Gruppen verfolgten Zielsetzungen herauszustellen. Anhand dieser Ziele können sodann Planarten entwickelt werden. Schließlich ist zu untersuchen, wie sich die Ziele einer selbständig tätigen natürlichen Person von denen eines Verbrauchers unterscheiden.

Verbraucher müssen bzw. können nach der neuen Gesetzeslage sämtliche in der Insolvenzordnung geregelten Planverfahren nutzen, das außergerichtliche Schuldenbereinigungsplanverfahren, das gerichtliche Schuldenbereinigungsplanverfahren und das Insolvenzplanverfahren. Bei jedem dieser Verfahren können Ziele durch die Vereinbarung entsprechender Regelungen zwischen Schuldner und Gläubigern verfolgt werden. Bislang erfolgte nur im Bereich der Insolvenzpläne eine Kategorisierung von Planarten anhand der Planziele, nicht aber in den Schuldenbereinigungsplanverfahren. Dies bedeutet, dass bislang keine eigenständigen auf Verbraucherinteressen zugeschnittenen Planarten entwickelt wurden. Es wird vielmehr wiederholt allgemein auf das Interesse eines Verbrauchers hingewiesen, möglichst schnell wieder ein schuldenfreies Leben zu führen zu können.[65] Gesetzgeberisches Motiv für die Einführung von Planverfahren bei Verbrauchern war die politische Motivation, Justiz und Länderhaushalte zu entlasten.[66]

Die Insolvenzordnung selbst unterscheidet nicht zwischen einzelnen Planarten. Diese können jedoch dabei helfen, die mit dem jeweiligen Plan verfolgte Intention dem Adressaten schnell zugänglich offenzulegen. Überdies dienen sie schlicht der Kategorisierung.

II. Die Befreiung von Schulden als Ziel des Schuldners

Ziel eines Verbrauchers ist immer die Befreiung von Schulden. Diese Schuldbefreiung – auch Restschuldbefreiung genannt – wird für den Schuldner idealerweise schnell und kostengünstig erreicht. Kosten verursachen das Verfahren und die Befriedigungsquoten, wobei die Last sowohl von der Höhe als auch von dem

---

65 In Bezug auf die Restschuldbefreiung ist dies zu finden bei Heyer, JR 1996, 314, 314; Vallender, ZIP 2000, 1288, 1288.

66 Braun/Buck, § 305 Rn. 1; Hofmeister/Schilz, ZVI 2012, 134, 134.

Fälligkeitszeitpunkt abhängig ist. Ein längerer Befriedigungszeitraum verringert folglich die Kostenlast, steht aber regelmäßig im Widerspruch zu dem Interesse des Schuldners, schnell in die Schuldenfreiheit zu gelangen.

Zudem kann der Schuldner einen Lernprozess anstreben, um künftig seine wirtschaftliche Existenz gefährdende Fehler zu vermeiden. Auch ein derartiges sekundäres Ziel kann im Rahmen der Gestaltung einer Planlösung umgesetzt werden.

III. Gläubigerziele

Primär zielen die Gläubiger bei Abschluss eines Plans zur Verhinderung oder Abwicklung der Insolvenz darauf, den Erwartungswert ihrer Befriedigungsquote zu erhöhen.[67] Dies kann auf zwei Wegen geschehen. Entweder bietet der Schuldner schlicht eine höhere Quote an oder er ermöglicht eine schnelle Auszahlung.

Eine untergeordnete Rolle spielt die Chance, den Schuldner als Geschäftspartner zu erhalten.[68] Hierfür ist eine nachhaltige wirtschaftliche Rehabilitation des Schuldners notwendig. Diese Überlegung führt sodann zu einer weiteren Intention der Gläubiger für den Abschluss eines Planverfahrens, den Schuldner in die Schuldenfreiheit zu lenken. Hierin spiegelt sich der Ansatz eines Erziehungsgedankens wider. Der Schuldner soll überwacht durch eine vertrauenswürdige, wirtschaftlich versierte Person lernen, mit den ihm zur Verfügung stehenden Mitteln maßvoll umzugehen. In dieser Intention steht zugleich ein gewisser Widerspruch dazu, den Schuldner als Verbraucher zur Abnahme von Waren und Leistungen zu animieren und so an ihm zu verdienen. Dies gilt allerdings nur, solange der Schuldner solvent ist. Die Gläubiger als Geschäftspartner sind folglich gleichermaßen an der Geschäftstüchtigkeit wie der Zahlungsfähigkeit des Schuldners interessiert. Erst recht trifft das Interesse, den Schuldner nachhaltig schuldenfrei zu halten, auf Gläubiger zu, die gleichzeitig Familienangehörige und Freunde sind. Als solche wollen sie dem Schuldner naturgemäß auf einer überwachten Basis helfen.

D. Planarten in Verbraucherinsolvenzverfahren

Ausgehend von den vom Schuldner und den Gläubigern verfolgten Zielen und in Anlehnung an die Insolvenzplankategorien in Unternehmensinsolvenzen werden im Folgenden Plankategorien in Verbraucherverfahren zunächst anhand

67 Krüger/Reifner/Jung, ZInsO 2000, 12, 14 f.

68 Uhlenbruck/Pape, § 1 Rn. 13.

des Insolvenzplans formuliert. Sodann wird geprüft, ob diese auf die Schuldenbereinigungspläne übertragen werden können.

I. Drittzuschuss als Plangrundlage

Im Gegensatz zu einer Unternehmensinsolvenz ist bei einem Verbraucher nicht von erheblichen Einnahmen- und Gewinnsteigerungen auszugehen, die Gläubiger dazu animieren können, sich auf eine Planlösung einzulassen. Allerdings kann der Erfolg einer Planlösung durch einen Zuschuss von dritter Seite erheblich gesteigert werden. Meist werden hierfür Familienangehörige oder gute Freunde aufkommen.[69] Je nach Höhe des Zuschusses bestehen für den Schuldner unterschiedliche Modelle.

II. Abkehr vom Begriff der Restschuldbefreiung

Ein Planverfahren ist kein Restschuldbefreiungsverfahren.[70] Folglich kann nicht an das bisher gesetzlich in den §§ 286 ff. InsO verankerte Ziel der Restschuldbefreiung anknüpfend in Insolvenzen natürlicher Personen von „Restschuldbefreiungsplänen" gesprochen werden. Der Begriff der Restschuldbefreiung ist auf die Zukunft gerichtet: Hat der Schuldner sich über einen bestimmten Zeitraum vorschriftsgemäß verhalten, werden ihm am Ende dieses Zeitraums die restlichen Schulden erlassen.

Gegenteiliges bezweckt ein Schuldner allerdings mit einer Planlösung. Regelmäßig verspricht er die Zahlung eines Teils der Forderung, wohingegen die Restforderung mit Gültigkeit der Planlösung sofort erlischt.

III. Verständnis der „Schuldenregulierungspläne" in der Literatur

In der Literatur wird teilweise die kritisch zu hinterfragende Kategorie der „Schuldenregulierungspläne" vorgeschlagen. So bezeichnet *Eidenmüller* an Reorganisationspläne angelehnte Pläne zur Neuordnung der Finanzverhältnisse einer natürlichen Person als „Schuldenregulierungspläne".[71] Bei derartigen Plänen soll es darum gehen, von den Vorschriften des Regelinsolvenzverfahrens über die Verwertung der Insolvenzmasse sowie deren Verteilung abzuweichen.[72]

---

69 Ahrens, Aktuelles Privatinsolvenzrecht, Rn. 447; Stapper, ZVI 2018, 303, 305.
70 So zum Insolvenzplanverfahren Jaeger/Münch, InsO, Vor §§ 217–269 Rn. 19.
71 MüKo-InsO/Eidenmüller, § 217 Rn. 179.
72 MüKo-InsO/Eidenmüller, § 217 Rn. 179.

Nicht ganz klar wird, ob *Eidenmüller* mit dem Begriff „Schuldenregulierungsplan“ alle Insolvenzpläne eines Verbrauchers erfassen will oder nur solche, denen eine der Sanierung gleichzuordnende Intention zukommt.

Denselben Begriff benutzte die Bundesregierung in einem Gesetzentwurf.[73] Dort wird der Begriff allgemein Kleininsolvenzverfahren zugeordnet, nicht hingegen wurde dieser Begriff mit einer spezifischen Planintention verknüpft. Daher kann die Äußerung in den Drucksachen dahingehend verstanden werden, dass ein Oberbegriff für die Intention in Verbraucherinsolvenzen getroffen werden sollte, ohne dass bei dieser Einordnung verschiedene Planintentionen voneinander abgegrenzt wurden.

Mit der dem Schuldenregulierungsplan gegebenen Beschreibung wird die hinter einem dem Reorganisationsplan ähnelnden Verbraucherinsolvenzplan stehende Intention nicht deutlich genug pointiert. Von den Vorschriften des Regelinsolvenzverfahrens abweichende Regelungen über die Verwertung und Verteilung der Insolvenzmasse enthalten nämlich grundsätzlich alle Insolvenzpläne. Dies lässt darauf schließen, dass *Eidenmüller* parallel zu den Gesetzesmaterialien sämtliche Insolvenzpläne natürlicher Personen als Schuldenregulierungspläne kategorisiert. Den aufgezeigten verschiedenen Zielrichtungen, die Verbraucherschuldner und Gläubiger mit einem Planverfahren erstreben, kann ein Einheitsbegriff nicht hinreichend gerecht werden.

IV. Schuldbefreiende Vermögensverwertungspläne

Es sind Pläne denkbar, nach denen das gesamte pfändbare Vermögen des Verbrauchers als Befriedigungsmasse geboten wird. Der Ansatz der Befreiung von Schulden unter Einsatz des gesamten Vermögens ist mit der im Insolvenzplanverfahren für Unternehmen entwickelten Gruppe der Liquidationspläne vergleichbar. Besondere Bedeutung kann diese Verwertungsform bei einer Unterstützung des Verbraucherschuldners durch Dritte erlangen. Zahlt dieser Dritte, etwa ein naher Verwandter oder sonstiger Gönner, einen festen Geldbetrag, der neben den meist geringen Mitteln des Schuldners zur Gläubigerbefriedigung genutzt wird und durch den die Gläubiger nach einer Prognose zum Zeitpunkt der Planeingehung besser gestellt werden als im Restschuldbefreiungsverfahren, können Gläubiger davon überzeugt werden, auf das langwierige Regelinsolvenzverfahren mit Restschuldbefreiungsverfahren zu verzichten und dem Schuldner früher bzw. bestenfalls sofort die Schulden zu erlassen. Historisch betrachtet bedingen

73 BT-Drs. 12/2443, S. 195.

sowohl das Restschuldbefreiungsverfahren als auch die Eröffnung von Planverfahren eine Abkehr vom früher geltenden Prinzip der lebenslangen Haftung.[74]

Der Begriff der Liquidation bezieht sich allerdings auf Unternehmens- und Vereinsinsolvenzen. Dies wird besonders dadurch deutlich, dass der Rechtsträger aufgelöst wird, nachdem das Vermögen liquidiert wurde.[75] Die Insolvenz eines Verbrauchers besteht dagegen ausschließlich aus der Liquidation des verwertbaren Vermögens. Um dieses klar zum Ausdruck zu bringen kann von „Vermögensverwertungsplänen" gesprochen werden. Hieraus wird deutlich, dass unter Verwertung des gesamten Vermögens sowie zusätzlicher Drittmittel eine Befreiung von den Schulden erreicht werden soll. Über den jeweiligen Zeitraum, nach dem die Forderungen erlassen werden, müssen sich Schuldner und Gläubiger einigen.

Erhält der Verbraucher keine zusätzlichen Mittel von Dritten, ist eine Planlösung weit weniger erfolgversprechend. Der Schuldner sollte in diesem Fall alternative Leistungen zusätzlich zu seinem verwertbaren Vermögen anbieten.

V. Schuldbefreiende Vermögensregulierungspläne

1. Die „Sanierung" eines Verbrauchers als „Vermögensregulierung"

Den Sanierungsplänen stehen im Bereich der Verbraucherschuldner Pläne nahe, mit denen beabsichtigt wird, einzelne unter normalen Umständen verwertbare Vermögensgegenstände des Verbrauchers im Vermögen des Verbrauchers zu belassen. Hierdurch kann dem Schuldner etwa sein Haus als Lebensmittelpunkt erhalten bleiben, wodurch neben der Lebensqualität für den Schuldner dessen Familie abgesichert wird. Von besonderer Bedeutung ist die Erhaltung einzelner Gegenstände, wenn der Schuldner sich mittels dieser Objekte neue Erwerbsmöglichkeiten erschließen möchte, indem er sich etwa mit seinem bisherigen Hobby selbständig macht. Kann der Verbraucher mit Hilfe Dritter einen (Geld-) Ersatz für den ihm zu belassenden Gegenstand anbieten und erlassen die Gläubiger ihm dadurch ihre Forderungen, steht dem Verbraucher gleichsam wie bei Sanierungsplänen die Möglichkeit eines Neustarts ohne Ansehensverlust offen.

---

74 MüKo-InsO/Stephan, Vor §§ 286–303a Rn. 1 f.; Kübler/Prütting/Bork/Wenzel, § 286 Rn. 1; zu Zeiten der Konkursordnung stand als Vorgänger des Insolvenzplanverfahrens nur der Zwangsvergleich zur Verfügung, um den Schuldner endgültig von seinen Schulden zu befreien BT-Drs. 12/2443, S. 194; Kuhn/Uhlenbruck/Mentzel/Uhlenbruck, Konkursordnung, 11. Aufl. 1994, § 164 Rn. 1.

75 Eidenmüller, Unternehmenssanierung zwischen Markt und Gesetz, S. 15.

Damit bleibt zu klären, ob der Begriff „Schuldenregulierungsplan" dem formulierten Planziel gerecht wird. Der Begriff der Schuldenregulierung ist rückwärtsgerichtet darauf, die Schulden zu begleichen. Umfasst werden soll allerdings der Zukunftsgedanke, das Vermögen des Schuldners zu reorganisieren und dabei alte Schulden zu tilgen. Diese doppelte Zielrichtung wird bestmöglich von dem Begriff der „Vermögensregulierung" erfasst. Dieser Begriff impliziert Beschränkungen und gleichzeitig durch Korrekturen bewirkte Verbesserungen. Übertragen auf die Insolvenzsituation setzt der Schuldner Teile seines Vermögens und das von Dritten ein, um schließlich nach einem relativ kurzen Zeitraum auf der Basis der erhaltenen Gegenstände eine neue Existenz aufbauen zu können.

2. Aussicht für Vermögensregulierungspläne

Da Gläubiger eines Verbrauchers kaum einen wirtschaftlichen Profit daraus erwirtschaften, dem Verbraucher bestimmte Gegenstände zu erhalten, werden sie regelmäßig nur dann hierzu bereit sein, wenn Drittmittel in der Höhe des Wertes des jeweiligen Gegenstandes bereitgestellt werden. Damit müssen die Drittmittel regelmäßig über dem zu erwartenden Veräußerungserlös liegen. Hieraus wird bereits ersichtlich, wie schwer es ist, Wertgegenstände zu erhalten.[76] Denkbar ist beispielsweise der Einsatz eines Familienangehörigen, der das Familienerbe erhalten will.

VI. Verfahrensbegleitende Pläne

Verfahrensbegleitende Pläne sind ausschließlich als Insolvenzpläne möglich, da sie den Fortlauf des eröffneten Verfahrens voraussetzen. Während in Schuldenbereinigungsplanverfahren das Insolvenzverfahren nie eröffnet wird, hat die Einigung nach § 213 InsO gerade die Einstellung des Verfahrens zum Inhalt.

Verfahrensvereinfachend für das laufende Restschuldbefreiungsverfahren könnte etwa ein Plan wirken, von dem ausschließlich Absonderungsberechtigte erfasst werden.[77] Hierdurch wird allerdings regelmäßig nicht das Schuldnerziel einer verkürzten Beschränkungsphase erreicht, wenn weitere Insolvenzgläubiger Forderungen geltend machen.

Vorteilhaft kann ein verfahrensbegleitender Plan insbesondere sein, wenn Drittmittel zur Verfügung stehen, diese aber nicht ausreichen, um einen adäquaten Ersatz für wertvolle Vermögensgegenstände zu bieten – wie etwa Immobilien

---

76 Smid, ZInsO 2016, 128, 131.

77 Frind, ZInsO 2014, 280, 281.

oder Land. In derartigen Fällen kann mittels eines Plans die Schuldenbefreiung nach einer Einmalzahlung erklärt werden, während die langwierige Verwertung der wertvollen Vermögensgegenstände weiterläuft.[78]

VII. Lenkungspläne

Bisher konnte das Bedürfnis der Gläubiger, den Schuldner in seinem künftigen Auftreten im Geschäftsverkehr zu lenken, keiner Kategorie zugeordnet werden. Handelt es sich um ein echtes Bedürfnis, können entsprechende Vereinbarungen als eine Art der Befriedigungsleistung des Schuldners angesehen werden. Solche Lenkungsleistungen treten ausschließlich neben weitere Leistungen, wie Geldzahlungen, können aber einen Ausgleich bieten, wenn der Schuldner die Gläubiger mit Geldmitteln nur gleich oder unerheblich besser als im regulären Restschuldbefreiungsverfahren stellen kann.

VIII. Der „prepackaged plan" des Verbraucherinsolvenzverfahrens

In Verbraucherinsolvenzverfahren ist der Eröffnung des Insolvenzverfahrens verpflichtend ein außergerichtlicher Einigungsversuch vorgelagert, der auf der Grundlage eines Plans erfolgen soll, § 305 Abs. 1 Nr. 1 InsO. Indem dieser Plan den Vorschriften des gerichtlichen Schuldenbereinigungsplans oder des Insolvenzplans angelehnt wird, kann er auch wenn er keinen Erfolg hat, im späteren Verfahrensverlauf genutzt werden.[79] Inwieweit der Verbraucherschuldner von dieser Weiterverwendungsmöglichkeit Gebrauch macht, liegt in seinem Ermessen. Damit ist im Verbraucherinsolvenzverfahren immer eine Art „prepackaged plan" vorgesehen mit der Besonderheit, dass der Plan im Rahmen des außergerichtlichen Schuldenbereinigungsplanverfahrens bereits vor Insolvenzeröffnung angenommen werden kann.[80] Damit geht der außergerichtliche Einigungsversuch sogar erheblich über den „prepackaged plan" und sogar die „prevoted prepacks" hinaus, die zwingend eine gerichtliche Beteiligung benötigen, wohingegen der außergerichtliche Schuldenbereinigungsplan ausschließlich einer Abstimmung zwischen Schuldner und Gläubigern bedarf. Diese fehlende

78 Hänel/Harig, ZVI 2015, 282, 282 ff.

79 MüKo-InsO/Vuia, § 305 Rn. 21; Braun/Buck, § 305 Rn. 14; Kainz, Das Scheitern der Reform des Verbraucherinsolvenzverfahrens, S. 15.

80 Vgl. hierzu Kapitel 3: Der außergerichtliche Einigungsversuch.

gerichtliche Kontrolle geht dafür beim außergerichtlichen Einigungsversuch mit erheblichen Einbußen in seiner Wirkung einher.

IX. Übertragbarkeit der Planarten auf Schuldenbereinigungspläne

Die herausgearbeiteten Planarten sind an den Intentionen eines Verbraucherschuldners zur Durchführung eines privatautonomen Verfahrens orientiert und können daher auf alle Planverfahren übertragen werden. Eine Ausnahme hiervon bildet der verfahrensbegleitende Plan, der nur in Insolvenzplanverfahren anwendbar ist. Aus der Möglichkeit, alle Planarten in allen Planverfahren anzuwenden, folgt nicht automatisch, dass alle Planverfahren gleich geeignet für die Erreichung der mit der Planart verbundenen Ziele sind. Folglich muss untersucht werden, ob gewisse Ziele in gewissen Planverfahren besonders gut verwirklicht werden können.

Besonders erfolgversprechend sollen Mischformen aus den Planarten sein.[81] Die eigenständig formulierten Lenkungspläne erfordern explizit eine Kombination mit einer der anderen Plankategorien, da ihre Grundausrichtung regelmäßig nur einen Teil der Schuldnerleistung bilden wird.

E. Planziele der übrigen Personen in Privatinsolvenzverfahren

Für selbständig tätige Personen sieht die Insolvenzordnung die Anwendung des Insolvenzplanverfahrens vor, weitere Möglichkeiten zur Aufstellung eines Plans sind nicht vorgesehen. Dies schließt im Vorfeld der Insolvenz natürlich keine außergerichtlichen Einigungsversuche zwischen dem Schuldner und den Gläubigern aus, diese finden aber nicht in einem insolvenzrechtlich vorgesehenen Rahmen statt.[82]

Wie Verbraucher sind Kleingewerbetreibende natürliche Personen, deren Privatvermögen der Haftungsmasse unterfällt. Kleingewerbetreibende geraten entweder wegen im privaten Bereich geschlossener Verträge in die Insolvenzsituation oder, weil sie für das Gewerbe mit ihrem Privatvermögen haften.[83] Ein Unterschied kann sich ergeben, wenn die natürliche Person mit ihrem

---

81 Heinrich, NZI 2008, 74, 75.

82 Hölzle, NZI 2010, 207, 207.

83 Kothe/Ahrens/Grote/Busch/Ahrens, § 286 Rn. 43; Uhlenbruck/Sternal, § 286 Rn. 4; MüKo-InsO/Stephan, § 286 Rn. 3, 13.

Privatvermögen für ein insolventes Gewerbe haftet. In diesem Fall tritt neben die gerade für Verbraucher behandelten Interessen das Ziel der Neuordnung der wirtschaftlichen Verhältnisse der natürlichen Person und damit des Gewerbes. Je enger Privat- und Unternehmensvermögen miteinander verbunden sind, desto drängender wird diese Frage. Im Normalfall der hier behandelten Kleingewerbetreibenden haftet die natürliche Person allein mit ihrem gesamten Vermögen für das Gewerbe. Hieraus folgt eine besonders enge Verbindung von Interessen einer Unternehmensinsolvenz mit denen einer Verbraucherinsolvenz.

Neben der Durchsetzung der Ziele eines Verbraucherschuldners möchte der Schuldner die Zukunft des Gewerbes regeln oder auch Imageschäden möglichst geringhalten. Durch die Abwendung von Imageschäden kann nämlich sowohl der Verkaufswert als auch der Fortführungswert gesteigert werden, was im Sinne der Gläubiger und des Schuldners ist. Diese Kombination aus Zielen sollte folglich zu einer Kombination der Planarten führen. Je nachdem, ob die privaten oder die gewerblichen Ziele in den Vordergrund gerückt werden, dominieren die jeweiligen Planarten.

3. Kapitel: Der außergerichtliche Einigungsversuch

A. Einführung

Bevor ein Insolvenzverfahren eingeleitet wird, besteht für den Schuldner und seine Gläubiger die Möglichkeit, außergerichtlich eine Einigung über die Abwicklung der Insolvenz zu finden. Eine solche außergerichtliche Absprache erscheint zunächst sinnvoll, können doch erhebliche Verfahrenskosten und eventuell auch Zeit gegenüber der Durchführung eines Insolvenz- und anschließenden Restschuldbefreiungsverfahrens gespart werden,[84] ist daneben aber auch verpflichtend durchzuführen, da die erfolgreiche Eröffnung des Insolvenzverfahrens einen erfolglosen außergerichtlichen Einigungsversuch voraussetzt, § 305 Abs. 1 Nr. 1 InsO. Bereits diese Äußerung offenbart einen Zwiespalt, den der außergerichtliche Einigungsversuch überwinden muss, um ein schlagkräftiges Instrument zur Bewältigung einer Verbraucherinsolvenz zu bieten. Ziel des außergerichtlichen Einigungsversuchs ist neben einer Entlastung der Insolvenzgerichte und damit verbundenen Einspareffekten eine einfachere, schnellere und kostensparende Bewältigung der Insolvenzsituation im Einzelfall.[85]

Ein Vergleich ohne Eröffnung eines Insolvenzverfahrens wirkt sich allgemein positiv auf die weitere Teilnahme des Schuldners am wirtschaftlichen Geschäftsverkehr aus, da er keinen SCHUFA-Eintrag erhält.[86] Systematisch ist nach der Insolvenzordnung ausschließlich im Bereich der Verbraucherinsolvenzen die außergerichtliche Einigung verpflichtend durchzuführen. Im Gegensatz dazu steht Unternehmen erstmals seit Inkrafttreten des StaRUG, wenngleich nicht verpflichtend, die Möglichkeit offen, einen Restrukturierungsplan vorzulegen.[87] Diese gesetzliche Besonderheit im Bereich der Verbraucherinsolvenz kann zum einen dem Verbraucherschuldner helfen, seine wirtschaftlichen Verpflichtungen sowie Lösungsmöglichkeiten zu ermitteln, zum anderen wird hierdurch

---

84 Uhlenbruck/Sternal, § 305 Rn. 1.

85 BT-Drs. 17/11268, S. 33.

86 Schnitker/Granetzny/Döring, in: Willemsen/Hohenstatt/Schweibert/Seibt, Umstrukturierung und Übertragung von Unternehmen, J Rn. 365 ff.

87 Zur vorherigen Rechtslage ohne jegliche gesetzliche Regelung der außergerichtlichen Einigung in Unternehmensinsolvenzen Jaffé, in: Wrobel-Sachs, Kölner Schrift zur Insolvenzordnung, Kapitel 23 Rn. 9.

hervorgehoben, wie wirtschaftlich sinnvoll eine außergerichtliche Einigung insbesondere für einen Verbraucher ist, da Verbraucher mit einem SCHUFA-Eintrag für mehrere Jahre in ihrer Teilhabe am Wirtschaftsverkehr gehemmt werden.

B. Inhaltliche Ausgestaltung des Einigungsversuchs

Der außergerichtliche Einigungsversuch muss laut § 305 Abs. 1 Nr. 1 InsO *„auf der Grundlage eines Plans"* erfolgen. An diesen Plan werden vom Gesetz keine formellen Anforderungen gestellt, doch ist es sinnvoll, sich an den Kriterien eines gerichtlichen Schuldenbereinigungsplans oder sogar eines Insolvenzplans zu orientieren, um die Resultate im späteren Verfahren nutzen zu können. Bereits diese formelle Offenheit des außergerichtlichen Schuldenbereinigungsplans ist Ausdruck des sich durch das gesamte Verfahren ziehenden Prinzips der Privatautonomie.

Der Schuldner unterbreitet den Gläubigern mit einem von ihm ausgearbeiteten Plan ein Vertragsangebot. Die Gläubiger können frei entscheiden, ob sie Änderungen beantragen, den Plan annehmen oder ablehnen. Bei der Aufstellung des Plans muss der Schuldner beachten, dass eine umfassende Auskunft, insbesondere über seine Vermögensverhältnisse, einerseits zu einer höheren Bereitschaft bei den Gläubigern zur Eingehung eines außergerichtlichen Einigungsversuchs führen, andererseits aber Gläubiger zu Einzelzwangsvollstreckungsmaßnahmen in „freie" Vermögensmasse verleiten kann.[88] Eine solche Einzelzwangsvollstreckung wiederum bringt nach § 305a InsO das gesamte außergerichtliche Schuldenbereinigungsplanverfahren zum Scheitern.

Neben der formellen Freiheit obliegen auch die materiellen Inhalte des außergerichtlichen Plans der Gestaltungsfreiheit. Es können Ratenzahlungen, Einmalzahlungen, Stundungen, Teilerlasse, Zinsverzichte oder quotenmäßige Befriedigung vereinbart werden.[89] Insbesondere ratsam ist es sowohl für die Gläubiger als auch für den Schuldner, Anpassungsklauseln für den Fall der Veränderung der wirtschaftlichen Verhältnisse des Schuldners aufzunehmen.[90]

---

88 Uhlenbruck/Sternal, § 305 Rn. 14.

89 Jaeger/Foerste, InsO, § 305 Rn. 11; MüKo-InsO/Vuia, § 305 Rn. 21; Kübler/Prütting/Bork/Wenzel, InsO, § 305 Rn. 16.

90 Jaeger/Foerste, InsO, § 305 Rn. 11; Uhlenbruck/Sternal, § 305 Rn. 20; MüKo-InsO/Vuia, § 305 Rn. 21.

Der außergerichtliche Schuldenbereinigungsplan eröffnet somit Schuldnern und Gläubigern die Möglichkeit, individuelle Vereinbarungen zu treffen. Individuell bedeutet in diesem Fall sogar, dass der Schuldner mit jedem Gläubiger unterschiedliche Regelungen treffen kann, da das Gebot der Gläubigergleichbehandlung des § 294 Abs. 2 InsO in diesem vorinsolvenzlichen Stadium nicht wirkt.[91] Die Grenze der Gestaltungsfreiheit ergibt sich aus der Rechtsnatur des außergerichtlichen Schuldenbereinigungsplans als gegenseitiger Vertrag. Dieser darf nicht zu Lasten Dritter wirken und daher keine unbeteiligten Gläubiger einbeziehen.[92]

C. Ernsthaftigkeit des Einigungsversuchs

Der Schuldner muss seinen Willen verdeutlichen, den außergerichtlichen Einigungsversuch ernsthaft zu betreiben und zu einer Einigung mit den Gläubigern gelangen zu wollen.[93] Dieses Erfordernis ist nicht wörtlich im Gesetz verankert, aber allgemein anerkannt.[94] Um diesem Erfordernis zu genügen, muss der Schuldner den Gläubiger nachvollziehbar und überprüfbar darlegen, welche Leistungen ihm möglich sind.[95] Einzelne unverbindliche Gespräche mit nur geringen Teilen der Gläubiger genügen ebenso wenig wie kurze Telefonate.[96] Im Gegensatz zu derartigen Formalien unterliegt der direkte Planinhalt nicht der gerichtlichen Überprüfung.[97]

Für den Fall, dass der Schuldner keine pfändbaren Einkünfte erwartet, steht es ihm offen, einen sogenannten Null-Plan vorzuschlagen, auch wenn ein solcher regelmäßig nicht zustandekommen wird.[98]

---

91 OLG Celle, ZIP 2001, 847; Jaeger/Foerste, InsO, § 305 Rn. 11, 49; Schmidt, Privatinsolvenz, § 3 Rn. 15; enger HK-InsO/Waltenberger, § 305 Rn. 44.

92 MüKo-InsO/Vuia, § 305 Rn. 28; Schmidt, Privatinsolvenz, § 3 Rn. 15.

93 Jaeger/Foerste, InsO, § 305 Rn. 12; Nerlich/Römermann/Römermann, § 305 Rn. 18; Uhlenbruck/Sternal, § 305 Rn. 12; MüKo-InsO/Vuia, § 305 Rn. 16, 22.

94 MüKo-InsO/Vuia, § 305 Rn. 26; Braun/Buck, § 305 Rn. 4.

95 Uhlenbruck/Sternal, § 305 Rn. 12, 15.

96 Schmidt, Privatinsolvenz, § 3 Rn. 16; Nerlich/Römermann/Römermann, § 305 Rn. 18; Kirchhof, ZInsO 1998, 54, 56.

97 HK-InsO/Waltenberger, § 305 Rn. 16, 41; FK-InsO/Lackmann, § 305 Rn. 41; Braun/Buck, § 305 Rn. 18.

98 Die Problematik der Nullpläne wird umfassend besprochen im 4. Kapitel unter C.

D. Zustandekommen und Wirkungen

Der Vertragsantrag des Schuldners bedarf zu seinem Zustandekommen der Zustimmung jedes Gläubigers. Stimmt ein Gläubiger nicht zu, entfaltet der Schuldenbereinigungsplan keine Wirkung für und gegen ihn. Grundsätzlich ist davon auszugehen, dass ein Schuldenbereinigungsplan nur unter der (konkludenten) Bedingung in Kraft tritt, dass ihn zumindest alle bekannten Gläubiger annehmen, da zustimmende Gläubiger teils auf bestehende Rechte verzichten und dadurch nur die Rechtsposition der nicht zustimmenden Gläubiger stärken würden.[99]

Haben tatsächlich alle Gläubiger zugestimmt und ist auch der Schuldner mit dem ausgehandelten Plan einverstanden, kommt diesem die Wirkung eines Vergleichs nach § 779 Abs. 1 BGB zu.[100] Wurde ein Erlass oder ein Teilerlass vereinbart, erlöschen die entsprechenden Forderungen, ebendies gilt für akzessorische Sicherheiten, während nichtakzessorische Sicherheiten bestehen bleiben, aber zurückgegeben werden müssen.[101]

Die Mehrheit der außergerichtlichen Einigungsversuche scheitert.[102] Gescheitert ist die Einigungsbemühung, wenn nicht alle Gläubiger dem aus den Einigungsbemühungen hervorgehenden Plan zustimmen oder wenn ein Gläubiger die Zwangsvollstreckung betreibt.[103] Eine Bescheinigung über dieses Scheitern muss gemäß § 305 Abs. 1 Nr. 1 InsO zusammen mit der Einreichung des Antrags auf Eröffnung eines Insolvenzverfahrens vorgelegt werden und bildet damit eine formale Antragsvoraussetzung. Durch diese gesetzliche Struktur wird jeder Verbraucher verpflichtet, ein außergerichtliches Schuldenbereinigungsplanverfahren durchzuführen.

E. Persönliche Beratung und eingehende Prüfung

I. Inanspruchnahme und Zweck der Beratung

In der seit dem 01.07.2014 geltenden Fassung des § 305 Abs. 1 Nr. 1 InsO muss dem Schuldner von einer geeigneten Person oder Stelle eine Scheiternsbescheinigung

99 Jaeger/Foerste, InsO, § 305 Rn. 17; MüKo-InsO/Vuia, § 305 Rn. 28; Kübler/Prütting/Bork/Wenzel; § 305 Rn. 21; Kirchhof, ZInsO 1998, 54, 57.

100 Jaeger/Foerste, InsO, § 305 Rn. 18; MüKo-InsO/Vuia, § 305 Rn. 30; Schmidt, Privatinsolvenz, § 3 Rn. 2.

101 MüKo-InsO/Vuia, § 305 Rn. 30.

102 Lissner, ZInsO 2014, 229, 229.

103 MüKo-InsO/Vuia, § 305a Rn. 2; FK-InsO/Lackmann, § 305a Rn. 1.

„auf der Grundlage persönlicher Beratung und eingehender Prüfung der Einkommens- und Vermögensverhältnisse“ ausgestellt werden. Dieser Einschub verdeutlicht, welchen Wert der Gesetzgeber einer außergerichtlichen Insolvenzabwendung beimisst, die er durch eine Beratung stärkt. Darüber hinaus muss dieser Passage aber auch ein eigenständiger, die Qualität der Beratungsleistung betreffender Inhalt zukommen. Als für die Beratung geeignete Stellen kommen die in den Ausführungsgesetzen der Länder genannten in Betracht. In den meisten Bundesländern sind dies Rechtsanwälte, Notare, Wirtschaftsprüfer und Steuerberater und die staatlichen Schuldnerberatungsstellen.[104]

Um erfolgreich zu sein, muss eine Planlösung ausgewogen die Interessen der einzelnen Gläubiger berücksichtigen und dabei Wünschen des Schuldners gerecht werden. Dies erfordert einiges Geschick bei der Erstellung und Verhandlung eines derartigen Plans. Es ist daher für den Verbraucherschuldner wichtig zu erfahren, ob bzw. unter welchen Voraussetzungen er bei der Erstellung des Plans unterstützt wird. Selbst wenn eine Einigung aussichtslos erscheint, muss eine gewisse Form gewahrt werden, um die Ernsthaftigkeit unter Beweis zu stellen und die Scheiternsbescheinigung zu erhalten.

II. Normative Entstehungsgeschichte

Der außergerichtliche Einigungsversuch wurde entgegen vorheriger Reformdiskussionen kaum verändert durch die am 01.07.2014 in Kraft getretene Gesetzesänderung.[105] Die einzige Änderung in § 305 Abs. 1 Nr. 1 InsO betrifft die Qualität der Beratung. Eine Scheiternsbescheinigung soll nur nach vorangegangener „persönlicher Beratung und Prüfung der Einkommens- und Vermögensverhältnisse“ erstellt werden. Diese Anforderungen gelten für ab dem 01.07.2014 beantragte Insolvenzverfahren.[106]

Zurückzuführen ist die Änderung des Gesetzeswortlauts auf die geplante aber nicht umgesetzte Möglichkeit, eine Aussichtslosigkeitsbescheinigung anstatt einer Scheiternsbescheinigung auszustellen.[107] Das Nebeneinander dieser beiden Möglichkeiten hätte Verfahren abkürzen sollen, in denen eine außergerichtliche

104 Jaeger/Foerste, § 305 Rn. 28; FK-InsO/Lackmann, § 305 Rn. 21; Ahrens/Gehrlein/Ringstmeier/Henning, § 305 Rn. 27.

105 Zu den Reformdiskussionen siehe sogleich unter B. VI.

106 Ahrens, Aktuelles Privatinsolvenzrecht, Rn. 135; a.A. Kübler/Prütting/Bork/Wenzel, § 305 Rn. 7.

107 Kübler/Prütting/Bork/Wenzel, § 305 Rn. 6 f.; Ahrens, Aktuelles Privatinsolvenzrecht, Rn. 136; Heyer, ZVI 2013, 214, 216.

Einigung von vornherein aussichtslos ist.[108] Um mit der Aussichtslosigkeitsbescheinigung nicht Schuldnern einen Ausweg aus der Durchführung eines außergerichtlichen Schuldenbereinigungsverfahrens zu bereiten, muss die finanzielle Situation des Schuldners fachkundig bewertet werden. Dies sollte durch die besagte qualifizierte Schuldnerberatung sichergestellt werden.[109] Nachdem nunmehr geplante Änderungen zur Aussichtslosigkeitsbescheinigung nicht umgesetzt wurden, bleibt fraglich, welche Auswirkungen die besagte Formulierung auf die Beratung des Schuldners während des außergerichtlichen Einigungsversuchs bis hin zur Ausstellung der Scheiternsbescheinigung hat.

III. Persönliche Beratung

1. Grundlagen

Offensichtlich sollte die Qualität der Beratung des Schuldners gesteigert werden. Welche genauen Änderungen mit der Aufstellung des Erfordernisses der persönlichen Beratung einhergehen, wird nicht vollends deutlich und ist daher durch Auslegung zu ermitteln.

Bislang existieren keine allgemein anerkannten Standards für die Durchführung und den Inhalt der Beratung eines Schuldners, es sei denn Beratungsstellen haben sich diese im Rahmen ihrer Selbstbindung auferlegt.[110] Seit einigen Jahren beschäftigt sich die Rechtsprechung zudem verstärkt mit diesem Thema und stellt Regeln auf.[111]

2. Kontakt zwischen Schuldnerberater und Schuldner

Aus dem Wortlaut „Persönliche Beratung“ ergibt sich, dass ein Gesprächskontakt bei gleichzeitiger Anwesenheit beider Parteien, des Schuldners und der beratenden Person, erforderlich ist.[112] Regelmäßig ist hiermit die gleichzeitige

108 BT-Drs. 17/11268, S. 33 f.

109 BT-Drs. 17/11268, S. 34.

110 Heyer, ZVI 2013, 214, 215.

111 AG Düsseldorf, ZVI 2015, 171 f. m. zust. Anm. Siebert VIA 2015, 71 f.; AG Potsdam, ZInsO 2015, 599 f. m. zust. Anm. Siebert, VIA 2015, 55 f.; LG Potsdam, NZI 2015, 901 f.; LG Düsseldorf, ZVI 2015, 335; AG Köln, NZI 2015, 863 m. zust. Anm. Schmerbach; LG Köln, ZInsO 2016, 2003 f.; AG Kaiserslautern, VuR 2016, 197; AG Göttingen, NZI 2016, 585 m. zust. Anm. Kluth, VIA 2016, 70, 70 f.; Reill-Ruppe, VuR 2016, 340, 343; Schmerbach, VIA 2016, 33, 33 f.

112 LG Potsdam, NZI 2015, 901; Ahrens, NJW 2014, 1841, 1841 f.

persönliche Anwesenheit gemeint, durch die die Qualität der Beratung bestmöglich gesichert wird. Bereits eine große Entfernung zwischen dem Wohnort des Schuldners und der Beratungsstelle indiziert nach derzeit überwiegender Ansicht, dass gerade keine mündliche Beratung stattgefunden hat.[113]

Eine Beratung muss individualisiert auf der Grundlage einer gewissen Vorarbeit erfolgen.[114] Dafür hat sie den Charakter einer verbalen Vermittlung zu transportieren, indem Sach- und Rechtsfragen erörtert werden und Fragen sowie Bedenken des Schuldners beantwortet und erläutert werden.[115] Um diese Anforderungen fundiert erfüllen zu können, muss der Berater die Unterlagen des Schuldners eingesehen haben.[116] Diese Kriterien werden nicht von Online-Angeboten erfüllt, die Schuldnern Informationen zum Selbststudium sowie vorgefertigte Formulare anbieten.[117] Ebenso genügt es nicht, Broschüren oder andere Formen allgemeinen Informationsmaterials an einen Schuldner zu versenden.[118]

Ob telefonischer Kontakt ausreicht, wird unterschiedlich beurteilt.[119] Telefonischem Kontakt fehlt im Vergleich zur gleichzeitigen körperlichen Anwesenheit der direkte Blickkontakt. Zudem wird befürchtet, Telefongespräche verleiteten dazu, Gespräche schnell und nebenbei zu erledigen.[120] Diesen Befürchtungen kann die nunmehr eröffnete Möglichkeit der inhaltlichen Überprüfung entgegengehalten werden. Schuldnerberater werden nunmehr gehalten sein, zum Nachweis der qualifizierten Beratung Gesprächsnotizen mit Zeitangaben anzufertigen. Die räumliche Entfernung geht einher mit höheren Beweisanforderungen.

113 AG Kaiserslautern, VuR 2016, 197; AG Köln, NZI 2015, 863, 864 mit Anm. Schmerbach; sogar von einer Vermutungswirkung geht aus AG Göttingen, NZI 2017, 113.

114 BT-Drs. 17/11268, 34.

115 LG Potsdam, NZI 2015, 901, 902.

116 Siebert, VIA 2015, 71, 72.

117 Kübler/Prütting/Bork/Wenzel, § 305 Rn. 7; Heyer, ZVI 2013, 214, 216.

118 Ahrens, Aktuelles Privatinsolvenzrecht, Rn. 141d.

119 Überwiegend verneinend die Rechtsprechung LG Düsseldorf, ZVI 2015, 335; AG Göttingen, NZI 2016, 585; AG Potsdam, ZInsO 2015, 599; Jaeger/Foerste, InsO, § 305 Rn. 26; Schmerbach, NZI 2015, 866; a.A. LG Potsdam, NZI 2015, 901, 902; Ahrens, Aktuelles Privatinsolvenzrecht, Rn. 142, der die telefonische Beratung zumindest in besonderen Situationen zulassen möchte.

120 Schmerbach, NZI 2015, 866.

Dem telefonischen Kontakt ähnlich ist ein Onlinegespräch – etwa über skype, Telefon mit gleichzeitigem Bildkontakt oder Videokonferenz.[121] Sofern dieses mit Bildübertragung erfolgt, kann ähnlich dem direkten Gespräch die Mimik nachvollzogen werden. Folglich kann hierdurch ohne entsprechend strengere Beweisanforderungen die qualifizierte Beratung erfolgen. Erfolgt das Onlinegespräch ohne Bildübertragung sind die strengeren Anforderungen wie bei Telefongesprächen zu beachten.

Diese Auffassung wird auch durch den Beschluss des BGH vom 24.02.2022 (Az.: IX ZB 5/21) gestärkt. Wenngleich der BGH sich zu der konkreten Frage der inhaltlichen Anforderungen an die Beratung nicht äußerte, da er bereits die Befugnis der Insolvenzgerichte ablehnte, die Bescheinigung über das Scheitern des außergerichtlichen Einigungsversuchs inhaltlich zu überprüfen, betonte er dennoch recht deutlich die Bedeutung und Kompetenz der geeigneten Personen und Stellen.[122] Konsequenterweise muss es daher auch diesen als „geeignet" befundenen Personen und Stellen sowie der Kontrolle dieser über das jeweilige Berufs- und Standesrecht überlassen sein, die Qualität der Beratung sicherzustellen. Dies gilt erst recht, bezieht man die Entwicklungen der vergangenen Jahre, insbesondere der Corona-Pandemie, und die damit einhergehende Ausweitung der Digitalisierung ein.

3. *Gruppenberatung*

Das Erfordernis der „Beratung" führt zu der Fragestellung, ob eine Gruppenberatung möglich ist.[123] Die persönlichste Art der Beratung ist offensichtlich die Durchführung eines Einzelgesprächs mit dem Schuldner. Aus dem Wortlaut lässt sich aber nicht entnehmen, ob dies die einzig mögliche Form ist. Solange in einer Gruppenberatung die Gelegenheit gegeben wird, individuelle Fragen zu stellen, und gegebenenfalls für einzelne den persönlichen Bereich betreffende Fragen eine Einzelbesprechung neben der Gruppenbesprechung gewährt wird, kann die Beratung ebenfalls als persönlich bezeichnet werden.

---

121 Skype bzw. Bildtelefonie LG Göttingen, NZI 2017, 764; LG Düsseldorf, NZI 2016, 920 mit kritischer Anm. Schmerbach VIA 2016, 93; LG Münster, BeckRS 2016, 17704; Videokonferenz LG Düsseldorf, BeckRS 2017, 104737.

122 BGH, NZI 2022, 441 Rz. 16 ff.

123 Dafür Ahrens, Das neue Privatinsolvenzrecht, 2. Aufl., Rn. 141; Zipperer, ZVI 2015, 363, 365; Heyer, ZVI 2013, 214, 216.

4. *Delegation der beratenden Tätigkeit*

Vermehrt greifen Schuldnerberater auf weitere Personen zurück, die die unmittelbare Beratung durchführen, bevor der Schuldnerberater die Bescheinigung ausstellt. Es geht folglich um Fälle, in denen der Berater personenverschieden vom Bescheiniger ist.

Nehmen Dritte – außenstehende Personen – die unmittelbare Beratungstätigkeit wahr, widerspricht dies offenkundig der Regelung in § 305 Abs. 1 Nr. 1 InsO, der grundsätzlich von einer „persönlichen Beratung" durch den anerkannten Schuldnerberater ausgeht. Dritte, die eigenständig beraten und nicht gegenüber dem Schuldnerberater weisungsgebunden sind, erfüllen diese Voraussetzung nach allgemeiner Meinung nicht.[124]

Umstritten ist, ob dies auch für abhängig Beschäftigte des Schuldnerberaters gilt, die diesem weisungsgebunden sind.[125] Geeignete Stellen werden nach einem landesrechtlich ausgestalteten Verfahren benannt, während die landesrechtlichen Vorschriften regelmäßig alle Rechtsanwälte, Notare und Steuerberater zu geeigneten Personen erklären. Notwendigerweise muss eine Differenzierung vorgenommen werden. Die Mitarbeiter sowie das Angebot von Schulungen bei geeigneten Stellen konnten überprüft werden. Folglich sind die Mitarbeiter als geeignet anzusehen. Die Strukturen der Sozietät geeigneter Personen wurden hingegen nicht überprüft. Folglich kann die gesetzliche Ermächtigung sich nur auf die Person selbst beziehen. Eine Delegation der Beratung auf Mitarbeiter, die keine Qualifikation in einem der genannten Berufe besitzen, ist daher nicht möglich.

IV. Prüfung der Einkommens- und Vermögensverhältnisse

Ein den Inhalt der Beratung betreffender Teilbereich wird besonders hervorgehoben, die Prüfung der Einkommens- und Vermögensverhältnisse. Diese ist sprachlich durch ein „und" unmittelbar mit der persönlichen Beratung verbunden. Zunächst scheint dieser Punkt eine Farce zu sein. Denn die Prüfung der wirtschaftlichen Verhältnisse muss denknotwendig vom Inhalt der

---

124 LG Köln, ZInsO 2016, 2003 f.; LG Düsseldorf, ZVI 2015, 335; Jaeger/Foerste, InsO, § 305 Rn. 25.

125 Für eine solche Delegation AG Düsseldorf, ZVI 2015, 171 f., m zust. Anm. Siebert, VIA 2015, 71 f.; ebenso im orbiter dictum AG Köln, NZI 2015, 863, 865; offenlassend AG Potsdam, NZI 2015, 901, 902; für die strenge Personenidentität AG Potsdam, ZInsO 2015, 599, 600.

Beratung umfasst sein. Allerdings wird hierdurch ein besonderer Fokus auf diesen Punkt während der Beratung gelegt. Damit einher geht die Anforderung an die Beratungspersonen und -stellen, in diesem betriebswirtschaftlichen Bereich Grundkenntnisse zu haben und diese kontinuierlich zu festigen und weiterzuentwickeln.[126] Nur mit dieser Art der Auslegung kann dem Gesetzestext eine eigenständige Bedeutung beigemessen werden, die über die ursprüngliche Intention der Verhinderung der Ausstellung einer Aussichtslosigkeitsbescheinigung allein aufgrund einer hohen Gläubigeranzahl hinausgeht.[127]

Bei der Prüfung der Einkommens- und Vermögensverhältnisse darf die Beratungsstelle sich auf die Auskünfte des Schuldners verlassen.[128] Eine eigenständige Prüfung würde die Ressourcen der Beratungsstellen übersteigen und dem Verfahrensziel, eine Einigung zu erzeugen, widersprechen.

V. Kein Erfordernis aktiver Verhandlungsführung

Umstritten ist, ob die neue Formulierung des § 305 Abs. 1 Nr. 1 InsO die Frage löst, inwieweit die geeignete Person oder Stelle neben ihrer beratenden Tätigkeit und der Ausstellung der Scheiternsbescheinigung an der Planerstellung aktiv mitwirken bzw. die zu einer Planerstellung führenden Verhandlungen unterstützen muss.[129] Einerseits würde eine starke Beteiligung der Schuldnerberatungsstellen auch bei der Verhandlungsführung des Schuldners auf die Gläubiger vertrauensfördernd wirken und könnte somit die Erfolgschancen des außergerichtlichen Einigungsversuchs erhöhen.[130] Andererseits geht § 305 Abs. 4 InsO während des Insolvenzverfahrens von einer Wahlmöglichkeit des Schuldners aus, ob er sich von einer geeigneten Person oder Stelle vertreten lassen möchte. Ein darüber hinausgehender Vertretungszwang im außergerichtlichen Verfahren hätte explizit geregelt werden müssen. Eine solche Regelung besteht nicht in § 305 Abs. 1 Nr. 1 InsO, der nur die Beratung, nicht aber die Mitwirkung festlegt.[131]

---

126 Heyer, ZVI 2013, 214, 216.

127 Heyer, ZVI 2013, 214, 216.

128 Ahrens, Aktuelles Privatinsolvenzrecht, Rn. 145; Zipperer, ZVI 2015, 363, 365.

129 Dagegen OLG Schleswig, NZI 2000, 165, 166; Ahrens, Aktuelles Privatinsolvenzrecht, Rn. 148 f.; Gottwald/Haas/Ahrens, Insolvenzrechts-Handbuch, § 80 Rn. 11; FK-InsO/Lackmann, § 305 Rn. 22; Uhlenbruck/Sternal, § 305 Rn. 72; HambKomm-InsO/Ritter, § 305 Rn. 15; einschränkend HK-InsO/Waltenberger, § 305 Rn. 29; dafür AG Hamburg, ZVI 2008, 211; Hackling, ZVI 2006, 225, 229; Heyer, ZVI 2011, 41, 43.

130 Heyer, ZVI 2011, 41, 43.

131 Ahrens, Aktuelles Privatinsolvenzrecht, Rn. 148.

Der Gesetzgeber hat vielmehr im Wortlaut einen Unterschied zwischen Beratung (§ 305 Abs. 1 Nr. 1 InsO) und Vertretung (§ 305 Abs. 4 InsO) festgelegt, weswegen es bereits fraglich erscheint, ob dem Schuldner im vorinsolvenzlichen Bereich überhaupt eine Wahlmöglichkeit zukommt. Der Wortlaut spricht aus gegebenem Grund gegen eine solche Wahlmöglichkeit, solange die Allgemeinheit für die Kosten dieser Unterstützung aufkommen muss. Ausschlaggebend für den Umfang der zusätzlichen Mitwirkung und Vertretung muss daher die Kapazität der einzelnen Schuldnerberatungsstelle sein. Aus praktischer Sicht wäre eine solche Wahlmöglichkeit wünschenswert, da die Unterstützung durch die Beratungsstelle sicherlich zu einer höheren Erfolgsquote führen könnte.

VI. Gerichtlicher Prüfungsmaßstab

Dem Antrag auf Eröffnung des Insolvenzverfahrens legt der Schuldner die Scheiternsbescheinigung bei. Diese wird sodann vom Gericht auf formale Fehler überprüft. Hierbei wird unter anderem kontrolliert, ob eine geeignete Person oder Stelle auf dem einzureichenden Formular angibt, die Bescheinigung auf der Grundlage persönlicher Beratung und eingehender Prüfung der Einkommens- und Vermögensverhältnisse angefertigt zu haben.

Besonders umstritten ist die inhaltliche Reichweite des Prüfungsmaßstabs. In Bezug auf die alte Gesetzeslage vor dem 01.07.2014 war allgemein anerkannt, eine inhaltliche Überprüfung finde nicht statt.[132] Nach der Gesetzesänderung ging der überwiegende Teil der erst- und zweitinstanzlichen Rechtsprechung zunächst davon aus, die Gerichte prüften im Rahmen der Zulässigkeit des Eröffnungsantrags bei gegebenem Anlass, ob die Beratung inhaltlichen Anforderungen genüge.[133] Gegen diese Auffassung lehnen sich Stimmen in der Literatur und auch der BGH sprach sich schließlich gegen eine inhaltliche Prüfungsbefugnis aus.[134]

Erwähnenswert ist insoweit der beschwerliche Weg, den die dortige Schuldnerin zu bewältigen hatte, um diese in Rechtsprechung und Literatur höchst umstrittene Rechtsfrage durch den BGH klären zu lassen. So verwarf das

---

132 FK-InsO/Lackmann, § 305 Rn. 17; Reill-Ruppe, VuR 2016, 340, 342.

133 AG Düsseldorf, ZVI 2015, 171 f. m. zust. Anm. Siebert VIA 2015, 71 f.; AG Potsdam, ZInsO 2015, 599 f. m. zust. Anm. Siebert, VIA 2015, 55 f.; LG Potsdam, NZI 2015, 901 f.; LG Düsseldorf, ZVI 2015, 335; AG Köln, NZI 2015, 863 m. zust. Anm. Schmerbach; LG Köln, ZInsO 2016, 2003 f.; Reill-Ruppe, VuR 2016, 340, 343.

134 BGH, NZI 2022, 441; Ahrens, Aktuelles Privatinsolvenzrecht, Rn. 152 f.; Zipperer, ZVI 2015, 363, 365; Heyer, ZVI 2013, 214, 217.

Insolvenzgericht den Antrag der Schuldnerin auf Eröffnung des Insolvenzverfahrens als unzulässig, weil die Bescheinigung des Rechtsanwalts über das Scheitern des außergerichtlichen Einigungsversuchs nicht den gesetzlichen Anforderungen entspreche, da eine nur telefonische Beratung stattgefunden habe. Hiergegen legte die Schuldnerin sofortige Beschwerde ein, die ebenfalls erfolglos blieb und wogegen trotz entsprechenden Antrags auch keine Rechtsbeschwerde zugelassen wurde. Das daraufhin von der Schuldnerin im Wege der Verfassungsbeschwerde angerufene Bundesverfassungsgericht erklärte sodann die Nichtzulassung der Rechtsbeschwerde durch das Beschwerdegericht für verfassungswidrig.[135] Hierbei wies es insbesondere auf die zwei stark umstrittenen Kernfragen hin, zum einen, die Berechtigung der Insolvenzgerichte zur Überprüfung der Antragsunterlagen dahingehend, ob die geeignete Person oder Stelle den Schuldner persönlich beraten hat, zum anderen, welche Anforderungen an die persönliche Beratung des Schuldners nach § 305 Abs. 1 Nr. 1 InsO zu stellen sind.[136]

Kernpunkt der divergierenden Argumentationslinien ist, welche Schlussfolgerungen aus der Begründung zum nicht vollends umgesetzten Regierungsentwurf gezogen werden.[137] Dort wird in einem Absatz die Zentralität der einer Scheiterns- und der Aussichtslosigkeitsbescheinigung vorangehenden qualifizierten Beratung hervorgehoben, „*einen Drehtüreffekt zu vermeiden*". Laut dem darauffolgenden Absatz soll jedoch ausschließlich die „*bescheinigte Aussichtslosigkeit einer außergerichtlichen Einigung vom Gericht überprüft werden*" können.

Der Wortlaut dieser Begründung knüpft eine inhaltliche Überprüfung durch ein Gericht eindeutig an die Aussichtslosigkeitsbescheinigung. Dies wird durch systematische Gedanken getragen, bedingten sich doch die Einführung der Aussichtslosigkeitsbescheinigung und der qualifizierten Beratung.

Das letztgenannte Argument kann allerdings auch für die Gegenseite sprechen. Trotz der Nichtumsetzung der Aussichtslosigkeitsbescheinigung hielt der Gesetzgeber an der qualifizierten Beratung fest. Die Grundlagen der Überprüfung dieser Beratung mussten nach dem Willen des Gesetzgebers zwangsläufig parallel verlaufen zwischen der Scheiterns- und der Aussichtslosigkeitsbescheinigung. Die zur Aussichtslosigkeitsbescheinigung entwickelten Überlegungen wären danach auch jetzt noch auf die Scheiternsbescheinigung anzuwenden.

---

135 BVerfG, NZI 2020, 1060 m. Anm. Ahrens, NZI 2020, 1036.

136 BVerfG, NZI 2020, 1060 Rz. 18 ff.

137 BT-Drs. 17/11268, S. 34.

Äußerst fragwürdig an der soeben aufgeworfenen Diskussion ist, ob eine in der Begründung des Regierungsentwurfs vorgesehene inhaltliche Kontrollmöglichkeit als Rechtsgrundlage genügt. Insoweit stellte auch der BGH schließlich zutreffend fest, dass *„aus dem Verlauf des Gesetzgebungsverfahrens"* nicht darauf geschlossen werden könne, *„dass dem Insolvenzgericht nunmehr eine inhaltliche Prüfung der von dem Schuldner vorzulegenden Bescheinigung zukommen solle"*.[138] Dies überzeugt insbesondere vor dem Hintergrund der ebenfalls durch den BGH betonten zentralen Rolle der geeigneten Personen und Stellen, deren Kontrolle der Gesetzgeber bewusst dem jeweiligen Standesrecht überließ und gegen die überdies bei Schlecht- oder Falschberatung Schadensersatzansprüche geltend gemacht werden können.[139]

F. Kosten

Die Entscheidung zugunsten eines Verfahrens wird neben dem Ablauf und den Wirkungen eines Verfahrens stark von den damit verbundenen Kosten beeinflusst. Obwohl das außergerichtliche Schuldenbereinigungsplanverfahren ohnehin verpflichtend durchzuführen ist – und daher die Kosten unumgänglich sind – soll kurz auf deren Höhe eingegangen werden, nicht zuletzt, um diese im Rahmen des in Kapitel 7 folgenden Vergleichs zwischen den Planverfahren berücksichtigen zu können.

I. Höhe der Kosten

Eine Einigung zwischen Schuldner und Gläubigern ist wahrscheinlicher, je mehr Masse angeboten werden kann und folglich je weniger die Masse durch Verfahrenskosten geschmälert wird. Kosten entstehen beim außergerichtlichen Einigungsversuch für die Beratung. Hierbei besteht grundsätzlich die Möglichkeit, sich von einem Rechtsanwalt, einem Steuerberater, einem Wirtschaftsprüfer (geeignete Personen) oder einer öffentlichen Schuldnerberatungsstelle unterstützen zu lassen. Die Gebührensätze für geeignete Personen sind in Anlage 1 zu § 2 Abs. 2 RVG festgelegt. Die für die reine Beratung zu erhebende Gebühr beträgt nach Nr. 2502 VV RVG 77 €, daneben wird nach Nr. 2503 VV RVG eine Geschäftsgebühr in Höhe von 93 € erhoben. Die Gebühr für die Durchführung einer außergerichtlichen Einigung ist nach Nrn. 2504 bis 2507 VV RVG gestaffelt nach der Anzahl der Gläubiger, gem. Nr. 2508 VV RVG wird eine zusätzliche

---

138 BGH, NZI 2022, 441 Rz. 26.

139 BGH, NZI 2022, 441 Rz. 16 ff.; Ahrens, Aktuelles Privatinsolvenzrecht, Rn. 154, 157a.

Gebühr i.H.v. 165 € für den erfolgreichen Abschluss eines Einigungsversuchs zugesprochen. Die Gebühr für die Durchführung des Einigungsversuchs beträgt bei bis zu 5 Gläubigern 297 €, bei 6 bis 10 Gläubigern 446 €, bei 11 bis 15 Gläubigern 594 € und bei über 15 Gläubigern 743 €.

Die öffentlichen Schuldnerberatungsstellen werden nach dem jeweiligen Landesrecht vergütet. Häufig richtet sich dies in Form einer Fallpauschale ebenfalls nach der Anzahl der Gläubiger.[140] In Niedersachsen verweist § 5 Abs. 2 Nr. 1 Nds.AGInsO sogar auf § 2 Abs. 2 RVG. Alternativ werden meist Festbeträge für Personal- und Sachkosten gewährt.[141]

II. Kostenübernahme

1. Kosten der öffentlichen Stelle

Für den Erhalt der Masse ist allerdings weniger entscheidend, wie hoch die anfallenden Kosten sind, sondern vielmehr, wer diese trägt. Einfach zu beantworten ist dies für die öffentlichen Stellen. Diese werden mit Steuergeldern, von Spenden oder aus anderen öffentlichen Mitteln bezahlt. Die Kosten gehen folglich nicht zulasten der Masse. Die persönlichen Zugangsvoraussetzungen werden vom jeweiligen Träger der Schuldnerberatungsstelle festgelegt. Eine kostenlose Beratung steht meist Personen zu, die Sozialhilfe empfangen oder ein geringes Einkommen haben.[142]

---

140 Brandenburg: § 1 II VInsoFV; Sachsen-Anhalt: § 4 AVO InsO LSA i.V.m. Anlage; Baden-Württemberg: Nr. 3 der Richtlinie des Sozialministeriums über die Gewährleistung von Fallpauschalen nach § 3 des AGInsO; Bayern: in Anlehnung an Nrn. 5.1 und 5.2 der zum 31.12.2004 außer Kraft getretenen „Richtlinie für die Förderung der Insolvenzberatung nach § 305 InsO in Bayern"; ähnlich erfolgt in Schleswig-Holstein eine Vergütung nach Arbeitsstunden, wobei ein Maximalstundensatz je nach Anzahl der Gläubiger festgesetzt ist: 5.2 der Richtlinie zur Förderung von „geeigneten Stellen im Sinne von § 305 InsO"; Hofmeister/Schilz, ZVI 2012, 134, 136.

141 Nordrhein-Westfahlen: Nr. 5 der Richtlinien über die Gewährung von Zuwendungen zur Förderung von Fachberaterinnen und Fachberatern für die Schuldnerberatung; Thüringen: Nr. 5 Änderung und Neufassung der Richtlinien zur Förderung von Verbraucherinsolvenzberatungsstellen im Freistaat Thüringen; Sachsen: V. FRL Verbraucherinsolvenzberatung; Rheinland-Pfalz: § 2 I Landesverordnung über die Förderung geeigneter Stellen im Verbraucherinsolvenzverfahren; Saarland: § 5 Verordnung über die Förderung geeigneter Stellen im Verbraucherinsolvenzverfahren.

142 Bei der Schuldnerberatung der Stadt Hamburg darf beispielsweise das monatliche Netto-Einkommen eines Einpersonenhaushalts 1.204 € nicht übersteigen, http://www.hamburg.de/kosten/.

2. *Kosten der geeigneten Person*

a) *Anwendbarkeit des BerHG, § 1 Abs. 1 BerHG*

Nicht so eindeutig zu beurteilen ist die Situation bei den geeigneten Personen. Diese werden vom Schuldner bezahlt, wodurch die Masse geschmälert wird. Die Gebühren sind sehr gering und können daher grundsätzlich dem Schuldner zugemutet werden. Eine Ausnahme könnte erwogen werden, wenn der Schuldner im gerichtlichen Verfahren Prozesskostenhilfe beantragen kann. In diesem Fall sind die Grundvoraussetzungen des § 1 BerHG erfüllt. Beratungshilfe wird gem. § 1 Abs. 1 BerHG allerdings nur finanziert, wenn der Schuldner darüber hinaus geltend machen kann, Rechte in Anspruch zu nehmen und sich nicht nur allgemein beraten zu lassen.

Welche Qualität der Beratungsleistung bei der Erstellung eines Schuldenbereinigungsplans zukommt, wird uneinheitlich beurteilt. Einige meinen, der Schuldner wolle in erster Linie Restschuldbefreiung erlangen. Dies sei ein objektives Recht, das die InsO dem Schuldner zubillige.[143] Andere stellen auf das Procedere zur Erstellung des Schuldenbereinigungsplans ab, das zu großen Teilen mit buchhalterischer Tätigkeit verbunden sei, nicht mit der Wahrnehmung von Rechten.[144] Gegen diese zweite Auffassung spricht entscheidend die neue Formulierung des § 305 Abs. 1 Nr. 1 InsO, die eine persönliche Beratung des Schuldners während des außergerichtlichen Einigungsversuchs fordert. Damit wird die Ausarbeitung eines außergerichtlichen Schuldenbereinigungsplans als eine bereits vor der Eröffnung des Insolvenzverfahrens erforderliche Tätigkeit zur Vorbereitung des Insolvenzantrags eingestuft. Folglich nimmt der Schuldner bereits mit der Durchführung des außergerichtlichen Einigungsversuchs seine Rechte wahr. Gestützt wird diese Überlegung durch die Tatsache, dass der Gesetzgeber in Nrn. 2502 ff. VV RVG Gebührensätze für die Inanspruchnahme von Beratung innerhalb eines außergerichtlichen Einigungsversuchs festgelegt hat.[145]

---

143 BGH, NZI 2007, 418; Schmidt, Privatinsolvenz, § 3 Rn. 25 ff.; K. Schmidt/Stephan, § 305 Rn. 15; HK-InsO/Sternal, § 4 Rn. 9.

144 AG Duisburg-Ruhrort, ZVI 2005, 629; AG Lüdenscheidt, ZVI 2006 296, 297; AG Emmerich, ZVI 2006, 296; MüKo-InsO/Vuia, § 305 Rn. 17.

145 BVerfG, NJW-RR 2007, 347, 347.

b) Grundsatz der Subsidiarität nach § 1 Abs. 1 Nr. 2 BerHG

Umstritten ist schließlich, ob die Beratungshilfe dem Grundsatz der Subsidiarität gem. § 1 Abs. 1 Nr. 2 BerHG unterliegt. Nach einer Ansicht ist Beratungshilfe grundsätzlich zu gewähren, da die Beratung durch geeignete Personen nicht teurer sei, als die durch Schuldnerberatungsstellen.[146] Gegen diese Ansicht spricht nach Auffassung des BVerfG, dass die Kosten nicht als Gesichtspunkt in § 1 Abs. 1 Nr. 2 BerHG aufgenommen sind, und dieser Aspekt daher nicht als Argumentationsgrundlage dienen kann.[147] Eine andere Ansicht vertritt, Beratungshilfe könne grundsätzlich bewilligt werden, scheide aber regelmäßig aus, weil andere Beratungsmöglichkeiten vorlägen.[148] Überwiegend wird davon ausgegangen, Beratungshilfe könne grundsätzlich nicht oder nur in Ausnahmefällen genehmigt werden.[149] Uneinigkeit besteht innerhalb dieser Ansicht darüber, welche Gegebenheiten vorliegen müssen, damit ausnahmsweise Beratungshilfe gewährt wird. Die Meinungen reichen von dem konsequenten Verbot[150] bis hin zu einer Gewährung[151] von Beratungshilfe, wenn Schuldnerberatungsstellen wegen Überlastung keine Hilfe leisten können oder wenn eine zu lange Wartezeit bei der Schuldnerberatungsstelle besteht. Die beiden letztgenannten Ansichten unterscheiden sich nicht im Ergebnis, sondern nur in der Formulierung. Da der Gesetzestext die Beratung durch geeignete Personen nicht explizit ausschließt und zudem Gebührensätze für die Beratung durch genau diese Personen vorsieht, ist die Meinung vorzuziehen, die Beratungshilfe grundsätzlich bewilligen möchte und sie nur bei Vorliegen anderer Beratungsmöglichkeiten ausschließt. Eine solche andere Beratungsmöglichkeit wird durch die Schuldnerberatungsstellen bereitgestellt, solange deren Wartezeiten zumutbar sind.[152] Eine lange Wartezeit zeugt nämlich von einer Überlastung der Schuldnerberatungsstellen.[153] Um die Masse zu schonen, sind in diesem Fall geeignete Personen heranzuziehen.

---

146 Fuchs/Bayer, Rpfleger 2000, 1, 2 f.; Huth, Rpfleger 2007, 125, 127.

147 BVerfG, NZI 2007, 119, 120.

148 AG Bad Sobernheim, RPfleger 2007, 207; AG Schwelm, ZInsO 2000, 173.

149 AG Lübeck, JurBüro 2007, 435, 435; AG Hamm, ZVI 2005, 628, 628; MüKo-InsO/Vuia, § 305 Rn. 18; Schmidt, Privatinsolvenz, § 3 Rn. 28; Lissner, ZInsO 2017, 371, 372 f.; Landmann, Rpfleger 2000, 196, 198; Lissner, Rpfleger 2006, 458, 461.

150 Landmann, Rpfleger 2000, 196, 198.

151 MüKo-InsO/Vuia, § 305 Rn. 18; Schmidt, Privatinsolvenz, § 3 Rn. 28.

152 BVerfG, NZI 2007, 119 f.

153 BVerfG, NZI 2007, 119, 120; Schmidt, Privatinsolvenz, § 3 Rn. 28; Lissner, ZInsO 2018, 371, 373.

Die Dauer des zumutbaren Wartezeitraums wird nicht einheitlich beurteilt. Einige ziehen eine feste Grenze bei erwarteten Wartezeiten von sechs bis neun Monaten,[154] andere wollen dies einzelfallabhängig beurteilen.[155] Die erste Ansicht stützte sich lange Zeit auf Gerechtigkeitsgedanken, zieht aber nun mit § 1 S. 2 InsO einen normativen Anknüpfungspunkt heran. Aus § 1 S. 2 InsO wird ein subjektives Recht auf Restschuldbefreiung abgeleitet, von dem ein Anspruch auf Gewährung von Beratungshilfe umfasst sei, wenn die Inanspruchnahme anderer Stellen nicht zeitnah gewährleistet werde.[156] Bereits die Zielrichtung des § 1 S. 2 InsO wird nicht einheitlich beurteilt, namentlich die Frage, ob neben der Gläubigerbefriedigung die Restschuldbefreiung des redlichen Schuldners als Verfahrensziel anzusehen ist.[157] Aber selbst wenn man davon ausgeht, dass das Insolvenzverfahren zumindest auch der Entschuldung des Schuldners dienen soll, so ist hiermit noch kein Anspruch des Schuldners statuiert, das Insolvenzverfahren innerhalb eines bestimmten Zeitraums zu eröffnen. Die allgemeine Fassung der Norm spricht vielmehr für eine einzelfallbezogene Abwägung. Je dringender im Einzelfall die Durchführung des außergerichtlichen Einigungsversuchs und die damit zusammenhängende Eröffnung des Verfahrens ist, desto eher kann bei langen Wartezeiten der erreichbaren Schuldnerberatungsstellen eine geeignete Person herangezogen werden.

c) Einfluss von Dritten auf die Kostentragung

Bisher wurde nicht diskutiert, ob die Bereitstellung von Drittmitteln Einfluss auf die Gewährung von Beratungshilfe hat. Voraussetzung für die kostenlose Beratung ist immer ein geringes Einkommen oder der Empfang von Sozialhilfe. Solange keine zusätzlichen Einkünfte in naher Zukunft zu erwarten sind oder Drittmittel aufgewendet werden können, hat der Einigungsversuch keine hohen Erfolgschancen. Kann der Schuldner aber auf derartige Geldmittel zugreifen, ist eine Einigung nicht ganz unwahrscheinlich. Vorteilhaft sind in diesem Fall sicherlich die geringen Kosten. Erfüllt der Schuldner die personellen

---

154 AG Bad Sobernheim, BeckRS 2016, 04995; AG Darmstadt, ZVI 2013, 100, 101 ff.; AG Schwerte, NZI 2004, 680; AG Lüdenscheidt, v. 12.04.2005 – 22II 343/04; Schmidt, Privatinsolvenz, § 3 Rn. 28.

155 Poller/Härtl/Köpf/Köpf, Gesamtes Kostenhilferecht, § 1 BerHG Rn. 100.

156 Schmidt, Privatinsolvenz, § 3 Rn. 28.

157 Bejahend BGHZ 175, 307 Rn. 10; 144, 78, 83 f.; HK-InsO/Sternal, § 1 Rn. 8; Ahrens, ZZP 122 (2009), 133, 139; Pape, RPfleger 1997, 237, 241; Einordnung als nachrangiges Verfahrensziel Häsemeyer, Insolvenzrecht, Rn. 1.12; a.A. Jaeger/Henckel, § 1 Rn. 20.

Voraussetzungen, trägt die Allgemeinheit die Kosten. Dies scheint nicht sachgerecht zu sein, da die angebotene Masse nunmehr ausreichen dürfte, um die Beratungskosten zu tragen. Eine derartige Regelung ist aber weder im Gesetz, noch unter den Bestimmungen der Schuldnerberatungsstellen zu finden.

G. Abgebrochene Reformvorhaben

I. Einführung

Wie bereits angeklungen, sahen Entwürfe zur Reform des Insolvenzrechts weitergehende Änderungen des außergerichtlichen Einigungsverfahrens vor, die abgesehen von der qualifizierten Beratung nicht umgesetzt wurden.

Das außergerichtliche Schuldenbereinigungsplanverfahren wurde und wird wiederholt stark kritisiert.[158] Der erste Kritikpunkt betrifft den Zwang, der durch dieses Verfahren es auf das Verhalten von Schuldnern und Gläubigern ausgeübt wird.[159] Auch Schuldner, die zuvor bereits ernsthaft versucht haben, sich mit ihren Gläubigern zu einigen, die keine Masse anzubieten haben, oder die keine zuverlässige Übersicht über ihre Verbindlichkeiten haben, müssen sich verpflichtend auf das Verfahren einlassen, das diesen wie ein Papiertiger vorkommt. Der zweite Kritikpunkt bezieht sich auf das Einstimmigkeitserfordernis.[160] Jeder Gläubiger, der dem Plan nicht zustimmt, bringt diesen zum Scheitern. Durch eine Änderung der angesprochenen Problempunkte erhofften einige, die Bedeutung des außergerichtlichen Einigungsversuchs in der Praxis zu stärken.[161]

II. Zustimmungsersetzungsverfahren

Mehrfach wurde diskutiert, vom Einstimmigkeitsprinzip abzuweichen und ähnlich wie beim gerichtlichen Einigungsversuch zuzulassen, die Zustimmung einzelner Gläubiger gerichtlich zu ersetzen.[162] Hierdurch könnten weitere Anreize

---

158 Schmidt, Privatinsolvenz, § 3 Rn. 19; Grote, ZInsO 2001, 17, 17 ff.; Martini, ZInsO 2001, 249, 251; Henning, ZVI 2012, 126, 127; Harder, NZI 2013, 70, 71; Baczako, ZVI 2013, 209, 211; differenzierend Hofmeister, ZVI 2003, 12, 20 f.

159 Grote, ZInsO 2001, 17, 18; Martini, ZInsO 2001, 249, 249; Laroche/Pruskowski/Schöttler/Siebert/Vallender, ZIP 2012, 558, 564; Harder, NZI 2013, 70, 71; Grote/Pape, AnwBl 2013, 601, 604; a.A. Jäger, ZVI 2012, 177, 178.

160 Henning, ZVI 2012, 126, 127.

161 DiskE 2003, ZVI 4/2003, Beilage 1, S. 8; Henning, ZVI 2012, 126, 127 f.

162 DiskE 2003, ZVI 4/2003, Beilage 1 S. 9, der zudem auch vorsah, dem außergerichtlichen Einigungsversuch die Wirkung eines Vergleichs i.S.d. § 794 I Nr. 1 ZPO

sowohl für Gläubiger als auch für Schuldner geschaffen werden, sich außergerichtlich zu einigen.[163] Zudem würde das vorinsolvenzliche Verfahren entscheidend gestärkt. Dem Auftreten eines Querulanten, der sich von vornherein nicht mit einem gütlichen Einigungsverfahren beschäftigen möchte, könnte entgegengewirkt werden.

Die praktischen Vorteile liegen folglich auf der Hand, nicht unbeachtet muss daneben bleiben, dass jede Person frei über ihr Vermögen verfügen kann. Eine Zustimmungsersetzung außerhalb eines geordneten gerichtlichen Verfahrens könnte in unangemessener Weise Art. 14 Abs. 1 S. 1 GG einschränken.

III. Fakultativ ausgestalteter Einigungsversuch

Ein weiterer Ansatz empfiehlt, den außergerichtlichen Einigungsversuch fakultativ auszugestalten.[164] Durch den zwingenden Einigungsversuch werden erhebliche Kosten teils ohne erfolgversprechende Ziele verursacht, indem Schuldnerberatungsstellen mit der Beratung beschäftigt werden. Zudem kann beobachtet werden, dass die Einigungsbereitschaft eines Gläubigers sinkt, je häufiger er mit erfolglosen Einigungsversuchen beschäftigt wird. Diese Entwicklung beruht nicht auf der Qualität des Plans, sondern vielmehr darauf, dass ein Gläubiger keinen Nutzen darin sieht, wiederholt erfolglos mit dem Schuldner dasselbe Thema zu verhandeln. Ein Schuldner, der außergerichtliche Verhandlungen erfolgversprechend nutzen möchte, sollte sich daher frühzeitig beraten lassen und ernsthaft nach kompromissfähigen Lösungen suchen.

Zur Lösung dieses Problems wurde vorgeschlagen, neben der Scheiternsbescheinigung eine Aussichtslosigkeitsbescheinigung vorzusehen und so in offensichtlich aussichtslosen Fällen den Einigungsversuch entfallen zu lassen.[165] Eine offensichtliche Aussichtslosigkeit sollte vorliegen, wenn der Schuldner voraussichtlich nicht mehr als fünf Prozent seiner Forderungen begleichen kann oder mehr als zwanzig Gläubiger hat.[166] Bei derartigen Gegebenheiten sind die Einigungschancen zwischen Schuldner und Gläubigern gering. Dieses Vorhaben des

zukommen zu lassen gegenüber allen Gläubigern; § 305a RefE 2004, ZInsO 2004, 1016, 1019; § 307 RegE-InsO 2012, ZIP 2012, A 58.

163 Henning, ZVI 2012, 126, 128.

164 Henning, ZVI 2012, 126, 128.

165 § 305 Abs. 1 Nr. 1 RegE 2012, BT-Drs. 17/11268, S. 9.

166 § 305 Abs. 1 Nr. 1 RegE 2012, BT-Drs. 17/11268, S. 9

Gesetzgebers fand großen Anklang,[167] wurde aber dennoch kurz vor der Verabschiedung des Gesetzes abgebrochen.

Als Grund hierfür wird die kosten- und zeitintensive Aufarbeitung von Unterlagen des Schuldners durch die Schuldnerberatungsstellen genannt.[168] Weiterhin wäre die finanzielle Gesamtlage der Schuldnerberatungsstellen bedroht gewesen.[169] Obwohl diese Reform zu die Schuldnerberatungsstellen nicht wesentlich entlastet hätte, wäre eine Kürzung deren Mittel zu befürchten gewesen. Dieses zweite Argument ist aus praktischer Sicht wohl sinnvoll, von einem wirtschaftlichen Standpunkt aus aber zu kritisieren.

Es wäre sinnvoll gewesen, die ohnehin überlasteten Schuldnerberatungsstellen zu entlasten, damit diese in erfolgversprechende Beratungen mehr Zeit investieren können. Dies besonders, da nach der Neuformulierung des Gesetzes eine qualifizierte Beratung gefordert ist. Die geringere Belastung in offensichtlich aussichtslosen Fällen wäre folglich durch eine Mehrbelastung in Folge der qualifizierten Beratung ausgeglichen worden. Anstatt diesen Ausgleich den Ländern bei der Mittelbereitstellung nahezulegen, wurden die Aufgaben der Schuldnerberatungsstellen ausgeweitet ohne dass zu erwarten ist, dass die Länder ihren Einrichtungen mehr finanzielle Mittel zukommen lassen.

H. Der außergerichtliche Einigungsversuch – keine bloße Formsache

Das Ziel einer Einigung über ein Vorgehen außerhalb des gesetzlich vorgesehenen Verfahrens ist insbesondere, dem Schuldner die wirtschaftlichen Nachteile eines SCHUFA-Eintrags zu ersparen. Vorteilhaft ist das außergerichtliche Einigungsverfahren zudem im Fall des positiven Ausgangs, weil es sehr kostengünstig ist und zumindest schneller durchgeführt werden kann als ein gerichtliches Verfahren. Fraglich ist, ob ein obligatorischer Einigungsversuch ausgerechnet bei der Insolvenz eines Verbrauchers sinnvoll ist. Dafür kann angebracht werden, Gläubiger eines Verbrauchers seien häufig nicht so sehr um eine konsensuale Lösung bemüht wie Gläubiger von Schuldnern mit größerem Kapitalvolumen. Daher sollten auch in diesem Bereich Chanen und Anreize zu einer Einigung bestehen. Andererseits muss kritisch betrachtet werden, dass die obligatorische

167 Kritisch Frind, ZInsO 2012, 475, 479.

168 BT-Drs. 17/13535, S. 29.

169 Ahrens, Aktuelles Privatinsolvenzrecht, Rn. 134; Hofmeister, ZVI 2014, 247, 248; Grote/Pape, ZInsO 2013, 1433, 1436.

Durchführung eines außergerichtlichen Einigungsversuchs ein Verfahren, selbst wenn die Einigung mangels Kapitals von vornherein aussichtslos ist, häufig um mehrere Monate verlängert. Leider haben sich in diesem Punkt die Reformbewegungen nicht durchsetzen können.

Die wohl bedeutendste Schwachstelle der außergerichtlichen Einigung ist deren fehlende Universalwirkung. Auch wenn alle zur Zeit der Einigung geläufigen Gläubiger einem Plan zustimmen, entfaltet dieser Plan keine Wirkung gegenüber unbekannten Gläubigern. Weiterhin wird während des außergerichtlichen Einigungsversuchs keine gerichtliche Unterstützung und Überwachung gewährleistet. Dies führt einerseits zwar zu den geringen Kosten, andererseits aber auch zu einem geringen Vertrauen der Parteien in das Verfahren. Schließlich hängt der Erfolg des Einigungsversuchs maßgeblich von der Qualität der Beratung bereits während der Aufstellung des Plans ab. Diese soll zwar durch die Reform verbessert werden, zwingend einzuhaltende Maßstäbe wurden aber nicht festgelegt. Daher muss der Schuldner selbst darauf achten, seine eigenen Belange ausreichend zu berücksichtigen und die Gläubiger hinreichend einzubeziehen, um auf diese Art die Einigungsbereitschaft der Gläubiger zu erhöhen.

Den Schwachstellen des Verfahrens steht sein Erfolg gegenüber. Eine nicht repräsentative Studie, in der Verfahren von 1999 bis 2010 ausgewertet wurden, ergab im Jahr 2010 eine Einigungsrate von 23,76 % in Baden-Württemberg als Spitzenreiter.[170] Weiterhin erreichten die meisten Bundesländer in den Anfangsjahren deutlich höhere Erfolgsquoten. Dies lässt eine starke Abhängigkeit zwischen dem Erfolg des Verfahrens und der Beratungsqualität vermuten. Insgesamt sprechen die erhobenen Daten für einen nicht zu vernachlässigenden Anteil des außergerichtlichen Einigungsversuchs an der Vermeidung der Eröffnung eines Insolvenzverfahrens.

---

170 Hofmeister/Schilz, ZVI 2012, 134, 138 ff.

4. Kapitel: Der gerichtliche Einigungsversuch

A. Überblick über das Verfahren des gerichtlichen Einigungsversuchs

I. Entscheidung über die Durchführung

Wird außergerichtlich keine Einigung erzielt, kann bei (drohender) Insolvenz vom Schuldner oder einem Gläubiger ein Insolvenzverfahren eingeleitet werden.[171] Leitet ein Gläubiger das Insolvenzverfahren ein, ist nach den allgemeinen Vorschriften zu entscheiden. Um dennoch das gesetzgeberische Ziel einer gütlichen Einigung offen zu halten, muss auch bei einem Gläubigerantrag dem Schuldner nach § 306 Abs. 3 InsO die Gelegenheit geben werden, ebenfalls einen Antrag zu stellen.

Stellt der Schuldner den Eröffnungsantrag, ruht das Insolvenzverfahren gemäß § 306 Abs. 1 InsO, bis das Insolvenzgericht darüber entschieden hat, ob ein gerichtliches Schuldenbereinigungsplanverfahren durchgeführt wird.[172] Diese Entscheidung steht im freien Ermessen des Gerichts. Die Ruhensphase soll gemäß § 306 Abs. 1 S. 2 InsO nicht länger als drei Monate andauern, wobei es sich hierbei um eine reine Ordnungsvorschrift handelt, auf deren Verletzung keinerlei Konsequenzen folgen.[173]

Als Grundlage der Entscheidungsfindung dient der vom Schuldner gemäß § 305 Abs. 1 Nr. 4 InsO mit dem Eröffnungsantrag einzureichende Planvorschlag.[174] Hilfreich kann insbesondere ein Vergleich mit dem außergerichtlichen Schuldenbereinigungsplan sowie den hierauf erfolgten Gläubigerreaktionen sein, welche der Schuldner mit dem Eröffnungsantrag gemäß § 305 Abs. 1 Nr. 1 InsO vorzulegen hat.[175] Sofern die Mehrheit der Gläubiger einem vergleichbaren

---

171 HK-InsO/Waltenberger, § 305 Rn. 24; Nerlich/Römermann/Römermann, § 305 Rn. 6.

172 Jaeger/Foerste, InsO, § 306 Rn. 5; Uhlenbruck/Sternal, § 306 Rn. 7; a.A. K. Schmidt/Stephan, InsO, § 306 Rn. 4, nach dem das Verfahren erst mit der Nachreichung der fehlenden Unterlagen nach § 305 III InsO zu ruhen beginnt; näher zu den Besonderheiten des Gläubigerantrags K. Schmidt/Stephan, § 306 Rn. 11 ff.

173 Uhlenbruck/Sternal, § 306 Rn. 16; FK-InsO/Lackmann, § 306 Rn. 9; Frege/Keller/Riedel, Insolvenzrecht, Teil 6 Kapitel 3 Rn. 58.

174 Frege/Keller/Riedel, Insolvenzrecht, Teil 6 Kapitel 3 Rn. 49 ff.

175 K. Schmidt/Stephan, InsO, § 306 Rn. 7; Frege/Keller/Riedel, Insolvenzrecht, Teil 6 Kapitel 3 Rn. 49 ff.

außergerichtlichen Angebot zugestimmt hat und diese Gläubiger zusammen mindestens die Hälfte der Summe der Forderungen innehaben, verspricht die Durchführung des gerichtlichen Schuldenbereinigungsplanverfahrens Erfolg.[176] Ebenso erfolgversprechend ist die Sachlage, wenn der Plan in wesentlichen Punkten geändert und hierdurch auf die Kritik der Gläubiger eingegangen wird.[177] Legt der Schuldner hingegen überzeugend Gründe dafür dar, dass er ein Insolvenzplanverfahren anstrebt, bedeutet die Durchführung des gerichtlichen Schuldenbereinigungsplanverfahrens eine zusätzliche Verzögerung, von der abgesehen werden sollte.

Geht das Insolvenzgericht davon aus, dass der Plan nicht angenommen wird, ist der Schuldner nach § 306 Abs. 1 S. 3 InsO mündlich anzuhören. Sofern ein Schuldner an einer gütlichen Einigung interessiert ist, erhält er eine letzte Chance, das Gericht hiervon zu überzeugen. Verfahrensverzögerungen ohne erkennbaren Mehrwert, der in der Chance auf einen schnellen und kostengünstigen Abschluss des Verfahrens liegt, sind nicht zu dulden. In diesem Sinne entscheiden Insolvenzgerichte in den meisten Verbraucherinsolvenzverfahren. So wird nur in etwa drei Prozent der Fälle ein gerichtliches Schuldenbereinigungsplanverfahren durchgeführt.[178]

II. Verfahren nach positiver Entscheidung über die Durchführung

Beschließt das Gericht, das gerichtliche Schuldenbereinigungsplanverfahren durchzuführen, fordert es vom Schuldner die erforderliche Anzahl an Abschriften des Plans und der Vermögensübersicht an. Hierzu wird dem Schuldner gemäß § 306 Abs. 2 S. 2 InsO eine zweiwöchige Frist gesetzt, bei deren Überschreiten sein Eröffnungsantrag nach §§ 306 Abs. 2 S. 3 i.V.m. 305 Abs. 3 S. 2 InsO als zurückgenommen gilt.

Anschließend sendet das Gericht jedem Gläubiger eine Abschrift des Schuldenbereinigungsplans und der Vermögensübersicht zu und fordert die Gläubiger gemäß § 307 Abs. 1 InsO unter Hinweis auf die Folgen einer Nichtbeachtung auf, binnen einer Notfrist von einem Monat Stellung zu nehmen. Teils wird gefordert, auf eine Beglaubigung der Abschriften zu verzichten und eine Unterschrift

---

176 K. Schmidt/Stephan, § 306 Rn. 7; Frege/Keller/Riedel, Insolvenzrecht, Teil 6 Kapitel 3 Rn. 49 ff.

177 K. Schmidt/Stephan, § 306 Rn. 7; Frege/Keller/Riedel, Insolvenzrecht, Teil 6 Kapitel 3 Rn. 49 ff.

178 Schmidt, Privatinsolvenz, § 3 Rn. 44.

des Schuldners genügen zu lassen, um Gerichtszeit und Kosten zu sparen.[179] Die Übereinstimmung mit den bei Gericht hinterlegten Originalen kann damit allerdings nicht hinreichend belegt werden, die Abschriften sind daher beglaubigen zu lassen.[180] Weiterhin sind die Gläubiger darauf hinzuweisen, dass das Vermögensverzeichnis zur Einsichtnahme bei Gericht ausliegt, um Kosten zu sparen, § 307 Abs. 1 S. 1 Hs. 2 InsO.

III. Gläubigerreaktionen und Verfahrensabschluss

Innerhalb der einmonatigen Notfrist können die beteiligten Gläubiger in dreierlei Weise reagieren, sie können den Plan ablehnen, sich damit einverstanden erklären oder schweigen. Die Annahme oder Ablehnung sind dem Gericht zuzustellen, vgl. § 307 Abs. 2 InsO.[181] Einzig einem Gläubiger, der fristgerecht seine Ablehnung erklärte, ist eine Änderung seiner Reaktion erlaubt. Dieser kann nach Fristablauf seine Annahme erklären.

Ein Schuldenbereinigungsplan kann ausschließlich einstimmig angenommen werden. Es bestehen aber im Vergleich zum außergerichtlichen Einigungsversuch verschiedene Möglichkeiten, eine Annahme zu erzielen. So kann die Zustimmung nach § 309 InsO ersetzt werden oder aber die Fiktion des § 307 Abs. 2 S. 1 InsO greift. Der von allen Gläubigern angenommene Schuldenbereinigungsplan wird schließlich vom Insolvenzgericht gemäß § 308 Abs. 1 S. 1 InsO festgestellt.

B. Das gerichtliche Schuldenbereinigungsplanverfahren als Perspektive in der Privatinsolvenz

I. Vergleichsrechnung

Zentral für den Erfolg eines Schuldenbereinigungsplans ist die Aufstellung einer umfassenden Vergleichsrechnung. In der Vergleichsrechnung wird die den Gläubigern zuzuführende Befriedigungsquote des Insolvenz- und sich des anschließenden Restschuldbefreiungsverfahrens der durch den Schuldenbereinigungsplan angebotenen Befriedigungsaussicht gegenübergestellt. Obwohl eine solche Rechnung vom Gesetzeswortlaut nicht gefordert wird, ist sie bereits

---

179 Andres/Leithaus/Andres, § 307 Rn. 3; HK-InsO/Waltenberger, § 307 Rn. 6.

180 Jaeger/Foerste, InsO, § 307 Rn. 4; MüKo-InsO/Vuia, § 307 Rn. 7; Graf-Schlicker/Pollmächer, InsO, § 307 Rn. 3; Uhlenbruck/Sternal, InsO, § 307 Rn. 2; Frege/Keller/Riedel, Insolvenzrecht, Teil 6 Kapitel 3 Rn. 61.

181 Uhlenbruck/Sternal, § 307 Rn. 47.

zur Unterstützung der Entscheidung der Gläubiger über ihre Zustimmung zum Schuldenbereinigungsplan zu empfehlen. Bei der Ersetzung der Zustimmung durch das Gericht wird sie an zeitlich späterer Stelle des gerichtlichen Einigungsverfahrens von § 309 Abs. 1 S. 2 Nr. 2 InsO gefordert. Obwohl die vorher aufgestellte Vergleichsrechnung den Anforderungen des § 309 Abs. 1 S. 2 Nr. 2 InsO nicht zwingend genügen muss, ist es ratsam, die Vorgaben einzuhalten, um keine zweite Vergleichsrechnung aufstellen zu müssen. Aus diesem Grund wird bereits hier auf Besonderheiten des § 309 Abs. 1 S. 2 Nr. 2 InsO eingegangen.

1. Quote aus Insolvenz- und Restschuldbefreiungsverfahren

a) Regelverfahren

Für die Ermittlung der prognostizierten Quote bei Durchlauf des Insolvenzverfahrens und des sich anschließenden Restschuldbefreiungsverfahrens müssen das vorhandene pfändbare Vermögen bewertet und künftige pfändbare Einnahmen einbezogen werden. Von dem dadurch erhaltenen Geldwert sind die Verfahrens- und Verwalterkosten abzuziehen und daraufhin die Anteile des jeweiligen Gläubigers zu berechnen.[182] Diese Berechnungen sind für die erwartete Zeitspanne des Insolvenzverfahrens und des Restschuldbefreiungsverfahrens aufzustellen.[183]

aa) Restschuldbefreiung nach dem Gesetz zur weiteren Verkürzung des Restschuldbefreiungsverfahrens

Mit In-Kraft-Treten des Gesetzes zur weiteren Verkürzung des Restschuldbefreiungsverfahrens[184] wurde für ab dem 01.10.2020 beantragte Insolvenzverfahren natürlicher Personen die regelmäßige Abtretungsfrist von sechs auf drei Jahre verkürzt. Ist dem Schuldner auf der Grundlage eines nach dem 30.09.2020 gestellten Insolvenzantrags bereits einmal Restschuldbefreiung erteilt worden, so beträgt die Antretungsfrist in einem erneuten Verfahren gem. § 287 Abs. 2 InsO fünf Jahre. Damit will der Gesetzgeber Fehlanreize der Verkürzung des regulären Restschuldbefreiungsverfahrens auf drei Jahre für eine leichtfertige Verschuldung verhindern.[185] Entsprechend wurden auch die zum 01.07.2014

---

182 MüKo-InsO/Vuia, § 309 Rn. 16; Ahrens/Gehrlein/Ringstmeier/Henning, InsO, § 309 Rn. 13; FK-InsO/Lackmann, § 309 Rn. 27.

183 MüKo-InsO/Vuia, § 309 Rn. 16.

184 Gesetz zur weiteren Verkürzung des Restschuldbefreiungsverfahrens vom 22.12.2020, BGBl. I, 3328.

185 BT-Drs. 19/21891, S. 19.

eingeführten Regelungen zur Verkürzung der Abtretungsfrist aufgehoben und § 300 InsO entsprechend neu gefasst. Hierzu sah sich der Gesetzgeber aufgrund der Restrukturierungsrichtlinie[186] veranlasst.

Diese Gesetzesänderung ermöglicht im Rahmen der Aufstellung einer Vergleichsrechnung nunmehr eine klare Bestimmung des maßgeblichen Betrachtungszeitraums hinsichtlich der aufzustellenden prognostischen Berechnung.

Beibehalten wurde die Regelung des § 300 Abs. 1 S. 2 Nr. 1 InsO, wonach die Restschuldbefreiung erklärt wird, wenn keine Forderungen angemeldet wurden oder wenn der Schuldner alle Forderungen beglichen hat. Ist eine derartige Entwicklung absehbar, ist es zwecklos und zeitintensiv, ein gerichtliches Schuldenbereinigungsverfahren durchzuführen. Voraussetzung für den Abschluss eines Planverfahrens ist, dass zumindest ein Gläubiger vorhanden ist, der über den Plan abstimmt. Eine Berücksichtigung der besonderen Umstände des § 300 Abs. 1 S. 2 Nr. 1 InsO hat daher bereits bei der Entscheidung über die Durchführung des gerichtlichen Schuldenbereinigungsplanverfahrens zu erfolgen.

bb) Restschuldbefreiung nach dem Gesetz zur Verkürzung des Restschuldbefreiungsverfahrens und zur Stärkung der Gläubigerrechte

Schwierigkeiten bereitet die Bestimmung des Prognosezeitraums hingegen in ab dem 01.07.2014 und vor dem 01.10.2020 beantragten Verfahren. So bestand nach § 300 Abs. 1 S. 2 InsO a.F. die Möglichkeit, die Restschuldbefreiungsfrist zu verkürzen. Konnte ein Schuldner voraussichtlich die Restschuldbefreiungsfrist verkürzen, musste dieser Umstand konsequenterweise auch in die Berechnung einbezogen werden.[187] Eine Verfahrensverkürzung beeinflusst die Berechnungen nämlich ebenso maßgeblich wie eine voraussichtliche Versagung der Restschuldbefreiung.

Konnte der Schuldner voraussichtlich die Verfahrenskosten des Insolvenz- und Restschuldbefreiungsverfahrens zahlen, wurde ihm gesetzlich nach § 300 Abs. 1 S. 2 Nr. 3 InsO a.F. eine Verkürzung der Abtretungsfrist auf fünf Jahre zugestanden. War von vornherein absehbar, dass der Schuldner mit den vorhandenen Mitteln die Verfahrenskosten decken kann, musste dieser Umstand folglich einbezogen werden.

---

186 Richtlinie (EU) 2019/1023 vom 20.06.2019 über Restrukturierung und Insolvenz, ABl. L 172/18.

187 Uhlenbruck/Sternal, § 309 Rn. 48.

Schwieriger war allerdings die Feststellung, ob dem Schuldner eine nur dreijährige Abtretungsfrist gem. § 300 Abs. 1 S. 2 Nr. 2 InsO a.F. zukommen würde. Die Kriterien hierfür waren sehr hoch angesetzt, sodass nur in Einzelfällen die Chance bestand, diese zu erfüllen.[188] Eine Prognose darüber aufzustellen, ob die Kriterien voraussichtlich eingehalten werden würden, fiel daher umso schwerer bzw. war sogar gänzlich ausgeschlossen. Insbesondere Letzteres sollte regelmäßig der Fall gewesen sein, wurde doch in dem am 13.08.2018 dem Deutschen Bundestag vorgelegten Evaluierungsbericht festgestellt, dass der Anteil der Schuldner, die eine vorzeitige Restschuldbefreiung nach drei Jahren erlangen konnten bei nur unter zwei Prozent lag.[189]

b) Kein Restschuldbefreiungsverfahren

Fraglich ist, ob die Wahrscheinlichkeit zu berücksichtigen ist, mit der kein Restschuldbefreiungsverfahren durchgeführt wird. Nach dem Wortlaut des § 309 Abs. 1 S. 2 Nr. 2 InsO ist zu prüfen, ob der Gläubiger durch den Schuldenbereinigungsplan nicht voraussichtlich wirtschaftlich schlechter gestellt wird, als er bei Durchführung des Verfahrens über die Anträge auf Eröffnung des Insolvenzverfahrens und Erteilung des von Restschuldbefreiung stünde. Das Restschuldbefreiungsverfahren ist danach fest einzubeziehen. Der Verweis auf das Restschuldbefreiungsverfahren könnte allerdings auch rein fakultativ zu verstehen sein. Eine Berücksichtigung des Schuldbefreiungszeitraums ist nur sinnvoll, wenn im Verfahren tatsächlich die Aussicht besteht, nach Ablauf dieses begrenzten Zeitrahmens Restschuldbefreiung zu erlangen. Besteht keine Aussicht auf Schuldbefreiung, wird das Ergebnis der Vergleichsrechnung durch eine Nichtberücksichtigung dieses Umstands verfälscht. Offensichtlich vorliegende Versagungsgründe sind daher bei der Aufstellung der Vergleichsrechnung einzubeziehen.[190]

2. Quote und Ermittlung der Verfahrenskosten

Der im Insolvenz- und Restschuldbefreiungsverfahren zu erreichenden Quote ist die durch den Schuldenbereinigungsplan angebotene Quote gegenüberzustellen. Die Basis des Schuldenbereinigungsplans wird häufig ein von einem

---

188 Ahrens, Aktuelles Privatinsolvenzrecht, Rn. 996; Möhlen, ZInsO 2015, 1603, 1607; Pape, ZAP Fach 14, 655, 663 f.; Leipold, ZInsO 2013, 2052, 2052 f.; Grote/Pape, ZInsO 2013, 1433, 1435 f.

189 Vgl. BT-Drs. 19/4000, S. 7.

190 Uhlenbruck/Vallender, 13. Aufl. 2010, § 309 Rn. 83.

Dritten gezahlter Geldbetrag bilden. Der Geldbetrag sowie das weitere im Schuldenbereinigungsplan zur Gläubigerbefriedigung angebotene Vermögen sind zusammenzuzählen. Von dem ermittelten Gesamtbetrag wiederum müssen die Kosten des Schuldenbereinigungsplanverfahrens abgezogen werden, woraufhin die den Gläubigern gemäß dem Plan zukommenden Quoten gebildet werden können.[191] Nicht zulässig ist es, Zahlungen aus dem unpfändbaren Teil des Vermögens anzubieten.[192]

Unsicherheiten können bei der Bezifferung der Kosten des Schuldenbereinigungsplanverfahrens entstehen. Zur professionellen Begleitung wird in vielen Verfahren ein Insolvenzverwalter, Wirtschaftsprüfer oder eine ähnliche in Insolvenzbelangen erfahrene Person herangezogen.[193] Um sicher eine Quote im Schuldenbereinigungsplan anbieten zu können, bietet es sich an, entweder mit der beratenden Person einen Festpreis auszuhandeln oder zu vereinbaren, dass die Verfahrenskosten komplett von einem Drittmittelgeber übernommen werden.[194] Übernimmt ein Drittmittelgeber die Verfahrenskosten, wird das Risiko eines komplizierten Verfahrens auf diesen übertragen. Anders verhält es sich, wenn die Verfahrenskosten vorab aus der zu verteilenden Masse gezahlt werden.

Wird ein Festpreis mit der beratenden Person vereinbart, wird dieser an einem durchschnittlichen Verfahrensablauf bemessen sein. Dies kann sich je nach Gang des Verfahrens positiv oder negativ auswirken. Verläuft das Verfahren sehr unkompliziert, hat der Berater eine hohe Gewinnspanne, die zu verteilende Masse wird übermäßig reduziert. Tauchen Komplikationen auf, wie etwa langwierige Verhandlungen mit einzelnen Gläubigern, sinkt die Gewinnspanne des Beraters drastisch, während sich dies auf die zu verteilende Masse positiv auswirkt.

3. *Gegenüberstellung*

Auf der Grundlage der gegenüberzustellenden Berechnungen kann jeder Gläubiger sich schnell ein Bild über die Situation machen. Rechtlich bedeutsam wird die Vergleichsrechnung bei der gerichtlichen Zustimmungsersetzung, innerhalb der das Gericht unter Beachtung wirtschaftlicher Gegebenheiten eine Abwägungsentscheidung treffen muss.[195]

---

191 K. Schmidt/Stephan, § 309 Rn. 18.

192 RGZ 72, 181, 183; BayObLG, NJW 1950, 697, 698; KG, NJW 1960, 682; Uhlenbruck/Sternal, § 309 Rn. 49.

193 Uhlenbruck/Sternal, § 305 Rn. 137; Grote/Pape, ZInsO 2013, 1433, 1445.

194 Vgl. zu Vergütungsvereinbarung im Insolvenzplanverfahren 5. Kapitel D. IV. 9.

195 Vgl. in diesem Kapitel unter B. III. 2. d) bb) (1).

II. Planänderungen

Spricht das Gericht dem Plan auf der Grundlage der Stellungnahmen der Gläubiger nach der Vornahme einiger Änderungen Erfolg zu, stellt es dem Schuldner eine einmonatige Notfrist, binnen derer er den Plan ändern und anpassen kann, § 307 Abs. 3 InsO. Notwendig ist ein aktives Mitwirken des Schuldners an der Planänderung, wodurch sich dieser gemäß § 307 Abs. 2 InsO analog konkludent mit den Änderungen einverstanden erklärt. Eine einmalige Planänderung ist somit eindeutig vorgesehen.

Weitere Planänderungen sind vom Gesetz nicht vorgesehen und somit grundsätzlich nicht möglich.[196] Gegen erneute Planänderungen spricht die unsachgemäße Möglichkeit des Schuldners, das Verfahren in die Länge zu ziehen und zudem sukzessiv die Grenzen der Zustimmungsbereitschaft der Gläubiger und die Bereitschaft des Insolvenzgerichts, die Zustimmung zu ersetzen, auszukundschaften. In den meisten Fällen sind diese Erwägungen zutreffend. Hängt eine Einigung allerdings von einer bestimmten Änderung ab, ist diese nach gerichtlicher Kontrolle zuzulassen.[197]

III. Zustandekommen des Schuldenbereinigungsplans, §§ 307–309 InsO

Auf drei unterschiedliche Arten kann ein Gläubiger auf den ordnungsgemäß zugestellten Schuldenbereinigungsplan reagieren. Er kann ausdrücklich zustimmen, schweigen oder dem Plan widersprechen. Bei allen drei Reaktionen ist es möglich, den Plan zustande zu bringen und so die nach § 308 InsO erforderliche einstimmige Zustimmung der Gläubigerschaft zu erreichen.

---

196 LG Münster, InVo 2001, 325, 326; HK-InsO/Waltenberger, § 307 Rn. 19; Andres/Leithaus/Andres, § 307 Rn. 6; Braun/Buck, § 307 Rn. 18 f.; MüKo-InsO/Vuia, § 307 Rn. 15; a.A. Nerlich/Römermann/Römermann, § 307 Rn. 22; Kritik an der Schriftlichkeit des Planänderungsverfahrens Häsemeyer, Insolvenzrecht, 29.30.

197 LG Hannover, ZIP 2000, 209; HambKomm-InsO/Ritter, § 307 Rn. 15; Kübler/Prütting/Bork/Wenzel, InsO, § 307 Rn. 12; HK-InsO/Waltenberger, § 307 Rn. 19; Frege/Keller/Riedel, Insolvenzrecht, Kapitel 6 Teil 3 Rn. 78; a.A. MüKo-InsO/Vuia, § 307 Rn. 15.

1. *Annahme des Schuldenbereinigungsplans beruhend auf der gesetzlichen Fiktion des § 308 Abs. 1 S. 1 InsO*

Ein Schuldenbereinigungsplan gilt gem. § 308 Abs. 1 S. 1 InsO als angenommen, wenn kein Gläubiger Einwendungen gegen den Schuldenbereinigungsplan erhoben hat oder seine Zustimmung gem. § 309 InsO ersetzt wird. Durch diese gesetzliche Fiktion werden der ausdrücklich dem Plan zustimmende und der schweigende Gläubiger einander gleichgestellt und das gerichtliche Schuldenbereinigungsplanverfahren erheblich gestärkt, da es den einzelnen Gläubigern obliegt, zur Verhinderung des Plans aktiv tätig zu werden.[198]

Eine Annahme unter Bedingungen ist nicht möglich, eine derartige Reaktion ist vielmehr als Ablehnung anzusehen.[199] Um der häufig großen Anzahl an Gläubigern gerecht zu werden, ist zu empfehlen, den Gläubigern neben den Unterlagen einen Stimmzettel zu übersenden.[200] Indem der einzelne Gläubiger sich nämlich nicht aufgefordert sieht, eigenständig ein Schreiben zur Reaktion aufzusetzen, steigt seine Bereitschaft, dem Verfahren zu folgen bzw. zumindest eine klare Auskunft über die Zustimmungsbereitschaft zu erteilen.[201]

Reagiert ein Gläubiger hingegen auf den ihm wirksam zugestellten Schuldenbereinigungsplan nicht innerhalb der Notfrist von einem Monat nach § 307 Abs. 1 S. 1 InsO, gilt dies gemäß § 307 Abs. 2 InsO als Einverständnis mit dem Schuldenbereinigungsplan. Hierauf ist der Gläubiger mit der Aufforderung zur Stellungnahme durch das Gericht hinzuweisen, § 307 Abs. 2 S. 2 InsO. Nimmt ein Gläubiger innerhalb der Frist Stellung, indem er etwa Änderungen oder weitere Klärungen hinsichtlich einzelner Teile fordert, kann er auch nach Ablauf der Monatsfrist seine Zustimmung endgültig verweigern.[202]

2. *Die Zustimmungsersetzung nach § 309 InsO*

a) *Zweck*

Die letzte Stufe der Zustimmung liegt in der Möglichkeit, die Zustimmung einzelner Gläubiger, die dem Plan widersprochen haben, durch das Insolvenzgericht ersetzen zu lassen, § 309 Abs. 1 InsO. Die Zustimmungsersetzung bildet

---

198 Jaeger/Foerste, InsO, § 307 Rn. 23; Uhlenbruck/Sternal, § 307 Rn. 61.

199 Jaeger/Foerste, InsO, § 307 Rn. 21; K. Schmidt/Stephan, § 307 Rn. 19; Frege/Keller/Riedel, Insolvenzrecht, Kapitel 6 Teil 3 Rn. 75.

200 Frege/Keller/Riedel, Insolvenzrecht, Kapitel 6 Teil 3 Rn. 66.

201 Frege/Keller/Riedel, Insolvenzrecht, Kapitel 6 Teil 3 Rn. 66.

202 MüKo-InsO/Vuia, § 307 Rn. 12.

neben der Fiktion des § 307 Abs. 2 InsO den bedeutsamsten Unterschied und den entscheidenden Mehrwert des gerichtlichen Schuldenbereinigungsplanverfahrens gegenüber dem außergerichtlichen Schuldenbereinigungsplanverfahren. Scheitert das außergerichtliche Schuldenbereinigungsplanverfahren an dem Widerspruch Einzelner kann ohne viel Aufwand der (fast) einheitsfähige Schuldenbereinigungsplan schnell umgesetzt werden. Hierdurch wird insbesondere sogenannten Akkordstörern begegnet, die entgegen wirtschaftlicher Vernunft, häufig aus persönlichen Motiven oder aus Desinteresse, die Einigung boykottieren.[203]

b) Antragserfordernis

Die Zustimmungsersetzung erfolgt gemäß § 309 Abs. 1 S. 1 InsO auf Antrag des Schuldners oder eines Gläubigers. Der Antrag muss nicht begründet werden.[204]

Fraglich ist, welchen Zweck das Antragserfordernis verfolgt. Grundsätzlich stellt die Antragstellung eine gewisse Hürde dar, die nur derjenige nimmt, der an dem folgenden Verfahren interessiert ist. Diesem Grundsatz widerspricht die konkret fehlende Begründungspflicht. Bereits mit der aktiven Einreichung des Antrags manifestiert der Antragsteller allerdings sein Interesse an der Planlösung. Würde darüberhinausgehend eine Begründung gefordert, würde das Verfahren unnötig in die Länge gezogen, zumal die Voraussetzungen, von denen sich das Gericht bei der Entscheidung leiten lassen darf, ohnehin gesetzlich geregelt sind.

c) Kopf- und Summenmehrheit

Nicht ist es Ziel der Zustimmungsersetzung, Gläubiger zu benachteiligen und ihnen Sonderopfer aufzuerlegen. Aus diesem Grund verlangt § 309 Abs. 1 S. 1 InsO zur Ersetzung der Zustimmung eines Gläubigers eine doppelte Mehrheit. Es muss erstens die einfache Mehrheit der Gläubiger zugestimmt haben (Kopfmehrheit) und zweitens müssen diese Gläubiger über die Hälfte der gegen den Schuldner bestehenden Forderungen innehaben (Summenmehrheit). Hierdurch wird auf der ersten Stufe jeder Gläubiger gleich behandelt, während die zweite Stufe Gläubiger mit hohen Forderungen gegenüber Kleingläubigern schützt.

---

203 Baczako, ZVI 2013, 209, 211.

204 Jaeger/Foerste, InsO, § 309 Rn. 4; Frege/Keller/Riedel, Insolvenzrecht, Kapitel 6 Teil 3 Rn. 82.

aa) Kopfmehrheit

Die Kopfmehrheit bemisst sich nach der aktuellen Gläubigeranzahl, wobei Gläubiger nicht berücksichtigt werden, mit denen der Schuldner sich außergerichtlich geeinigt hat.[205] Da nicht auf die Anzahl der Forderungen abgestellt wird, kommt auch einem Gläubiger mit mehreren Forderungen gegen den Schuldner nur eine einzige Stimme zu.[206]

bb) Summenmehrheit

Um die Summenmehrheit zu erreichen, muss die Summe der den zustimmenden Gläubigern zustehenden Forderungen größer als die Hälfte der Summe aller benannten Forderungen sein. Als Berechnungsgrundlage dienen grundsätzlich die vom Schuldner angegebenen Forderungen und Forderungshöhen.[207] Von diesen Forderungen abzugrenzen sind im Schuldenbereinigungsplan nicht erwähnte Forderungen, deren Schicksal § 308 Abs. 3 InsO regelt.

Macht ein Gläubiger von den Angaben des Schuldners abweichende Erklärungen zu Bestand oder Höhe der Forderungen, kann gemäß § 309 Abs. 3 InsO dessen Zustimmung nicht nach § 309 Abs. 1 S. 1 InsO ersetzt werden.[208] Dies gilt allerdings nur, sofern sich durch die unterschiedlichen Angaben die Mehrheitsverhältnisse verschieben, da nur hierdurch der vom Schutzzweck der in § 309 Abs. 1 S. 1 InsO enthaltenen Summenmehrheit erfasste Mehrheitsgläubiger beeinträchtigt wird.[209]

Wird die Höhe mehrerer Forderungen glaubhaft bestritten und ergibt sich eine Verschiebung der Mehrheitsverhältnisse erst aus einer Zusammenrechnung dieser Forderungen, sind alle bestrittenen Forderungen als relevant einzustufen. Einen Sonderfall bilden bestrittene Forderungen bei einem (Fast-) Nullplan.[210] Da ein Nullplan regelmäßig keine angemessenen Befriedigungsquoten vorsieht, ist eine Überprüfung anhand des Merkmals der unangemessenen Beteiligung

---

205 AGR/Henning, § 309 Rn. 6.

206 Jaeger/Foerste, § 309 Rn. 7; HambKomm-InsO/Ritter, § 309 Rn. 6; Ahrens/Gehrlein/Ringstmeier/Henning, § 309 Rn. 6; Uhlenbruck/Sternal, § 309 Rn. 7.

207 LG Berlin, ZInsO 2000, 404; Jaeger/Foerste, § 309 Rn. 9; Ahrens/Gehrlein/Ringstmeier/Henning, § 309 Rn. 7; Uhlenbruck/Vallender, InsO, 13. Aufl. 2010, § 309 Rn. 18; Schäferhoff, ZInsO 2001, 687, 689.

208 BGH, NZI 2005, 46; Jaeger/Foerste, InsO, § 309 Rn. 38; Ahrens/Gehrlein/Ringstmeier/Henning, § 309 Rn. 7; HambKomm-InsO/Ritter, § 309 Rn. 4, 30 f.

209 BGH, NZI 2005, 46, 47.

210 BGH, NZI 2005, 46, 47.

des Ersetzungshindernisses gem. § 309 Abs. 1 S. 2 Nr. 1 InsO nicht zielführend.[211] Die Ersetzung der Zustimmung des Mehrheitsgläubigers kann aber immer noch durch die Berücksichtigung berechtigter Einwände bei der Berechnung der Summenmehrheit verhindert werden.

Nicht zu berücksichtigen sind im Umkehrschluss für die Mehrheitsverhältnisse irrelevante Hinweise.[212] Daher sind Forderungen gesicherter Gläubiger nur in der Höhe zu berücksichtigen, die voraussichtlich nicht abgesichert ist. Den aus Sicherheiten zu erzielenden Erlös wiederum darf der Schuldner schätzen, sofern er nicht sicher prognostiziert werden kann. Dem Gläubiger obliegt es, seine unangemessene Benachteiligung durch eine falsche Schätzung nach § 309 Abs. 3 InsO einzuwenden und glaubhaft zu machen.

Ebenfalls grundsätzlich unberücksichtigt bleiben Einwände nachrangiger Gläubiger, deren Forderungen mit einem Erinnerungswert von beispielsweise 1 € aufgeführt sind, sofern keine Aussicht darauf besteht, dass diese Gläubiger überhaupt befriedigt werden.

d) Ausschluss der Zustimmungsersetzung

aa) Unangemessene Beteiligung, § 309 Abs. 1 S. 2 Nr. 1 InsO

Die Zustimmung eines Gläubigers darf nicht ersetzt werden, wenn der eine Einwendung erhebende Gläubiger im Verhältnis zu den übrigen Gläubigern nicht angemessen beteiligt wird (§ 309 Abs. 1 S. 2 Nr. 1 InsO) oder wenn der entsprechende Gläubiger durch den Schuldenbereinigungsplan voraussichtlich wirtschaftlich schlechter gestellt wird (§ 309 Abs. 1 S. 2 Nr. 2 InsO).

Durch das Kriterium der unangemessenen Benachteiligung sollen Minderheitsgläubiger im Verhältnis zu den übrigen Gläubigern geschützt werden.[213] Erreicht werden muss keine exakte Gläubigergleichbehandlung, vielmehr muss ein gewisser Spielraum bei der Ausgestaltung des Plans möglich bleiben.[214] So können etwa kleine Gläubiger sofort befriedigt werden, während größere Gläubiger ihre Zahlungen in Raten erhalten, sofern die Quoten sich nicht allzu sehr voneinander unterscheiden.[215] Anerkannt sind allgemein Abweichungen von

---

211 MüKo-InsO/Vuia, § 309 Rn. 9.

212 BGH, NZI 2008, 316, 317 Rn. 12; Gottwald/Haas/Ahrens, Insolvenzrechts-Handbuch, § 81 Rn. 37; MüKo-InsO/Vuia, § 309 Rn. 10.

213 Gottwald/Haas/Ahrens, Insolvenzrechts-Handbuch, § 81 Rn. 39.

214 Braun/Buck, InsO, § 309 Rn. 11; Nerlich/Römermann/Römermann, § 309 Rn. 15; Wittig, WM 1998, 157, 166; Arnold, DGVZ 1996, 129, 135.

215 FK-InsO/Lackmann, § 309 Rn. 33; zur Berücksichtigung des Zinsvorteils vgl. Krüger/Reifner/Jung, ZInsO 2000, 12, 15.

25 € oder auch 50 €.[216] Bestehen im Plan aufgeführte Forderungen nicht oder belaufen sie sich auf einen niedrigeren Betrag, werden die übrigen Gläubiger automatisch unangemessen benachteiligt, § 309 Abs. 3 InsO.

Die Summenmehrheit aus § 309 Abs. 1 S. 1 InsO und das Erfordernis angemessener Beteiligung in § 309 Abs. 1 S. 2 Nr. 1 InsO ergänzen sich gegenseitig. Primär wird durch § 309 Abs. 1 S. 1 InsO der Mehrheitsgläubiger absolut geschützt, aber auch die übrigen Gläubiger erhalten in § 309 Abs. 1 S. 2 Nr. 1 InsO einen angemessenen Schutz. Besondere Bedeutung erhalten beide Kriterien bei bestrittenen Forderungen. Die Forderungshöhe ist in diesem Verfahrensabschnitt zwar nicht verbindlich festzustellen, es genügt aber, dass ein Gläubiger ernsthafte Zweifel glaubhaft macht, damit die korrigierte Forderung berücksichtigt wird. Hierdurch kommt bereits dem einfachen Bestreiten einer Forderung eine entscheidende Bedeutung zu.

bb) Wirtschaftliche Schlechterstellung, § 309 Abs. 1 S. 2 Nr. 2 InsO

(1) Vergleichsrechnung

Wird ein Gläubiger durch den Schuldenbereinigungsplan voraussichtlich wirtschaftlich schlechter gestellt, als er bei Durchführung des Insolvenz- und Restschuldbefreiungsverfahrens stünde, darf seine verweigerte Zustimmung nicht ersetzt werden, § 309 Abs. 1 S. 2 Nr. 2 Hs. 1 InsO. Um zu beurteilen, ob der Gläubiger schlechter gestellt wird, ist die durch den Schuldenbereinigungsplan angebotene Befriedigungsquote der voraussichtlich im Insolvenz- und Restschuldbefreiungsverfahren zu erreichenden Befriedigungsquote gegenüberzustellen.

Das Gericht muss folglich auf der Grundlage der Schuldnerangaben eine Prognoseentscheidung treffen.[217] Ziel dieser Regelung ist es wiederum, die Schuldenbereinigung nicht durch ein Sonderopfer eines einzigen Gläubigers zu erreichen, vielmehr soll niemand schlechter gestellt werden, als er bei der Durchführung des regulären Verfahrens stünde.[218]

---

216 LG Berlin, ZInsO 2001, 857, 858; AG Göttingen, ZInsO 2000, 233, 234.

217 BGH, NJW-RR 2014, 118, 119; FK-InsO/Lackmann, § 309 Rn. 26.

218 MüKo-InsO/Vuia, § 309 Rn. 15.

(2) Besondere Berücksichtigung einzelner Gläubiger

Um dem Ziel zu genügen, keinen Gläubiger schlechter zu stellen als im Regelverfahren, muss der Schuldner bei der Aufstellung der Quoten einige Gläubiger besonders berücksichtigen.

Absonderungsberechtigte müssen zwingend mindestens den objektiven Wert des abzusondernden Gegenstands zur Befriedigung ihrer Forderung erhalten. Nur bezüglich einer Restforderung ist ihnen eine quotale Befriedigung anzubieten.

Bei der Bildung der Quoten müssen Gläubiger deliktischer Forderungen besonders berücksichtigt werden, da deren Forderungen gem. § 302 Nr. 1 InsO nicht von der Restschuldbefreiung berührt werden.[219] Zwar kann nicht in jedem Fall davon ausgegangen werden, diese Forderungen würden in Zukunft komplett befriedigt, es spricht aber vieles dafür, den entsprechenden Gläubigern eine deutlich höhere Quote anzubieten.[220] Dasselbe gilt für Forderungen Unterhaltsberechtigter aufgrund rückständigen gesetzlichen Unterhalts sowie für Forderungen aus einem Steuerschuldverhältnis, sofern der Schuldner hierfür wegen einer Steuerstraftat nach den §§ 370, 373 oder 374 AO rechtskräftig verurteilt wurde.[221]

Liegen konkrete Anhaltspunkte dafür vor, dass im regulären Verfahren die Restschuldbefreiung nach den §§ 290, 295 InsO versagt werden kann, darf die Zustimmung nicht ersetzt werden.[222] Lediglich abstrakte Hinweise hierauf verhindern hingegen nicht die Ersetzung der Zustimmung.[223]

(3) Besondere Bedeutung der Zahlungssicherheit

Neben der angebotenen Quote ist die Sicherheit der Zahlung ein wichtiges Kriterium.[224] So kann ein geringer Unterschied zwischen der angebotenen und

---

219 K. Schmidt/Stephan, § 309 Rn. 23; FK-InsO/Lackmann, § 309 Rn. 35.

220 Gottwald/Haas/Ahrens, Insolvenzrechts-Handbuch, § 81 Rn. 42.

221 Zur (entsprechenden) Situation in Insolvenzplanverfahren Ahrens, Aktuelles Privatinsolvenzrecht, Rn. 455.

222 Zu § 290 I Nr. 1 InsO OLG Celle, NZI 2001, 369, 370; zu § 290 I Nr. 2 InsO AG Mönchengladbach, ZInsO 2001, 186; zu § 290 I Nr. 4 AG Mönchengladbach ZInsO 2001, 674, 675; zu § 290 I Nr. 6 BGH, ZVI 2004, 756, 757; LG Saarbrücken, NZI 2000, 380, 381; zu § 295 InsO OLG Karlsruhe, ZInsO 2001, 913, 914; Gottwald/Haas/Ahrens, Insolvenzrechts-Handbuch, § 81 Rn. 43.

223 OLG Celle, NZI 2001, 369, 370; LG Saarbrücken, NZI 2000, 380, 381.

224 Zur Berechnung des „Werts" eines Regulierungsvorschlags anhand der Barwertmethode Krüger/Reifner/Jung, ZInsO 2000, 12 ff.

der im Regelverfahren zu erwartenden Quote durchaus ausgeglichen werden, indem sie abgesichert wird. Die Zahlung eines Geldbetrags kann sichergestellt werden, indem der Geldgeber den Betrag auf einem Sonderkonto einzahlt.[225] Wird allerdings vereinbart, den Geldbetrag in Raten zur Verfügung zu stellen, besteht bei Aufstellung der Vergleichsrechnung keine Finanzierungssicherheit. Für diesen Fall ist dem Gläubiger zu empfehlen, Vertragsstrafen für den Fall der Nichtzahlung zu vereinbaren sowie eine Aufhebungsklausel in den Schuldenbereinigungsplan aufzunehmen, die greift, wenn der Dritte dauerhaft keine Zahlungen mehr leistet.

(4) Vermutung des § 309 Abs. 1 S. 2 Nr. 2 Hs. 2 InsO

Die Prognoseentscheidung des Gerichts wird durch die Vermutung des § 309 Abs. 1 S. 2 Nr. 2 Hs. 2 InsO entscheidend erleichtert. Danach ist von gleichbleibenden wirtschaftlichen Verhältnissen auszugehen.

Dies bedeutet nicht, dass absehbare Veränderungen nicht berücksichtigt werden müssen. Vielmehr ist das Gericht verpflichtet, eine künftige Gehaltserhöhung nach Abschluss einer Ausbildung ebenso einzubeziehen wie die Änderung familiärer Verhältnisse durch die absehbare Geburt eines Kindes.[226] Nicht einbezogen werden können unvorhersehbare Ereignisse, wie etwa der Anfall einer Erbschaft. Durch die Vermutung des § 309 Abs. 1 InsO wird die Arbeit des ökonomisch üblicherweise nicht erfahrenen Gerichts erheblich vereinfacht, bzw. erst möglich gemacht. Da seitens des Gerichts keine Nachforschungen angestellt werden müssen, werden Zeit- und Kosten gespart. Die Kehrseite dieser Vereinfachung ist offensichtlich, es ist nicht ausgeschlossen, dass Sachverhalte pauschalisiert werden.

Keine Bedenken bestehen hingegen, soweit das Gericht beurteilen muss, ob eine rechtliche Schlechterstellung negative ökonomische Konsequenzen hat. Ein Vorteil kann sich für einen der Gläubiger etwa aus einem Versagungsgrund gem. § 290 Abs. 1 InsO ergeben. Macht er einen solchen glaubhaft, kann die Durchführung des Regelverfahrens wirtschaftlich günstiger sein als ein Schuldenbereinigungsplanverfahren.[227]

---

225 So zur Vergleichsrechnung im Insolvenzplanverfahren Rendels/Zabel, Insolvenzplan, Rn. 154.

226 MüKo-InsO/Vuia, § 309 Rn. 17.

227 Henning, in: Wimmer/Dauernheim/Wagner/Gietl, Handbuch des Fachanwalts Insolvenzrecht, Kap. 16 Rn. 135.

cc) Bedeutung der Kriterien der Zustimmungsersetzung

Über die Kriterien, die eingehalten werden müssen, um eine positive Zustimmungsersetzung zu erhalten, wird indirekt die Quotenhöhe festgelegt und kontrolliert. In einem von dem Prinzip der Privatautonomie bestimmten Verfahren wird so eine Grenze gezogen, mittels der Gläubigerinteressen gewahrt und geschützt werden.

e) Bestrittene Forderungen, § 309 Abs. 3 InsO

Bestehen Zweifel an der Höhe oder dem Bestand einer vom Schuldner angegebenen Forderung und werden die übrigen Gläubiger hierdurch wirtschaftlich schlechter gestellt, kann deren Zustimmung gemäß § 309 Abs. 3 InsO nicht nach § 309 Abs. 1InsO ersetzt werden. Der Schuldenbereinigungsplan kann dann am Widerspruch eines einzigen Gläubigers scheitern. Im Unterschied zu dem in § 309 Abs. 1 InsO behandelten Fall wird ein Gläubiger hier nicht im Verhältnis zu den anderen Gläubigern ungleich behandelt, sondern durch das Unterschieben eines scheinbaren Gläubigers, durch den die zu verteilende Masse für die übrigen Gläubiger geschmälert wird.[228] Beliebt ist es unter Schuldnern, einem Verwandten eine nicht bestehende oder zu hoch angesetzte Forderung zukommen zu lassen, um dieses Geld weiterhin zur Verfügung zu haben.

Um das Vertrauen der Gläubiger zu gewinnen, ist zu empfehlen, die Forderungen zu beziffern und jeweils gleichgestellten Gläubigern gleich hohe Befriedigungsquoten anzubieten. Hierdurch kann auf Anpassungen der Forderungshöhe reagiert werden, bis im streitigen Verfahren über die Forderungshöhe entschieden wurde.[229] Alternativ können Eventualquoten vereinbart werden.[230] Dies sind Quoten, die je nach Ergebnis des Streitverfahrens berücksichtigt werden.

f) Verfahren

Vor der Ersetzung der Zustimmung durch das Gericht ist der betreffende Gläubiger gem. § 309 Abs. 2 S. 1InsO zu hören. Dem Gläubiger obliegt es hierbei, Gründe glaubhaft zu machen, die gegen eine Ersetzung sprechen, § 309 Abs. 2 S. 2 InsO. Hierdurch wird das Gericht vom Grundsatz der Amtsermittlung befreit.[231] Kommt das Gericht zu der Überzeugung, dass die Voraussetzungen

---

228 MüKo-InsO/Vuia, § 309 Rn. 31.

229 MüKo-InsO/Vuia, § 309 Rn. 32.

230 LG Aachen, ZVI 2004, 18, 19; MüKo-InsO/Vuia, § 309 Rn. 34; HK-InsO/Waltenberger, § 309 Rn. 29; Braun/Buck, InsO, § 309 Rn. 41; Andres/Leithaus/Andres, InsO, § 309 Rn. 16.

231 Gottwald/Haas/Ahrens, Insolvenzrechts-Handbuch, § 81 Rn. 44.

des § 309 Abs. 1 InsO vorliegen, ersetzt der gem. § 18 Abs. 1 RPflG funktionell zuständige Richter die Zustimmung durch Beschluss. Gegen diesen Beschluss kann seitens des Antragstellers und des Gläubigers, dessen Zustimmung ersetzt wird, gemäß § 309 Abs. 2 S. 3 InsO die sofortige Beschwerde entsprechend § 4a Abs. 2 InsO erhoben werden.

IV. Annahme des Schuldenbereinigungsplans

Sofern die Gläubiger ihre Zustimmung ausdrücklich oder fingiert erklärt haben oder ihre Zustimmung nach § 309 InsO ersetzt wurde, stellt das Gericht nach § 308 Abs. 1 S. 1 InsO die Annahme des Schuldenbereinigungsplans durch Beschluss fest. Es handelt sich hierbei um einen deklaratorischen Beschluss. Das Gericht ist folglich nicht befugt, den Plan materiell-rechtlich zu überprüfen oder entsprechend § 248 InsO den Plan mit konstitutiver Wirkung zu bestätigen.[232] Dieser Beschluss ist den Gläubigern und dem Schuldner zuzustellen, gegen ihn ist kein Rechtsbehelf statthaft.[233] Mit dem Zustandekommen des Schuldenbereinigungsplans gelten die Insolvenz- und Restschuldbefreiungsanträge als zurückgenommen, § 308 Abs. 2 InsO.

V. Anpassungsklauseln

Der festgestellte Schuldenbereinigungsplan darf nicht durch eine Abänderungsklage an sich ändernde wirtschaftliche Verhältnisse angepasst werden.[234] Daher wird häufig empfohlen, in einen Schuldenbereinigungsplan Anpassungsklauseln aufzunehmen.[235] Eine solche Anpassungsklausel kann entweder direkt die Erhöhung bzw. Verringerung der Quote oder aber flexible Lösungswege vorsehen. Als flexible Gestaltungsvariante wird beispielsweise die verpflichtende Wiederaufnahme von Verhandlungen vorgeschlagen.[236] Da ein gescheiterter Schuldenbereinigungsplan meistens zu einer erneuten Eröffnung des Insolvenzverfahrens führen wird, ist es sinnvoll, zunächst nach einer neuen einvernehmlichen Alternative zu suchen.

---

232 Theiß, ZInsO 2005, 29, 30.

233 FK-InsO/Busch, § 308 Rn. 1; Gottwald/Haas/Ahrens, Insolvenzrechts-Handbuch, § 81 Rn. 45.

234 Gottwald/Haas/Ahrens, Insolvenzrechts-Handbuch, 81 Rn. 45; a.A. Uhlenbruck/Sternal, § 308 Rn. 26; offen BGH, NZI 2008, 384, 385.

235 MüKo-InsO/Vuia, § 305 Rn. 59; Achelis/Schemmerling, in: Bork/Hölzle, Handbuch Insolvenzrecht, Kap. 17 Rn. 61.

236 MüKo-InsO/Vuia, § 305 Rn. 59; Bindemann, Verbraucherkonkurs, Rn. 78.

VI. Folgen der Nichtbeachtung des Plans für erlassene Forderungen

Meistens werden Forderungen im Schuldenbereinigungsplan zumindest teilweise erlassen. Der Schuldner sichert im Gegenzug die Zahlung eines festen Betrags oder einer Quote zu. Zu klären ist, welche Folgen eintreten, wenn der Schuldner seine Zahlungsverpflichtung nicht einhält. Im Recht des Insolvenzplanverfahrens lässt § 255 Abs. 1 InsO erlassene Forderungen wiederaufleben. Da im Schuldenbereinigungsplanverfahren keine entsprechende Regelung existiert, bleiben im Umkehrschluss erlassene Forderungen im gerichtlichen Schuldenbereinigungsplanverfahren erloschen.[237] Die Gesetzeslage ist dem Gesetzgeber bekannt, er hat sich aber nicht zur Handlung entschlossen, als er die Insolvenzordnung mit dem Gesetz zur Verkürzung des Restschuldbefreiungsverfahrens und zur Stärkung der Gläubigerrechte vom 15.07.2013 (BGBl. I 2013, S. 2379) unter anderem in diesem Bereich reformierte. Eine analoge Anwendung des § 255 InsO kommt nicht in Betracht, da der Schuldenbereinigungsplan in seinen Wirkungen am Prozessvergleich und nicht am Insolvenzplan orientiert wurde.[238]

Wollen die Parteien ein Wiederaufleben der Forderungen, müssen sie dies bei der Aufstellung des Plans vereinbaren. Nach einer solchen Klausel wird der Erlass insoweit rückgängig gemacht, wie der Schuldner noch nicht auf die entsprechende Forderung geleistet hat.[239]

Festgelegt werden muss zudem, in welchem Grad der Schuldner für die Auslösung dieser Rechtsfolge gegen den Plan verstoßen haben muss. Es könnte parallel zu der Regelung des Insolvenzplanverfahrens ein „erheblicher" Verstoß als unbestimmter Rechtsbegriff gefordert werden. Dann besteht die Frage, ob ohne einen weiteren Hinweis auf die Legaldefinition des § 255 Abs. 1 S. 2 InsO zurückzugreifen ist. Dafür spricht, dass erkennbar bei der Wahl dieses Begriffs § 255 Abs. 1 S. 2 InsO zum Vorbild genommen wurde. Andererseits wurde bereits eine automatische Parallele zu § 255 InsO für den Schuldenbereinigungsplan abgelehnt. Es kann daher auch für die Behebung dieser Problematik nicht auf § 255 InsO zurückgegriffen werden. Wollten die Parteien die Rechtsfolgen des

---

237 Braun/Buck, InsO, § 305 Rn. 17; Frege/Keller/Riedel, Insolvenzrecht, Teil 6 Kapitel 3 Rn. 106 f.; Frind, BB 2014, 2179, 2180; Theiß, ZInsO 2005, 29, 31.

238 Braun/Buck, InsO, § 305 Rn. 17.

239 Achelis/Schemmerling, in: Bork/Hölzle, Handbuch Insolvenzrecht, Kap. 17 Rn. 60.

§ 255 InsO herbeiführen, müsste dies explizit, zum Beispiel mittels eines Verweises, in den Schuldenbereinigungsplan aufgenommen werden.

Für Rechtssicherheit sorgen würde eine genaue Bezifferung eines prozentualen Anteils, mit dem der Schuldner für einen bestimmten Zeitraum nicht in Verzug geraten darf. Eine solche Regelung könnte durchaus an § 255 Abs. 1 S. 2 InsO angelehnt werden.

Wie im Weiteren mit der wieder bestehenden Forderung verfahren wird, liegt im Machtbereich der Parteien. Es kann ein neuer Schuldenbereinigungsplan entworfen werden, es kann aber auch ein reguläres Insolvenzverfahren eröffnet werden.

VII. Wirkungen des Plans

1. Wesen des Schuldenbereinigungsplans

Der Schuldenbereinigungsplan wird überwiegend als gegenseitiger Vertrag zwischen dem Schuldner und den Gläubigern eingeordnet.[240] Schwierigkeiten bereitet die genaue Zuordnung zu einem Vertragstyp. Neben der verfahrensrechtlichen Ausgestaltung ist in den §§ 306 ff. InsO das materiell-rechtliche Ziel vorgegeben, das Insolvenzverfahren nicht zu eröffnen, indem die Insolvenz vertraglich abgewendet wird. Auf diesen Vertrag sind nach dem ausdrücklich erklärten Willen des Gesetzgebers einzelne Vorschriften des bürgerlichen Rechts anwendbar.[241] Die Grenze der Anwendung der allgemeinen Vorschriften des Bürgerlichen Gesetzbuchs ist nach nicht unumstrittener Ansicht[242] dort zu ziehen, wo die wesentlichen Grundzüge des Schuldenbereinigungsplans betroffen sind. Folglich ist der Schuldenbereinigungsplan inhaltlich ein insolvenzrechtlich beeinflusster bürgerlich-rechtlicher Vertrag eigener Art.[243]

2. Berücksichtigte und nicht berücksichtigte informierte Gläubiger

Der Plan entfaltet gemäß § 308 Abs. 1 S. 2 InsO die Titelwirkungen aus § 794 Abs. 1 Nr. 1 ZPO, sodass die Beteiligten aus dem Vergleich vollstrecken können.

---

240 Uhlenbruck/Sternal, § 308 Rn. 3; a.A. LG Hechingen, ZInsO 2005, 49, 50.

241 BT-Drs. 12/7302, S. 192.

242 Vgl. hierzu die unterschiedlichen Ansichten zum Rücktrittsrecht in diesem Kapitel unter B. VII.

243 So auch Uhlenbruck/Sternal, § 308 Rn. 3.

Den Vollstreckungstitel bietet sodann der Plan zusammen mit dem Beschluss.[244] Materiell-rechtlich gestaltet der Plan die bisherigen Schuldverhältnisse um, d.h. sie bestehen ausschließlich nach Maßgabe des Schuldenbereinigungsplans fort und erlöschen im Übrigen.[245] Forderungen können von den Gläubigern nur in der im Plan bestimmten Höhe und zu dem dort festgelegten Zeitpunkt geltend gemacht werden.[246] Dies gilt für alle Gläubiger, die im Schuldenbereinigungsplan berücksichtigt wurden. Selbst wenn ein Gläubiger lediglich mit einer einzigen Forderung in Höhe eines Erinnerungswerts von 1 € berücksichtigt wurde, erlöschen mit dem Beschluss über den Schuldenbereinigungsplan sämtliche Forderungen dieses Gläubigers, § 308 Abs. 3 S. 2 InsO. Es obliegt nicht dem Gericht, die Forderungen auf Vollständigkeit und deren Höhe auf ihre Richtigkeit zu überprüfen. Vielmehr liegt es im Verantwortungsbereich eines jeden in das Verfahren einbezogenen Gläubigers, aktiv tätig zu werden.[247]

3. *Nicht berücksichtigte, nicht informierte Gläubiger*

Eine weder im Verzeichnis des Schuldners enthaltene, noch beim Zustandekommen des Schuldenbereinigungsplans berücksichtigte Forderung wird von den Regelungen des Schuldenbereinigungsplans nicht betroffen und besteht folglich fort. Der entsprechende Gläubiger kann vom Schuldner weiterhin Erfüllung verlangen, § 308 Abs. 3 S. 1 InsO.[248]

4. *Auswirkung auf Sicherheiten*

Sofern Gläubiger gesicherter Forderungen von der Wirkung des Schuldenbereinigungsplans erfasst werden, wirkt sich der beschlossene Schuldenbereinigungsplan auch auf die Sicherung aus, die Bürgschaft, das Pfandrecht oder eine andere Sicherheit.[249] Damit der durch die Sicherheit privilegierte Gläubiger

---

244 BT-Drs. 12/7302, S. 192; FK-InsO/Busch, § 308 Rn. 5; Gottwald/Haas/Ahrens, Insolvenzrechts-Handbuch, § 81 Rn. 45; Pape/Reichelt/Schultz/Voigt-Salus, Insolvenzrecht, § 39 Rn. 105.

245 FK-InsO/Busch, § 308 Rn. 1; Gottwald/Haas/Ahrens, Insolvenzrechts-Handbuch, § 81 Rn. 46; Rugullis, NZI 2013, 869, 870.

246 Theiß, ZInsO 2005, 29, 30.

247 Frege/Keller/Riedel, Insolvenzrecht, Teil 6 Kapitel 3 Rn. 106.

248 Nerlich/Römermann/Römermann, § 308 Rn. 19; Andres/Leithaus/Andres, § 308 Rn. 6 f.

249 Rugullis, NZI 2013, 869, 870.

nicht überrascht wird, ist im Schuldenbereinigungsplan nach § 305 Abs. 1 Nr. 4 Hs. 3 InsO aufzuführen, inwiefern auf Sicherheiten eingewirkt wird.[250]

Ohne eine entgegenstehende Vereinbarung erlöschen akzessorische Sicherheiten in dem Umfang, in dem die Forderung erlischt.[251] Im identischen Umfang steht dem Schuldner bei nicht akzessorischen Sicherheiten ein Anspruch auf Freigabe zu.[252]

VIII. (Un-) Wirksamkeit des Schuldenbereinigungsplans

Der Schuldenbereinigungsplan kommt als Vertrag eigener Art zwischen dem Schuldner und den berücksichtigten Gläubigern zustande, § 779 BGB ist nicht anzuwenden.[253] Seine Wirksamkeit richtet sich folglich grundsätzlich nach den allgemeinen Vorschriften des BGB.[254] Unterliegt eine Partei einem Irrtum oder wurde sie durch Täuschung oder Drohung zur Annahme des Schuldenbereinigungsplans verleitet, finden die Anfechtungsbestimmungen der §§ 119 ff. BGB Anwendung.[255] Ebenso gelten die Grenzen der §§ 134, 138 BGB.[256] Nicht vereinbart werden kann daher etwa der Verzicht auf künftigen Unterhalt oder ein Unterschreiten des pfändungsfreien Betrags.[257] Wurde gegen eine der genannten Vorschriften verstoßen, ist der Schuldenbereinigungsplan nichtig.

Umstritten ist, ob den Parteien bei der Veränderung der wirtschaftlichen Verhältnisse ein Rücktrittsrecht nach § 323 BGB zukommt.[258] Wenn die Wirksamkeit nach dem allgemeinen Zivilrecht beurteilt wird, müssten den Parteien uneingeschränkt die weiteren Instrumente des Zivilrechts wie das Rücktrittsrecht

---

250 BGH, NJW-RR 2005, 990, 991; FK-InsO/Lackmann, § 305 Rn. 48.

251 FK-InsO/Lackmann, § 305 Rn. 48; Gottwald/Haas/Ahrens, Insolvenzrechts-Handbuch, § 81 Rn. 2; Häsemeyer, Insolvenzrecht, Rn. 29.43.

252 Braun/Buck, § 305 Rn. 22; Häsemeyer, Insolvenzrecht, Rn. 29.43.

253 Uhlenbruck/Sternal, § 308 Rn. 3; MüKo-InsO/Vuia, § 308 Rn. 10; Jauernig/Stadler, BGB, § 779 Rn. 3; a.A. Theiß, ZInsO 2005, 29, 30.

254 Theiß, ZInsO 2005, 29, 30.

255 BT-Drs. 12/7302, S. 192; Gottwald/Haas/Ahrens, Insolvenzrechts-Handbuch, § 81 Rn. 45.

256 FK-InsO/Busch, § 308 Rn. 8 ff.; Uhlenbruck/Sternal, § 308 Rn. 7.

257 Uhlenbruck/Sternal, § 308 Rn. 7.

258 Dafür MüKo-InsO/Vuia, § 308 Rn. 11; K. Schmidt/Stephan, § 308 Rn. 15; Kübler/Prütting/Bork/Wenzel, § 308 Rn. 10; Theis, ZInsO 2005, 29, 31; a.A. FK-InsO/Busch, § 308 Rn. 12; Braun/Buck, InsO, § 308 Rn. 10; Uhlenbruck/Sternal, § 308 Rn. 26 f.; HK-InsO/Waltenberger, § 308 Rn. 9.

zustehen, führen einige Stimmen in der Literatur an.[259] Andererseits legen die Parteien mit der Erstellung des Schuldenbereinigungsplans bewusst ihre eigenen endgültigen materiellen und prozessualen Regelungen fest. Würde der Vertrag zwischen den Parteien durch ein Gestaltungsrecht mit ex nunc-Wirkung bei einer Veränderung der wirtschaftlichen Verhältnisse nach §§ 346, 323 BGB rückabgewickelt, widerspräche dies den Grundzügen des Schuldenbereinigungsplans, in dem nach der Intention des Insolvenzrechts gerade der Umgang mit vorhandenem und zu erwerbendem Vermögen möglichst abschließend geregelt werden soll.[260] Ein Rücktrittsrecht muss folglich im Schuldenbereinigungsplan vereinbart werden.

Anders verhält es sich bei nachträglichen Vertragsanpassungen.[261] Hierbei ist zu beachten, dass die Rechtswirkung der Vertragsanpassung aus den genannten Gründen nicht die komplette Rückabwicklung des Schuldenbereinigungsplans wegen einer Änderung der wirtschaftlichen Verhältnisse zur Folge haben darf. Bei einer besonders starken Veränderung der wirtschaftlichen Verhältnisse kann der Schuldenbereinigungsplan daher nach den Grundsätzen über den Wegfall der Geschäftsgrundlage angepasst werden.[262] Darüber hinaus ist es möglich, eine Abänderungsklage nach § 323 Abs. 1, 4 ZPO anzustrengen.[263] Eine Anpassung des Vertrags nach den Grundsätzen der ergänzenden Vertragsauslegung scheidet hingegen regelmäßig aus, weil keine Anhaltspunkte für einen derartigen Parteiwillen bestehen, wenn keine entsprechende Klausel vereinbart wurde. Es würde den weiten Gestaltungsspielraum der Parteien unterlaufen, generell einen derartigen Parteiwillen anzunehmen.

---

259 MüKo-InsO/Vuia, § 308 Rn. 11; K. Schmidt/Stephan, § 308 Rn. 15; Kübler/Prütting/Bork/Wenzel, § 308 Rn. 10; Theis, ZInsO 2005, 29, 31.

260 FK-InsO/Busch, § 308 Rn. 12; Braun/Buck, InsO, § 308 Rn. 10; Uhlenbruck/Sternal, § 308 Rn. 26 f.; HK-InsO/Waltenberger, § 308 Rn. 9.

261 FK-InsO/Busch, § 308 Rn. 24 f.; Graf-Schlicker/Pollmächer, InsO, § 308 Rn. 16; a.A. OLG Karlsruhe, NZI 2001, 422, 423; Nerlich/Römermann/Römermann, § 308 Rn. 17; Musielak/Voit/Borth, ZPO, § 323a ZPO Rn. 1a; MüKo-ZPO/Gottwald, § 323a Rn. 7; BeckOK-ZPO/Gruber, § 323a ZPO Rn. 5.

262 FK-InsO/Busch, § 308 Rn. 24; a.A. Uhlenbruck/Sternal, § 308 Rn. 26.

263 Uhlenbruck/Sternal, § 308 Rn. 26; Kübler/Prütting/Bork/Wenzel, InsO, § 308 Rn. 10; offen für die verschiedenen Begründungen BGH, NZI 2008, 384, 385.

C. Der Nullplan

I. Begriffsbestimmungen

Bei einem Nullplan werden den Gläubigern vom Schuldner im Gegenzug zum Forderungserlass keine Zahlungen angeboten.[264] Ähnlich verhält es sich mit einem Fast-Nullplan, bei dem der Schuldner so geringe Zahlungen anbietet, dass diese nahezu zu vernachlässigen sind.[265] Weiterhin wird zwischen dem sogenannten flexiblen Nullplan, nach dem der Schuldner zusichert, bei einer Verbesserung seiner wirtschaftlichen Verhältnisse die pfändbaren Einkünfte an die Gläubiger abzuführen, und dem starren Nullplan differenziert, nach dem endgültig vom Schuldner keine Zahlungen mehr vorgenommen werden.[266]

Die Problematik der Nullpläne wird an dieser Stelle konzentriert behandelt, auch wenn sich Einzelfragen auf das außergerichtliche und gerichtliche Schuldenbereinigungsplanverfahren beziehen.

II. Zulässigkeit von Nullplänen bei der Verfahrenseinleitung

Es ist die Frage zu klären, ob ein vom Schuldner angebotener Nullplan im außergerichtlichen Verfahren genügt, um auf dieser Grundlage eine Scheiternsbescheinigung nach § 305 Abs. 1 Nr. 1 InsO auszustellen. Hiervon hängt die Zulässigkeit des Antrags auf Eröffnung des Insolvenzverfahrens und damit auch die Einleitung des gerichtlichen Schuldenbereinigungsplanverfahrens ab. Denn nur über eine Eröffnung des Insolvenzverfahrens kann schließlich Restschuldbefreiung erlangt werden. Lässt man Nullpläne bei masselosen und nahezu masselosen Verfahren zu, erhält das Restschuldbefreiungsverfahren eine bedeutsame Breitenwirkung, da in den meisten Verbraucherinsolvenzen kaum Masse vorhanden ist.[267]

1. Argumente gegen die Zulässigkeit eines Nullplans

Gegen die Zulässigkeit von Nullplänen werden die durch § 305 Abs. 1 Nr. 4 InsO geschützten Interessen der Gläubiger aufgeführt.[268] Es könne nicht in deren

264 Jaeger/Foerste, InsO, § 305 Rn. 16, 52; MüKo-InsO/Vuia, § 305 Rn. 65; Uhlenbruck/Sternal, § 309 Rn. 74.

265 MüKo-InsO/Vuia, § 305 Rn. 65; Uhlenbruck/Sternal, § 309 Rn. 74.

266 Uhlenbruck/Sternal, § 309 Rn. 74.

267 MüKo-InsO/Vuia, § 305 Rn. 67.

268 AG Essen, ZInsO 1999, 239; AG Stendal, ZIP 1999, 929, 929; AG Würzburg, ZIP 1999, 319, 319 f.; ZInsO 1999, 178, 178; MüKo-InsO/Vuia, § 305 Rn. 74 ff.

Interesse liegen, wissend einer geringen oder nicht vorhandenen Befriedigungsquote ausgesetzt zu werden, da hierdurch ihre Forderung quasi entschädigungslos erlösche.

2. *Argumente für die Zulässigkeit eines Nullplans*

Die überwiegende Meinung in Rechtsprechung und Schrifttum hält einen Nullplan für zulässig.[269] Im Gesetz wurde bislang keine Mindestbefriedigungsquote aufgeführt, obwohl es derartige Bestrebungen bereits gegeben hat.[270] Eine solche Regelung wäre erforderlich, um Rechtssicherheit zu schaffen.[271] Zudem entspreche es dem im Planverfahren verankerten Prinzip der Privatautonomie, eine frei von Willensmängeln getroffene Vereinbarung der Parteien zu respektieren. Eine angemessene Schuldenbereinigung erfolge daher nur unter den Voraussetzungen, die vereinbart wurden.[272]

3. *Vermittelnde Ansicht*

Nach einer vermittelnden Ansicht sollen ausschließlich flexible Nullpläne zulässig sein.[273] Bei derartigen Plänen ist zwar die Zustimmungsbereitschaft der Gläubiger größer, aus dem Gesetz ergibt sich aber keine Grundlage für eine Differenzierung zwischen den verschiedenen Arten eines Nullplans.[274]

4. *Stellungnahme*

Zuletzt wurde im RefEInsO 2012[275] vorgeschlagen, vom außergerichtlichen Schuldenbereinigungsplanverfahren abzusehen, wenn eine Einigung offensichtlich aussichtslos ist. Dies sollte nach § 305 Abs. 1 Nr. 1 Hs. 2 RefEInsO 2012 unter anderem der Fall sein, wenn die Gläubiger im Rahmen einer Schuldenbereinigung

269 BGH, NJW-RR 2014, 118, 118; BayObLG, NJW 2000, 220; OLG Celle, NZI 2001, 254, 25; OLG Frankfurt am Main, NZI 2000, 473; OLG Karlsruhe, NZI 2000, 163; OLG Köln, NJW 2000, 223, 224; OLG Stuttgart, ZInsO 2002, 836, 837; noch offen gelassen BGH, NZI 2005, 46, 47; Jaeger/Foerste, InsO, § 305 Rn. 16; HambKomm-InsO/Ritter, § 305 Rn. 6; Braun/Buck, InsO, § 305 Rn. 16; Nerlich/Römermann/Römermann, § 305 Rn. 60 f.; Bork, ZIP 1998, 1209, 1212 f.; Bruns, NJW 1999, 3445, 3446 f.

270 Uhlenbruck/Sternal, § 305 Rn. 115; Beule, InVo 1997, 197, 203.

271 Uhlenbruck/Sternal, § 305 Rn. 115; Bork, ZIP 1998, 1209, 1213.

272 Nerlich/Römermann/Römermann, § 305 Rn. 58.

273 HK-InsO/Waltenberger, § 305 Rn. 28.

274 Ebenso Nerlich/Römermann/Römermann, § 305 Rn. 63.

275 BT-Drs. 17/11268.

voraussichtlich nicht mehr als fünf Prozent ihrer Forderung erhalten hätten.[276] Mittels dieser Regelung wären faktisch keine Nullpläne oder Fast-Nullpläne zustande gekommen.[277] Einerseits könnte aus dem Reformvorhaben darauf geschlossen werden, dass der Gesetzgeber sich gegen die Zulässigkeit von Nullplänen positionierte. Andererseits konnte nach dem Reformvorhaben letztlich nur die Scheiternsbescheinigung bei offensichtlicher Aussichtslosigkeit einfacher ausgestellt werden, nicht aber wurden derartige Planvorhaben generell verboten. Schließlich spricht weiterhin für die Zulässigkeit eines Nullplans, dass das Reformvorhaben nicht umgesetzt wurde und im Gesetz immer noch keine Anhaltspunkte für eine Mindestquote in Schuldenbereinigungsplänen festgelegt sind.

Weiterhin muss ein Nullplan zumindest im außergerichtlichen Schuldenbereinigungsplanverfahren zulässig sein, damit dem Schuldner, der einen Nullplan anbietet, eine Scheiternsbescheinigung ausgestellt wird, die zur weiteren Durchführung des Insolvenz- und Restschuldbefreiungsverfahrens benötigt wird. Sofern nämlich keine Einstellung nach § 207 InsO mangels Masse droht, ist dem Schuldner Zugang zum Insolvenzverfahren zu eröffnen. Ob ein Schuldenbereinigungsplan in Form eines Nullplans Erfolg hat, liegt letztlich in der Entscheidungsmacht der Gläubiger.[278] Dies entspricht dem im Schuldenbereinigungsplanverfahren stark verankerten Prinzip der Privatautonomie.

III. Ersetzung der Zustimmung nach § 309 InsO

1. Argumente für die Ersetzung der Zustimmung

Die zweite wesentliche Frage bei Nullplänen betrifft die Zustimmungsersetzung nach § 309 InsO innerhalb des gerichtlichen Schuldenbereinigungsplanverfahrens. Die überwiegende Meinung geht davon aus, eine Zustimmungsersetzung sei auch bei Nullplänen möglich.[279] Hierfür wird vorgebracht, dass gesetzlich weder inhaltliche Vorgaben für den Schuldenbereinigungsplan gemacht werden noch inhaltliche gerichtliche Kontrollen vorgesehen sind.[280] Außerdem würden Gläubiger hinreichend durch die in § 309 Abs. 1 S. 2 InsO vorgesehene Prüfung

276 BT-Drs. 17/11268, S. 9.

277 Anderes/Leithaus/Andres, §§ 305, 305a, Rn. 24.

278 Nerlich/Römermann/Römermann, § 305 Rn. 60.

279 BGH, NJW-RR 2014, 118, 118 m.w.N.; Nerlich/Römermann/Römermann, § 309 Rn. 25; Uhlenbruck/Sternal, § 309 Rn. 74.

280 BGH, NJW-RR 2014, 118, 119; K. Schmidt/Stephan, § 309 Rn. 25.

sowie das Verbot der Zustimmungsersetzung in Fällen des § 309 Abs. 3 InsO geschützt.[281]

2. *Argumente gegen die Ersetzung der Zustimmung*

Gegen die Zulässigkeit der Ersetzung der Zustimmung bei Nullplänen wird vorgebracht, der Gesetzgeber sei bei der Vorschrift des § 309 Abs. 1 InsO davon ausgegangen, der Gläubiger erbringe Leistungen.[282] Vor diesem Hintergrund dürfe dem Gläubiger durch eine Ersetzung der Zustimmung auch nicht die zukünftige bislang nicht hinreichend angelegte Hoffnung auf eine teilweise Befriedigung genommen werden. Ein Verzicht auf diese Hoffnung bewirke bereits eine wirtschaftliche Schlechterstellung des Gläubigers.[283] Daher könne eine Zustimmungsersetzung ausschließlich dann erwogen werden, wenn ein flexibler Nullplan vorgelegt würde und der Plan den §§ 295, 296 InsO entsprechende Regelungen enthalte, durch die der Schuldner über einen längeren Zeitraum an seine Zahlungen gebunden wird.[284]

3. *Stellungnahme*

Die Zustimmung zu einem flexiblen Nullplan, der den Versagungsgründen aus §§ 295, 296 InsO entsprechende Regelungen enthält und dessen Laufzeit etwa der des Regelverfahrens entspricht, ist damit nach ganz überwiegender und überzeugender Meinung möglich. Das mit einem solchen Plan vorgesehene Verfahren entspricht nämlich weitgehend dem Regelverfahren.

Nicht so einfach beantwortet werden kann die Zulässigkeit eines starren (Fast-) Nullplans. Fraglich ist, ob tatsächlich über die Prognoseentscheidung des § 309 Abs. 1 S. 2 InsO und das Ersetzungshindernis in § 309 Abs. 3 InsO ein ausreichender Schutz gewährt wird. Der Gläubiger muss sowohl seine wirtschaftliche Schlechterstellung, § 309 Abs. 2 S. 2 InsO, als auch die Tatsachen glaubhaft machen, aus denen sich ernsthafte Zweifel ergeben, ob eine vom Schuldner angegebene Forderung besteht oder sich auf einen anderen als den angegebenen

281 BGH, NJW-RR 2014, 118, 119.

282 MüKo-InsO/Vuia, § 309 Rn. 23.

283 LG Heilbronn, ZVI 2002, 409, 411; LG Mönchengladbach, ZInsO 2001, 1115, 1115 m. abl. Anm. Grote, ZinsO 2001, S. 1117 f.; AG München, ZVI 2008, 474, 475 f.; AG Göttingen, DZWir 2001, 42.

284 LG Köln, NJW-RR 2003, 1560, 1561; LG Heilbronn, ZVI 2002, 409, 411; LG Memmingen, NZI 2000, 233, 235; MüKo-InsO/Vuia, § 309 Rn. 23; a.A. BGH, NJW-RR 2014, 118 ff.

Betrag richtet, § 309 Abs. 3 InsO. Hierbei muss er im Fall des §§ 309 Abs. 2 S. 2 Nr. 2 InsO konkrete absehbare Anhaltspunkte vorlegen, die auf eine Steigerung der Einnahmen des Schuldners schließen lassen. Kann der Gläubiger derartige Anhaltspunkte nicht glaubhaft darlegen, verliert er mit der Ersetzung der Zustimmung endgültig die Möglichkeit, eine Einkommenssteigerung berücksichtigen zu lassen.

Diese gesetzliche Konstruktion mag als ungerecht empfunden werden. Obwohl auch in Verfahren, in denen eine gewisse starre Summe verteilt wird, der Schuldner künftig unerwartete Einnahmen haben kann, die nicht den Gläubigern zugutekommen, werden die diesbezüglichen Regelungen des gerichtlichen Schuldenbereinigungsplanverfahrens nur bei Nullplänen für ungerecht empfunden. Würden die Zustimmungsersetzung nur zu flexiblen Nullplänen zugelassen, müsste folglich jeder Nullplan, zu dem im gerichtlichen Schuldenbereinigungsplan die Zustimmung eines Gläubiger ersetzt wird, eine Anpassungsklausel enthalten. Dass nicht jeder Schuldenbereinigungsplan eine Anpassungsklausel enthalten muss, stellt aber gerade eine Eigenart des Verfahrens dar, in dem der Grundsatz der Privatautonomie fest verankert ist.[285] Würde zwingend eine Anpassungsklausel gefordert, müsste dies im Gesetzestext vermerkt sein.[286] Zudem widerspricht die Annahme, die Zustimmungsersetzung sei ausschließlich bei flexiblen Nullplänen möglich, systematisch der Regelung des § 309 Abs. 1 S. 2 Nr. 2 Hs. 2 InsO, wonach bei der Prognoseentscheidung gerade von gleichbleibenden wirtschaftlichen Verhältnissen auszugehen ist.[287]

D. Stärken und Schwächen des gerichtlichen Schuldenbereinigungsplanverfahrens

Zwei sich ambivalent zueinander verhaltende Grundzüge kennzeichnen das gerichtliche Schuldenbereinigungsplanverfahren. Während der Verfahrensablauf gesetzlich geregelt ist, unterliegt der Plan inhaltlich – weitgehend ohne gerichtliche Kontrolle – der Gestaltungsfreiheit der Parteien. Beide Elemente verfolgen aber das gleiche Ziel, das Verfahren zu beschleunigen.

---

285 OLG Frankfurt, NJW-RR 2001, 560, 561 f.; FK-InsO/Lackmann, § 309 Rn. 29; Braun/Buck, § 309 Rn. 32.

286 Zur entsprechenden Begründung bei der Wiederauflebensklausel vgl. in diesem Kapitel unter B. V.

287 BGH, NJW-RR 2014, 118, 119.

Die Verbindung eines schriftlichen Verfahrens mit einem strikten Fristenregiment wirkt beschleunigend auf das Gesamtverfahren. Ein schneller Abschluss des Verfahrens ist grundsätzlich für alle Beteiligten positiv, kann sich aber auch negativ auswirken, weil es wenig flexibel ist, wenn Verhandlungsbedarf existiert. Diese Problematik wird bei der stark schematisch wirkenden Behandlung von Planänderungen deutlich. Obwohl Änderungsvorschläge sich auf einen Gläubiger positiv und auf einen anderen negativ auswirken können, ist kein mündlicher Absprachetermin vorgesehen, in dem die Interessen kanalisiert und Transparenz hergestellt werden könnten.

Keiner strengen Fristenregelung unterliegen der Antrag auf und die Entscheidung über die Zustimmungsersetzung. Mittels einer Aufweichung des Einstimmigkeitsprinzips wird die Einigung vereinfacht. In seiner Wirkung ist der Schuldenbereinigungsplan allerdings auf einbezogene Gläubiger beschränkt, § 308 Abs. 3 S. 1 InsO.

Die inhaltliche Gestaltungsfreiheit birgt Chancen und Risiken. Der Plan kann einerseits dem jeweiligen Einzelfall angepasst werden, andererseits wird der Schutz einer gerichtlichen Inhaltskontrolle nicht bereitgestellt. Bereits bei der Antragstellung ist das Gericht ausschließlich befugt, die eingereichten Unterlagen auf ihre quantitative Vollständigkeit zu überprüfen. Dies wurde durch die Neufassung des § 305 Abs. 3 S. 1 InsO in der Fassung des Gesetzes zur Verkürzung des Restschuldbefreiungsverfahrens und zur Stärkung der Gläubigerrechte vom 15.07.2013 (BGBl. I S. 2379) klarstellend herausgestellt, wonach der Schuldner auf Aufforderung des Insolvenzgerichts die amtlichen Formulare zu ergänzen hat, wenn sie „nicht vollständig ausgefüllt" sind.[288] Im weiteren Verfahrensablauf ist weder bei der Ersetzung der Zustimmung noch beim Beschluss über das Schuldenbereinigungsplanverfahren eine materielle Prüfung durch das Gericht vorzunehmen. Ausschließlich in besonders sensiblen Bereichen wird in Gesetzen außerhalb der Insolvenzordnung eine gerichtliche materielle Prüfungsbefugnis geregelt. So muss das Familiengericht einen Schuldenbereinigungsplan nach materieller Prüfung gemäß § 1854 BGB genehmigen.

Wird ein gerichtliches Schuldenbereinigungsplanverfahren erfolgreich abgeschlossen, resultieren besondere Vorteile daraus, dass kein eröffnetes Insolvenzverfahren je bestand und die Vermögensverhältnisse als geordnet anzusehen sind. Berufliche Zulassungen, wie die anwaltliche, werden nicht widerrufen und der Schuldner erhält keinen SCHUFA-Eintrag.[289]

---

288 Gottwald/Haas/Ahrens, Insolvenzrechts-Handbuch, § 81 Rn. 27a; Uhlenbruck/Sternal, § 305 Rn. 123.

289 FK-InsO/Busch, § 308 Rn. 4; Frind, ZInsO 2014, 280, 282.

5. Kapitel: Der Insolvenzplan

A. Erweiterung des Anwendungsbereichs des Insolvenzplans

Früher konnte ein Insolvenzplanverfahren ausschließlich in sogenannten Regelinsolvenzverfahren durchgeführt werden. Hauptsächlich genutzt wird ein das Insolvenzplanverfahren zur Sanierung, Übertragung oder Liquidation von Unternehmen. Daneben kommt diesem Verfahren eine gewisse Bedeutung bei der Abwicklung der Insolvenz einer selbständig tätigen natürlichen Person zu. Insbesondere Freiberufler nutzen diesen Weg, um schnell nötige Zulassungen oder zumindest ihre Zahlungsfähigkeit zurückzuerlangen und so die Geschäfte weiter betreiben zu können.[290]

Seit dem 01.07.2014 kann das Insolvenzplanverfahren auch zur Bewältigung einer Verbraucherinsolvenz eingesetzt werden. Vereinzelt wurde diese Erweiterung des Anwenderkreises als unnötig bezeichnet, da mit dem gerichtlichen Schuldenbereinigungsplanverfahren ein dem Verbraucherinsolvenzverfahren angepasstes Instrument existiere und darüber hinaus eine zusätzliche Belastung der Gerichte hervorrufe, die der Prüfungspflicht nach § 231 InsO nachkommen und Erörterungs- und Abstimmungstermin gemäß § 235 InsO durchführen müssten.[291] Diesen Bedenken sollte nach einem vorläufigen Gesetzentwurf mit der Abschaffung des gerichtlichen Schuldenbereinigungsplanverfahrens begegnet werden.[292] Hiermit verfolgte der Gesetzgeber in erster Linie das Ziel, ein unpopuläres Verfahren durch ein angesehenes zu ersetzen und so dessen Bedeutung zu stärken.[293] Als sich auch hiergegen Widerstand bildete,[294] verabschiedete der Gesetzgeber schließlich ein Gesetz, das ein Nebeneinander von gerichtlichem Schuldenbereinigungsplan- und Insolvenzplanverfahren in Verbraucherinsolvenzen vorsieht.

Wenngleich dem Insolvenzplanverfahren in Verbraucherinsolvenzen keine große Bedeutung zugesprochen wird, besteht die Chance durch die Öffnung

---

290 Weßling, DStR 2019, 644, 648.

291 Uhlenbruck/Vallender, 13. Aufl. 2010, § 312 Rn. 82.

292 BT-Drs. 17/11268, S. 18.

293 BT-Drs. 17/11268, S. 17 f.

294 Grote/Pape, ZInsO 2012, 1913, 1920; Kohte, VuR 2012, 381, 382; Frind, ZInsO 2012, 1455, 1459 f.; Harder, NZI 2013, 70, 75; Baczako, ZVI 2013, 209, 210.

des Insolvenzplanverfahrens darin, auf konsensuale Verfahren aufmerksam zu machen.[295] Durch die aktuelle Diskussion werden natürliche Personen und Schuldnerberatungsstellen dazu angeregt, die im Einzelfall geeignetste konsensuale Form der Insolvenzabwicklung ausfindig zu machen. Zudem besteht nunmehr für natürliche Personen keine Notwendigkeit mehr, eine selbständige Nebentätigkeit auszuüben, um ins Regelinsolvenzverfahren zu gelangen und einen Insolvenzplan vorlegen zu können.[296] Vielmehr kann es in Einzelfällen nunmehr vorteilhaft sein, eine Nebentätigkeit von nicht nennenswertem Umfang auszuüben oder eine solche, die sich nicht organisatorisch verfestigt hat, um zwischen den verschiedenen Planlösungen oder auch der nach § 300 Abs. 1 S. 2 InsO verkürzten Restschuldbefreiungszeit wählen zu können. Daher ist weiterhin eine Einzelfallabwägung bezüglich der bisher nur mit einem Richtwert bezifferten Grenze zu treffen, oberhalb der eine Nebentätigkeit einen nennenswerten Umfang erreicht und sich organisatorisch verfestigt hat.[297] Diskutiert wird als Richtwert eine Annäherung an die Bagatellgrenze des § 3 Nr. 26 EStG.[298]

Sicher ist, dass der Insolvenzplan keine Allzweckwaffe für die Abwicklung jeder Kleininsolvenz bietet. Vielmehr kann mittels eines Plans bei wohl bedachter Anwendung den Parteiinteressen am besten gerecht werden. Hierbei ist insbesondere an die Insolvenz der selbständig tätigen natürlichen Person zu denken. Welche Planlösung(en) dieser Person offenstehen, hängt, wie bereits festgestellt, von dem Umfang und der Organisation der selbständigen Tätigkeit ab. Darüber hinaus ergeben sich hieraus insbesondere Chancen für alle natürlichen Personen, die Drittmittel erhalten können.

Mit der ersatzlosen Abschaffung des § 312 InsO wurde das Insolvenzplanverfahren pauschal für Verbraucher geöffnet. Wie vielfach betont, sind das Insolvenzplanrecht sowie die hierzu verfasste Literatur auf Unternehmensinsolvenzen ausgelegt.[299] An die zum Unternehmensinsolvenzplan herausgearbeiteten Vorgehensweisen kann angeknüpft werden, um die Besonderheiten der Verwendung eines Insolvenzplans in Kleinverfahren zu pointieren. Im Fokus stehen dabei die unterschiedlichen Grundvoraussetzungen. Während ein Unternehmen unternehmensbezogene Ziele am Markt verwirklicht, steht bei natürlichen Personen

295 Ahrens, Aktuelles Privatinsolvenzrecht, Rn. 443; einen Anstieg an Planverfahren in der Praxis bei kleinen Regelinsolvenzen stellt fest Blankenburg, ZInsO 2015, 1293, 1293.

296 Ahrens, Aktuelles Privatinsolvenzrecht, Rn. 443.

297 BGH, NZI 2011, 410 f. mit Anm. Stephan, VIA 2011, 36 f.

298 BGH, NZI 2011, 410, 411; Stephan, VIA 2011, 36, 37.

299 Ahrens, Aktuelles Privatinsolvenzrecht, Rn. 446; Heyer, ZVI 2012, 321, 322.

häufig ein persönliches Bestreben im Vordergrund. Bereits aus diesen differierenden Voraussetzungen ist zu folgern, dass bei der Anwendung des Rechts des Insolvenzplans Modifizierungen vorgenommen werden müssen. Hierbei wiederum werden teilweise Abstufungen zwischen der Insolvenz eines Selbständigen und eines Verbrauchers vorgenommen.

Auf diese Problemkreise wird an den entsprechenden Stellen während der Darstellung des Insolvenzplanverfahrens eingegangen. Vorweg wird spezifisch für Verbraucher und Kleingewerbetreibende auf die Rolle der Schuldnerberatungsstellen in deren Insolvenzplanverfahren eingegangen (B.). Daran schließt sich die Untersuchung des Ablaufs und Inhalts des Insolvenzplanverfahrens an. Ausgehend von der Planvorbereitung (C.) werden – nach einem Abstecher in die Sonderproblematik der Stimmbindungsverträge (D.), die eine umfangreiche Planvorbereitung absichern – der inhaltliche Aufbau eines sodann aufzustellenden Plans (E.) und der zum Abschluss eines Insolvenzplans führende Verfahrensablauf (F.) besprochen, bevor abschließend die Wirkungen eines erfolgreich verabschiedeten Insolvenzplans erläutert werden.

Die Aufstellung eines Insolvenzplans ist in ab dem 01.07.2014 beantragten Verfahren zulässig. Nach der Übergangsvorschrift des Art. 103h S. 2 EGInsO ist das Insolvenzplanrecht der §§ 217–269 InsO auch auf vor dem 01.07.2014 beantragte Verfahren anzuwenden. Da Art. 103h S. 2 EGInsO selbst erst mit dem am 15.07.2013 verabschiedeten Gesetz zur Verkürzung des Restschuldbefreiungsverfahrens und zur Stärkung der Gläubigerrechte zum 01.07.2014 in Kraft tritt, ist fraglich, ob diese Vorschrift nur für ab der Verkündung am 15.07.2013 beantragte Insolvenzverfahren gilt oder für sämtliche. Zu dieser Problemstellung wird überzeugend vorgetragen, dass die Regelung sich ausschließlich auf noch nicht abgeschlossene Sachverhalte beziehe und somit eine verfassungsrechtlich grundsätzlich zulässige unechte Rückwirkung darstelle.[300] Gründe für eine Unzulässigkeit der Rückwirkung sind nicht ersichtlich, zumal hierdurch der Rechtskreis eines Verbrauchers erweitert wird, ohne dass Nachteile entstehen. Die Übergangsvorschrift des Art. 103h S. 2 EGInsO erfasst folglich auch sämtliche vor dem 01.07.2014 beantragte noch nicht aufgehobene Verbraucherinsolvenzverfahren.[301] Nicht erfasst werden Verfahren, die sich am 01.07.2014 bereits in der Treuhandperiode befanden, da ein Insolvenzplanverfahren gem. § 218 Abs. 1 S. 3 InsO nach dem Schlusstermin nicht mehr durchführbar ist.

---

300 Ahrens, Aktuelles Privatinsolvenzrecht, Rn. 448; zur Problematik der Rückwirkung im Allgemeinen BVerfG, NJW 2000, 413, 415.

301 Blankenburg, ZInsO 2015, 1293, 1293; Henning, ZAP Fach 14, 671, 684.

B. Begleitung eines Verbrauchers durch Schuldnerberatungsstellen

Schuldnerberatungsstellen begleiten Verbraucher als geeignete Personen oder Stellen nach § 305 Abs. 1 Nr. 1 InsO während der außergerichtlichen Schuldenbereinigung, in deren Anschluss sie gegebenenfalls eine Scheiternsbescheinigung ausstellen. Darüber hinaus wird die geeignete Stelle in § 305 Abs. 4 S. 1 InsO erwähnt, wonach der Schuldner sich durch sie vor dem Insolvenzgericht vertreten lassen kann.

Hieraus wird der Schluss gezogen, dass Schuldnerberatungsstellen auch das Insolvenzplanverfahren begleiten können.[302] Diese Ansicht vermag zu überzeugen. Obwohl die Vorschrift zunächst mit Bezug auf das Regel- und das Restschuldbefreiungsverfahren erlassen wurde, stellt das Insolvenzplanverfahren eine Abwandlung des Regelverfahrens dar, für die hinsichtlich der Beratungsmöglichkeiten nichts Anderes gelten kann.

Offen blieb bisher die Frage, ob vom Beratungsumfang auch die Planvorbereitung im Vorfeld des Insolvenzverfahrens umfasst ist. Beim gerichtlichen Schuldenbereinigungsplanverfahren, das ebenfalls vor Eröffnung stattfindet, ist eine Vertretung des Schuldners durch eine Schuldnerberatungsstelle anerkannt.[303] Außerdem können mittels einer durchgehenden Beratung größtmögliche Synergieeffekte erzielt werden, indem keine neue Person sich in den Fall einarbeiten muss. Diese Gründe sprechen dafür, auch bei der Vorbereitung eines Insolvenzplans Schuldnerberatungsstellen tätig werden zu lassen.

C. Planvorbereitung

I. Überblick über die Planvorbereitung bei Unternehmensinsolvenzen

Ausgehend von § 218 Abs. 1 S. 2 InsO, der es dem Schuldner ausdrücklich freistellt, einen Insolvenzplan zusammen mit dem Antrag vorzulegen, wird weitgehend empfohlen, im Vorfeld des Insolvenzantrags eines Unternehmens wesentliche Schritte zur Vorbereitung eines Insolvenzplans durchzuführen.[304] Außergerichtliche Verhandlungen sollen genutzt werden, ein Plangrobkonzept

302 Ahrens, Aktuelles Privatinsolvenzrecht, Rn. 465.

303 MüKo-InsO/Vuia, § 305 Rn. 103; HambKomm-InsO/Ritter, § 305 Rn. 33.

304 HambKomm-InsO/Thies/Lieder, § 218 Rn. 7; Rendels, in: Kübler/Bork/Prütting, HRI II, § 19 Rn. 21; Rendels/Zabel, Insolvenzplan, Rn. 65.

aufzustellen, das insbesondere auf die Gruppenbildung eingeht sowie erste Züge eines gestaltenden Teils präsentiert.[305] Hierbei ist es nicht nötig, den gestaltenden Teil im Einzelnen auszuformulieren. Vielmehr obliegt es dem Gestalter des Plangrobkonzepts, das Planziel herauszustellen sowie Maßnahmen zu benennen, die dieses Ziel unterstützen. Besteht das Ziel des Plans, wie häufig, in der Sanierung des Unternehmens, sollte zusätzlich ein Sanierungsgrobkonzept entwickelt werden, auf das zu verweisen ist.[306] Zudem wird empfohlen, die bestehenden Sicherheiten genau zu analysieren.[307]

Nunmehr ist es Aufgabe des Schuldnervertreters, in die Fortentwicklung des Plangrobkonzepts die Gläubiger und Arbeitnehmer einzubeziehen, insbesondere diejenigen, deren Zustimmung unumgänglich ist.[308] Zudem wird empfohlen, frühzeitig das Gericht zu kontaktieren und hierbei Anregungen zur Besetzung des vorläufigen Gläubigerausschusses zu geben sowie die Einleitung eines eventuellen Schutzschirmverfahrens zu besprechen.[309]

II. Planvorbereitung in Verbraucherinsolvenzen

1. Ausgangslage

Einer Planvorbereitung in der Verbraucherinsolvenz gehen grundlegend andere Ausgangsvoraussetzungen voraus. Bei (drohender) Insolvenz musste zunächst ein außergerichtliches Schuldenbereinigungsplanverfahren durchgeführt werden. Dieses hat nach den gesetzlichen Vorgaben keinerlei Auswirkung auf ein späteres Insolvenzplanverfahren, kann aber wichtige Hinweise für späteren Verhandlungsbedarf geben. Dies gilt freilich nur, wenn der Schuldner bereits in der Phase des außergerichtlichen Einigungsversuchs aktiv in Kontakt mit den Gläubigern tritt, um über die schlichte Ausstellung der Scheiternsbescheinigung hinaus frühzeitig sein Interesse an einer Planlösung zu signalisieren. Innerhalb des außergerichtlichen Einigungsversuchs sind zur Bewertung der Situation des Schuldners Übersichten über das Vermögen sowie die bestehenden Verbindlichkeiten zu erstellen und Verhandlungen mit den Gläubigern zu führen. Obwohl das außergerichtliche Schuldenbereinigungsplanverfahren selbst nicht

---

305 Rendels/Zabel, Insolvenzplan, Rn. 72.

306 Rendels/Zabel, Insolvenzplan, Rn. 72 f.

307 Rendels/Zabel, Insolvenzplan, Rn. 66 ff.

308 Smid/Rattunde/Martini, Der Insolvenzplan, 2. Hauptteil Kap. 4 Rn. 4.10; Rendels/Zabel, Insolvenzplan, Rn. 77; Rendels, in: Kübler/Bork/Prütting, HRI II, § 19 Rn. 23.

309 Rendels/Zabel, Insolvenzplan, Rn. 80 ff.; Ahrens, Aktuelles Privatinsolvenzrecht, Rn. 463.

erfolgreich abgeschlossen wurde, sei es, weil einzelne Gläubiger dies boykottierten, sei es, weil der Schuldner auf die Wirkungen des Insolvenzplanverfahrens spekuliert, können daher Rückschlüsse auf die Interessen der Gläubiger sowie deren Verhandlungsbereitschaft gezogen werden.

Weiterhin wurden mit der Erstellung der Übersichten idealerweise die Vermögensstruktur sowie die sich daraus ergebenden Krisenursachen herausgearbeitet. Beteiligte an einer Insolvenz, die Vorteile in einer Insolvenzplanlösung sehen, sollten bereits die Zeit und die Erfahrungen der außergerichtlichen Sanierung nutzen, um ein Insolvenzplanverfahren vorzubereiten. Hierbei können Schuldner auf die Unterstützung durch Schuldnerberatungsstellen zurückgreifen.[310]

Durch diese Vorbereitungsmaßnahmen und Weitblick können bereits während der Phase der Schuldenbereinigung für das Insolvenzplanverfahren wesentliche Maßnahmen eingeleitet werden. Dies gilt natürlich nur, wenn insbesondere der Schuldner von vornherein an einer Insolvenzplanlösung interessiert ist. Auch wenn die Zeit vor der Antragstellung im Verbraucherinsolvenzverfahren der Schuldenbereinigung gewidmet ist, können aufgrund der Ähnlichkeit der Verfahren wichtige Schritte zur Erstellung des Insolvenzplans getroffen werden.[311]

2. Kontakt zu Gläubigern

Nach dem Scheitern der außergerichtlichen Einigung ist dem Schuldner, der eine Planlösung anstrebt, zu empfehlen, Kontakt zu seinen Gläubigern zu halten. Werden alle vorbereitenden Verfahrensschritte durchgeführt, verpflichtend der außergerichtliche und je nach Entscheidung des Gerichts der gerichtliche Einigungsversuch, kann bis zur Eröffnung des Verfahrens ein langer Zeitraum vergehen. Bei Gläubigern, die bereits der außergerichtlich angebotenen Lösung zustimmten, ist einem Interesseverlust entgegenzuwirken. Mit Gläubigern, die eine außergerichtliche Planlösung ablehnten, besteht weiterer Verhandlungsbedarf, sofern ihre Zustimmung unumgänglich ist.

Die ausgeführten Überlegungen treffen insbesondere auf sogenannte Key-Gläubiger zu, bei denen der Schuldner so hoch verschuldet ist, dass ihre Zustimmung zwingend erforderlich ist oder die aus- oder absonderungsberechtigt sind. Sofern es dem Schuldner nicht gelingt, diese Gläubiger für eine Planlösung zu gewinnen, ist die Durchführung eines Insolvenzplanverfahrens nicht zielführend

---

310 Siehe unter II.

311 A.A. Stephan, VIA 2014, 25, 25.

und kostspielig. Aus- oder absonderungsberechtigte Gläubiger werden regelmäßig nicht auf ihr Sicherungsrecht verzichten. Um eine dennoch realisierbare Planlösung aufzustellen, kann darüber verhandelt werden, den sicherungsbelasteten Gegenstand auszutauschen oder auf die abgesonderte Befriedigung zu verzichten.[312] Soll im späteren Verlauf eine entsprechende Einigung in den Insolvenzplan aufgenommen werden, ist darauf zu achten, neben einer schuldrechtlichen Regelung im gestaltenden Teil die sachenrechtliche Ebene zu erfassen.

3. *Kontakt zum Gericht*

Zu den Gerichten wurde während des außergerichtlichen Verfahrens kein Kontakt aufgenommen. Im Gegensatz zum Unternehmensinsolvenzverfahren sind die Bildung eines vorläufigen Gläubigerausschusses und die Durchführung eines Schutzschirmverfahrens nicht verfahrensrechtlich vorgesehen und damit nicht von Interesse. Daher ist zunächst kein Grund dafür ersichtlich, frühzeitig mit dem Gericht in Kontakt zu treten.

Sinnvoll ist eine Absprache mit dem Gericht bei Antragstellung, wenn nach Antragstellung ein bestimmtes Verfahren zur konsensualen Einigung bevorzugt wird, das gerichtliche Schuldenbereinigungsplanverfahren oder das Insolvenzplanverfahren. Im Fall der Bevorzugung des Insolvenzplanverfahrens kann hierdurch zusätzlicher Zeitaufwand für die Durchführung des gerichtlichen Einigungsversuchs verhindert werden. Da in vielen Fällen, in denen ein Insolvenzplan erfolgversprechend ist, auch ein gerichtlicher Einigungsversuch durchgeführt werden könnte, hat der Schuldner dem Gericht die Vorteile des Insolvenzplanverfahrens in Bezug auf den konkreten Fall darzulegen. Hierzu zählen etwa die stärker ausgeprägte gerichtliche Kontrollmöglichkeit sowie die umfassende Wirkung des Insolvenzplans für alle Gläubiger, also auch die nicht beachteten.

Zudem wird empfohlen, Insolvenzpläne in Entwurfsform frühzeitig dem Gericht zukommen zu lassen, um Nachbesserungen vornehmen zu können, ohne in den Bereich der zweiwöchigen Soll-Frist zur Entscheidung über den Plan nach Vorlage gemäß § 231 Abs. 1 S. 2 InsO zu gelangen.[313] Diese Herangehensweise bietet sich allerdings nur an, wenn der zuständige Richter bereit ist, Vorbesprechungen zu unterstützen.[314]

---

312 Brünkmanns, in: Brünkmanns/Thole, Handbuch Insolvenzplan, § 8 Rn. 224.

313 Blankenburg, ZInsO 2015, 1293, 1303.

314 Buchalik/Stahlschmidt, ZInsO 2014, 1144, 1145.

III. Planvorbereitung bei Kleingewerbetreibenden

1. Ausgangssituation

In der Insolvenz eines Kleingewerbetreibenden bestehen grundlegend andere Ausgangsvoraussetzungen als bei der Insolvenz eines Verbrauchers. Da weder ein außergerichtlicher Einigungsversuch zwingend gesetzlich vorgesehen ist, noch ein gerichtlicher Einigungsversuch durchgeführt wird, sind bisher keine Informationen zusammengetragen worden. Die Aufgabe der an einer Insolvenzplanlösung interessierten Person besteht folglich darin, im Vorfeld der Antragstellung den Insolvenzplan vorzubereiten sowie die wichtigsten Eckpunkte für die Planannahme durch die Gläubiger zu klären. Wurde eine außergerichtliche Einigung unternommen, können die gewonnenen Vermögenswerte sowie die Erfahrungen über das Verhalten der Gläubiger genutzt werden. Um für ein derartiges Vorgehen Zeit zu gewinnen, kann ein Schutzschirmverfahren nach § 270b InsO beantragt werden.[315]

2. Vorbereitung des Insolvenzplans

Zur sachlichen Vorbereitung des Insolvenzplans hat der selbständig Tätige frühzeitig vor Antragstellung seine Massegegenstände aufzulisten und ein Gläubigerverzeichnis unter Angabe der Höhe der jeweiligen Forderungen zu erstellen.[316] Durch eine Gegenüberstellung dieser Verzeichnisse kann der Schuldner seine Chancen auf die Sanierung seiner Person sowie seiner gewerblichen Tätigkeit ausmachen.

Hat der Schuldner bisher die Aufgabe nicht bewältigt, in einen ungeordneten Stapel von Verträgen, Rechnungen, Mahnungen, Mahnbescheiden und anderen Belegen Ordnung zu bringen, ist ihm professionelle Hilfe zu empfehlen. Dies fördert zudem die Einigungsbereitschaft der Gläubiger, die einem Schuldnerberater, Rechtsanwalt oder Steuerprüfer als neutralem Dritten mehr Vertrauen entgegenbringen.

Anhand der erstellten Übersichten und Verzeichnisse kann ein vorzeitiger Insolvenzplan ausgearbeitet werden. Dieser sollte stichpunktartig die wichtigsten Regelungen skizzieren, aber auch die Verhandlungsbereitschaft des Schuldners deutlich machen. Eine grobe Richtung vorzugeben ist hinsichtlich der angedachten Quote, der Sicherheit der Quotenzahlung, der Gruppenbildung,

---

315 Smid, ZInsO 2016, 61, 61 ff.; Bremen, NZI 2014, 137, 137 f.

316 Smid/Rattunde/Martini, Der Insolvenzplan, 2. Hauptteil, Kap. 4 Rn. 4.24.

dem Umgang mit Sicherheiten sowie ob und zu welchem Zeitpunkt ein Forderungsverzicht seitens der Gläubiger gefordert wird.[317] Eine sprachlich einfach gehaltene, auf die wichtigsten Informationen beschränkte vorläufige Verhandlungsgrundlage führt zum besseren Verständnis der wirtschaftlichen Lage des Schuldners und erhöht damit bestenfalls die Verhandlungsbereitschaft der Gläubiger.[318]

Beabsichtigt der Schuldner, sein Gewerbe fortzuführen und aus den zukünftigen Erträgen die Gläubiger zu befriedigen, kann er auf eine Zustimmung seiner Gläubiger nur hoffen, wenn er zudem ein Sanierungsgrobkonzept entwickelt. Aus diesem muss ein konkreter und umsetzbarer Plan für die Fortführung des Unternehmens ersichtlich werden. Grundvoraussetzung dafür ist, das Geschäftskonzept sowie die Krisenursachen herauszuarbeiten und auf den Erfahrungen aufbauend ein neues Konzept zu entwickeln, mit dem der Betrieb entschuldet und fortgeführt werden kann.[319]

3. *Kommunikation, Transparenz und Akzeptanz*

Ein Insolvenzplan bedarf – auch wenn nicht die Zustimmung eines jeden Gläubigers benötigt wird – auf einer Mitwirkung. In erster Linie werden die Gläubiger bereit sein, das Verfahren mittels eines Insolvenzplans zu beenden, wenn der Schuldner eine zumindest im Vergleich zum Regelverfahren höhere Quote anbietet. Dies setzt eine gewisse Kommunikation voraus. Je besser zwischen Schuldner und Gläubigern kommuniziert wird, desto wahrscheinlicher ist der Abschluss eines Insolvenzplans. Die Grundlage hierfür ist so früh wie möglich zu legen, also bereits bei der Planvorbereitung.

Auch wenn bei Kleingewerbetreibenden regelmäßig nicht zwingend ein vorläufiger Gläubigerausschuss gebildet werden muss, sind Verhandlungen mit den Key-Gläubigern zu führen. Die Grundlage dieser Verhandlungen bildet der Insolvenzplan in seiner vorläufig ausgearbeiteten Fassung. Wird eine Fortführung des Gewerbes angestrebt tritt das Sanierungsgrobkonzept hinzu. Hierdurch wird deutlich, wie eng die inhaltliche Vorbereitung mit dem Gelingen der Abstimmung verzahnt ist.[320] Sofern der Schuldner im Insolvenzplan Regelungen zur Abänderung von Sicherungsrechten anstrebt, muss mit den

317 Rendels, in: Kübler/Bork/Prütting, HRI II, § 19 Rn. 22.

318 Zur sprachlichen Gestaltung eines Insolvenzplans Smid/Rattunde/Martini, 2. Hauptteil, Kap. 4 Rn. 4.13.

319 Smid/Rattunde/Martini, Der Insolvenzplan, 2. Hauptteil, Kap. 4 Rn. 4.23.

320 Rendels, in: Kübler/Bork/Prütting, HRI II, § 19 Rn. 22.

Sicherungsgläubigern in Kontakt getreten werden. Um späteren Streitigkeiten vorzubeugen, ist der Wert der einzelnen Sicherheiten eventuell mittels eines Gutachters festzustellen.[321] Hierbei ist zu beachten, dass in Aussonderungsrechte nicht eingegriffen werden kann, vgl. § 223 InsO.[322] Sofern der Schuldner mit aussonderungsberechtigten Gläubigern Abreden anstrebt, ist er auf außergerichtliche Sondervereinbarungen angewiesen.[323] Wurden etwa einzelne Betriebsmittel geleast, besteht für den Schuldner ausschließlich die Möglichkeit, den Leasinggeber von seinem Sanierungskonzept zu überzeugen, sodass dieser auf eine Aufrechterhaltung des geschäftlichen Kontakts hofft und die Betriebsmittel gegen künftige Zahlungen im Betrieb des Schuldners belässt.

Tendenziell wollen Schuldner möglichst wenige Informationen über ihre Vermögens- und Einkommenslage preisgeben, um nicht frühzeitig vermeintliche Vorteile zu verlieren. Wird von einem Schuldner aber eine konsensuale Lösung angestrebt, sollte dieser den Gläubigern die entscheidungsrelevanten Informationen vorlegen. Hierdurch schafft er Transparenz, die zu einer größeren Akzeptanz bei den Gläubigern führt.[324] Da der Insolvenz eines Kleingewerbetreibenden keine zwingenden vorgerichtlichen Einigungsversuche vorausgehen, sollten die Gläubiger im Stadium der Einleitung eines Insolvenzverfahrens einer Planlösung nicht überdrüssig sein.

Mit dem Gericht in Kontakt zu treten, ist nicht bei jeder Kleininsolvenz zwingend notwendig. Sofern allerdings ein bestimmter Insolvenzverwalter zur Begleitung des Insolvenzplans favorisiert wird, empfiehlt sich der Kontakt zum Gericht, um zu vermeiden, dass ein weiterer Insolvenzverwalter bestellt wird und sich mit der Sache befasst.

---

321 Rendels, in: Kübler/Bork/Prütting, HRI II, § 19 Rn. 26.

322 Kübler/Prütting/Bork/Spahlinger, § 224 Rn. 3; Ahrens/Gehrlein/Ringstmeier/Silcher, § 223 Rn. 2; Rendels, in: Kübler/Bork/Prütting, HRI II, § 19 Rn. 26 f.

323 Rendels, in: Kübler/Bork/Prütting, HRI II, § 19 Rn. 28.

324 Smid/Rattunde/Martini, Der Insolvenzplan, Hauptteil 2, Rn. 4.13.

D. Aufbau eines Insolvenzplans

I. Hilfestellungen bei der Erstellung von Insolvenzplänen unter besonderer Betrachtung der nicht verbindlichen Standards des IDW

1. *Keine allgemeine Bindungswirkung der IDW Standards*

Das Institut der Wirtschaftsprüfer in Deutschland e.V. (IDW) hat es sich laut § 2 Abs. 2b seiner Satzung[325] eigens zur Aufgabe gemacht, *„für einheitliche Grundsätze der unabhängigen, eigenverantwortlichen und gewissenhaften Berufsausübung einzutreten und deren Einhaltung durch die Mitgliedschaft sicherzustellen"*. Hierzu wirbt der IDW damit, den Mitgliedern bei der Beratung fachlichen Rat zukommen zu lassen und berufsständische Standards herauszugeben.[326] Eine Form der Verlautbarungen des IDW sind die sogenannten Standards. Diese stellen Anforderungen an gewisse Dokumente auf. Bei der Erstellung eines Insolvenzplans relevant werden können der IDW S 2 mit seinen Anforderungen an Insolvenzpläne sowie der IDW S6, der Anforderungen an die Erstellung von Sanierungskonzepten beinhaltet.

In den Vorbemerkungen zu IDW S 2 und S 6 nimmt das IDW Stellung zur Bindungswirkung dieser Standards. Danach legt der Standard IDW S2 *„die Berufsauffassung dar, welche Anforderungen an einen Insolvenzplan zu stellen sind"*.[327] Erstellt ein Wirtschaftsprüfer auch nur Teile eines Insolvenzplans, seien für diesen nach Auffassung des IDW *„die Anforderungen dieses IDW Standards für die beauftragten Teilbereiche maßgeblich"*.[328] In eine ähnliche Richtung weisen die Bemerkungen in IDW S 6. Danach stelle der Standard eine auf der Basis von Theorie, Praxis und Rechtsprechung entwickelte *„Berufsauffassung"* dar, in der *„wesentliche allgemeine Grundsätze"* entwickelt worden seien.[329] Insbesondere die Qualifikation des IDW seiner Standards als „Berufsauffassung", die „allgemeine Grundsätze" beinhalten, zeigt auf, dass der IDW den Standards Bindungswirkung zuspricht. Diese Beobachtung unterstützend wird in der Literatur

325 Aufrufbar unter https://www.idw.de/blob/25414/ae371ab92fd068502a4374aae560a5bf/down-satzung-data.pdf.

326 Homepage des IDW unter http://www.idw.de/idw/portal/n281334/n379162/index.jsp.

327 IDW ES 2, Stand 19.11.2018 (IDW S 2), Rn. 3, der Standard ist veröffentlicht in IDW-FN 05/2019, 362 ff.

328 IDW S 2, Rn. 4.

329 IDW S 6, Stand 16.05.2018 (IDW S 6), Rn. 1, der Standard ist veröffentliche in IDW-FN 08/2018, 813 ff.

hervorgehoben, dass Verlautbarungen keine Bindungswirkung nach Außen entfalten, aber nach Vorstellung des IDW über die Satzungs-Bindung des beratenden Wirtschaftsprüfers quasi bindend sind.[330]

Unabhängig hiervon fehlt es dem IDW als privatrechtlichem Verein ohne öffentlichen Auftrag – natürlich – an der Befugnis, Rechtsvorschriften verbindlich auszulegen.[331] Seine Standards sind daher grundsätzlich wie jede in der Literatur geäußerte Meinung zu berücksichtigen, sie sind lediglich eine Empfehlung.[332] Ist eine geeignete Person mit der Aufgabe der Planerstellung betraut, die nicht Vereinsmitglied ist, hat der IDW keinerlei Einwirkungsmöglichkeit. Hingegen unterstehen Vereinsmitglieder der Satzungshoheit und sind an die Umsetzung der vorgegebenen Standards gebunden.[333] Bei diesen kann folglich, zumindest theoretisch, ein Konflikt zwischen der Beachtung der Standards und der bestmöglichen Gestaltung eines Insolvenzplans für Dritte, nicht satzungsunterworfene Personen, entstehen.

Je umfangreicher die Geschäftsbeziehungen sind, desto wahrscheinlicher wird der Einsatz eines Wirtschaftsprüfers, bei dem der angesprochene Konflikt auftreten kann. Dies ist eher in der Insolvenz eines Kleinunternehmers der Fall, während Verbraucherschuldner mit einfacheren Vermögensverhältnissen nicht die Hilfe eines Wirtschaftsprüfers heranziehen werden.

2. *Chancen der (teilweisen) Beachtung der IDW Standards*

Eine grundlegende Hilfestellung bei der Erstellung eines Verbraucherinsolvenzplans bieten Musterinsolvenzpläne.[334] Darüber hinaus können die Vorschläge des IDW – wie jede andere in der Literatur geäußerte Meinung – teilweise fakultativ berücksichtigt werden, um die bestmögliche Lösung zu erzielen.

---

330 Schlüter/Stolte, Stiftungsrecht, Kap. 6 Rn. 8; Hommelhoff/Mattheus, in: Festschrift Röhricht, 2005, S. 897, 909.

331 MüKo-Bilanzrecht/Bormann, HGB § 317 Rn. 32; Hommelhoff/Mattheus, in: Festschrift Röhricht, 2005, S. 897, 907, 913.

332 Jaeger/Münch, InsO § 219 Rn. 23; Hommelhoff/Mattheus, in: Festschrift Röhricht, 2005, S. 897, 907, 913.

333 MüKo-Bilanzrecht/Bormann, HGB § 317 Rn. 32; Schlüter/Stolte, Stiftungsrecht, Kap. 6 Rn. 8; Hommelhoff/Mattheus, in: Festschrift Röhricht, 2005, S. 897, 907, 918.

334 Laroche/Madaus/Saager/Dawe/Pape/Henning/Allemand, VIA 2018, 41; Smid/Rattunde/Martini, Anhang 3 S. 349 ff.; Grote, InsBüro 2014, 252, 254; Allemand/Dobiey/Henning, ZVI 2014, 296 ff.; Beyer, ZVI 2014, 298 ff.; Beyer, ZVI 2013, 334, 335 ff.

Ein Vorteil der Verwendung der Vorgaben aus den Standards des IDW besteht in ihrem hohen Wiedererkennungswert.[335] Insbesondere gilt dies für insolvenzrechtsbewanderte Adressaten und damit, wenn auch nicht für den Verbraucher selbst, für die beratende Person oder Stelle.

3. *IDW S 2*

Wie Verfahrensrecht im Allgemeinen, besteht auch das Insolvenzplanrecht aus Regelungen über den Ablauf des Verfahrens, während Inhalte nur marginal geregelt werden. Insbesondere auf die genaue Darstellung inhaltlicher Aspekte wird im IDW S 2 eingegangen. Bereits diese Tatsache lässt auf eine gegenüber dem Gesetz engere inhaltliche Vorgabendichte des IDW Standards schließen.

Hilfreiche Anhaltspunkte gibt die als „Muster-Gliederung eines Insolvenzplans" betitelte Gliederungsübersicht.[336] Um eine schnelle Orientierung innerhalb des Plans zu ermöglichen, ist es sinnvoll, Pläne nach einem wiederkehrenden Schema aufzubauen. Hierbei ist zu beachten, die Gliederung den Bedürfnissen des Einzelfalls anzupassen. Bei der Insolvenz eines Verbrauchers ist kein Umgestaltungskonzept im darstellenden Teil zu entwerfen, vielmehr wird meist die Entschuldung zu thematisieren sein. Besonders hilfreich ist es hierbei, am Ende der Aufstellung eines Insolvenzplans den IDW Standard als Checkliste zu Rate zu nehmen, um sicher zu gehen, keine bedeutenden Punkte vergessen zu haben. Dies betrifft etwa die Dritterklärung nach § 230 Abs. 3 InsO.[337]

Ein weiterer markanter Unterschied betrifft die Plananlagen. Diese sind laut IDW S 2 zunächst zum Zeitpunkt der Verfahrenseröffnung zu erstellen, sodann bei Inkrafttreten des Insolvenzplans erneut und schließlich müssen sie in regelmäßigen Zeitabständen fortgeführt werden.[338] Eine derartige regelmäßige Kontrolle der entscheidungserheblichen Zahlen ist insbesondere auf die Sanierung eines Unternehmens oder auch des Geschäftsbetriebs eines Selbständigen zugeschnitten, da die Gläubigerbefriedigung maßgeblich von der Entwicklung des Unternehmens bzw. des Erwerbsgeschäfts abhängig sein wird. Ist der Schuldner Verbraucher und bietet dieser eine hauptsächlich auf Drittmitteln basierende Befriedigung an, hat die Einkommenssituation des Verbrauchers kaum einen Einfluss auf die Gläubigerbefriedigung. Durch die regelmäßige Aktualisierung der Übersichten würden hauptsächlich Kosten verursacht. Hat der Schuldner

---

335 Geiwitz/v. Danckelmann, in: Kübler/Bork/Prütting, HRI II, § 21 Rn. 4.

336 IDW S 2, Anlage 1; Smid/Rattunde/Martini, Der Insolvenzplan, 6.15.

337 Hinweis in IDW S 2, Rn. 103.

338 IDW S 2, Rn. 99 ff.

versprochen, Teile der Befriedigung aus seinem monatlichen Einkommen aufzubringen, wird es regelmäßig ausreichen, wenn der Schuldner einen monatlichen Einkommensnachweis vorlegt.

Weiterhin ist nicht jede im IDW S 2 geforderte Plananlage in Verbraucherinsolvenzverfahren sinnvoll. Die Handelsbilanz, die Planbilanz, der Ergebnisplan und der Finanzplan sind begrifflich und inhaltlich auf die Bedürfnisse geschäftlicher Tätigkeit zugeschnitten. Es müssen folglich neue spezifisch in der Verbraucherinsolvenz entscheidungsrelevante Plananlagen definiert werden. Diese Lücke zeigt der IDW S 2 auf, sie besteht in gleichem Maß aber auch bei § 229 InsO.[339] In Betracht kommt etwa die Aufstellung einer Vermögens- und einer Forderungsübersicht. Weiterhin ist eine Vergleichsrechnung angebracht. Eine solche wird augenfällig im IDW S 2 gar nicht erwähnt, obwohl eine geringere Bedeutung dieser in Insolvenzen selbständig Tätiger oder in Unternehmensinsolvenzen nicht ersichtlich ist.

4. IDW S 6

Wie bereits der Name vermuten lässt, ist der IDW S 6 auf die Sanierung von Unternehmen zugeschnitten und kann daher nur eingeschränkt helfen, den Geschäftsbetrieb eines Selbständigen zu sanieren. Keinen Beitrag liefert dieser Standard grundsätzlich bei der Insolvenz eines Verbrauchers.

Ziel des IDW S 6 ist die Erstellung eines Sanierungskonzepts. Die hierzu erforderlichen Kernbestandteile listet der IDW S 6 wie folgt auf: die Beschreibung von Auftragsgegenstand und -umfang, Basisinformationen über die wirtschaftliche und rechtliche Ausgangslage des Unternehmens, die Analyse von Krisenstadium und Krisenursachen, die Darstellung des Leitbilds mit dem Geschäftsmodell des sanierten Unternehmens, die Maßnahmen zur Bewältigung der Unternehmenskrise und Abwendung einer Insolvenzgefahr, ein integrierter Unternehmensplan und die zusammenfassende Einschätzung der Sanierungsfähigkeit.[340]

Zwar sollte auch ein Verbraucher die Gründe seiner Krise analysieren, um nicht sogleich wieder in dieselbe Lage zu geraten. Nach der gesetzlichen Vorstellung kann der Verbraucherschuldner sein regelmäßiges Primärziel, die Befreiung von Schulden, im Restschuldbefreiungsverfahren ohne eine entsprechende Aufstellung erreichen. Nichts Anderes kann für das Insolvenzplanverfahren gelten. Die maßgebliche Weichenstellung für den Aufbau eines Insolvenzplans geben

---

339 Vgl. in diesem Kapitel unter D. V. 1.

340 IDW S 6, Rn. 11.

die damit verfolgten Verfahrensziele. Bereits eingangs wurde festgestellt, dass das Ziel der Sanierung nicht unmittelbar auf einen Verbraucherinsolvenzplan übertragen werden kann.[341] Folglich können auch die Strukturen nicht direkt übernommen werden.

5. *Zwischenergebnis*

Der Standard IDW S 2 liefert einen Rahmen und eine Checkliste bei der Erstellung eines Insolvenzplans für selbständig Tätige und Verbraucher, muss allerdings modifiziert werden, insbesondere in den Hinweisen zum darstellenden Teil und zu den Plananlagen. Der Standard IDW S 6 hingegen kann im Fall eines Fortführungswillens Linien für ein Konzept eines Selbständigen geben, ist aber keine Hilfestellung bei der Planaufstellung für einen Verbraucher. In keinem Fall kommt einem der Standards verbindliche Wirkung zu, sie sind vielmehr wie jeder Musterinsolvenzplan in der Literatur genau auf ihre Vereinbarkeit mit dem Gesetz zu überprüfen.

6. *Plädoyer für die Erstellung eines einheitlichen Leitfadens*

Leitfäden wie der IDW S 2 und der IDW S 6 erleichtern die Erstellung eines Insolvenzplans maßgeblich. Gerade in Verbraucherinsolvenzverfahren könnte die (zumindest teilweise) Übernahme eines allgemein anerkannten Leitfadens maßgeblich dazu beitragen, schnell und kostengünstig einen Insolvenzplan zu erstellen und so dessen Verbreitung fördern.[342] Zentrales Kriterium eines solchen Leitfadens müsste dessen allgemeine Akzeptanz sein, die nur erreicht werden kann, wenn das den Leitfaden erstellende Gremium neutral arbeitet und als solches anerkannt ist. Aus diesem Grund erscheinen die Schuldnerberatungsstellen nicht geeignet, da sie primär dem Schuldner beratend zur Seite stehen.

Nach hiesiger Ansicht wäre ein Komitee am geeignetsten, das aus den Vertretern der verschiedenen Interessengruppen in einem Verbraucherinsolvenzverfahren zusammengesetzt ist. Geeignet wäre beispielsweise die Stephan-Kommission, die sowohl aus Vertretern der Schuldnerberatungen als auch aus Vertretern der Gläubiger – privatwirtschaftlicher wie auch öffentlicher – zusammengesetzt ist.

---

341 Siehe unter 2. Kapitel D. V.

342 Ideen zur Erstellung eines solchen Standards Wiedenhaupt, ZInsO 2018, 306 ff.

II. Einleitung des Insolvenzplans: Ziele und Ergebnis

Ein Insolvenzplan besteht gemäß § 219 S. 1 InsO zwingend aus einem darstellenden und einem gestaltenden Teil. Da sich der Inhalt beider Teile – insbesondere der des darstellenden Teils – nach dem Ziel des Insolvenzplanverfahrens richtet, bietet es sich an, das Ziel einleitend besonders herauszustellen.[343] Wird für einen Insolvenzplan eine Einleitung gewählt, muss sich der Planersteller die große Bedeutung der getroffenen Aussagen für die Entscheidung der Gläubiger vergegenwärtigen – der erste Eindruck zählt.

In Verbraucherinsolvenzverfahren wird das Ziel der Befreiung von Schulden dominieren. Weiteres Ziel kann der Erhalt bestimmter Gegenstände sein. Ebenso sollten zentrale Finanzmittel und -maßnahmen, wie etwa Drittmittel oder Stundung einleitend offenkundig gemacht werden.

Möchte ein selbständig Tätiger seinen Betrieb fortführen und erhalten, ist dies gemeinsam mit den geplanten maßgeblichen Maßnahmen voranzustellen. Ebenso kann die Liquidierung des Betriebs als Ziel aufgeführt werden.

Das für die Gläubiger maßgebliche Entscheidungskriterium bildet schließlich das für sie mit dem Plan verbundene Ergebnis, die Quote. Daher sollte auch dieses kurz zusammengefasst werden, wobei gegebenenfalls nach den verschiedenen Gläubigergruppen zu differenzieren ist.[344]

Die Ziele und Quote als zentrale Angaben können natürlich auch innerhalb des darstellenden Teils erwähnt werden. Indem diese Angaben vorangestellt werden, wird ihre Bedeutung hervorgehoben.

III. Darstellender Teil

1. Verhältnis zwischen darstellendem und gestaltendem Teil

Darstellender und gestaltender Teil des Insolvenzplans sind maßgeblich miteinander verknüpft. Aus ihrem Zusammenspiel und den Plananlagen ergibt sich die Grundlage, auf der das Gericht über die Zulassung und die Gläubiger über die Annahme des Plans entscheiden. Dabei kommen den Teilen je eigene Funktionen zu. Während der darstellende Teil informieren soll, wirkt der gestaltende

343 Geiwitz/v. Danckelmann, in: Kübler/Bork/Prütting, HRI II, § 21 Rn. 10 f.; Geiwitz, in: Buth/Hermanns, Handbuch Restrukturierung, Sanierung, Insolvenz, § 30 Rn. 10 f.; anders IDW S 2, Anlage 1: Muster-Gliederung eines Insolvenzplans, wo die Darstellung des Planziels in den darstellenden Teil integriert ist.

344 Bähr, in: Mohrbutter/Ringstmeier, Handbuch Insolvenzverwaltung, Kapitel 14 Rn. 26 ff.

Teil rechtsverändernd.[345] Hierbei ergeben sich die im gestaltenden Teil getroffenen Maßnahmen aus den Feststellungen des darstellenden Teils.

In der Literatur werden zur Veranschaulichung dieses Verhältnisses gern die Bestandteile eines Urteils herangezogen. Während der darstellende Teil mit Tatbestand und Gründen verglichen wird, kann zwischen dem gestaltenden Teil und dem Tenor eine Parallele gezogen werden.[346]

2. Darstellender Teil in Verbraucherverfahren

a) Allgemeine Anforderungen

Nach § 221 Abs. 1 InsO wird im darstellenden Teil des Insolvenzplans beschrieben, welche Maßnahmen nach der Eröffnung des Insolvenzverfahrens getroffen worden sind und noch getroffen werden sollen. Zudem muss der darstellende Teil gemäß § 220 Abs. 2 S. 1 InsO alle weiteren Angaben enthalten, die für die Entscheidung der Beteiligten über die Zustimmung zum Plan sowie dessen gerichtliche Bestätigung erforderlich sind. War diese Vorschrift bis zum Inkrafttreten SanInsFoG am 01.01.2021 lediglich als Soll-Vorschrift ausgestaltet, bestätigte der Gesetzgeber durch diese Änderung eine jahrelange höchstgerichtliche Rechtsprechung, die auch in der Literatur Zustimmung fand.[347]

Diesen Ansatz aufgreifend ergänzte der Gesetzgeber die Vorschrift weiterhin um die nicht abschließende Regelung des § 220 Abs. 2 S. 2 InsO, wonach insbesondere eine Vergleichsrechnung enthalten sein muss. Die weiteren Vorgaben der Sätze 3 und 4 zur Erstellung einer Vergleichsrechnung für den Fall der Fortführung bzw. Zerschlagung eines Unternehmens sind zumindest in Verbraucherverfahren nicht relevant.

Bereits im Rahmen des Gesetzgebungsverfahrens zur Insolvenzordnung hatte der Gesetzgeber über die gesetzlichen Vorgaben zum zwingenden Inhalt des darstellenden Teils diskutiert und diese zunächst bewusst kurz gehalten.[348]

---

345 Geiwitz/v. Danckelmann, in: Kübler/Bork/Prütting, HRI II, § 21 Rn. 2; Balthasar, in: Kübler/Bork/Prütting, HRI II, § 22 Rn. 4; Geiwitz, in: Buth/Hermanns, Restrukturierung, Sanierung, Insolvenz, § 30 Rn. 6 f.; Beyer, ZVI 2013, 334, 334.

346 MüKo-InsO/Eidenmüller, § 221 Rn. 1; Smid/Rattunde/Martini, Der Insolvenzplan, Rn. 6.4.

347 BGH, NZI 2022, 743 Rz. 19; BGHZ 162, 181, 183 f.; BGH, NZI 2012, 139, 140 Rn. 10; NZI 2009, 515, 517 Rn. 27; HK-InsO/Fiebig, § 220 Rn. 2; Bähr, in: Mohrbutter/Ringstmeier, Handbuch Insolvenzverwaltung, Kapitel 14 Rn. 23 in der Fußnote.

348 § 258 RegE-InsO BT-Drs. 12/2443, S. 50; BGH, NZI 2012, 139, 140; MüKo-InsO/Eilenberger, § 220 Rn. 2; FK-InsO/Jaffé, § 220 Rn. 1; HK-InsO/Fiebig, § 220 Rn. 6 ff.; Bähr, in: Mohrbutter/Ringstmeier, Handbuch Insolvenzverwaltung, Kapitel 14 Rn. 25.

So enthielt § 220 Abs. 2 InsO a.F. deutlich weniger zwingende Vorgaben als die damalige Diskussionsgrundlage, § 258 Abs. 2 RegE-InsO. Zudem wurde kein Inhaltskatalog entsprechend den §§ 259–262 RegE-InsO verabschiedet.[349] Hierdurch sollte eine auf den Einzelfall bezogene Formulierung ermöglicht werden, wenngleich die nicht umgesetzten Vorschriften weiterhin als Anhaltspunkte genutzt werden können.[350] Wenngleich die heutige Regelung des § 220 Abs. 2 InsO diese Kriterien insbesondere um eine zwingend beizufügende Vergleichsrechnung ergänzt, verbleibt dem Planersteller weiterhin ein recht weiter Gestaltungsspielraum. Immerhin ist zentrale Funktion des darstellenden Teils, die Gläubiger darüber zu unterrichten, inwieweit der Plan ihre Befriedigungsaussichten gegenüber der Regelabwicklung verbessert bzw. zumindest nicht schlechter stellt.

Der folglich auch nach dieser Gesetzesänderung aufrecht erhaltene Gestaltungsspielraum kommt der Gestaltung von Insolvenzplänen für Verbraucher zugute. So bleibt der Umfang der Ausgestaltung dem Planersteller überlassen, wodurch dieser der Dimension des jeweiligen Verfahrens Rechnung tragen kann.[351]

Wie bereits erwähnt, sind der Zweck und der Planinhalt stark miteinander verknüpft. Während die Darstellung der Sanierungsfähigkeit allgemein als Kernstück eines Unternehmensinsolvenzplans bezeichnet wird,[352] bildet die Überzeugung der Gläubiger von der Durchführung einer gestrafften Schuldbefreiung das Kernstück des Insolvenzplans eines Verbrauchers. Besondere Bedeutung wird dabei die Frage erlangen, inwieweit der einzelne Gläubiger im Planverfahren gegenüber den Restschuldbefreiungsverfahren bessergestellt wird.

b) Der darstellende Teil als Vertrauensbasis

Kehrseite der offenen Formulierung des § 220 InsO ist ein gewisser Mangel an Orientierungspunkten bei der Erstellung des darstellenden Teils eines Insolvenzplans. Gerade in Verbraucherinsolvenzverfahren wird immer wieder verlautbart, der Insolvenzplan müsse „einfach" gehalten werden.[353] Dieser These

---

349 BT-Drs. 12/2443, S. 50 f.

350 FK-InsO/Jaffé, § 220 Rn. 2; Bähr, in: Mohrbutter/Ringstmeier, Handbuch Insolvenzverwaltung, Kapitel 14 Rn. 25.

351 Ahrens, Aktuelles Privatinsolvenzrecht, Rn. 491.

352 FK-InsO/Jaffé, § 220 Rn. 34.

353 Stephan, Der Insolvenzplan in Verbraucherinsolvenzverfahren, S. 17; differenzierend Ahrens, Aktuelles Privatinsolvenzrecht, Rn. 491.

kann nur bedingt zugestimmt werden. Ganz einfach wäre ein Insolvenzplan, der neben der Vergleichsrechnung ausschließlich direkt befriedigungsrelevante Informationen enthält, wie etwa eine Aufschlüsselung der aktuellen Vermögenslage des Schuldners und eine Darstellung der Sicherheit von Drittmitteln. Ein derart nüchterner Plan vermittelt allerdings vielfach nicht die nötige Vertrauensbasis zur Kooperation. Dieses Vertrauen kann insbesondere geschaffen werden, indem der Schuldner offen mit den Ursachen seiner wirtschaftlichen Krise umgeht und hieraus Schlussfolgerungen für die Zukunft zieht. Besondere Wirkung auf die Gläubiger hätte es sicherlich, wenn der Schuldner den Beteuerungen im darstellenden Teil Verpflichtungen im gestaltenden Teil folgen lassen würde, die schließlich zu Taten und damit zur wirtschaftlichen Besserstellung führen.

Eine Krisenanalyse mit Auswertung beinhaltet darüber hinaus auch eine zweite positive Komponente für den Schuldner selbst: der Schuldner erhält die Chance, aus seinen Fehlern zu lernen – soweit ein Schuldner sich engagiert, bekommt er sogar die Möglichkeit, diesen Prozess mit Hilfe des Insolvenzverwalters zu bewältigen. Auch wenn folglich Vieles dafür spricht, umfangreiche Angaben vorzunehmen, ist schlussendlich zwischen zwingenden und nicht zwingenden Informationen zu unterscheiden.

c) Begründungsbeibringung und -tiefe

Der darstellende Teil des Insolvenzplans kann, wie gerade herausgearbeitet, als Vertrauensbasis dienen, wenn entsprechende Informationen vorhanden und begründet sind. Folglich ist der Frage nach der Begründungsbeibringung und -tiefe nachzugehen. § 220 InsO enthält hierzu keine Angaben.

Rückschlüsse zum Umfang der Begründungstiefe könnten aus § 850i ZPO gezogen werden. § 850i ZPO überträgt die Beweislast dem jeweils Begünstigten. Der Antragsteller als Begünstigter des Pfändungsschutzes hat Gründe für die Erteilung darzulegen,[354] Gläubiger können entgegenstehende Belange beibringen.[355] Die Begründungstiefe ist der jeweiligen Partei frei überlassen, ein umfassendes Vorbringen wird allerdings dadurch gesichert, dass das Gericht gemäß § 850i Abs. 1 S. 2, 3 ZPO aus einer freien Würdigung der vorgebrachten Tatsachen heraus über den Pfändungsschutz entscheidet.[356]

---

354 Musielak/Voit/Flockenhaus, ZPO, § 850i Rn. 4; MüKo-ZPO/Smid, §850i Rn. 4.

355 MüKo-ZPO/Smid, § 850i Rn. 4.

356 Zu den Kriterien der Ermessensentscheidung des Gerichts Musielak/Voit/Flockenhaus, ZPO, § 850i Rn. 6 f.

Diese Wertung kann nicht ohne Modifikation auf das Insolvenzplanrecht übertragen werden. Es steht den Grundvoraussetzungen des Insolvenzplanverfahrens entgegen, den Schuldner nur ihn begünstigende Umstände darlegen zu lassen.[357] Grund hierfür ist ein Informationsvorsprung des Schuldners im Hinblick auf seine eigene wirtschaftliche Lage. Um diesem Informationsvorsprung entgegenzuwirken, statuiert § 97 InsO Auskunfts- und Mitwirkungspflichten des Schuldners.[358] Diese Pflichten entfalten bis zur Aufhebung des Insolvenzverfahrens Wirkung und gelten daher als allgemeine Grundsätze auch im Insolvenzplanverfahren.[359] Geahndet wird eine Verletzung der Auskunfts- und Mitwirkungspflichten mit einer Versagung der Restschuldbefreiung nach § 295 Abs. 1 Nr. 5 InsO. Ein ähnliches Verhältnis besteht zwischen den §§ 220, 229 InsO und §§ 231, 250 InsO. Die Einhaltung der Informationspflichten ist zwingende Voraussetzung für das Bestehen der gerichtlichen Vorprüfung sowie der gerichtlichen Bestätigung. Alle drei Vorschriften gemeinsam, §§ 97, 220, 229 InsO, verdeutlichen, dass im Insolvenzplanrecht der Schuldner zur Beibringung der Begründung verpflichtet ist und bei einer Nichteinhaltung entsprechend verfahrensrechtliche Einschränkungen erfährt.

Eine andere Beurteilung erhält die Begründungstiefe. Hat ein Gläubiger Nachfragen, kann er diese dem Schuldner stellen. Grundsätzlich ist der Umfang der Darstellung aber dem Schuldner überlassen. Diesen Umstand kann der Schuldner für sich nutzen, um die Planlösung attraktiv zu gestalten, indem er insbesondere zusätzliche Informationen über seine Intention preisgibt.

d) Die einzelnen Inhalte des darstellenden Teils

aa) Persönliche Verhältnisse

Angaben zu den persönlichen Verhältnissen des Schuldners helfen den Gläubigern, sich ein erstes Bild von der Person des Schuldners zu machen. Zwingend müssen persönliche Angaben erfolgen, wenn diese wirtschaftlich relevant sind. Die wirtschaftliche Relevanz persönlicher Angaben ist dabei weit zu verstehen, da die Ausgaben einer natürlichen Person maßgeblich aus den persönlichen Verhältnissen resultieren. Eine vergleichbare Situation ist in der Insolvenz eines Unternehmens nicht vorzufinden.

---

357 MüKo-InsO/Stephan, § 97 Rn. 1.

358 Ahrens/Gehrlein/Ringstmeier/Piekenbrock, § 97 Rn. 1; MüKo-InsO/Stephan, § 97 Rn. 1; Braun/Lojowski, § 97 Rn. 1.

359 Braun/Lojowski, § 97 Rn. 3.

Maßgeblich sind etwa Angaben zum Familienstand und zu Familienmitgliedern inklusive Altersangaben, da hieraus bestehende Unterhaltsberechtigungen oder -verpflichtungen resultieren können und deren Dauer abgelesen werden kann.[360] Von zentraler Bedeutung ist es schließlich, die Gläubiger über die Art der aktuell ausgeübten beruflichen Tätigkeit zu informieren. Damit zusammenhängend sind Angaben zum beruflichen Werdegang und zum Alter des Schuldners zu machen sowie Gründe anzugeben, wenn nur eine halbtägige oder gar keine Beschäftigung ausgeübt werden kann.[361] Besonders einzugehen ist auf die aktuell ausgeübte berufliche Tätigkeit.[362] Dabei sind bei der Ausübung entstehende Kosten für etwa den Arbeitsweg oder Berufskleidung und daraus konkret bestehende Entwicklungschancen aufzuzeigen. Auch ist auf Krankheiten und Invalidität hinzuweisen, die die Erwerbstätigkeit des Schuldners einschränken und einen erhöhten Mittelbedarf des Schuldners erfordern, wobei der Bewertungsmaßstab des § 850f ZPO als Orientierungsgrundlage dient.[363]

bb) Wirtschaftliche Verhältnisse

Bei der Darstellung der wirtschaftlichen Verhältnisse ist zunächst auf die Zahlungsunfähigkeit des Schuldners einzugehen. Im Unterschied zur Beschreibung eines zu sanierenden Unternehmens muss die Darstellung der wirtschaftlichen Verhältnisse nicht historisch erfolgen, sondern sollte auf die im Insolvenzfall potentiell verwertbaren Gegenstände und das laufende (pfändbare) Einkommen begrenzt sein.[364] Die Ursache der Krise herauszufinden, mag zwar für den Schuldner selbst aufschlussreich sein, bringt regelmäßig aber den Gläubigern keinen geldwerten Vorteil.

Es dient der Übersichtlichkeit, bei der Darstellung der Zahlungsfähigkeit Kategorien zu bilden angelehnt an die Vergleichsrechnung. Hieran können sich der Leser und der Ersteller der Übersichten orientieren. Es bietet sich folglich an, das bestehende und laufend erarbeitete Vermögen den Verbindlichkeiten gegenüberzustellen. Im Rahmen des Vermögens ist zunächst das regelmäßig erwirtschaftete Arbeitseinkommen zu nennen. Wird dem Schuldner gemäß

---

360 Ahrens, Aktuelles Privatinsolvenzrecht, Rn. 494.

361 Ahrens, Aktuelles Privatinsolvenzrecht, Rn. 494.

362 Ahrens, Aktuelles Privatinsolvenzrecht, Rn. 494; a.A. LG Wuppertal, NZI 2016, 494, 495, wonach auch die Möglichkeit einer selbständigen wirtschaftlichen Tätigkeit aufzunehmen ist.

363 Ahrens, Aktuelles Privatinsolvenzrecht, Rn. 494.

364 Ahrens, Aktuelles Privatinsolvenzrecht, Rn. 495.

§ 100 InsO Unterhalt aus der Insolvenzmasse gewährt, muss auch dies aufgeführt werden.[365]

Danach werden große Vermögensbestandteile aufgelistet, regelmäßig wird dies Immobilienvermögen sein, inklusive bestehender Grundbuchbelastungen sowie der valutierten Verbindlichkeiten.[366] Anschließend sind weitere Vermögenspositionen zu nennen. Fraglich ist, ob eine Katalogisierung des gesamten Vermögens in pfändbare und unpfändbare Bestandteile vonnöten ist. Da die Unpfändbarkeit solchen Vermögens nach § 811 ZPO regelmäßig offensichtlich ist, kann dieses regelmäßig unberücksichtigt bleiben. Ausnahmen sind hiervon bei einzelnen regelmäßig wertvollen Gegenständen zu machen, deren Unpfändbarkeit einer Erörterung bedarf. Dies betrifft etwa das Auto, das zwingend erforderlich ist, damit der Schuldner seine Arbeit ausführen oder zum Arbeitsplatz gelangen kann. Eine Orientierung bei der Aufstellung des pfändbaren und unpfändbaren Vermögens bieten die Pfändungsschutzvorschriften der §§ 850 ff. ZPO.

Inwieweit in diesem Zusammenhang unpfändbare Gegenstände i.S.d. § 811 ZPO durch den Schuldner überhaupt als Planleistungen angeboten werden können, ist bisher soweit ersichtlich nicht geklärt. Dafür könnte sprechen, dass im Gesetz zwischen unpfändbaren Gegenständen und dem Existenzminimum unterschieden wird, woraus im Umkehrschluss gefolgert werden könnte, dass die verbleibende Diskrepanz zwischen diesen Vermögenswerten der Dispositionsbefugnis des Schuldners obliegt. Überdies ist es einem Schuldner grundsätzlich jederzeit möglich, über unpfändbare Sachen rechtsgeschäftlich zu verfügen.[367] Dieser letztgenannte Gedanke ist jedoch nur eingeschränkt auf das Insolvenzrecht übertragbar, da der entsprechende Erlös aus der Veräußerung als Neuerwerb in die Insolvenzmasse fällt.[368] Gegen die Möglichkeit, unpfändbare Gegenstände im Rahmen eines Insolvenzplans anbieten zu können, spricht weiterhin – und dies überzeugt letztendlich – der Sinn und Zweck des § 811 ZPO, nicht nur den Schuldner zu schützen, sondern auch dem Sozialstaatsprinzip zu dienen und Sozialhilfeansprüche zu vermeiden.[369]

---

365 Zur Auszahlung des Gewinns aus selbständiger Tätigkeit als Unterhalt BGH, NZI 2009, 515, 516 Rn. 18 ff.

366 Ahrens, Aktuelles Privatinsolvenzrecht, Rn. 497; Beyer, ZVI 2014, 289, 290.

367 BeckOK ZPO/Uhl, § 811 Rn. 5; Musielak/Voit/Flockenhaus, ZPO, § 811 Rn. 8.

368 Graf-Schlicker/Graf-Schlicker/Kexel, § 36 Rn. 10; Kübler/Prütting/Bork/Holzer, § 36 Rn. 3 f.; Uhlenbruck/Hirte/Praß, § 36 Rn. 54.

369 Musielak/Viot/Flockenhaus, § 811 Rn. 8; MüKo-ZPO/Gruber, § 811 Rn. 1 ff.

Diesen Schutzzweck auch im Insolvenzrecht aufgreifend nimmt § 36 Abs. 1 S. 1 InsO Gegenstände, die nicht der Zwangsvollstreckung unterliegen, grundsätzlich von dem Insolvenzbeschlag aus. In Abweichung von diesem Grundsatz gehören im Fall eines selbständig tätigen Schuldners, wovon auch der Kleingewerbetreibende umfasst ist, nach § 36 Abs. 2 Nr. 2 InsO jedoch Sachen (§ 811 Abs. 1 Nr. 1 b) ZPO) und auch Tiere (§ 811 Abs. 1 Nr. 8 b) ZPO) zur Insolvenzmasse, die der Schuldner oder eine Person, mit der er in einem gemeinsamen Haushalt zusammenlebt, für die Ausübung einer Erwerbstätigkeit bzw. im Fall von Sachen auch eine damit in Zusammenhang stehende Aus- oder Fortbildung benötigt. Hiervon ausgenommen sind jedoch gem. § 36 Abs. 2 Nr. 2 Hs. 2 InsO wiederum solche Sachen und Tiere, die für die Fortsetzung einer Erwerbstätigkeit erforderlich sind, welche in der Erbringung persönlicher Leistungen besteht. Durch die Neuregelung von § 36 InsO und die Anpassung an die Neufassung von § 811 ZPO sollen weitergehende Möglichkeiten für eine Fortführung oder Veräußerung eines schuldnerischen Betriebs durch den Insolvenzverwalter geschaffen und so die Befriedigungsaussichten für die Gläubiger verbessert werden.[370] Berücksichtigt wird dabei jedoch auch die im Insolvenzfall stets zu treffende Entscheidung zwischen der Fortführung oder auch dem Abbruch einer bisher ausgeübten wirtschaftlichen Tätigkeit, wobei insbesondere Wirtschaftlichkeitsaspekte ausschlaggebend sein sollten.

In Anbetracht dieser durch den Gesetzgeber vorgenommenen Wertung erscheint es äußerst zweifelhaft, ob ein Schuldner diese zugunsten seiner Gläubiger im Rahmen eines Insolvenzplans abändern kann. Die bessern Gründe sprechen dagegen.

Vermögensschmälernd wirken des Weiteren erfolgreiche Vollstreckungsschutzanträge. Ist ein solcher für bestimmte Gegenstände bereits erteilt, ist dies aufzunehmen. Wurde über einen gestellten Antrag noch nicht entschieden oder plant der Schuldner konkret einen Vollstreckungsschutzantrag zu stellen, so muss auch hierauf hingewiesen werden.

Nachdem aus den vorherigen Angaben das pfändbare Vermögen ermittelt werden kann, werden im Folgenden bestehende schuldrechtliche oder gesetzliche Verbindlichkeiten und Verpflichtungen aufgezeigt.[371] Offene Verbindlichkeiten sind mit der Forderungshöhe anzugeben. Zudem müssen alle bestehenden Dauerschuldverhältnisse aufgelistet werden,[372] hierbei ist auf nicht vor bzw. nach

370 BT-Drs. 19/27636, S. 35.

371 Geiwitz/v. Danckelmann, in: Kübler/Bork/Prütting, HRI, § 21 Rn. 43.

372 Ahrens, Aktuelles Privatinsolvenzrecht, Rn. 498.

Eröffnung des Insolvenzverfahrens beglichene Raten sowie die Modalitäten des Vertrages einzugehen. Zahlungspflichten aus Dauerschuldverhältnissen sind bei Verbrauchern häufig aufzufinden und umfassen einen Großteil der monatlichen Ausgaben. Hierzu zählen unter anderem Wohnraummiet-, Stromversorgungs-, Telekommunikations- und Zeitschriftenabonnementverträge. Wegen ihrer speziellen Behandlung im Restschuldbefreiungsverfahren müssen Verbindlichkeiten nach § 302 InsO deutlich gemacht werden. Hiervon erfasst sind solche aus vorsätzlich begangener unerlaubter Handlung, aus vorsätzlich pflichtwidrig rückständigem gesetzlichem Unterhalt und aus Steuerschuldverhältnissen, sofern der Schuldner im Zusammenhang mit der Steuerforderung nach der Abgabenordnung rechtskräftig verurteilt wurde.

Fraglich ist, ob künftig geplante Ereignisse aufzuzeigen sind, die zu einer Optimierung der persönlichen wirtschaftlichen Lage der betroffenen Person führen, wie etwa ein in Aussicht stehender Arbeitsvertrag mit einer höheren Entlohnung oder der Wegfall von Unterhaltspflichten. Wegen der mit künftigen Angaben verbundenen Unsicherheit müssen diese nur zwingend erteilt werden, wenn sie hinreichend konkret sind. Denn nur eine konkret bevorstehende bessere wirtschaftliche Lage, zum Beispiel aufgrund eines bereits unterschriebenen Arbeitsvertrags mit höherer Bezahlung, kann in einer Vergleichsrechnung berücksichtigt werden, ansonsten ist von gleichbleibenden wirtschaftlichen Verhältnissen auszugehen. Diese Gedanken werden durch die in dem durch das SanInsFoG neu eingeführten § 245a S. 1 InsO enthaltene Wertung gestützt, im Rahmen verschiedener wirtschaftlicher Bewertungen bei Insolvenz einer natürlichen Person im Zweifel von gleichbleibenden Einkommens-, Vermögens-, und Familienverhältnissen des Schuldners auszugehen.

cc) Versagungsgrund aus § 290 Abs. 1 Nr. 1 InsO sowie weitere Versagungsgründe

Fraglich ist, ob Gründe angeführt werden müssen, die zu einer Versagung der Restschuldbefreiung nach § 290 Abs. 1 Nr. 1 InsO führen. In der Insolvenz einer unternehmerisch tätigen natürlichen Person ist dies nur der Fall, wenn der Schuldner rechtskräftig zu einer Insolvenzstraftat verurteilt ist und das Unternehmen saniert und vom Schuldner fortgeführt werden soll.[373] Dies gilt nicht

373 BGH, NZI 2012, 139, 140; ZIP 2009, 1384, 1385 f.; Jaeger/Foerste, InsO, § 311 Rn. 22; HambKomm-InsO/Thies/Lieder, § 220 Rn. 6; K. Schmidt/Spliedt, § 220 Rn. 9; Bähr, in: Mohrbutter/Ringstmeier, Handbuch Insolvenzverwaltung, Kapitel 14 Rn. 34; Frind, BB 2014, 2179, 2182.

im Fall einer Liquidation oder übertragenden Sanierung.[374] Begründet wird dies mit der aufgrund der Verurteilung zweifelhaften Zuverlässigkeit und Eignung des Schuldners für die Unternehmensfortführung.[375]

Parallel hierzu kann auch auf Verbraucher das Entscheidungskriterium übertragen werden, ob die Zuverlässigkeit der Person relevant ist oder nicht. Besteht das Ziel des Plans in der Befreiung des Verbrauchers von seinen Schulden und machen die Gläubiger über das gesetzliche Verfahren hinausgehende Zugeständnisse, damit dem Verbraucherschuldner ein Neuanfang ermöglicht wird, ist die Zuverlässigkeit der Person relevant. Die Gläubiger machen die Zugeständnisse nämlich regelmäßig in der Erwartung, den Verbraucherschuldner künftig als liquiden Abnehmer zu erhalten. Folglich hat ein solcher Verbraucherschuldner Gründe im darstellenden Teil anzuführen, die zu einer Versagung der Restschuldbefreiung nach § 290 Abs. 1 Nr. 1 InsO führen können.

Verläuft das Insolvenzplanverfahren hingegen, wie wahrscheinlich in den meisten Fällen, weitgehend parallel zum gesetzlichen Verfahren, ist kein Grund dafür ersichtlich, die Gläubiger besser zu stellen als im Regelverfahren, wo diese grundsätzlich gemäß den §§ 251, 290 Abs. 2, 297 Abs. 2 InsO die Beweislast trifft. Dasselbe gilt für verfahrensbegleitende Pläne. Dies gilt insbesondere in Fällen, in denen nur eine gegenüber dem Regelverfahren marginal erhöhte Quote und/oder eine schnellere Zahlung angeboten wird.

Zu klären bleibt damit, ob diese Maßstäbe auf alle Versagungsgründe anzuwenden sind. Der Wortlaut des § 290 Abs. 1 InsO gibt hierüber keine hinreichenden Anhaltspunkte. Alle Gründe führen zwar gleichermaßen zur Restschuldbefreiungsversagung, allerdings führt Nr. 1 die Aufzählung systematisch an. Ihrem Inhalt nach ist eine Abstufung zu erkennen. Führt der Grund aus § 290 Abs. 1 Nr. 1InsO zuallererst zu einer strafrechtlichen Verurteilung und zusätzlich zur Restschuldbefreiungsversagung, haben die anschließenden Gründe lediglich die Versagung zur Folge. Der strafrechtlichen Verurteilung kommt eine solche Schwere zu, die es legitimiert, hierzu eine besondere Hinweispflicht im darstellenden Teil eines Plans festzusetzen. Es besteht demnach keine Hinweispflicht des Schuldners auf Verfehlungen seinerseits, die einen der weiteren Versagungsgründe auslösen.[376]

---

374 Bähr, in: Mohrbutter/Ringstmeier, Handbuch Insolvenzverwaltung, Kapitel 14 Rn. 34.
375 BGH, DB 2021, 225.
376 Frind, Praxishandbuch Privatinsolvenz, Teil 6 Rn. 1257; Ahrens, Aktuelles Privatinsolvenzrecht, Rn. 504; Frind, ZInsO 2014, 280, 282.

dd) *Hinweis auf eine Sperrfrist*

Zu klären ist weiterhin, ob der Schuldner auf eine Sperrfrist nach § 287a Abs. 2 InsO aufmerksam machen muss. Die Sperrfrist führt im Gegensatz zur Versagung nur zu einer Verzögerung der Erteilung der Restschuldbefreiung. Um diese Verzögerung bei der Vergleichsrechnung berücksichtigen zu können, hat der Schuldner auf eine Sperrfrist als wesentlichen Umstand hinzuweisen.[377] Hierbei muss der Schuldner sich über die in § 287a InsO renummerierten Gründe informieren, um bereits über deren Vorliegen unterrichten zu können.

ee) *Beschreibung der durchzuführenden Maßnahmen und der Gruppenbildung*

Eine umfangreiche Maßnahmenbeschreibung wird in der Verbraucherinsolvenz regelmäßig nicht erforderlich sein. Unter anderem wäre zu vermerken, wenn eine Immobilie verwertet oder ein Anfechtungsprozess durchgeführt würde.[378] Auch finanzielle Einschnitte, wie etwa eine Stundung oder ein Teilerlass sind zu nennen. Werden Drittmittel verwendet, kann Anlass bestehen, die zur Absicherung dieser im gestaltenden Teil getroffenen Maßnahmen aufzuzeigen, wie etwa die Eröffnung eines besonderen Kontos.

Darüber hinaus kann ein freiwilliger Maßnahmenkatalog, ohne Bezug zu den konkreten Zahlungen aufgestellt werden. Dies kann dazu dienen, sicherzustellen, dass der Gläubiger seinen Zahlungsversprechen nachkommt, es kann aber auch genutzt werden, um sicherzustellen, dass ein Schuldner versprochenen Besserungsbeteuerungen tatsächlich nachkommt. Erreicht werden kann dieses Ziel etwa, indem im gestaltenden Teil des Insolvenzplans im Rahmen einer Planüberwachung der Schuldner in regelmäßigen Abständen seine Haushaltsführung offen zu legen hat. Dieser Zeitraum kann sich zum Beispiel auch über den der Erfüllung der Zahlungspflichten aus dem Plan hinaus erstrecken.

Außerdem werden die Gründe für die vorgenommene Gruppenbildung dargelegt. Da in Verbraucherinsolvenzverfahren häufig nur wenige Gruppen gebildet werden, können auch diese Angaben entsprechend kurz gehalten werden. Während das Gesetz bereits Grund genug für die Abgrenzung der obligatorischen Gruppen ist, müssen die Abgrenzungskriterien fakultativer Gruppen zwingend sachgerecht erläutert werden, vgl. § 222 Abs. 2 S. 2 und 3 InsO.

---

377 Ahrens, Aktuelles Privatinsolvenzrecht, Rn. 505.

378 Ahrens, Aktuelles Privatinsolvenzrecht, Rn. 518.

ff) Scheiternsanalyse und geplante künftige Entwicklung

Wie bereits erwähnt, muss in der Verbraucherinsolvenz nicht zwingend eine historische Aufarbeitung der wirtschaftlichen Probleme und damit verknüpft ein Maßgabenplan für die Zukunft erfolgen.[379] Trotzdem kann eine solche dem Schuldner helfen, seine wirtschaftliche Lage zu verbessern, und somit bei den Gläubigern bewirken, dem Schuldner zu vertrauen und ihm bei der Bewältigung seiner wirtschaftlichen Probleme entgegenzukommen. Denn wie bereits festgestellt, basiert ein Insolvenzplan maßgeblich auf der Verhandlungsbereitschaft der Parteien.

Angelehnt an die Unternehmensinsolvenz kann auch bei der historischen Ursachenanalyse der Zahlungsunfähigkeit eines Verbrauchers zwischen persönlichen (endogenen) und exogenen Ursachen unterschieden werden.[380] Regelmäßig wird die Insolvenz eines Verbrauchers in seiner eigenen Person oder familiären Umständen begründet sein. Ausschließlich auf äußeren Einflüssen beruhende Insolvenzfaktoren werden eher selten auftreten.[381]

Es ist zum Beispiel den persönlichen Faktoren zuzuordnen, wenn der Schuldner sich durch aggressives Kaufverhalten verschuldet, wenn er die Übersicht über seine Verträge verliert, wenn er oder der von ihm beauftragte Anlagenberater bei der Geldanlage Marktbewegungen falsch einschätzt oder wenn er seine Arbeit verliert und hierdurch seine Verbindlichkeiten nicht mehr bedienen kann.

Als externe Faktoren sind etwa Wechselkursveränderungen, Finanzkrisen, ein hohes Zinsniveau, die allgemeine Steuer- und Abgabenlast oder verspätet oder gar nicht gezahlter Arbeitslohn zu nennen.[382]

Zentrales Anliegen der Analyse der Ursachen der Zahlungsunfähigkeit ist die sich daraus ergebende geplante künftige Entwicklung. Hierbei stehen dem Schuldner zwei Wege offen. Entweder entscheidet er sich dafür, künftige Vorhaben ausschließlich im darstellenden Teil zu beschreiben, oder er nutzt den zwingenden Charakter des gestaltenden Teils und lässt den Beschreibungen des darstellenden Teils dort Maßnahmen folgen. Stehen die Angaben im

---

379 Vgl. hierzu im Fall von Unternehmensinsolvenzen Bähr, in: Mohrbutter/Ringstmeier, Handbuch Insolvenzverwaltung, Kapitel 14 Rn. 38 ff.

380 Für den Bereich der Unternehmensinsolvenz Geiwitz/v. Danckelmann, in: Kübler/Bork/Prütting, HRI II, § 21 Rn. 47 ff.; Holzer, NZI 2005, 308, 310 f.

381 Anders wird dieses für Unternehmen postuliert, wonach häufig endo- und exogene Ursachen kumulativ auftreten Holzer, NZI 2005, 308, 310.

382 In Bezug auf Unternehmen Geiwitz/v. Danckelmann, in: Kübler/Bork/Prütting, HRI II, § 25 Rn. 49.

gestaltenden Teil des Plans, kann ihre Einhaltung sogar Inhalt einer Planüberwachung werden. Die getroffenen An- und Vorgaben können ein zentrales Element darstellen, um das Vertrauen der Gläubiger zu gewinnen. Je engagierter ein Schuldner versucht, seine Zahlungsfähigkeit wiederherzustellen und dauerhaft zu sichern, desto eher werden Gläubiger gewillt sein, sich auf einen Insolvenzplan einzulassen und den damit gegebenenfalls verbundenen Aufwand auf sich zu nehmen. Eine solche im Gegensatz zum regelmäßigen Restschuldbefreiungsverfahren entstehende Mehrbelastung folgt daraus, dass ein Gläubiger sich im Insolvenzplanverfahren mit den Schuldner beschäftigen muss, um die ihm im Planverfahren eingeräumten Rechte wahrzunehmen. Tut er dies nicht, ist die Wahrscheinlichkeit hoch, dass der Gläubiger gegen den ihm hinreichend bekannten Planvorschlag stimmt.

Eine Darstellung der Insolvenzursachen und Lösungswege hat einen weiteren entscheidenden positiven Effekt. Der Schuldner ist gezwungen, sich mit seiner Situation zu beschäftigen und Auswege hieraus zu finden. Eine der Ursachen für eine Insolvenz kann nämlich auch der Umstand sein, dass der Verbraucherschuldner die finanziellen Tatsachen nicht hinreichend beachtet.

Obwohl die Scheiternsanalyse und die Darstellung der geplanten künftigen Entwicklung nicht zum zwingenden Teil eines Insolvenzplans gehören, ist ihre Aufnahme aus den genannten Gründen zu empfehlen.

gg) Vergleichsrechnung

(1) Grundlagen einer Vergleichsrechnung

Entscheidungserheblich für die Gläubiger ist in allererster Linie ihre Befriedigungsaussicht, bestehend aus der Quote und der Sicherheit der Zahlung. Um die im Insolvenzplan angebotenen Leistungen realistisch einschätzen und bewerten zu können, muss der Insolvenzplan seit der Neufassung des § 220 Abs. 2 S. 2 InsO einen Vergleich zwischen der im Plan angebotenen Befriedigungsquote und der im regulären Insolvenzverfahren voraussichtlich erzielbaren Quote enthalten.[383] Vor dem Inkrafttreten dieser Regelung am 01.01.2021 war die Aufstellung einer solchen Vergleichsrechnung nicht zwingend, wohl aber das probate Mittel, um sicherzustellen, dass kein Beteiligter durch den Insolvenzplan

383 MüKo-InsO/Eilenberger, § 220 Rn. 5; Bähr, in: Mohrbutter/Ringstmeier, Handbuch Insolvenzverwaltung, Kapitel 14 Rn. 45 f.; Frind, Praxishandbuch Privatinsolvenz, Teil 6 Rn. 1259; Allemand/Dobiey/Henning, ZVI 2014, 296, 298.

unfreiwillig schlechter gestellt wird als er ohne einen Plan stünde, vgl. §§ 247 Abs. 2 Nr. 1, 251 Abs. 1 Nr. 2 InsO.[384]

Als Vergleichsgröße dient grundsätzlich das gesetzlich vorgesehene Verfahren.[385] Daher ist in Verbraucherinsolvenzplanverfahren regelmäßig das Restschuldbefreiungsverfahren mit der durch das am 01.10.2020 in Kraft getretene Gesetz zur weiteren Verkürzung des Restschuldbefreiungsverfahrens und zur Anpassung pandemiebedingter Vorschriften im Gesellschafts-, Genossenschafts-, Vereins- und Stiftungsrecht sowie im Miet- und Pachtrecht (BGBl. I 2020, S. 3328) verkürzten und in § 287 Abs. 2 S. 1 InsO geregelten regulären Abtretungsfrist von drei Jahren heranzuziehen. Besteht ein Restschuldbefreiungsversagungsgrund oder eine Sperrfrist, so ist bei den Berechnungen entsprechend eine längere Verfahrensdauer anzusetzen. Von einer längeren Verfahrensdauer ist allenfalls auszugehen, wenn der Schuldner keinen Restschuldbefreiungsantrag stellt.[386]

Für ab dem 01.07.2014 und vor dem 01.10.2020 beantragten Insolvenzverfahren sah die Vorschrift des § 300 Abs. 1 S. 2 Nr. 3 InsO regelmäßig die Möglichkeit vor die zu diesem Zeitpunkt geltende regelmäßige sechsjährige Abtretungsfrist auf fünf Jahre zu verkürzen, indem die Verfahrenskosten beglichen werden, was auch das Insolvenzplanverfahren ohnehin voraussetzt.[387]

Die Aufstellung selbst erfolgt als nachvollziehbare Schätzung.[388] Auf Seite des regulären Verfahrens sind Verwertungserlöse zu schätzen sowie pfändbare Teile des Arbeitseinkommens zu berücksichtigen. Weiterhin aufzunehmen

---

384 Uhlenbruck/Lüer/Streit, § 220 Rn. 11 ff.; Burmeister/Tasma, in: Kübler/Bork/Prütting, HRI II, § 38 Rn. 59; Eidenmüller, Unternehmenssanierung zwischen Markt und Gesetz, S. 85; Oberle, in: Flitsch/Hagebusch/Oberle/Saegon/Schreiber, in: Festschrift für Jobst Wellensiek zum 80. Geburtstag, S. 73, 76.

385 Uhlenbruck/Lüer/Streit, § 220 Rn. 8; Bähr, in: Mohrbutter/Ringstmeier, Handbuch Insolvenzverwaltung, Kapitel 14 Rn. 45 f.

386 LG Hamburg, ZIP 2018, 389, 392.

387 Jaeger/Foerste, InsO, § 311 Rn. 22; Ahrens, Aktuelles Privatinsolvenzrecht, Rn. 502; Harder, VIA 2016, 14, 15; dies gilt für die wenigen Fälle, in denen Insolvenzpläne in Kleininsolvenzen ohnehin nur in Frage kommen, wenngleich in der Vielzahl dieser Insolvenzen offenbar ohnehin die Verfahrenskosten nicht berichtigt werden konnten, BT-Drs. 19/21981, S. 16.

388 Bähr, in: Mohrbutter/Ringstmeier, Handbuch Insolvenzverwaltung, Kapitel 14 Rn. 46; eine genauere Betrachtung der Problematik ist zu finden bei Oberle, in: Flitsch/Hagebusch/Oberle/Saegon/Schreiber, Festschrift für Jobst Wellensiek zum 80. Geburtstag, 73.

sind wahrscheinlich bestehende Anfechtungsansprüche.[389] Grundlage dieser Aufstellungen bilden die bereits erfolgten Vermögensauswertungen des darstellenden Teils.

Das so ermittelte Ergebnis ist sodann mit der im Insolvenzplan vorgesehenen Befriedigungsleistung zu vergleichen. Hierbei ist auf die Höhe und den Zeitpunkt der Zahlung einzugehen sowie darauf, von wem die Mittel stammen und wie sicher oder wahrscheinlich ihr Zahlungseingang ist.

(2) Die doppelte Vermutungsregelung des § 245a InsO

(a) Zu dem Meinungsstand vor der Einführung des § 245a InsO

Fraglich war bis zur Einführung des § 245a InsO, welcher Maßstab bei der Vergleichsrechnung zu Grunde zu legen ist. Allgemein wird eine nachvollziehbare Schätzung künftiger Entwicklungen auf Grundlage der gemäß §§ 151, 152, 153 InsO zu erstellenden Verzeichnisse erwartet.[390] In der Unternehmensinsolvenz ist überdies der in § 229 InsO geforderte Ergebnis- und Finanzplan heranzuziehen.

Die entsprechende Problemlage in Insolvenzen natürlicher Personen besteht darin, eine Prognose über künftige familiäre und wirtschaftliche Entwicklungen eines aufzustellen. Dies ließ bereits unmittelbar nach der Öffnung des Anwendungsbereichs des Insolvenzplanverfahrens für Verbraucher eine Wertungsparallele zu § 309 Abs. 1 S. 2 Nr. 2 Hs. 2 InsO erkennen, über dessen analoge Anwendbarkeit auch in Verfahren weiterer natürlicher Personen vielfach diskutiert und von der überwiegenden Meinung in der Literatur zutreffenderweise bejaht wurde.[391]

§ 309 Abs. 1 S. 2 Nr. 2 Hs. 2 InsO normiert eine Sonderregelung im gerichtlichen Schuldenbereinigungsplanverfahren, wonach im Zweifel von gleichbleibenden wirtschaftlichen und familiären Verhältnissen ausgegangen wird. Die Interessenlage im gerichtlichen Schuldenbereinigungsplanverfahren entspricht der des Insolvenzplanverfahrens gleich in zweifacher Hinsicht, erstens mit Blick

---

389 Ahrens, Aktuelles Privatinsolvenzrecht, Rn. 501.

390 K. Schmidt/Spliedt, InsO, § 220 Rn. 6; Bähr, in: Mohrbutter/Ringstmeier, Handbuch Insolvenzverwaltung, Kapitel 14 Rn. 46.

391 Ahrens, Aktuelles Privatinsolvenzrecht, Rn. 449, 503; Smid/Rattunde/Martini, Der Insolvenzplan, Rn. 27.17; Harder, VIA 2016, 14, 15; Laroche/Harder, VIA 2014, 81, 84; a.A. AG Hamburg, NZI 2016, 34 f., wonach eine übliche angemessene Gehaltssteigerung in die Berechnung einzubeziehen ist; AG Hamburg, NZI 2017, 567,569; Frind, ZInsO 2014, 280, 282.

auf das Verfahrensziel, zweitens hinsichtlich der Position des Schuldners. Wie das gerichtliche Schuldenbereinigungsplanverfahren ist auch das Insolvenzplanverfahren darauf gerichtet, eine Einigung zwischen Schuldner und Gläubigern zu erzielen. Beteiligt an dieser Einigung ist als Schuldner jeweils ein Verbraucher. Ein bewusster Verzicht des Gesetzgebers auf eine vergleichbare Regelung im Insolvenzrecht lag daher nicht nahe, da bei der Ausgestaltung des Planrechts die Unternehmensinsolvenz im Fokus stand und bisher keine spezifische Anpassung auf die Besonderheiten des Verbrauchers erfolgte.

Weitgehend ungeklärt war unter dieser Gesetzeslage allerdings, ob dies auch für Kleingewerbetreibe oder auch weitere natürliche Personen gelten sollte. Gewöhnlich wirkt sich eine schlechte wirtschaftliche Lage des selbständigen Betriebs unmittelbar auf die Einkommens- und Vermögenslage der natürlichen Person aus.[392] Wie auch beim Verbraucher besteht das Interesse dieser natürlichen Person unter anderem darin, ihren privaten Lebensraum zu erhalten. In der starken Verknüpfung betrieblicher und privater Belange liegt überdies der entscheidende Unterschied zur Unternehmensinsolvenz. Gegen eine Anwendung des Gedankens aus § 309 Abs. 1 S. 2 Nr. 2 Hs. 2 InsO auf Kleingewerbetreibende in der Insolvenz sprach der ausschließlich für Verbraucher eröffnete Anwendungsbereich der Norm sowie die bereits vor dem 01.07.2014 für Kleingewerbetreibende Möglichkeit, ein Insolvenzplanverfahren durchzuführen. Da der Gesetzgeber sich bei der Ausgestaltung des Insolvenzplanrechts allerdings zweifelsfrei auf Unternehmensinsolvenzen fokussierte,[393] während ihm die Einordnung Kleingewerbetreibender seit jeher Schwierigkeiten bereitete – so waren diese zunächst von § 304 InsO erfasst, fielen nach dessen Änderung hingegen automatisch in den Anwendungsbereich der §§ 217 ff. InsO –, sprachen auch zu diesem Zeitpunkt bereits die besseren Gründe dafür, auch für Kleingewerbetreibende eine Wertungsparallele zu § 309 Abs. 1 S. 2 Nr. 2 Hs. 2 InsO ziehen.[394]

(b) Die Vermutungsregelungen des § 245a S. 1 und 2 InsO

Diese Fragen wurden mit der Einführung des § 245a S. 1 InsO weitestgehend beantwortet und eine vergleichbare widerlegliche Vermutungsregelung

---

392 Graf/Wunsch, ZIP 2001, 1029, 1031, 1035; Georg, ZInsO 2000, 93, 93 f.

393 MüKo-InsO/Eidenmüller, Vor §§ 217–269 Rn. 32 f.; Bork, Einführung in das Insolvenzrecht, Rn. 367; Schiessler, Der Insolvenzplan, S. 68.

394 Ebenso wohl ohne nähere Begründung Hänel/Harig, ZVI 2015, 282, 284; allgemein die Notwendigkeit von Sonderregelungen für Kleingewerbetreibende betont Schiessler, Der Insolvenzplan, S. 68; a.A. Frind, ZInsO 2014, 280, 282.

im Insolvenzplanrecht geschaffen, die sich auf sämtliche natürliche Personen erstreckt.[395] Danach ist im Zweifel davon auszugehen, dass die Einkommens-, Vermögens- und Familienverhältnisse des Schuldners zum der Abstimmung über den Insolvenzplan für die Verfahrensdauer und den Zeitraum, in dem die Insolvenzgläubiger ihre restlichen Forderungen gegen den Schuldner unbeschränkt geltend machen können, maßgeblich bleiben. Konkrete Anhaltspunkte, die zu einer Widerlegung dieser Vermutung führen können, sind beispielsweise eine absehbare Beendigung der Ausbildung sowie damit verbunden der Eintritt in die Erwerbstätigkeit sowie der absehbare Wegfall eines bisher unterhaltsberechtigten Kindes.[396] Nicht ausreichend ist hingegen der bloße Hinweis auf die bloße Möglichkeit der Verbesserung der Vermögensverhältnisse durch entsprechende Ereignisse.[397]

Eine weitere Vermutungsregelung, diesmal den Zeitraum der Berechnung betreffend, stellt § 245a S. 2 InsO auf. Hat der Schuldner einen zulässigen Antrag auf Restschuldbefreiung gestellt, so ist nach dessen Wortlaut im Zweifel anzunehmen, *„dass die Restschuldbefreiung zum Ablauf der Abtretungsfrist des § 287 Absatz 2 erteilt wird"*.

Auffällig an dieser Vorschrift ist die unmittelbare Inbezugnahme des § 287 Abs. 2 InsO, wobei der Gesetzgeber sich genauso gut darauf hätte beschränken können, schlicht auf den *„Ablauf der Abtretungsfrist"* zu verweisen. Dieser von dem Gesetzgeber gewählte Wortlaut wirft damit die Frage auf, ob hierdurch künftig eine Berücksichtigung von Versagungsanträgen ausgeschlossen sein soll. Dieser Erwägung liegt primär eine systematische Betrachtung zugrunde, wonach derartige Inbezugnahmen gerade dazu dienen, nur auf bestimmte Vorschriften oder auch bestimmte Teile einer Vorschrift zu verweisen und weitere Regelungen auszuklammern.[398]

Andererseits besteht vorliegend die Besonderheit, dass es sich bei dieser Regelung zugleich um eine gesetzliche Vermutung handelt. Dass allerdings auch diejenigen, die diese Vermutung widerlegen wollen, in ihren

---

395 Braun/Braun/Frank, § 245a Rn. 3 ff.; Graf-Schlicker/Kebekus/Handschumacher, § 245a Rn. 1 f.; K. Schmidt/Spliedt, § 245a Rn. 2; kritisch hierzu Frind, NZI 2020, 865, 868 f.

396 OLG Karlsruhe, NZI 2001, 422 zu § 309 InsO; Harig, VIA 2021, 41, 42.

397 MüKo-InsO/Vuia, § 309 Rn. 17; Harig, VIA 2021, 41, 42.

398 Vgl. hierzu beispielsweise § 280 InsO, der bestimmte Ansprüche sowie deren Durchsetzung auch in der Eigenverwaltung dem Sachwalter zuweist, während der Schuldner weiterhin für die Geltendmachung zivilrechtlicher Einwendungen zuständig bleibt, hierzu BeckOK-InsO/Kreutz/Ellers, § 280 Rn. 9 f.

Verteidigungsmöglichkeiten beschränkt sein sollten, ist dem Wortlaut der Vorschrift nicht zu entnehmen. Der Gesetzgeber geht in der Gesetzesbegründung vielmehr ohne jegliche Eingrenzungen davon aus, dass beide Vermutungen widerlegt werden können.[399] Es soll sich hierbei nach dem Willen des Gesetzgebers daher gerade nicht um eine unwiderlegliche Vermutung i.S.d. § 292 S. 1 Hs. 2 ZPO handeln, wozu eine Begrenzung auf die Möglichkeiten des § 287 Abs. 2 InsO jedoch de facto führen würde. Daher sprechen die besseren Argumente dafür, die Bezugnahme auf § 287 Abs. 2 InsO in § 245a S. 2 InsO ausschließlich auf die Vermutung an sich, nicht jedoch die gegen diese gerichtete Widerlegungsmöglichkeit zu erstrecken.[400] Möchte ein Gläubiger die Vermutung widerlegen, steht ihm folglich die Möglichkeit offen, auf einen gestellten Versagungsantrag aufmerksam zu machen und konkrete Anhaltspunkte dafür darzulegen, dass diesem Antrag aller Voraussicht nach stattgegeben werden wird. Nicht ausreichend ist es hingegen, wenn lediglich auf die Möglichkeit eines entsprechenden Versagungsantrags hingewiesen wird, da in diesem Fall noch nicht hinreichend sicher belegt ist, dass dieser auch tatsächlich gestellt werden wird.

hh) Sonstige Angaben

Wurde ein erfolgreicher Anfechtungsprozess geführt oder läuft das Anfechtungsverfahren gerade, muss der Schuldner dies angeben. Auf noch ausstehende Anfechtungen ist nur zwingend hinzuweisen, wenn deren Durchführung und Erfolg überwiegend wahrscheinlich sind.[401] Ebenso sind weitere Hinweise betreffend das Verfahren aufzunehmen, wie der Hinweis auf die Einhaltung des Obstruktionsverbots oder auf eine sich an die Aufhebung des Insolvenzverfahrens anschließende Planüberwachung.

ii) Zwischenergebnis

Im Rahmen des darstellenden Teils sind speziell im Fall der Insolvenz eines Verbrauchers die persönlichen Verhältnisse in den Vordergrund zu rücken. Die Darstellung der wirtschaftlichen Verhältnisse kann auf das pfändbare Einkommen begrenzt werden, während die Krisenursachen in den Hintergrund rücken. So dient eine ausführliche Analyse der Krisenursachen primär dem Schuldner selbst, der sich für die Zukunft besser aufstellen kann, um die mit Hilfe des Insolvenzplans erreichte Schuldenfreiheit zu erhalten. Zusätzlich ist

---

399 BT-Drs. 19/24181, S. 201 f.

400 So ohne nähere Begründung auch Harig, VIA 2021, 41, 42.

401 Ahrens, Aktuelles Privatinsolvenzrecht, Rn. 501.

speziell auf Verfahrensbesonderheiten in Verfahren natürlicher Personen hinzuweisen, wenn diese Auswirkungen auf die Aufstellung der Vergleichsrechnung haben. Dies ist insbesondere der Fall, wenn sie zu einer gegenüber dem regelmäßigen Insolvenz- mit anschließendem Restschuldbefreiungsverfahren veränderten Verfahrensdauer führen. Insoweit ist nunmehr die Regelung des § 245a InsO zu beachten, die gleich zwei widerlegliche Vermutungen aufstellt, die allerdings auch je unabhängig voneinander eingreifen können, und spätestens im Rahmen des Obstruktionsverbots oder auch des Minderheitenschutzes über die Verweisung in § 251 Abs. 1 Nr. 2 Hs. 2 InsO Anwendung findet. Daher muss auf bestehende Restschuldbefreiungsversagungsgründe nur hingewiesen werden, wenn ein entsprechender Antrag besteht, es sei denn, der Schuldner wurde wegen einer Insolvenzstraftat verurteilt und plant die Fortführung seines Unternehmens. Außerdem ist auf Sperrfristen hinzuweisen.

3. *Besonderheiten des darstellenden Teils in Kleinunternehmerinsolvenzen*

a) *Besondere betriebliche Angaben*

Aus der engen Verknüpfung zwischen den wirtschaftlichen und privaten Belangen bei selbständig tätigen Personen resultieren bei der Aufstellung des Insolvenzplans zu beachtenden Besonderheiten. Die Beschreibung der wirtschaftlichen Lage der Person ist zu ergänzen um betriebliche Angaben, etwa solche zur gesellschaftsrechtlichen Organisationsform, zu Angestellten im Betrieb und zu Geschäftskunden. Außerdem wird – gerade wenn dem Schuldner eine Sanierung seines Unternehmens vorschwebt – eine Auseinandersetzung mit der Historie der betrieblichen Tätigkeit unter besonderer Betrachtung der wirtschaftlichen Schwierigkeiten zum zwingenden Inhalt.[402] Auch bei der Aufstellung getroffener und zu treffender Maßnahmen ist auf die besondere betriebliche Situation einzugehen. Bei der Planerstellung kann der Schuldner sich an den Stellungnahmen des IDW orientieren, dem IDW S 2 und IDW S 6.[403]

Die Berechnung des pfändbaren Arbeitseinkommens ist entsprechend § 850i ZPO vorzunehmen, sofern ein wirksamer Pfändungsschutzantrag seitens des Schuldners gestellt wurde.[404] Zudem ist bei der Einordnung der verwertbaren

---

402 Koch, Die Insolvenz des selbständigen Rechtsanwalts, S. 80; Graf/Wunsch, ZIP 2001, 1029, 1036.

403 Vgl. in diesem Kapitel unter D. I.

404 Ahrens, Aktuelles Privatinsolvenzrecht, Rn. 496.

Vermögensbestandteile besonders auf die Vorgaben des § 811 ZPO sowie die diesbezüglichen Einschränkungen des § 36 Abs. 2 Nr. 2 InsO zu achten. Grundsätzlich dem Insolvenzbeschlag unterliegen daher auch diejenigen Sachen und Tiere, die der Schuldner für die Ausübung seiner Erwerbstätigkeit benötigt, es sei denn, dass diese für die Fortsetzung der Erwerbstätigkeit benötigt werden (vgl. § 36 Abs. 2 Nr. 2 InsO i.V.m. § 811 Abs. 1 Nr. 1 b), Nr. 8 b) ZPO).

b) Personenbezogene Angaben

Neben den betriebsbezogenen Inhalten umfasst der Insolvenzplan eines Kleinunternehmers auch Informationen, die sich auf den Kleinunternehmer als natürliche Person beziehen. Dies betrifft gegebenenfalls Angaben zu einem Restschuldbefreiungsversagungsgrund aus § 290 Abs. 1 Nr. 1 InsO oder zu den Gründen, die zu einer Sperrfrist führen.

Übt eine Peron sowohl eine unselbständige als auch eine selbständige Tätigkeit aus, ist diese im Insolvenzplan ebenfalls zu vermerken. Je nach Umfang der selbständigen Tätigkeit haben sodann die Angaben hierzu entsprechend auszufallen.

IV. Gestaltender Teil

1. Allgemeine Anforderungen

Nach der umfassenden Information im darstellenden Teil sind in den gestaltenden Teil Änderungen aufzunehmen, durch die der Plan verwirklicht wird, § 221 S. 1 InsO, unabhängig davon, ob diese bereits im darstellenden Teil angesprochen wurden.[405] Anhaltspunkte für die einzelnen Inhalte geben die §§ 221–228 InsO, wobei im Einzelfall im gestaltenden Teil die Ausführungen des darstellenden Teils rechtlich realisiert werden sollen. Da den Vorgaben des gestaltenden Teils nach § 254 Abs. 1 InsO Gestaltungswirkung zukommt und sie gemäß § 257 InsO vollstreckungsfähig sind, muss der Bestimmtheitsgrundsatz gewahrt werden.[406] Dies gilt insbesondere bei Regelungen mit dinglicher Wirkung, vgl. § 228 S. 2 InsO.

Beteiligte im Insolvenzplanverfahren sind regelmäßig der Schuldner, absonderungsberechtigte Gläubiger, Insolvenzgläubiger, nachrangige Insolvenzgläubiger

---

405 FK-InsO/Jaffé, § 221 Rn. 1.

406 HK-InsO/Fiebig, § 221 Rn. 1; Frege/Keller/Riedel, Insolvenzrecht, Teil 4 Kapitel 1 Rn. 37; zu den damit verbundenen praktischen Problemen Blankenburg, ZInsO 2015, 1293, 1298 ff.

und Dritte, die als Plangaranten fungieren. In der Insolvenz eines Kleingewerbetreibenden ist zudem die Beteiligung von Anteilsinhabern denkbar, aber eher selten. Freiwillig in die Wirkungen des Insolvenzplans eingebunden werden können Massegläubiger, Neugläubiger, Aussonderungsberechtigte und der Insolvenzverwalter, wenn sie je einzeln zustimmen.[407] Folglich kann nicht ohne Weiteres in ab Eröffnung des Insolvenzverfahrens entstandene laufende Verpflichtungen aus Mietverhältnissen oder aus Unterhaltsverhältnissen durch einen Insolvenzplan eingegriffen werden.[408]

2. *Maßnahmen infolge einer Scheiternsanalyse*

a) Zulässigkeit von Langzeitmaßnahmen

Die Empfehlung, der Insolvenzplan eines Selbständigen solle neben Zahlungen Regelungen zur Beaufsichtigung des Wirtschaftens des Schuldners enthalten,[409] bezieht sich allein auf die selbständige wirtschaftliche Tätigkeit des Schuldners. Kongruent dazu ist zu empfehlen, ebenso das wirtschaftliche Handeln der natürlichen Person im privaten Bereich zu regulieren, dies gilt für selbständig Tätige wie nicht selbständig Tätige.

Die zeitliche Wirkung des gestaltenden Teils ist unbegrenzt, sie obliegt der im Insolvenzplanverfahren geltenden Parteiautonomie.[410] Rechtsänderungen und Wirkungen können sich auch auf einen Zeitraum beziehen, zu dem bereits alle vereinbarten Forderungszahlungen getätigt sind. Dies hat besondere Bedeutung in einem Verbraucherinsolvenzplanverfahren, wenn der Analyse der Ursachen im darstellenden Teil nunmehr Taten folgen. Wie bereits herausgestellt, wirken freiwillig übernommene wirtschaftliche Einschränkungen vertrauensfördernd und helfen der Person, sich wirtschaftlich stabil aufzustellen. Hierbei sollte der jeweiligen Insolvenzursache entgegengearbeitet werden, indem einzelfallspezifische Lösungen gefunden werden. Diese Lösungen beinhalten sinnvollerweise sofort und künftig wirkende Maßnahmen. Während sofortige Maßnahmen die Grundlage künftiger Schuldenfreiheit sichern, haben künftige Vorgaben gewissermaßen erzieherische Wirkungen. So kann dem Schuldner vorgeführt

---

407 HK/Fiebig, § 221 Rn. 2; MüKo-InsO/Eidenmüller, § 221 Rn. 20; Balthasar, in: Kübler/Bork/Prütting, HRI II, § 22 Rn. 34.

408 Ahrens, Aktuelles Privatinsolvenzrecht, Rn. 520; Rendels/Zabel, Insolvenzplan, Rn. 303.

409 Graf/Wunsch, ZIP 2001, 1029, 1037.

410 HK-InsO/Fiebig, Vor §§ 217 ff. Rn. 3; MüKo-InsO/Eidenmüller, Vor §§ 217–269 Rn. 1.

werden, wie ein wirtschaftlich gewissenhaft denkender Mensch an seiner Stelle entscheiden würde.

b) Beispielhafte Einzelfallbetrachtungen

Hat der Schuldner sich aufgrund einer Vielzahl abgeschlossener Ratenzahlungsverträge verschuldet, kann ihm für einen gewissen Zeitraum auferlegt werden, vor dem Abschluss eines neuen Vertrags, der eines Ratenzahlungsvereinbarung enthält, eine Vertrauensperson zu kontaktieren, wie etwa einen Steuerberater oder Insolvenzverwalter. Hierbei kann der Vertrauensperson im Rahmen der Vereinbarung einer Planüberwachung nach § 263 InsO ein Vetorecht eingeräumt werden.[411]

Hatte der Schuldner eine Vielzahl von Dauerschuldverhältnissen abgeschlossen, werden diese in der Regel vom Insolvenzverwalter gekündigt. Gehören derartige Verträge zum allgemeinen Lebensbedarf, kann das Kündigungsrecht genutzt werden, um einen neuen Vertrag mit besseren Konditionen abzuschließen. In Abweichung hiervon unterwirft § 109 Abs. 1 S. 2 InsO ein grundsätzlich auch vom Insolvenzbeschlag umfasstes Mietverhältnis des Schuldners über selbst genutzten Wohnraum, der als Lebensmittelpunkt dient, einer Sonderregelung. Um einerseits die Masse von hierdurch zwingend entstehenden Masseverbindlichkeiten zu schützen und andererseits auch den Schuldner vor dem Verlust der Wohnung durch Kündigung, verdrängt in diesem Sonderfall die Enthaftungserklärung des Insolvenzverwalters die Kündigungsregelung.[412] Im Insolvenzplan kann nunmehr dem Schuldner auferlegt werden, für einen mehrjährigen Zeitraum vor dem Abschluss eines jeden neuen Dauerschuldverhältnisses das Urteil einer Vertrauensperson einzuholen, die der Schuldner über seine aktuellen Einkünfte informiert. Faktisch wird allein dieser Umweg über die Vertrauensperson, die der Schuldner für ihre Einschätzung selbst bezahlen muss, dazu führen, dass der Schuldner zuvor selbst genau abwägt.

Verspekulierte der Schuldner sich bei dem Abschluss von Kapitalanlagen erheblich und geriet so in die wirtschaftliche Schieflage, können Maßnahmen erlassen werden, die einer derartigen Krise künftig entgegenwirken. Es besteht die Möglichkeit, den Schuldner zu verpflichten, für einen bestimmten Zeitraum nur „sichere" Geldanlagen nach Absprache mit einem Bankberater aus einem von den Gläubigern ausgewählten Bankhaus abzuschließen. Der Bankberater

---

411 Graf/Wunsch, ZIP 2001, 1029, 1030.

412 BeckOK-InsO/Berberich, § 109 Rn. 20, 30 ff.; MüKo-InsO/Eckert/J. F. Hoffmann, § 109 Rn. 49, 53 ff.

muss in diesem Fall die im Insolvenzplan vorgegebene Anlagestrategie verfolgen. Grundsätzlich sollte ein Bankhaus gewählt werden, bei dem der Schuldner bereits ein Konto führt, um zusätzliche Kosten zu vermeiden.

3. *Gruppenbildung*

a) *Allgemeines*

Die Gruppenbildung wird häufig als Kernelement der inhaltlichen Gestaltung des Insolvenzplans bezeichnet.[413] Dieser Aussage ist insofern zuzustimmen, als die Gruppenbildung das zentrale strategische Gestaltungsinstrument des Plangestalters ist, um ein positives Abstimmungsergebnis für den Plan zu erzielen.[414] Allerdings ist der Plangestalter nicht gänzlich ungebunden, er muss Gläubiger einer Gruppe gleich behandeln (§ 226 InsO), darf keinen Gläubiger schlechter stellen als im Regelverfahren (§ 251 Abs. 1 InsO) und muss wenigstens eine Zustimmung der Mehrheit der Gruppen erreichen (§§ 244, 245 InsO).[415] Abweichungen von den ersten zwei Vorgaben sind nur mit Zustimmung der negativ betroffenen Gläubiger zulässig.[416]

Das Gesetz unterscheidet zwischen zwingenden, § 222 Abs. 1 und 3 InsO, und fakultativen Gruppen, § 222 Abs. 2 InsO. Hieraus folgt, dass die Bildung mehrerer Gruppen erst notwendig wird, wenn neben Insolvenzgläubigern Gläubiger beteiligt sind, die einer zwingend aufzustellenden Gruppe zuzuordnen sind.[417] Bestehen in einer Verbraucherinsolvenz keine Sicherungsrechte zugunsten einer Bank, bietet es sich folglich an, nur eine einzige Gruppe zu bilden.[418]

---

413 MüKo-InsO/Eidenmüller, § 222 Rn. 1; K. Schmidt/Spliedt, § 222 Rn. 2; Ahrens, Aktuelles Privatinsolvenzrecht, Rn. 508.

414 K. Schmidt/Spliedt, § 222 Rn. 4; HK-InsO/Fiebig, § 222 Rn. 21; HambKomm-InsO/Thies/Lieder, § 222 Rn. 3; MüKo-InsO/Eidenmüller, § 222 Rn. 114 ff.; Haneke, in: Kübler/Bork/Prütting, HRI II, § 24 Rn. 1 ff.; Bähr, In: Mohrbutter/Ringstmeier, Handbuch Insolvenzverwaltung, Kapitel 14 Rn. 67 f.; a.A. Smid/Rattunde/Martini, Insolvenzplan Rn. 14.17 f.

415 BGH, NZI 2015, 697 Rn. 9; K. Schmidt/Spliedt, § 222 Rn. 4.

416 Dies ergibt sich zum einen aus § 226 Abs. 2 InsO, zum anderen aus dem Antragserfordernis in § 251 Abs. 1 InsO.

417 K. Schmidt/Spliedt, § 222 Rn. 27; MüKo-InsO/Eidenmüller, § 222 Rn. 48; Bähr, in: Mohrbutter/Ringstmeier, Handbuch Insolvenzverwaltung, Kapitel 14 Rn. 77.

418 Umstritten ist, ob ein gruppenloser Plan möglich ist. Während die Bildung von Gruppen gesetzlich vorgesehen ist, besteht keine Regelung zur Anzahl von Gruppen. Auch wenn lediglich die Betitelung variiert, wird hier von einer Pflichtgruppe ausgegangen. So auch K. Schmidt/Spliedt, § 222 Rn. 27; HambKomm-InsO/Thies/Lieder, § 222 Rn. 4; Stephan, Der Insolvenzplan in Verbraucherinsolvenzverfahren, S. 28; a.A.

Um eine Mehrheit der abstimmenden Gruppen zu erzielen und so den Anforderungen des Mehrheitsprinzips aus § 245 Abs. 1 Nr. 3 InsO gerecht zu werden, ist eine ungerade Anzahl von Gruppen zweckmäßig.[419] Nicht sinnvoll ist insbesondere die Bildung von zwei Gruppen, da es in diesem Fall ausgeschlossen ist, die Ablehnung einer der Gruppen zu überwinden.[420]

b) Zwingende Gruppen

Zentrales zwingendes Differenzierungskriterium bei der Bildung der Gruppen ist die Rechtsstellung der Beteiligten, § 222 Abs. 1 S. 1 InsO. Hierauf basierend sieht § 222 Abs. 1 Nr. 1 bis 4 InsO vier obligatorisch aufzustellende Gruppen vor, sofern ein Gläubiger der jeweiligen Rechtsstellung vorhanden ist.

In die Rechte absonderungsberechtigter Gläubiger wird entsprechend § 222 Abs. 1 Nr. 1 InsO in Kleininsolvenzverfahren zumeist nur bei bestehendem Immobilieneigentum eingegriffen, an dem Grundpfandrechte bestellt sind.[421] Bei der Gruppe der Kleingewerbetreibenden bedeutsam sind zudem an Maschinen oder anderen Arbeitsmaterialien bestehende Sicherungsrechte. Gerade an Immobilien bestehen häufig mehrere Sicherungsrechte. Um Mischgruppen zu vermeiden, wird der absonderungsgesicherte Gläubiger nur in Höhe der Sicherheit der speziellen Gruppen zugeordnet, mit darüber hinausgehenden Beträgen fällt er in die Gruppe der Insolvenzgläubiger.[422] Wurde in der Insolvenz eines Arbeitnehmers eine Gehaltsforderung sicherungshalber abgetreten, berechtigt diese Sicherung seit der Aufhebung des § 114 InsO nicht mehr zur abgesonderten Befriedigung.[423]

Pflichtgruppe ist weiterhin die der Insolvenzgläubiger, § 222 Abs. 1 Nr. 2 InsO. Nachrangige Insolvenzgläubiger sind § 222 Abs. 1 Nr. 3 InsO entsprechend hingegen nur zu einer Gruppe zusammenzufassen, soweit ihre Forderungen nicht nach § 225 InsO als erlassen gelten. Nicht vorhanden sind bei natürlichen Personen an diesen beteiligte Personen, eine nach § 222 Abs. 1 Nr. 4 InsO vorgesehene Gruppe scheidet daher systematisch aus.[424] Eine Gruppe der Arbeitnehmer

---

MüKo-InsO/Eidenmüller, § 222 Rn. 23 ff.; Braun/Braun/Frank, § 222 Rn. 5; Hingerl, ZInsO 2007, 1337, 1338.

419 Rendels/Zabel, Insolvenzplan, Rn. 188; Ahrens, Aktuelles Privatinsolvenzrecht, Rn. 509.

420 Ahrens, Aktuelles Privatinsolvenzrecht, Rn. 509.

421 Ahrens, Aktuelles Privatinsolvenzrecht, Rn. 512.

422 BGH, NZI 2005, 619, 621; HK-InsO/Fiebig, § 222 Rn. 7; HambKomm-InsO/Thies/Lieder, § 222 Rn. 9.

423 Ahrens, Aktuelles Privatinsolvenzrecht, Rn. 512.

424 Ahrens, Aktuelles Privatinsolvenzrecht, Rn. 511.

gemäß § 222 Abs. 3 InsO kommt ausschließlich in der Insolvenz des Selbständigen in Betracht, nicht in der des Verbrauchers/Arbeitnehmers.

c) Fakultative Gruppen

aa) Gegebener Gestaltungsspielraum

§ 222 Abs. 2 InsO erlaubt eine auf sachgerechten Kriterien beruhende Unterteilung von Gläubigern gleicher Rechtsstellung auf mehrere Gruppen. Macht der Planersteller hiervon Gebrauch, muss er die Unterteilung mit verschiedenartigen wirtschaftlichen Interessen begründen.

Diese Vorschrift eröffnet dem Planersteller den gewünschten Gestaltungsspielraum. So kann er etwa bei zwei Pflichtgruppen eine dieser unterteilen, damit das Mehrheitserfordernis des § 245 Abs. 1 InsO angewendet werden kann. Denkbar ist es, nach dem Entstehungsgrund, der Fälligkeit oder auch der Person des Berechtigten sowie deren Beziehung zum Schuldner zu differenzieren.[425]

Häufig empfohlen wird, eine Gruppe der Kleingläubiger entsprechend § 222 Abs. 3 S. 2 InsO aufzumachen und dieser höhere Zahlungen anzubieten als anderen Gruppen.[426] Zweck dieses Vorschlags ist es, die Abstimmung des Plans vor eventuellem Desinteresse und Missmut von Kleingläubigern zu schützen, die eine Plannannahme torpedieren könnten. Da eine entsprechende Gruppe zu einer Ungleichbehandlung führt, ist die Aufstellung einer solchen Gruppe eng mit den anderen Gläubigern zu verabreden, notfalls sollte davon eher abgesehen werden.[427]

In der Insolvenz natürlicher Personen sollte zudem eine Gruppe unterhaltsberechtigter Gläubiger gebildet werden.[428] Das diesen Forderungen ureigene wirtschaftliche Interesse liegt in der regelmäßig existenziellen Bedeutung derartiger Forderungen sowie in dem auf einem besonderen Näheverhältnis beruhenden Entstehungsgrund.

bb) Einschränkungen des Gestaltungsspielraums

Der gegebene Gestaltungsspielraum aus § 222 Abs. 2 InsO wird in zweifacher Hinsicht durch die Norm selbst eingeschränkt. Dem Wortlaut nach dürfen

---

425 Ausführlich MüKo-InsO/Eidenmüller, § 222 Rn. 90 ff.

426 HambKomm-InsO/Thies/Lieder, § 222 Rn. 29; Uhlenruck/Lüer/Streit, § 222 Rn. 30; teils wird sogar gefordert, eine höhere oder sogar 100 %ige Befriedigungsquote anzubieten LG Neuruppin, NZI 2013, 646, 647; MüKo-InsO/Eidenmüller, § 222 Rn. 140.

427 HambKomm-InsO/Thies/Lieder, § 222 Rn. 30.

428 Ahrens, Aktuelles Privatinsolvenzrecht, Rn. 515.

ausschließlich Gläubiger gleicher Rechtsstellung untergruppiert werden. Im Umkehrschluss verbietet diese gesetzliche Vorgabe die Bildung von Mischgruppen mit Gläubigern unterschiedlicher Rechtsstellungen. Die gesetzlich vorgegebene Struktur aus § 222 Abs. 1 und 3 InsO ist folglich zwingend zu beachten.

Die zweite zwingende Vorgabe in § 222 Abs. 2 InsO bilden die wirtschaftlichen Interessen. Bei gleicher Rechtsstellung können Gläubiger mit gleichartigen wirtschaftlichen Interessen in eigenen Gruppen zusammengefasst werden.[429] Wurde für ein bestimmtes wirtschaftliches Interesse eine Gruppe gebildet, sind dieser zwingend alle Gläubiger dieses wirtschaftlichen Interesses zuzuordnen. Der Zwang wirkt einer künstlichen Gruppenerhöhung entgegen, durch die die Anforderungen des § 245 InsO umgangen werden könnten.[430]

Allgemein anerkannt ist etwa eine Differenzierung zwischen öffentlichrechtlichen Forderungen, die gesetzlich entstanden sind, und Forderungen aus privaten Rechtsgeschäften.[431] Ein weiteres Kriterium dafür, Gläubiger einer Rechtsstellung zu separieren, können die zu ihren Gunsten bestehenden Rechte sein. So kann innerhalb der Gruppe der Absonderungsberechtigten beispielsweise zwischen Pfandrechtsgläubigern, Sicherungseigentümern und Pfändungspfandrechtsgläubigern differenziert werden.

Seit kurzem wird diskutiert, ob eine unterschiedliche Behandlung der Gruppen gleicher Rechtsstellung zu fordern ist.[432] Dafür wird die praktische Erwägung angeführt, eine Differenzierung habe ansonsten keinen Zweck und Nutzen.[433] Dieser Argumentation ist entscheidend entgegenzutreten. Nach dem ausdrücklichen Gesetzeswortlaut werden verschiedene wirtschaftliche Interessen gefordert, nicht verschiedene wirtschaftliche Erträge aus dem Plan. Die gesetzliche Differenzierung knüpft damit an der Art der Forderung und den sich daraus ergebenden Rechten an, während die Höhe der Planquote erst mit der Bestätigung des Insolvenzplans Wirkung entfaltet. Geht man schließlich so weit, die unterschiedliche Quote als einziges Differenzierungskriterium zuzulassen, bestünde ein Einfalltor für eine unlautere Gruppenbildung. Allein durch sich voneinander abhebende Quoten könnten zum einen Gläubiger vergleichbarer

429 AG Köln, NZI 2016, 537, 538; MüKo-InsO/Eidenmüller, § 222 Rn. 80.

430 BGH, NZI 2016, 537, 539 m. Anm. Madaus; HambKomm-InsO/Thies/Lieder, § 222 Rn. 20; MüKo-InsO/Eidenmüller, § 222 Rn. 100.

431 BGH, ZInsO 2015, 1398 Rn. 21; vgl. Uhlenbruck/Lüer/Streit, § 222 Rn. 26 (Bundesagentur für Arbeit); Nerlich/Römermann/Braun, 37. EL, § 222 Rn. 98 (Fiskalgläubiger); Madaus, NZI 2016, 539, 540.

432 So AG Köln, NZI 2016, 537, 538 f. mit abl. Anm. Madaus.

433 AG Köln, NZI 2016, 537, 538.

Forderungen grob unterschiedlich behandelt werden, zum anderen künstlich Gruppen geschaffen und so die Wirkungen des § 245 InsO umgangen werden.

Diese Vorgaben beachtend muss der Planersteller bereits im darstellenden Teil die zur Gruppenbildung führenden Rechtsstellungen und wirtschaftlichen Interessen umfangreich darlegen.

d) Besonderheiten der Gruppenbildung in Verbraucherinsolvenzverfahren

Den Interessen von Schuldner und Gläubigern in Kleininsolvenzverfahren könnte eine rein von wirtschaftlichen Erwägungen geprägte Gruppenbildung nicht gerecht werden. Daher wird vorgeschlagen, die Gruppenbildung unter anderem von emotionalen Bindungen abhängig zu machen.[434] Diesem Vorschlag kann mit Einschränkungen gefolgt werden. Richtigerweise ist ein Umdenken notwendig, allerdings muss dieses Umdenken auf bestehende wirtschaftliche Interessen gegründet werden, da bei einer weitgehenden Öffnung der Abgrenzungsinteressen die Gruppenbildung droht missbraucht zu werden, um dem Insolvenzplan an die Zustimmung zu sichern. Anzuerkennen ist bei natürlichen Personen aber sicherlich eine Gruppe der Unterhaltsberechtigten, deren Forderungen sich durch den besonderen Rechtsgrund auszeichnen und damit ein eigenes wirtschaftliches Interesse begründen.[435] Darüber hinaus bleibt es Verwandten des Schuldners natürlich frei, Teile ihrer Forderung zu erlassen und nur mit der restlichen Forderung am Planverfahren teilzunehmen. Nicht hingegen darf es möglich sein, die verwandtschaftliche Beziehung ausschlaggebend für die Gruppenbildung zu machen und so eine sicher zustimmende Gruppe zu schaffen.

4. Nachzügler

a) Wirkung des Insolvenzplans für Nachzügler, § 254b InsO

Melden sich Gläubiger erst nach der Abstimmung über den Insolvenzplan oder auch nach Bestätigung des Insolvenzplans, werden sie allgemein als „Nachzügler" oder „vergessene Gläubiger" bezeichnet, weil sie keinen Einfluss mehr auf die Gestaltung des Plans nehmen können.[436] In Insolvenzverfahren natürlicher

---

434 Ahrens, Aktuelles Privatinsolvenzrecht, Rn. 446.

435 Ahrens, Aktuelles Privatinsolvenzrecht, Rn. 515.

436 Balthasar, in: Kübler/Bork/Prütting, HRI II, § 22 Rn. 266; Stephan, NZI 2014, 539, 539.

Personen treten häufig Nachzügler auf, weil es regelmäßig vorkommt, dass der Insolvenzschuldner die Übersicht über seine Verbindlichkeiten verloren hat.[437]

Auch diese Gläubiger unterliegen gemäß § 254b InsO den Planwirkungen – positiven wie negativen –, sodass sie bestehende Forderungen grundsätzlich zu den im Plan vereinbarten Konditionen für Forderungen derselben Art geltend machen können.[438] Umstritten ist, ob dies auch für unbekannte Insolvenzgläubiger gilt.[439] Dagegen könnte gehalten werden, in den Gesetzesmaterialien werde nur von desinteressierten Gläubigern und dissentierenden Beteiligten ausgegangen.[440] Eine solche Einschränkung spiegelt sich aber nicht im Wortlaut des § 254b InsO wider.

Die umfassende Wirkung steht im Kontrast zum wirtschaftlichen Interesse des Schuldners, seinen Liquiditätsbedarf sicher kalkulieren zu können und so einem Wiederaufleben der Forderungen nach § 255 InsO entgegenzuwirken.[441] Um einem hiermit häufig verbundenen Scheitern des Insolvenzplans vorzubeugen, wurden von Planerstellern vielfältige Regelungen erdacht, um die Wirkung des § 254b InsO auszuhebeln oder zu umgehen.[442]

b) Unzulässigkeit einer Gruppe der „Nachzügler"

Diskutiert wird die Möglichkeit, eine Gruppe speziell für Nachzügler zu bilden.[443] Problematisch an dieser Konstruktion ist bereits die Abgabe des Abstimmungsergebnisses der Gruppe zum Plan, da der Abstimmung kein Gläubiger

---

437 Ahrens, Aktuelles Privatinsolvenzrecht, Rn. 525; Frind, BB 2014, 2179, 2181; Stephan, NZI 2014, 539, 540.

438 BAG, ZInsO 2016, 220, Rn. 21; FK-InsO/Jaffé, § 254b Rn. 1; Ahrens, Aktuelles Privatinsolvenzrecht, Rn. 526.

439 Dafür Uhlenbruck/Lüer/Streit, InsO, § 254b Rn. 3; FK-InsO/Jaffé, § 254b Rn. 1; Andres/Leithaus/Andres, § 254b Rn. 1; Stephan, NZI 2014, 539, 540; a.A. MüKo-InsO/Madaus, § 254b Rn. 14.

440 BT-Drs. 17/1512, S. 37.

441 FK-InsO/Jaffé, § 259a Rn. 1; MüKo-InsO/Madaus, § 259a Rn. 2; Doliwa, Die geplante Insolvenz, S. 130; Brünkmans, ZInsO 2016, 245, 245; Rugullis, NZI 2012, 825, 825.

442 FK-InsO/Jaffé, § 254b Rn. 3; HambKomm-InsO/Thies/Lieder, § 254b Rn. 4 f.

443 Mehrheitlich wird dies als unzulässig angesehen LG Hamburg, NZI 2018, 261; AG Hamburg, ZIP 2014, 1601, 1602; Jaeger/Foerste, InsO, § 311 Rn. 31; MüKo-InsO/Madaus, § 254b Rn. 12; Doliwa, Die geplante Insolvenz, S. 141 f.; Frind, BB 2014, 2179, 2182; Stephan, VIA 2014, 25, 26; ders. NZI 2014, 539, 540 f.; a.A. Braun/Braun/Frank, § 254b Rn. 2.

der Gruppe beiwohnt.[444] Zudem sind Fälle denkbar, wie etwa vor Verfahrenseröffnung begründeten Deliktsansprüchen,[445] bei es unwahrscheinlich ist, dass diese zum einen vergessen und zum anderen von einer der mit Gläubigern besetzten Gruppen erfasst werden. Wird die Forderung von keiner der gebildeten Gruppen erfasst, erstreckt sich die Planwirkung nicht auf diese und sie bleibt unabhängig vom Insolvenzplan bestehen.[446] Eine nur vorsichtshalber gebildete Gruppe ist nicht mit betroffenen Gläubigern besetzt und kann somit keinen Bestand haben.[447]

Damit die Einigungsbemühungen nicht durch passives Verhalten einzelner Gläubigergruppen torpediert werden, werden nicht abstimmende Gruppen nach § 244 Abs. 1 InsO nicht berücksichtigt.[448] Hiervon zu unterscheiden ist aber das Nicht-Vorhandensein eines bewussten Verhaltens eines Gläubigers, der bisher keine Kenntnis von dem Insolvenzverfahren hat. Zudem ist nach § 226 InsO bei der Gruppenbildung nach den hinter der Forderung stehenden wirtschaftlichen Interessen zu differenzieren, nicht nach der Art des Gläubigers.[449] Schließlich wird dieser besonderen Gruppe regelmäßig eine besonders geringe Befriedigungsquote angeboten werden, da gerade das Ziel verfolgt wird, die Planfinanzierung nicht zu gefährden. Eine solche Behandlung stellt einen Eingriff in das Eigentumsrecht aus Art. 14 Abs. 1 GG dar. Aus diesen Gründen ist die Bildung einer speziellen Gruppe für Nachzügler abzulehnen.

c) Ausschluss- und Hemmungsklauseln

aa) Unzulässige Ausschlussklauseln

In seiner Entscheidung vom 19.11.2015 lenkte das BAG die Aufmerksamkeit auf zwei Klauselarten, die bisher begrifflich unzureichend voneinander abgegrenzt wurden.[450]

---

444 Jaeger/Piepenbrock, InsO, § 254b Rn. 11; Doliwa, Die geplante Insolvenz, S. 141 f.; Frind, BB 2014, 2179, 2182.

445 MüKo-InsO/Madaus, § 254b Rn. 14.

446 LAG Düsseldorf, ZInsO 2012, 285, 287; FK-InsO/Jaffé, § 254b Rn. 1; Frind, BB 2014, 2179, 2182.

447 Doliwa, Die geplante Insolvenz, S. 142; Stephan, NZI 2014, 539, 540; a.A. MüKo-InsO/Madaus, § 254b Rn. 15, der die gerichtliche Einsetzung eines Repräsentanten der unbekannten Gläubiger vorschlägt.

448 FK-InsO/Jaffé, § 244 Rn. 12; Braun/Braun/Frank, § 244 Rn. 2; Wegener, ZInsO 2002, 1157, 1158, 1161; Hingerl, ZInsO 2004, 232, 233.

449 Stephan, NZI 2014, 539, 541.

450 BAG, ZInsO 2016, 220.

Besonders beliebt war die Vereinbarung einer Ausschlussklausel. Mittels dieser werden Gläubiger, die sich nicht am Verfahren beteiligt haben, mit ihren Forderungen von der im Plan für Forderungen derselben Art festgelegten Quote ausgeschlossen und verlieren so dauerhaft ihre Forderung.[451] Dieser Praxis stellte der BGH sich entschieden entgegen, enthält ein Insolvenzplan eine Ausschlussklausel, ist dieser nach § 231 Abs. 1 S. 1 Nr. 1 InsO zurückzuweisen.[452] Im Gegensatz zu weiten Teilen der bisherigen Literatur vertritt der BGH den Standpunkt, die Wirkungen des Insolvenzplans auf nicht fristgerecht angemeldete Forderungen werden abschließend in den §§ 259a, 259b InsO geregelt.[453] Weiterhin verletzen derartige Klauseln die Konzeption der Gruppengleichbehandlung, bei der die Zuordnung von der Art der Forderung abhängig ist.[454] Führt eine Ausschlussklausel schließlich zum Verlust des Anspruchs gegen den Schuldner, verstößt dies mangels gesetzlicher Grundlage gegen Art. 14 Abs. 1 GG.[455]

An dieser Beurteilung ändere laut dem Beschluss des BGH vom 03.12.2015 auch eine zusätzlich beantragte Restschuldbefreiung nichts.[456] Es besteht nämlich keine Parallele zwischen der Restschuldbefreiung und einer Ausschlussklausel.[457] Das Restschuldbefreiungs- und das Insolvenzplanverfahren sind nicht gesetzlich miteinander verbunden, sodass die Rechtsfolgen des einen Verfahrens keinen Einfluss auf die Gestaltung des anderen Verfahrens haben können. Auch eine analoge Anwendung der Vorschriften des Restschuldbefreiungsverfahrens, insbesondere des § 301 Abs. 1 InsO, scheidet mangels bestehender Regelungslücke aus.[458] Es ist exklusiv natürlichen Personen vorbehalten, Restschuldbefreiung

---

451 MüKo-InsO/Madaus, § 254b Rn. 6.

452 BGH, ZInsO 2015, 1398 Rn. 15 ff.; ZInsO 2016, 148; dies bestätigend BAG, ZInsO 2016, 220, Rn. 25.

453 BGH, ZInsO 2015, 1398 Rn. 16; Jaeger/Foerste, InsO, § 311 Rn. 31; K. Schmidt/Splied, § 259b Rn. 6; MüKo-InsO/Madaus, § 254b Rn. 6 ff., 9; ders. NZI 2015, 702, 703; Stephan, VIA 2014, 25, 26; Henning, ZAP Fach 14, 671, 674; Frind, BB 2014, 2179, 2182; a.A. FK-InsO/Jaffé, § 254b Rn. 4; Uhlenbruck/Lüer/Streit, § 254b Rn. 12 ff.; MüKo-InsO/Eidenmüller, § 221 Rn. 57 ff.; so auch vor Einführung des ESUG OLG Hamm, Urt. v. 03.12.2010 – 30 U 98/10, BeckRS 2012, 04431; LAG Düsseldorf, ZIP 2011, 2487, 2488; Doliwa, Die geplante Insolvenz, S. 134 ff.; Otte/Wiester, NZI 2005, 70, 75 f., die eine Regelung favorisieren, die Nachzügler von Planausschüttungen komplett ausschließt, ohne das materielle Forderungsrecht anzutasten.

454 BGH, ZInsO 2015, 1398 Rn. 15.

455 BGH, ZInsO 2015, 1398 Rn. 16; NJW-RR 2012, 1255 Rn. 10.

456 BGH, ZInsO 2016, 148 Rn. 2; a.A. Uhlenbruck/Lüer/Streit, 14. Aufl., § 254b Rn. 14.

457 Stephan, VIA 2014, 25, 26.

458 Uhlenbruck/Lüer/Streit, InsO, § 254b Rn. 4; Otte/Wiester, NZI 2005, 70, 72.

zu beantragen, um deren Nachteil gegenüber Unternehmen auszugleichen, im Regelinsolvenzverfahren liquidiert, schuldenfrei und damit nicht dem unendlich fortbestehenden Nachforderungsrecht aus § 201 Abs. 1 InsO ausgesetzt zu werden.[459] Im Insolvenzplanverfahren hingegen bestehen für Unternehmen wie natürliche Personen gleiche Chancen, ihren Weg in die Schuldenfreiheit autonom zu regeln. Solange der Gesetzgeber kein besonderes Planrecht für natürliche Personen schafft, unterstehen sie grundsätzlich denselben Regelungen wie juristische Personen.

bb) Unzulässigkeit einer Ausschlussklausel mit Wiedereinsetzungsmöglichkeit

Eine Unterkategorie der bisher behandelten Ausschlussfrist ist die Ausschlussfrist mit Wiedereinsetzungsmöglichkeit für den Fall unverschuldeter Fristversäumnis. Dem Vorschlag, eine vergleichbare Regelung in das Insolvenzplanverfahren aufzunehmen, ist der Gesetzgeber der amtlichen Begründung zufolge bewusst nicht gefolgt.[460] Durch die Wiedereinsetzungsmöglichkeit könnte eine derartige Regelung aller Voraussicht nach verfassungskonform gestaltet werden.[461] Dieser Umstand führt aber nicht zwangsläufig zu einer Zulässigkeit der privatautonomen Vereinbarung einer solchen Klausel. Im Fall des vollständigen oder fast vollständigen Erlöschens der Forderung, ist weiterhin der in Art. 14 Abs. 1 S. 2 GG geforderte Gesetzesvorbehalt nicht erfüllt. Zudem ist die bewusste Entscheidung des Gesetzgebers zu beachten, auch wenn sie wesentlich von technischen Problemen motiviert war. Folglich kann auch eine Wiedereinsetzungsmöglichkeit der Ausschlussklausel nicht zur Zulässigkeit verhelfen.

cc) Zulässige Hemmungsklauseln

Hemmungsklauseln wirken im Gegensatz zu Ausschlussklauseln nicht anspruchsvernichtend, sondern verfahrensbezogen, der Anspruch kann nicht an einer anstehenden Verteilung nach dem Insolvenzplan teilnehmen.[462] Der

---

459 Bork, Einführung in das Insolvenzrecht, Rn. 446.

460 BT-Drs. 17/5712, S. 37.

461 BGH, NJW-RR 2012, 1255 Rn. 11.

462 BAG, ZInsO 2016, 220 Rn. 24; MüKo-InsO/Madaus, § 254b Rn. 13; Uhlenbruck/Lüer/Streit, § 254b Rn. 17.

materiell-rechtlich bestehenbleibende Anspruch ist sodann mittels einer Leistungsklage in Höhe der Planquote geltend zu machen.[463]

Wurden Hemmungsklauseln aufgrund ihrer weniger weitreichenden Wirkung bisher nicht so stark wie Ausschlussklauseln diskutiert, ist seit dem Urteil des BAG vom 19.11.2015 der Fokus auf diese gelenkt. Da der materiell-rechtliche Anspruch bestehen bleibt und durchsetzbar ist, sind Hemmungsklauseln in Insolvenzplänen grundsätzlich wirksam vereinbar.[464] Sie führen nicht zu einer grundlegenden Ungleichbehandlung von Gläubigern mit gleichartigen Forderungen. Ein weiteres starkes Indiz für die Zulässigkeit von Hemmungsklauseln ist aus § 189 Abs. 1, 3 InsO abzuleiten.[465] Dieser Regelung ist die Idee entlehnt, eine Anmeldefrist zu setzen. Um an der Verteilung im Regelinsolvenzverfahren teilzunehmen, müssen Gläubiger bestrittener Forderungen danach spätestens innerhalb von zwei Wochen nach der öffentlichen Bekanntmachung nachweisen, dass und für welchen Betrag sie Feststellungsklage erhoben oder das Verfahren in dem früher anhängigen Rechtsstreit aufgenommen haben. Gilt eine derartige Frist im Regelverfahren, muss es möglich sein, Vergleichbares im der Privatautonomie unterliegenden Insolvenzplanverfahren zu vereinbaren. Aus der im Planverfahren weitreichenden Gestaltungsfreiheit folgt zudem die Möglichkeit, die Vorgaben abzuändern, indem etwa die Frist verkürzt oder die Vorgaben auf Nachzügler erweitert werden.

Bei kleinen Forderungen kann sich der für die Durchsetzung der Forderung erforderliche Aufwand als vorteilhaft erweisen. Möchte der Gläubiger einer sicher bestehenden Forderung diesen Aufwand umgehen, wird er sich im Gegenzug kompromissbereit zeigen und eine einverständliche Lösung bevorzugen.[466] Nachteilig an Hemmungsklauseln ist ihre Wirkung. Sie verschaffen dem Schuldner zwar eine Atempause, jedoch keine endgültige Sicherheit.

Eine mögliche Formulierung könnte wie folgt lauten: *Melden Gläubiger, die sich nicht am Insolvenzplanverfahren beteiligt haben, ihre Forderungen nach der Bestätigung des Insolvenzplans an, werden diese Forderungen bei der Verteilung*

---

463 BAG, ZInsO 2016, 220 Rn. 21, wird ein über die Planquote hinausgehender Betrag verlangt, ist zuvor gemäß § 256 Abs. 1 InsO die Höhe der Forderung durch das Prozessgericht festzustellen Rn. 50.

464 BAG, ZInsO 2016, 220, Rn. 23 f.; BGH, NZI 2010, 734 Rn. 9, „keine grundsätzlichen Bedenken"; Uhlenbruck/Lüer/Streit, InsO, § 254b Rn. 17; Rendels/Zabel, Der Insolvenzplan, Rn. 349; Stephan, NZI 2014, 539, 541.

465 BAG, ZInsO 2016, 220 Rn. 24.

466 Brünkmans, ZInsO 2016, 245, 248.

nicht berücksichtigt. Hierdurch wird eine Geltendmachung der Forderungen nicht verwehrt.[467]

Ebenso ist es möglich, das Fristende auf den Zeitpunkt der letzten aktiven Einflussnahmemöglichkeit durch die Gläubiger zu legen, den Abstimmungstermin. Die genannte Klausel müsste entsprechend angepasst werden.

dd) Herleitung der Termini

Die Entscheidung des BAG vom 19.11.2015 lenkt die Aufmerksamkeit auf die unterschiedlichen Klauselinhalte.[468] Unstimmigkeiten herrschen bei der Bezeichnung. Bisher wurden die Begriffe Präklusions- und Ausschlussklausel meist synonym für anspruchsvernichtende und teils auch für verteilungsausschließende Klauseln verwandt.[469] Nunmehr unterstellt das BAG beide Klauselarten dem Oberbegriff der Ausschlussklauseln und bezeichnet die anspruchsvernichtenden als Präklusionsklauseln.[470] Zudem verwendet es für verteilungsausschließende Klauseln den Begriff der Ausschlussfrist.[471]

Um eine klare Abgrenzung zu ermöglichen, sollten zwei Begriffspaare gebildet werden. In der Literatur wird vorgeschlagen, zwischen anspruchsvernichtenden „Präklusionsklauseln" und verfahrensmäßigen „Ausschlussklauseln" zu differenzieren.[472] Mit diesem Begriffspaar wird den unterschiedlichen Wirkungen der Klauseln allerdings nicht hinreichend Rechnung getragen. Besser sollten die Termini wirkungsspezifisch klassifiziert werden.

Anspruchsvernichtende Klauseln bewirken den materiellen Untergang einer Forderung. Dieser Effekt ist insbesondere im Arbeitsrecht bekannt, wo zwischen einfachen und doppelten Ausschlussklauseln unterschieden wird, die je zum Erlöschen des Anspruchs führen.[473] Im Fall einer einfachen Ausschlussklausel verfällt ein Anspruch aus einem Arbeitsverhältnis nach Ablauf einer

---

467 Voß, VIA 2016, 20.

468 BAG, ZInsO 2016, 220.

469 Vgl. Balthasar, in: Kübler/Bork/Prütting, HRI II, § 22 Rn. 271; Uhlenbruck/Lüer/Streit, § 254b Rn. 17.

470 BAG, ZInsO 2016, 220 Rn. 25.

471 BAG, ZInsO 2016, 220 Rn. 12.

472 Brünkmans, ZInsO 2016, 245, 247.

473 Erfurter Kommentar zum Arbeitsrecht/Preis, §§ 194–218 BGB Rn. 33; Mengel, in: Hümmerich/Reufels, Gestaltung von Arbeitsverträgen, § 1 Rn. 1152 Beispiel für eine einfache Klausel, § 1 Rn. 1157 Doppelklausel; Grützner/Jacob, Compliance A–Z, unter „Ausschlussfrist".

bestimmten Frist.[474] Reagiert die andere Seite nicht oder lehnt sie die Erfüllung des Anspruchs ab, muss der Anspruch bei einer doppelten Ausschlussklausel zudem gerichtlich geltend gemacht werden, damit der Anspruch nicht verfällt.[475] Derartige Regelungen dürfen nach § 4 Abs. 4 S. 3 TVG ausdrücklich in Tarifverträgen vereinbart werden, wenn sie die Geltendmachung tarifvertraglicher Rechte betreffen, so etwa in § 14 BRTV.[476] Da Ausschlussfristen nach verbreiteter Auffassung für Rechtssicherheit und Rechtsklarheit sorgen, ist ihre Gültigkeit auch in Arbeitsverträgen allgemein anerkannt.[477] Hieran angelehnt sollten auch anspruchsvernichtende Klauseln in Insolvenzplänen als Ausschlussklauseln bezeichnet werden.[478]

Verteilungsausschließende Regelungen haben einen verfahrensrechtlichen Gehalt. Erfasste Forderungen, obwohl sie materiell-rechtlich bestehen bleiben, nehmen nicht an der Verteilung teil, können außerhalb aber uneingeschränkt geltend gemacht werden. Dies lässt eine Wertungsparallele zur rechtshemmenden Noteinrede nach § 519 Abs. 1 BGB erkennen.[479] Auch dort bleibt der Rückforderungsanspruch materiell bestehen, ist jedoch für den Hemmungszeitraum nicht durchsetzbar. Überträgt man diesen Gedanken auf das Insolvenzplanverfahren, sind verteilungsausschließende Regelungen sinnvollerweise als Hemmungsklauseln zu bezeichnen.[480]

d) Gesetzlich vorgesehene Schutzmechanismen

aa) Besonderer Vollstreckungsschutz, § 259a InsO

Gegen verschiedene erdachte Schutzmechanismen wird immer wieder der in den §§ 259a, 259b InsO zum Ausdruck gebrachte gesetzgeberische Wille angeführt. Folglich ist zu untersuchen, welchen Schutz diese Vorschriften gegen Gläubiger liefern, die ihre Forderungen nicht im Verfahren angemeldet haben.

---

474 Grützner/Jacob, Compliance A–Z, unter „Ausschlussfrist".

475 Linck, in: Schaub, Arbeitsrechts-Handbuch, § 35 Rn. 90 f., § 185 Rn. 11 ff.; Grützner/Jacob, Compliance A–Z, unter „Ausschlussfrist".

476 Erfurter Kommentar zum Arbeitsrecht/Franzen, § 4 TVG Rn. 48; Henssler/Willemsen/Kalb/Henssler, Arbeitsrecht Kommentar, § 4 TVG Rn. 72; Linck, in: Schaub, Arbeitsrechts-Handbuch, § 185 Rn. 11.

477 Erfurter Kommentar zum Arbeitsrecht/Preis, §§ 194–218 BGB Rn. 32 ff., 48.

478 Voß, VIA 2016, 20.

479 BGH, NJW 2005, 3638; MüKo-BGB/Koch, § 519 Rn. 3.

480 Voß, VIA 2016, 20.

Um einen Abfluss von für die Erfüllung des Insolvenzplans notwendigen Mitteln an Gläubiger zu verhindern, die ihre Forderungen nicht rechtzeitig im Insolvenzverfahren angemeldet haben, kann der Schuldner Vollstreckungsschutz nach § 259a Abs. 1 S. 1 InsO beantragen.[481] Dem Planverfahren selbst kommt nämlich keine Ausschlusswirkung zu.[482] Hierfür notwendig ist eine Gefährdung der Durchführung des Insolvenzplans, die gemäß § 259a Abs. 1 S. 2 InsO zunächst durch den Schuldner glaubhaft zu machen ist, bevor das Insolvenzgericht sich auf der Grundlage des Amtsermittlungsgrundsatzes aus § 5 Abs. 1 InsO eine eigene Überzeugung bildet.[483] Es liegt sodann im Erschließungs- und Auswahlermessen des Insolvenzgerichts, ob es Vollstreckungsschutz gewährt und wie weitgehend dieser gestaltet wird.[484] Für eine maximale Dauer von drei Jahren kann es einzelne oder bestimmte Vollstreckungsmaßnahmen untersagen. Bei einer Änderung der Sachlage hebt das Gericht gemäß § 259a Abs. 3 InsO auf Antrag seinen Beschluss auf oder ändert ihn ab.

Teilweise wird eine Anwendung des Vollstreckungsschutzes aus § 259a InsO auf Verbraucherinsolvenzen abgelehnt.[485] Dies wird damit begründet, der Gesetzgeber habe mit dieser Vorschrift allein die Sanierung des Schuldnerunternehmens sichern wollen.[486] Diese These wird auf die vereinzelt vertretene Ansicht gestützt, der Vollstreckungsschutz komme ausschließlich der Sanierung von Unternehmen zugute, nicht aber einer Liquidierung oder übertragenden Sanierung.[487] Eine derartige Beschränkung des Anwendungsbereichs ist aus dem Wortlaut des § 259a InsO nicht ersichtlich. Dennoch entspricht diese teleologische Reduktion dem Sinngehalt der Norm.[488] Es soll verhindert werden, die Bemühungen zu torpedieren, den Rechtsträger zu erhalten.[489] Sofern nach der Durchführung des Plans kein erhaltungsfähiger Rechtsträger mehr vorhanden ist, gegen den ein Gläubiger seine Forderung geltend machen könnte, ist kein Schutz zu gewähren. Das Ziel der Gläubigerbefriedigung aus § 1 S. 1 InsO ist auch dem Planverfahren immanent.

---

481 FK-InsO/Jaffé, § 259a Rn. 3; MüKo-InsO/Madaus, § 259a Rn. 2.
482 BT-Drs. 17/5712, S. 37.
483 MüKo-InsO/Madaus, § 259a Rn. 1 ff.
484 BT-Drs. 17/5712, S. 37; MüKo-InsO/Madaus, § 259a Rn. 15 f.
485 Stephan, NZI 2014, 539, 540.
486 Stephan, NZI 2014, 539, 540.
487 MüKo-InsO/Madaus, § 259a Rn. 10; Uhlenbruck/Lüer/Streit, InsO, § 259a Rn. 7.
488 MüKo-InsO/Madaus, § 259a Rn. 10.
489 BT-Drs. 17/5712, S. 37.

Bezweckt ein Insolvenzplan einer natürlichen Person – und damit auch eines Verbrauchers – wie dies regelmäßig der Fall sein wird die Schuldenfreiheit dieser, ist diese Konstellation weitgehend vergleichbar mit der eines Sanierungsplans. Nachdem der Verbraucher seinen Gläubigern eventuell über einen gewissen Zeitraum einen bestimmten Betrag zur Verfügung gestellt hat, werden ihm die Schulden erlassen und er kann einen wirtschaftlichen Neustart wagen. Folglich ist der Vollstreckungsschutz auf Verbraucher- und Kleinunternehmerinsolvenzen übertragbar.[490]

bb) Besondere Verjährungsfrist, § 259b InsO

Im Rahmen der ESUG-Reform entschied sich der Gesetzgeber bewusst für die Einführung einer Verjährungsfrist in § 259b InsO und gegen eine Ausschlussfrist oder alternativ eine die Einführung von Wiedereinsetzungsgründen.[491] Danach verjähren Forderungen eines Insolvenzgläubigers, die bewusst oder unbewusst nicht bis zum Abstimmungstermin geltend gemacht wurden, in einem Jahr. Die Frist beginnt nach Abs. 2, wenn kumulativ die Forderung fällig und der Insolvenzplan bestätigt ist. Um die Chancengleichheit zu wahren, ist die Verjährung nach § 259b Abs. 4 InsO für die Zeit des Vollstreckungsschutzes nach § 259a InsO gehemmt. Die Hemmung endet drei Monate nach Beendigung des Vollstreckungsschutzes.

Damit unterliegen Forderungen in einem Insolvenzplanverfahren unterschiedlichen Verjährungsfristen. Wurde eine Forderung angemeldet und festgestellt, verjährt sie nach § 197 Abs. 1 Nr. 5 BGB in dreißig Jahren, wurde sie angemeldet aber nicht festgestellt, ist der Fristlauf nach § 204 Abs. 1 Nr. 10 BGB gehemmt.[492] Eine nicht angemeldete Forderung verjährt nach § 259b Abs. 1 InsO in einem Jahr, es sei denn die Verjährung wird nach § 259b Abs. 4 InsO gehemmt.

§ 259b InsO wurde wie auch § 259a InsO primär zum Schutz der Sanierung eines Unternehmens geschaffen.[493] Die besondere Verjährungsfrist ist aber gerade in der Insolvenz natürlicher Personen unerlässlich, um eine Art der Restschuldbefreiung zu garantieren. Ein uneingeschränktes Nachforderungsrecht für nicht angemeldete Forderungen würde die Insolvenzplanlösung für natürliche Personen sinnlos machen, da sie diesem nicht über eine Änderung der Rechtspersönlichkeit entfliehen können.

---

490 Ebenso Frind, BB 2014, 2179, 2181.
491 BT-Drs. 17/5712 S. 37.
492 MüKo-BGB/Grothe, § 197 Rn. 25, § 204 Rn. 52; Rugullis, NZI 2012, 825, 826.
493 BT-Drs. 17/5712, S. 38.

cc) Eingeschränkte Gültigkeit des § 229 S. 3 InsO

Gemäß § 229 S. 3 InsO obliegt es dem Planersteller, sämtliche bekannte Gläubiger bei der Planerstellung zu berücksichtigen, auch wenn diese ihre Forderungen nicht angemeldet haben.[494] Verstößt der Schuldner hiergegen, führt dies zu einer Zurückweisung nach § 231 Abs. 1 Nr. 1 InsO bzw. § 250 Nr. 1 InsO. Regelmäßig wird § 229 InsO in Verbraucherinsolvenzverfahren wegen der Nutzung von Drittmitteln zur Befriedigung der Gläubiger auch nicht entsprechend angewendet, sodass ebenfalls Satz 3 der Vorschrift in Verbraucherinsolvenzen nicht angewendet wird.[495]

Im Umkehrschluss entfaltet der gesetzliche Schutzmechanismus des § 229 S. 3 InsO Wirkung, wenn der Insolvenzplan intendiert, das Kleingewerbe eines Selbständigen fortzuführen und die Gläubiger in erheblichem Maß aus Mitteln der Fortführung befriedigt werden. Häufig werden aber auch in diesen Kleinverfahren Drittmittel zur Befriedigung der Forderungen genutzt, sodass § 229 S. 3 InsO ebenfalls keine Anwendung findet.[496]

e) Schutz durch Planverpflichtung zur Bildung von Rückstellungen

Um möglichst flexibel auf unbekannte Gläubiger reagieren zu können, sollten Rückstellungen gebildet werden, auch wenn hierdurch keine endgültige Sicherheit hervorgerufen werden kann.[497] Werden diese Geldmittel nicht für die Befriedigung von unbekannten Gläubigern benötigt, kann der Insolvenzplan eine Regelung enthalten, nach welchem Zeitraum sie auf die übrigen Gläubiger zu verteilen sind. Mindestens sollte dieser Zeitraum, der Verjährungsfrist des § 259b InsO entsprechend, ein Jahr betragen. Ein längerer Zeitraum ist vorteilhaft, wenn etwa eine Forderung erst nach der Bestätigung des Insolvenzplans fällig oder die Verjährung im Einzelfall gehemmt wird.

Eine entsprechende Klausel kann wie folgt formuliert werden: *Der Schuldner zahlt auf das Konto … bei der …-Bank eine Summe in Höhe von … € ein. Mit diesem Geld werden Gläubiger befriedigt, die ihre Forderungen nicht rechtzeitig gemäß … angemeldet haben. Nach drei Jahren wird die verbleibende Summe an*

494 Uhlenbruck/Sinz, InsO, § 229 Rn. 8; Rugullis, NZI 2012, 825, 826.

495 Vgl. in diesem Kapitel unter D. V. 1.

496 HK-InsO/Fiebig, § 229 Rn. 1; Blankenburg, ZInsO 2015, 1293, 1294.

497 Blankenburg, ZInsO 2015, 1293, 1296; Frind, BB 2014, 2179, 2182; Grote, Insbüro 2014, 252, 253; von Anhängern der Ausschlussklausel wird diese Lösung häufig als unsicher und unnötig kompliziert beschrieben Doliwa, Die geplante Insolvenz, S. 146; Otte/Wiester, NZI 2005, 70, 76.

die bekannten Gläubiger verteilt. Die Höhe der für jede Gruppe anfallenden Auszahlung richtet sich nach dem Anteil der für diese Gruppe vorgesehenen Zahlungssumme von der Gesamtzahlungssumme.

f) Zwischenergebnis

Der Insolvenzplan wirkt gegenüber Nachzüglern, mit allen positiven wie negativen Folgen.[498] Mit der Weite des Wirkungskreises sind teils unkalkulierbare Kosten für die Befriedigung der Nachzügler verbunden. Verschiedene Ansätze versuchten erfolglos, diesem Problem mittels einer eigenen Gruppe oder eines Ausschlusses zu begegnen.[499] Möglich bleibt, den Nachzügler durch eine Hemmungsklausel auf den Klageweg in Höhe der Planquote zu verweisen und ihn nicht direkt am Insolvenzplan zu beteiligen. Gleichzeitig läuft gemäß § 259b Abs. 2 InsO die Jahresfrist des § 259b Abs. 1 InsO, sobald die Forderung fällig und die Bestätigung des Insolvenzplans rechtskräftig ist. Diese beiden Hindernisse bewirken zwar keine vollkommene Planungssicherheit, erschweren es dem verspäteten Gläubiger aber erheblich, seine Forderung durchzusetzen.

In Kleinverfahren kann einer Hemmungsklausel eine zentrale Stellung zukommen. Da der Nachzügler wegen der Hemmungsklausel nicht die Titelwirkung des Plans nutzen kann, muss er eine Leistungsklage anstrengen. Insbesondere bei einer geringen Forderungssumme oder einer geringen Quote wird der Nachzügler von einer Klage Abstand nehmen wollen, da er die dadurch entstehenden Verfahrenskosten zunächst vorstrecken muss. Für beide Parteien kann in diesem Fall eine besondere außergerichtliche Einigung sinnvoll sein, die nicht zwingend eine Befriedigung in Höhe der Planquote vorsehen muss.

Daneben schafft die Verjährungsfrist des § 259b InsO ein Jahr nach der Bestätigung des Insolvenzplans weitgehend Rechtssicherheit. Das Risiko einer nicht abschätzbaren Verjährungsfrist wegen erst nach der Bestätigung fällig werdenden Forderungen ist in Kleinverfahren, insbesondere in Verbraucherinsolvenzverfahren, gering. Nach dem Zeitpunkt der Entstehung der Forderung werden nur wenige Wochen Zahlungsaufschub zugestanden. Zahlungsaufschübe von mehreren Monaten sind im täglichen Geschäftsverkehr unüblich. Folglich kann ein Schuldner von einem Ende der Verjährungsfrist für sämtliche Forderungen bereits ein Jahr und wenige Wochen nach der Rechtskraft des Bestätigungsbeschlusses ausgehen.

---

498 BAG, ZInsO 2016, 220, Rn. 21; FK-InsO/Jaffé, § 254b Rn. 1; Ahrens, Aktuelles Privatinsolvenzrecht, Rn. 526; Stephan, VIA 2014, 25, 26.

499 BAG, ZInsO 2016, 220 Rn. 23 f.; BGH, ZInsO 2015, 1398 Rn. 16.

5. *Bestrittene Forderungen*

Wurde eine bestrittene Forderung zwar angemeldet, aber nicht zeitnah gerichtlich verfolgt, können sich hieraus Risiken für anstehende Verteilungen ergeben. Eine komplette Gefährdung der Insolvenzplanfinanzierung ist hingegen unwahrscheinlich, da die eventuell bestehende Forderung aufgrund ihrer Anmeldung zumindest bekannt war. Um der Ungewissheit für anstehende Verteilungen vorzubeugen, empfiehlt es sich, eine Hemmungsklausel für nicht rechtzeitig bestrittene Forderungen in den Insolvenzplan aufzunehmen. Die Wirkung entspricht der von Hemmungsklauseln für Nachzügler.

Eine mögliche Formulierung könnte wie folgt lauten: *Machen Gläubiger bestrittener Forderungen ihre Forderungen nicht bis zur Bestätigung des Insolvenzplans klageweise geltend, werden diese Forderungen bei der Verteilung nicht berücksichtigt. Hierdurch wird eine Geltendmachung der Forderungen nicht verwehrt.*

Diese sowie entsprechende Formulierungen in Bezug auf Nachzügler sind entweder für jede gebildete Gruppe zu formulieren oder in einem allgemeinen Teil des gestaltenden Teils voranzustellen.

6. *Das Verhältnis zwischen Insolvenzplan- und Restschuldbefreiungsverfahren*

a) *Rechtliche Einordnung*

Einige jüngst ergangene Entscheidungen haben den Fokus auf das Verhältnis zwischen Insolvenzplan und Restschuldbefreiung gelenkt.[500] Hierzu ist zunächst klarzustellen, dass Restschuldbefreiungsklauseln in Insolvenzplänen bereits deswegen unzulässig sind, weil es dem Insolvenzgericht nach §§ 286 ff. InsO vorbehalten ist, über die Erteilung der Restschuldbefreiung zu entscheiden, und andernfalls die Nachmeldemöglichkeiten beteiligter Insolvenzgläubiger gemäß §§ 259a, 259b InsO umgangen werden würden.[501] Des Weiteren ist klar, dass ein Restschuldbefreiungsantrag keine Zulässigkeitsvoraussetzung eines Insolvenzplans ist.[502] Jegliches andere Verständnis widerspräche den Regelungen der

500 Vgl. BGH, NZI 2022, 743; AG Göttingen, NZI 2021, 283; LG Hamburg, ZVI 2018, 249 sowie in der Vorinstanz hierzu AG Hamburg, ZVI 2017, 304.

501 AG Göttingen, NZI 2021, 283; Blankenburg, ZVI 2017, 89; ders. ZInsO 2015, 2211, 2212; a.A. Hänel/Harig, ZVI 2015, 282, 283.

502 BGH, NZI 2022, 743 Rz. 11; LG Hamburg, ZVI 2018, 249; Jaeger/Münch, § 227 Rn. 11; Ahrens, ZVI 2021, 209; Riefling, VIA 2021, 39; Wegener, ZVI 2018, 43; Madaus, NZI

Insolvenzordnung, denen eine entsprechende Beschränkung nicht zu entnehmen ist.[503]

Von dieser inhaltlichen Begrenzung des Insolvenzplans sowie dessen Zulässigkeitsvoraussetzungen abzugrenzen ist die Frage, wie sich ein Insolvenzplanverfahren auf die Entscheidung über einen Restschuldbefreiungsantrag auswirkt. Während nach Bestätigung des Insolvenzplans gem. § 287 Abs. 1 S. 2 InsO ein Restschuldbefreiungsantrag nicht mehr zulässig ist, kommt zuvor ein Nebeneinander dieser beiden Verfahren in Betracht.[504]

Umstritten und bisher nicht höchstrichterlich entschieden ist jedoch, ob mit Bestätigung eines Insolvenzplans ein Antrag auf Restschuldbefreiung unzulässig wird. Entscheidungserheblich hierfür ist, inwieweit auch nach einem bestätigten Insolvenzplan noch ein Rechtsschutzbedürfnis für einen Restschuldbefreiungsantrag besteht.

Um dies zu beantworten, ist folglich zwischen den unterschiedlichen Plantypen zu differenzieren. Soweit es sich um einen verfahrensleitenden Plan handelt, der nicht zur Entschuldung führt, wird folgerichtig allgemein von einem Bestehenbleiben des Rechtsschutzbedürfnisses ausgegangen.[505] Ebenso muss zwangsläufig auch bei einem Insolvenzplan verfahren werden, der zwar eine Planquote vorsieht, aber explizit eine Entschuldung nach § 227 Abs. 1 InsO ausschließt.[506]

In Literatur und Rechtsprechung umstritten ist jedoch, wie mit einem schuldbefreienden Insolvenzplan umzugehen ist, der die Entschuldung einer natürlichen Person zum Ziel hat und damit den Regelfall darstellen dürfte.[507] So wird teils angenommen, nach Bestätigung des Insolvenzplans und der damit verbundenen Aufhebung des Verfahrens gem. § 258 InsO sei aus systematischen Gründen kein Restschuldbefreiungsverfahren mehr möglich, insbesondere könnten nach diesem Zeitpunkt keine Versagungsanträge mehr nach §§ 290 bzw. 296 bis

---

2017, 697 f.; Grote, ZInsO 2017, 1380; Foerste, ZInsO 2017, 2424 f.; a.A. noch in erster Instanz AG Hamburg, ZVI 2017, 304; Frind, NZI 2017, 842.

503 BGH, NZI 2022, 743 Rz. 11 ff.; LG Hamburg, ZVI 2018, 249 Rz. 51; Madaus, NZI 2017, 698 f.

504 BGH, ZVI 2016, 143; Ahrens, ZVI 2021, 209.

505 Ahrens, ZVI 2021, 209 f.; Blankenburg, ZVI 2017, 89, 90; Madaus, NZI 2021, 284.

506 Ahrens, ZVI 2021, 209 f.; Madaus, NZI 2017, 284.

507 Für die fortbestehende Zulässigkeit eines Restschuldbefreiungsantrag AG Göttingen, NZI 2021, 283; Ahrens, ZVI 2021, 209; Riefling, VIA 2021, 39; a.A. Webel, in: Brünkmans/Thole Handbuch Insolvenzplan, § 28 Rn. 63; Blankenburg, ZVI 2021, 89, 90; Schmidt, ZVI 2018, 41, 42; dies offen lassend, BGH NZI 2022, 743 m. Anm. Ahrens.

297a InsO gestellt werden.[508] Diese Ansicht lässt jedoch die unterschiedlichen Rechtsschutzbedürfnisse dieser beiden Verfahren unberücksichtigt. So ist keines dieser beiden Verfahren spezieller, vielmehr konkurrieren diese beiden Verfahren miteinander und es obliegt letztlich dem Schuldner das in seinem Fall vorteilhaftere Verfahren zu fördern.

Im Fall einer natürlichen Person bildet das Insolvenzverfahren mit anschließendem Restschuldbefreiungsverfahren quasi das Regelverfahren, versehen natürlich mit dem Erfordernis eines entsprechenden zusätzlichen Antrags durch den Schuldner, und damit die Vergleichsgröße gegenüber der Befriedigung im Insolvenzplanverfahren. Dies verdeutlicht auch der neu eingeführte § 245a S. 2 InsO, wonach im Wege der gesetzlichen Vermutung im Rahmen des Schlechterstellungsverbots als berechnungszeitraum grundsätzlich derjenige der regelmäßigen Abtretungsfrist des § 287 Abs. 2 InsO anzunehmen ist. Voraussetzungen für das Eingreifen dieser gesetzlichen Vermutung ist jedoch gerade ein wirksam gestellter Restschuldbefreiungsantrag. Bereits aus diesem Grund kann keinesfalls davon ausgegangen werden, ein bestätigter Insolvenzplan schließe per se ein zuvor bereits beantragtes Restschuldbefreiungsverfahren aus.

Dies bestätigt auch ein Blick auf die unterschiedlichen Wirkungen und Rechtsfolgen dieser beiden Verfahren. Die Restschuldbefreiung erfolgt nach Abschluss eines gesetzlich geregelten Verfahrens mit entsprechenden verfahrensrechtlichen Absicherungen wie etwa der Möglichkeit einer Versagung durch eine Entscheidung eines Gerichts. Das Insolvenzplanverfahren hingegen schafft einen verfahrensrechtlichen Rahmen, innerhalb dessen die Parteien autonom die Entschuldung regeln können. Für eine gewisse Sicherheit dieser Vereinbarungen sorgt die einjährige Verjährungsfrist des § 259b InsO. Andererseits kann die Wirkung eines Insolvenzplans insoweit über diejenige des Restschuldbefreiungsverfahrens hinausgehen, als von diesem in die Entschuldung auch im Rahmen der Restschuldbefreiung privilegierte Forderungen nach § 302 InsO einbezogen werden können. Auch nach Bestätigung eines Insolvenzplans bleibt daher insbesondere aufgrund der unterschiedlichen Rechtsfolgen ein Rechtsschutzbedürfnis für einen Restschuldbefreiungsantrag bestehen, der entsprechende Antrag bleibt daher zulässig.[509]

Entsprechendes muss folglich auch für Versagungsanträge gelten: Gemäß § 290 Abs. 2 S. 2 InsO, der durch das Gesetz zur Verkürzung des

508 Webel, in: Brünkmans/Thole Handbuch Insolvenzplan, § 28 Rn. 63; Madaus, NZI 2021, 284; Schmidt, ZVI 2018, 41, 42; Blankenburg ZVI 2017, 89, 90.

509 So auch AG Göttingen, NZI 2021, 283; Ahrens, ZVI 2021, 209 f.; RieflingVIA 2021, 39.

Restschuldbefreiungsverfahrens und zur Stärkung der Gläubigerrechte eingeführt wurde, wird über sämtliche bis dahin eingereichte Restschuldbefreiungsanträge erst nach dem Schlusstermin entschieden.[510] Insoweit ist kein Grund dafür ersichtlich, warum nicht auch entsprechend vor der der Bestätigung des Insolvenzplans gem. § 248 ff. InsO über bis dahin gestellte Versagungsanträge entschieden wird. Nach diesem Zeitpunkt bleibt eine Versagungsmöglichkeit nach § 296 InsO bestehen.[511] Folglich besteht während des Planungszeitraums für den Ersteller des Insolvenzplans die Unsicherheit, welcher Gläubiger einen derartigen Antrag stellt und ob er Erfolg hat.

b) Auswirkungen von Versagungsanträgen auf die inhaltliche Ausgestaltung von Insolvenzplänen

Ein erfolgreicher Versagungsantrag führt wiederum zu einer anderen Vergleichsgröße bei den Befriedigungsaussichten, wirkt sich mithin nach hier vertretener Auffassung auch auf die Vermutung des § 245a InsO aus.[512] Allerdings ist der längere Abtretungszeitraum nicht automatisch mit höheren Befriedigungsaussichten und somit einem erfolgreichen Antrag nach § 251 Abs. 1 InsO verknüpft.[513] Vielmehr müssen hierfür Gründe dargelegt werden, wie etwa laufendes pfändbares Einkommen, das höhere Ausschüttungen als angebotene Ausgleichszahlungen erwarten lässt. So greift über die Verweisungsnorm des § 251 Abs. 1 Nr. 2 Hs. 2 InsO auch hier die zweifache Vermutungsregelung des § 245a InsO.

Uneinheitlich wird beantwortet, wie inhaltlich in einem Insolvenzplan mit Gläubigern umzugehen ist, die einen erfolgreichen Versagungsantrag stellen. In Betracht kommt, eine separate Gläubigergruppe zu bilden und dieser im Vergleich zu den übrigen Insolvenzgläubigern eine höhere Quote anzubieten.[514] Eine 100 %-Quote ist nicht zwingend erforderlich, wird sie ausgezahlt, sind die Gläubiger gemäß § 237 Abs. 2 InsO nicht mehr stimmberechtigt.[515] Problematisch an diesem Vorgehen ist die damit verbundene Unsicherheit.[516] Besteht

---

510 Frind, ZInsO 2014, 280, 283; ders. BB 2014, 2179, 2182 f.

511 Ahrens, ZVI 2021, 209, 210; a.A. Schmidt, ZVI 2018, 41, 42; Blankenburg, ZVI 2017, 89, 90.

512 Hierzu bereits in diesem Kapitel unter III. 2. d) gg) (2).

513 Ahrens, Aktuelles Privatinsolvenzrecht, Rn. 482; a.A. Frind, ZInsO 2014, 280, 282 f.; ders. BB 2014, 2179, 2183.

514 Frind, ZInsO 2014, 280, 283.

515 Offengelassen Blankenburg, ZInsO 2015, 1293, 1296; a.A. Frind, ZInsO 2014, 280, 283; ders. BB 2014, 2179, 2183.

516 Ahrens, Aktuelles Privatinsolvenzrecht, Rn. 515.

ein Versagungsgrund, kann dieser potentiell von allen Gläubigern geltend gemacht werden und wirkt zugunsten aller.[517] Eine Planlösung würde regelmäßig undurchführbar werden. Weiterhin ist problematisch, dass eventuell eine Gruppe ohne Gläubiger gebildet würde, obwohl potentielle Gläubiger bereits bekannt sind. Allerdings wäre die Stellung eines erfolgreichen Versagungsantrags als Bedingung zur Bildung der Gruppe zu verstehen. Eine von einer neuen Rechtsstellung der Gläubiger bestimmte bedingte Gruppenbildung ist möglich.[518]

In der Literatur wird favorisiert, einen „Topf" entsprechend § 251 Abs. 3 InsO für widersprechende Gläubiger bereitzustellen.[519] Der Wortlaut des § 251 Abs. 3 InsO fordert eine „Schlechterstellung", die unter anderem bei einem erfolgreichen Restschuldbefreiungsversagungsantrag vorliegen kann. Derartige, quasi neben der Planlösung bereitstehende, Mittel verleiten Gläubiger gleichsam dazu, Versagungsanträge zu stellen und von ihrem Widerspruchsrecht Gebrauch zu machen.[520]

Bisher besteht keine zufriedenstellende Lösung für den Umgang mit Restschuldbefreiungsversagungsantragstellern. Hierbei ist allerdings zu beachten, wie fernliegend eine Planlösung ist, wenn ein Restschuldbefreiungsversagungsgrund besteht und den Gläubigern weniger versprochen wird, als sie im Regelverfahren erlangen könnten. Sofern die Mehrheit der Gläubiger trotzdem einem Insolvenzplan zustimmt, können mit einzelnen Gläubigern abweichende Lösungen vereinbart werden, indem eine separate Gruppe gebildet wird. Die erforderliche Zustimmung der übrigen Gläubiger sollte unproblematisch zu beschaffen sein, haben sie ihre Kompromissbereitschaft zugunsten des Schuldners doch bereits bewiesen, als sie sich nicht auf den Versagungsgrund beriefen.

7. Gläubiger mit Forderungen nach § 302 InsO

Wie soeben geschildert bedingt die Befriedigungsaussicht im Restschuldbefreiungsverfahren die Ausgestaltung eines Insolvenzplans bzw. zumindest dessen Kontrollmöglichkeiten im Rahmen des Obstruktionsverbots oder auch des Minderheitenschutzes.[521] Da Gläubiger mir Forderungen nach § 302 InsO von den

---

517 Blankenburg, ZInsO 2015, 1293, 1296.

518 MüKo-InsO/Eidenmüller, § 222 Rn. 42.

519 Blankenburg, ZInsO 2015, 1293, 1296.

520 Ahrens, Aktuelles Privatinsolvenzrecht, Rn. 482.

521 Zu dem Verhältnis von Restschuldbefreiungs- und Insolvenzplanverfahren zueinander ausführlich soeben in diesem Kapitel unter III. 6. a).

Wirkungen eines Insolvenzplans erfasst werden können, nicht jedoch von der Restschuldbefreiung, hat das Verhältnis zwischen diesen beiden Verfahren auch unmittelbare Auswirkungen auf die Behandlung solcher Gläubiger im Insolvenzplan. Um auf die sich inhaltlich für den Plan ergebenden sowie damit einhergehende rechtliche Besonderheiten einzugehen, soll im Folgenden zwischen denjenigen Gläubigern mit Forderungen nach § 302 InsO differenziert werden, die einen Restschuldbefreiungsantrag stellten, die keinen solchen absichtlich nicht stellten und die versehentlich keinen stellten.

a) Der einen Restschuldbefreiungsantrag stellende Schuldner

Von den Wirkungen eines Insolvenzplans werden auch Forderungen aus vorsätzlich begangener unerlaubter Handlung, aus rückständigem gesetzlichem Unterhalt und aus Steuerschuldverhältnissen erfasst, in deren Zusammenhang der Schuldner zu einer Steuerstraftat verurteilt wurde.[522] Kongruent zum Vorgehen im gerichtlichen Schuldenbereinigungsplanverfahren, bedürfen § 302 InsO-Forderungen einer besonderen Erwähnung, da sie gemäß § 302 InsO nicht von der Restschuldbefreiung erfasst werden und somit eventuell höhere Befriedigungschancen im Regelinsolvenzverfahren erwarten. Im Insolvenzplanverfahren drängt sich zur systemimmanent zur Lösung die Bildung einer besonderen Gruppe gleichsam auf.[523]

Die Höhe der Zahlung ist von dem Erwartungswert im Regelverfahren abhängig. Für eine regelmäßig volle Auszahlung der Forderung sprechen die Vollstreckungsprivilegien aus § 850f Abs. 2 ZPO und § 850d Abs. 1 ZPO bei Unterhaltszahlungen, sofern dies der Leistungsfähigkeit des Schuldners entspricht.[524] Beachtet werden muss hierbei aber immer der Wunsch des jeweiligen Gläubigers, von dem Vollstreckungsprivileg Gebrauch zu machen. Um diesen Willen kenntlich zu machen genügt nicht, die Forderung als privilegierte zur Tabelle anzumelden, da aus der Tabelle nicht vollstreckt werden kann.[525]

---

522 BGH, NJW-Spezial 2010, 343; LG Nürnberg-Fürth, NZI 2011, 592, 593; Jaeger/Foerste, § 311 Rn. 28; Smid/Rattunde/Martini, Der Insolvenzplan, Rn. 27.24.

523 Ahrens, Aktuelles Privatinsolvenzrecht, Rn. 515; Rendels/Zabel, Insolvenzplan, Rn. 221; Rein, ZVI 2014, 239, 242; Grote, Insbüro 2014, 252, 257; Wiedenhaupt, ZVI 2014, 439, 445; andere schlagen die Bildung eines sogenannten Topfes nach § 251 Abs. 3 InsO vor Blankenburg, ZInsO 2015, 1293, 1297; Frind, BB 2014, 2179, 2184 f.

524 Rein, ZVI 2014, 239, 243.

525 LG Koblenz, NZI 2018, 569; AG Köln, NZI 2017, 78, 79; AG Münster, BeckRS 2017, 120881; Ahrens, Aktuelles Privatinsolvenzrecht, Rn. 503b; a.A. LG Lübeck, NZI 2018, 609; LG Essen, BeckRS 2017, 121026.

§ 302 InsO selbst stellt Forderungen aus vorsätzlich begangener unerlaubter Handlung, aus rückständigem gesetzlichen Unterhalt und aus Steuerschuldverhältnissen, in deren Zusammenhang der Schuldner zu einer Steuerstraftat verurteilt wurde, auf eine Stufe. Dies ließe die Pflicht vermuten, diese Forderungen quotal gleich im Insolvenzplanverfahren zu befriedigen. Eine andere Rangordnung der besagten Forderungen untereinander ergibt sich aber aus § 850f Abs. 2 ZPO. Dort werden Forderungen aus unerlaubter Handlung privilegiert, indem über die Pfändungsfreigrenzen hinaus bis zum Existenzminimum vollstreckt werden kann.[526] In die Einschränkung des Existenzminimums sind neben dem notwendigen Unterhalt des Schuldners auch dessen gesetzliche Unterhaltspflichten einbezogen. Im Umkehrschluss bestimmt das Gesetz hierdurch eine Rangfolge. Primär sind Unterhaltspflichten zu befriedigen, sekundär Forderungen aus unerlaubter Handlung, bei Forderungen aus Steuerstraftaten hingegen sind sämtliche Pfändungsfreigrenzen zu beachten. Ergeben sich aus den Berechnungen unterschiedliche Erwartungswerte, müssen entsprechend mehrere Einzel-Gruppen gebildet werden, um dem Gleichbehandlungsgebot aus § 226 InsO gerecht zu werden.

b) Der mutwillig keinen Restschuldbefreiungsantrag stellende Schuldner

aa) Einführung in die Problemstellung

Die folgende Thematik beruht auf einigen neueren Entscheidungen von Gerichten zu den Folgen eines unterlassenen Restschuldbefreiungsantrags. Hat der Schuldner keinen Restschuldbefreiungsantrag gestellt, ist es danach Gläubigern nicht möglich, Forderungen als nach § 302 InsO privilegiert anzumelden.[527] Dieser Ansatz resultiert maßgeblich aus der Funktion der gesetzlichen Regelungen der §§ 174 Abs. 2, 175 Abs. 2 InsO, die dazu dienen, dem Schuldner eine frühzeitige Klärung zu ermöglichen, welche Forderungen von der Restschuldbefreiung erfasst werden.[528] Eine vergleichbare Interessenlage entfällt, wenn der Schuldner gar keinen Restschuldbefreiungsantrag gestellt hat.[529]

Ob aus einer privilegierten Forderungsanmeldung die Möglichkeit folgt, privilegiert nach § 850f Abs. 2 ZPO in das Vermögen des Schuldners zu vollstrecken,

526 Frind, BB 2014, 2179, 2184.

527 BGHZ, 197, 186 Rn. 13; AG Norderstedt, NZI 2020, 32ff.; AG Aurich, NZI 2016, 143 f. m. Anm. Ahrens, NZI 2016, 121 ff.; AG Köln, NZI 2017, 78 ff. m. Anm. Schmittmann, VIA 2017, 20 f.

528 AG Aurich, NZI 2017, 20, 20; AG Köln, NZI 2017, 78, 89; Ahrens, NZI 2016, 121, 122 f.

529 Ahrens, NZI 2016, 121, 122.

kann offen gelassen werden.[530] Denn selbst bei Bestehen eines solchen Rechts ist es wohl nicht notwendig, dieses einzutragen, weil der Gläubiger das entsprechende Vorzugsrecht ohnehin durch eine Feststellungsklage erreichen kann, wohingegen dem Schuldner kein entsprechender Schutz zugedacht wäre.[531]

bb) Konsequenzen für den schuldbefreienden Insolvenzplan

(1) Abgrenzung verfahrensbegleitender Insolvenzplan und schuldbefreiender Insolvenzplan

Im Insolvenzplanverfahren sind zwei Verfahrenskonzepte zu unterscheiden. Der ein Insolvenzverfahren mit anschließendem Restschuldbefreiungsverfahren begleitende Insolvenzplan und der schuldbefreiende Insolvenzplan. Im ersten Fall handelt es sich um einen verfahrensbegleitenden Plan, der keine Entschuldung begründet. Bei dieser Planvariante stellt sich das aufgeworfene Problem gar nicht, da das Rechtsschutzinteresse des Restschuldbefreiungsverfahrens durch den Insolvenzplan gar nicht erst berührt wird.

Anders verhält es sich bei einem schuldbefreienden Insolvenzplan. Durch diesen wird eine eigenständige Regelung zur Verwertung der Masse getroffen. Es muss daher nicht mehr notwendig ein Restschuldbefreiungsantrag gestellt werden, vielmehr wird dieses – wie auch ein Regelverwertungsverfahren – durch die Regelungen des Insolvenzplans abgelöst. Nur in dieser Planform stellt sich folglich die Problematik der Konsequenzen eines nicht gestellten Restschuldbefreiungsantrags.

(2) Kein fiktiv gestellter Restschuldbefreiungsantrag

Fraglich ist nunmehr, wie sich die aufgezeigte Meinung in Rechtsprechung und Schrifttum auf den schuldbefreienden Insolvenzplan eines Verbraucherschuldners oder Kleinunternehmers auswirkt. Bei einer hypothetischen Gleichbehandlung könnte ein Gläubiger seine Forderung nicht als nach § 302 InsO privilegiert anmelden und müsste damit die Einordnung in die Gruppe der normalen Insolvenzgläubiger befürchten. Anders wäre zu verfahren, wenn die Vorlage eines Insolvenzantrags in ihrer Wirkung einem Restschuldbefreiungsantrag entspräche.

---

530 Dagegen AG Köln, NZI 2017, 78, 80; Prütting/Gehrlein/Ahrens, § 850f Rn. 46; dafür LG Düsseldorf, ZInsO 2009, 1542; MüKo-ZPO/Smid, § 850f Rn. 20.

531 Ahrens, NZI 2016, 121, 123.

Dafür spricht das mit dem Insolvenzplan verfolgte Interesse des Schuldners. Das Insolvenzplanverfahren wie auch das Restschuldbefreiungsverfahren sind in der Insolvenz eines Verbrauchers oder Kleinunternehmers regelmäßig darauf gerichtet, den Schuldner nach Ablauf eines gewissen Zeitraums schuldenfrei zu stellen.

Andererseits wird der Schuldner von dem beschriebenen hypothetischen Procedere nicht benachteiligt, vielmehr bevorteilt. Die Gläubiger mit Forderungen nach § 302 InsO werden nämlich – im Gegensatz zum Restschuldbefreiungsverfahren – von den Wirkungen des Insolvenzplans erfasst. So kann der bösgläubige Schuldner mithilfe des Plans die positiven Wirkungen des Restschuldbefreiungs- und Regelinsolvenzverfahrens kombinieren, der Schuldner kann einen Schuldenschnitt erreichen und gleichzeitig die Gläubiger mit Forderungen nach § 302 InsO einbeziehen und dies ohne diesen Gläubigern bessere Befriedigungsaussichten zukommen zu lassen. Der Zweck der Regelungen der §§ 174 Abs. 2, 175 Abs. 2 InsO, der Schuldnerschutz, wird folglich nicht unterlaufen.

Gegen die Annahme eines (fiktiven) Restschuldbefreiungsantrags spricht auch die Regelung des § 245a S. 2 InsO, die gerade für den Eintritt der Vermutungswirkung einen zulässigen Antrag auf Restschuldbefreiung erfordert. Grundsätzlich muss daher die Problematik des unterlassenen Restschuldbefreiungsantrags entsprechend behandelt werden. Zu untersuchen sind die Auswirkungen dieses Konzepts.

(3) Konsequenzen für den benachteiligten Gläubiger

Negativ kann sich die fehlende Möglichkeit, den Forderungsgrund aus § 302 InsO zur Tabelle anzumelden, für den entsprechenden Gläubiger auswirken. Für ihn besteht die Gefahr, in eine andere, als die ihm zustehende Gruppe eingeordnet zu werden. Der Schuldner kann durch ein solches Vorgehen bewusst versuchen, die Gruppe der Gläubiger mit Forderungen nach § 302 InsO verringern.

Schutz erhält der Gläubiger durch die Vorschriften des Insolvenzplanverfahrens nur in eingeschränktem Maß. So muss das Gericht den Plan nach § 231 InsO zurückweisen oder darf ihn nach § 250 Nr. 1 InsO nicht bestätigen, wenn die Vorschriften zur Gruppenbildung nicht beachtet wurden. Wie festgestellt, ist die Gruppe der Gläubiger mit von § 302 InsO umfassten Forderungen zwingend zu bilden, um dem Kriterium der wirtschaftlichen Gleichbehandlung gerecht zu werden.[532] Das Gericht prüft folglich, ob eine entsprechende Gruppe vorgesehen ist. Nicht hingegen kontrolliert das Gericht die Qualifikation der Forderung,

532 In diesem Kapitel D. IV. 7. a).

hierbei vertraut es der Anmeldung zur Tabelle. Schlussendlich bietet das gerichtliche Verfahren keinen Schutz, der Gläubiger muss sich selbst schützen.

Der einzelne Gläubiger kann sein Minderheitenrecht aus § 251 InsO geltend machen. Ein Vorgehen nach § 251 InsO ist allerdings mit gewissen Risiken verbunden, da der Gläubiger eine Schlechterstellung gegenüber dem Regelverfahren beweisen muss. Ist dort keine höhere als Befriedigungsquote zu erwarten, hat ein Verfahren nach § 251 InsO keinen Erfolg, obwohl der Gläubiger gegenüber wirtschaftlich gleichgestellten Gläubigern schlechter gestellt ist.

Der sicherste Weg für den Gläubiger ist es, eine Feststellungsklage auf Einordnung seiner Forderung als solche nach § 302 InsO zu erheben. Hat die Feststellungsklage Erfolg, kann der Gläubiger die Tabelle gemäß § 183 Abs. 2 InsO berichtigen lassen und ist sodann nach dem Kriterium der wirtschaftlichen Gleichbehandlung der entsprechenden Gruppe zuzuordnen. Damit die Planfinanzierung sichergestellt ist, sollten gegebenenfalls entsprechend § 189 Abs. 2 InsO Rücklagen gebildet werden. Fraglich ist, wie mit den falsch qualifizierten Mitwirkungsrechten dieses Gläubigers umzugehen ist. Regelmäßig ist die Gruppe der Gläubiger mit Forderungen nach § 302 InsO kleiner als die der allgemeinen Insolvenzgläubiger. Folglich kommt der einzelnen Stimme eines Gläubigers einer Forderung nach § 302 InsO ein entsprechend höheres Gewicht zu. Wird die Qualifikation der Forderung erst nach dem Abstimmungstermin rechtskräftig festgestellt, hat der Gläubiger keine Möglichkeit, sein ihm eigentlich zustehendes Mitwirkungsrecht auszuüben. Eine andere Beurteilung würde Gläubiger dazu verleiten, durch eine Feststellungsklage ihren Stimmeinfluss rechtswidrig zu erweitern.

c) Der absichtslos keinen Restschuldbefreiungsantrag stellende Schuldner

Stellt der einen Insolvenzplan verfolgende Schuldner keinen Insolvenzantrag, ist er vom Gericht auf die Konsequenzen hinzuweisen. Unabhängig hiervon kann der Schuldner in Übereinstimmung mit der Abstimmungsmehrheit der Gläubiger eine Gruppe der Gläubiger mit Forderungen nach § 302 InsO aus den „normalen" Insolvenzgläubigern abspalten. Um Planungssicherheit über die Qualifikation als § 302 InsO-Forderung zu erlangen, ist einem solchen Schuldner zu empfehlen, eine Hemmungsklausel entsprechend der bei bestrittenen Forderungen aufzunehmen.

Die Formulierung könnte lauten: *Machen Gläubiger die Qualifikation der ihnen zustehenden Forderung nach § 302 InsO nicht bis zur Bestätigung des Insolvenzplans klageweise geltend, werden diese Forderungen bei der Verteilung nicht als solche nach § 302 InsO berücksichtigt. Hierdurch wird eine Geltendmachung der Forderungen nicht verwehrt.*

8. Zahlungen und Gegenleistung

Weiteres zentrales, entscheidungserhebliches Element des Insolvenzplans ist die Aufstellung der vorgesehenen Zahlungen sowie deren Zeitpunkt. Hierbei stehen im Wesentlichen zwei Modelle für natürliche Personen zur Auswahl: Entweder verspricht der Schuldner jedem Gläubiger eine seiner Gruppe entsprechende Quote oder einen festen Betrag, der entsprechend der quotalen Anteile vom Insolvenzverwalter aufgeteilt wird. Eine Mischform aus beiden Modellen ist ebenfalls denkbar. Der Unterschied zwischen den Modellen liegt darin, wer das Risiko nachträglich hinzukommender Gläubiger trägt, sog. Nachzügler. Trägt in der ersten Variante der Schuldner dieses Risiko, indem er zusätzliche Mittel aufwenden muss, wird es im zweiten Fall auf die Gläubiger abgewälzt, die entsprechend weniger erhalten. Gute Gründe sprechen insbesondere dafür, feste Zahlungen vorzusehen, die quotal aufgeteilt werden. Hierdurch wird die Durchführbarkeit des Plans gesichert.[533] Zudem kann den Risiken entgegengewirkt werden, indem dafür verwendbare Geldmittel zur Seite gelegt werden. Zu präferieren ist eine Bereitstellung der „Notmittel“ von dritter Seite. Idealerweise wird mit Ablauf der Wirkungen des Plans die Restsumme entweder quotal als Bonus den Gläubigern vermacht oder sie verbleibt dem Drittmittelgeber.

Die Planzahlungen selbst untergliedern sich häufig in Geld aus dem pfändbaren Vermögen und Einkommen des Schuldners aus unselbständiger oder selbständiger Tätigkeit sowie Drittzahlungen. Darüber hinaus kann ein bestimmter Zeitraum vorgesehen werden, innerhalb dessen der Schuldner den hälftigen erbrechtlichen Erwerb abtritt.[534]

Weiterhin ist zu regeln, welches Schicksal im Gegenzug die Forderungen der Gläubiger ereilt. In Betracht kommen etwa Stundung, Erlass oder Verzicht, vgl. § 224 InsO.[535]

In Bezug auf einige Gläubiger enthält das Gesetz Regelungen zur besonderen Befriedigung. Das Recht eines Absonderungsberechtigten, sich aus der Verwertung der Gegenstände, an denen ein Absonderungsrecht besteht, zu befriedigen,

---

533 Zum Risiko bei Anbieten einer Quote Smid/Rattunde/Martini, Der Insolvenzplan, Rn. 27.8; Beyer, ZVI 2013, 334, 337.

534 Ahrens, Aktuelles Privatinsolvenzrecht, Rn. 522; Laroche/Harder, VIA 2014, 81, 84.

535 MüKo-InsO/Breuer, § 224 Rn. 6 ff.; Bähr, in: Mohrbutter/Ringstmeier, Handbuch Insolvenzverwaltung, Kapitel 14 Rn. 80 ff.

wird § 223 Abs. 1 InsO entsprechend nicht berührt, sofern der Plan keine anderweitige Regelung enthält. Forderungen nachrangiger Insolvenzgläubiger gelten gemäß der plandispositiven Norm § 225 InsO als erlassen.

Meldete ein Gläubiger seine Forderung nicht an, obwohl er bei Planerstellung bekannt war, ist er nicht zu berücksichtigen.[536] Dies folgt im Umkehrschluss aus § 229 S. 3 InsO. Etwas Anderes gilt für den Kleingewerbetreibenden, wenn die Gläubiger mindestens unter anderem aus den Erträgen seines Unternehmens befriedigt werden sollen.[537]

9. *Keine Planregelung der Insolvenzverwaltervergütung*

Höchst umstritten war, ob im Insolvenzplan zulässigerweise eine Verwaltervergütung festgelegt werden kann.[538] Nunmehr hat der BGH sich geäußert und eine Planregelung über die Verwaltervergütung ausgeschlossen.[539] Eine Festlegung im Plan beeinträchtige die in § 56 Abs. 1 S. 1 InsO gewährleistete Neutralität des Insolvenzverwalters.[540] Zudem komme dem Gericht bei seiner Entscheidung nach den §§ 64, 65 InsO eine Schutzfunktion gegenüber den Beteiligten vor einer zu niedrigen oder zu hohen Vergütung zu.[541] Diese grundlegenden Prinzipien dürften nicht durch eine Planregelung ausgehebelt werden und seien daher planfest. Ebenso unzulässig sind Planregelungen, die auf eine Bindung des Gerichts hinsichtlich der Festsetzung einer bestimmten Verwaltervergütung gerichtet sind.[542]

---

536 Ahrens, Aktuelles Privatinsolvenzrecht, Rn. 524.

537 Ahrens, Aktuelles Privatinsolvenzrecht, Rn. 524.

538 Für die Zulässigkeit sofern der Insolvenzverwalter zustimmt LG München I, ZInsO 2013, 1966 f. m. zust. Anm. Haarmeyer, ZInsO 2013, 1967; LG Heilbronn, ZInsO 2015, 910 f.; Kübler/Prütting/Bork/Prasser/Stoffler, § 63 Rn. 16; Graeber, ZIP 2013, 916, 917 ff.; Blankenburg, ZInsO 2015, 1293, 1300 f.; Reinhardt, ZInsO 2015, 943, 944 f.; Hingerl, ZIP 2015, 159, 162 f.; Horstkotte, ZInsO 2014, 1297, 1310 f.; Allemand/Dobiey/Henning, ZVI 2014, 296, 299; a.A. AG Köln, NZI 2016, 537, 539; HambKomm-InsO/Thies/Lieder, § 254 Rn. 4 f.; Schöttler, NZI 2014, 852 ff.; Madaus/Heßel, ZIP 2013, 2088, 2089 f.; Larosch/Pruskowski/Schöttler/Siebert/Vallender, ZIP 2014, 2153, 2160; Keller, ZIP 2014, 2014, 2017 f.; Ganter, ZIP 2014, 2323, 2333; vor den Änderungen des ESUG BGH, NZI 2007, 431 Rn. 7.

539 BGH, NZI 2017, 260, 262 Rn. 27 ff. mit zust. Anm. Storz.

540 BGH, NZI 2017, 260, 262 Rn. 30.

541 BGH, NZI 2017, 260, 262 f. Rn. 31.

542 BGH, ZInsO 2017, 538.

Diese Entscheidung des BGH überzeugt in ihrer rechtlichen Begründung. Ihre Auswirkungen auf Kleininsolvenzverfahren sind jedoch nicht unwesentlich. So sind Insolvenzpläne in Kleininsolvenzverfahren in hohem Maß von einer Planungssicherheit abhängig. Werden die häufig erst einen Insolvenzplan in Kleinverfahren ermöglichenden Drittmittel beispielsweise in Form eines festen Betrags zur Verfügung gestellt, macht dies eine Reaktion auf unvorhergesehene Kosten unmöglich. Dieses Problem kann nur gelöst werden, indem entweder der Drittmittelgeber zusagt, die Verwalterkosten unabhängig von einem zugesagten Betrag zu zahlen, oder eine Reserve gebildet wird, deren Überschuss nach Bezahlung des Verwalters an die Gläubiger ausgekehrt wird. In Verbraucherinsolvenzverfahren sollte die Reserve an den Vorgaben zur Regelvergütung orientiert werden sowie einen gewissen Aufschlag für eventuelle Mehrkosten beinhalten. In der Insolvenz eines Kleinunternehmers kann dieser Aufschlag je nach zu erwartendem Umfang des Verfahrens höher ausfallen.

10. Sonstige Inhalte des gestaltenden Teils

Erhebliche Vereinfachungen kann ein Insolvenzplan bei Änderungen sachenrechtlicher Verhältnisse bewirken, etwa bei der Veräußerung eines Grundstücks. Grundlage hierfür sind die §§ 228 S. 1, 254a Abs. 1, 2 InsO, wonach im gestaltenden Teil enthaltene für eine Rechtsänderung erforderliche Willenserklärungen bereits einschlägigen Formvorschriften genügen, sobald der Plan bestätigt wurde.[543]

Bestehen anhängige offene Anfechtungsprozesse, sollte der Insolvenzverwalter durch den Insolvenzplan entsprechend § 259 Abs. 3 InsO ermächtigt werden, die Prozesse auch nach Aufhebung des Insolvenzverfahrens zugunsten der Masse fortzuführen. Grundsätzlich entfällt die Prozessführungsbefugnis des Insolvenzverwalters nach § 259 Abs. 1 S. 1 InsO nämlich mit Aufhebung des Insolvenzverfahrens.

Des Weiteren kann ein Planberichtigungsrecht nach § 221 S. 2 InsO vorgesehen werden. Danach wird der Insolvenzverwalter bevollmächtigt, die zur Umsetzung notwendigen Maßnahmen zu ergreifen und offensichtliche Fehler des Plans zu berichtigen. Korrektiv der weiten, offenen Formulierung der Befugnisse des Insolvenzverwalters zur Planberichtigung bildet das in § 248a Abs. 1 InsO enthaltene Erfordernis einer gerichtlichen Bestätigung.[544] Sieht der

543 MüKo-InsO/Breuer, § 228 Rn. 9; Bähr, in: Mohrbutter/Ringstmeier, Handbuch Insolvenzverwaltung, Kapitel 14 Rn. 111 ff.

544 Bähr, in: Mohrbutter/Ringstmeier, Handbuch Insolvenzverwaltung, Kapitel 14 Rn. 123; Pleister/Theusinger, in: Kübler/Bork/Prütting, HRI II, § 34 Rn. 33.

Insolvenzplan Einmalzahlungen zur Erfüllung der Planverbindlichkeiten vor, besteht keine Notwendigkeit für ein Plananpassungsrecht. Dies wird regelmäßig auf einfach gehaltene Pläne zutreffen.

11. Planüberwachung

a) Ziele der Planüberwachung

Wie bereits angesprochen, könnte das Mittel der Planüberwachung im Verbraucherinsolvenzverfahren eine besondere Bedeutung erlangen, indem das wirtschaftliche Auftreten des Schuldners in die Überwachung einbezogen wird. Hierbei ist jedoch bereits vorab auf die häufig in Verbraucherinsolvenzverfahren eher begrenzten zur Verfügung stehenden finanziellen Mittel hinzuweisen, an denen die Einrichtung einer Planüberwachung in den meisten Fällen bereits scheitern wird. Die Planüberwachung richtet sich nach den §§ 260 bis 269 InsO.

Grundsätzlich hat die Planüberwachung gemäß § 260 Abs. 2 InsO das Ziel, den Vollzug der Ansprüche des gestaltenden Teils zu überwachen.[545] Nicht aber ist es Sinn und Zweck, den Schuldner in eine jahrelang andauernde wirtschaftliche Unselbständigkeit zu überführen, weswegen unter anderem der Zeitraum der Überwachung auf drei Jahre begrenzt ist, § 268 Abs. 1 Nr. 2 InsO. Vielmehr soll durch das Insolvenzplanverfahren eine schnelle Rückeingliederung in das Wirtschaftsleben stattfinden, wodurch möglichst das Vertrauen der Kunden und die Marktteilnahme gesichert werden. Diese Maßstäbe wurden für Unternehmensinsolvenzen aufgestellt.

b) Die Planüberwachung als Lenkungs- und Hilfsinstrument in Verbraucherinsolvenzen

aa) Ziele der Planüberwachung in Verbraucherinsolvenzplänen

Anders ist die Situation in Verbraucherinsolvenzen zu beurteilen. Die wirtschaftliche Misere beruht maßgeblich auf wirtschaftlichen Entscheidungen der Einzelperson, während äußere Faktoren zu vernachlässigen sind. Folglich kann der Verbraucher von der wirtschaftlichen Erfahrung Dritter profitieren und sich deswegen freiwillig einer weitergehenden Planüberwachung unterwerfen.

---

545 HK-InsO/Fiebig, § 260 Rn. 3; Bähr, in: Mohrbutter/Ringstmeier, Handbuch Insolvenzverwaltung, Kapitel 14 Rn. 375 ff.

bb) Modifikation des Normzwecks des § 263 InsO

Ein gängiger Weg könnte es sein, die Wirksamkeit bestimmter wirtschaftlicher Entscheidungen des Verbrauchers nach §§ 263, 81 Abs. 1, 82 InsO von der Zustimmung eines Dritten abhängig zu machen.[546] § 263 InsO ermöglicht es, die nach Bestätigung des Plans zurückgewonnene Verfügungsbefugnis des Gläubigers einzuschränken, indem bestimmte Rechtsgeschäfte von der Zustimmung einer dritten Person, regelmäßig des Insolvenzverwalters, abhängig gemacht werden.[547] Hierdurch soll risikoreichen Rechtsgeschäften entgegengewirkt werden, die eine im Plan vorgesehene laufende Gläubigerbefriedigung gefährden.[548] Dieser Gedanke ist zum einen direkt, zum anderen indirekt auf Verbraucherinsolvenzpläne übertragbar. Direkt, wenn die Befriedigung aus dem Insolvenzplan neben einer höheren Einmalzahlung regelmäßige Zahlungen vorsieht, die vom Schuldner erwirtschaftet werden müssen. Indirekt, wenn der Anreiz für die Gläubiger zu einem Insolvenzplan darin bestand, den Schuldner zu einem zahlungsfähigen Kunden zurückzuerlangen. Gerade dieser zweite Gedanke kann Gläubigern einen Anreiz setzen, sich auf eine Planlösung einzulassen, obwohl im Restschuldbefreiungs- wie im Insolvenzplanverfahren eine nur geringe Befriedigungsquote zu erwarten ist.

Für die Zustimmung gelten die allgemeinen Regeln der §§ 182 ff. BGB, sie kann folglich von vornherein als Einwilligung oder im Nachhinein als Genehmigung erteilt werden.[549] Gemäß § 267 Abs. 2 Nr. 2 InsO ist zum Schutz des Rechtsverkehrs neben der allgemeinen Planüberwachung öffentlich bekannt zu machen, welche Rechtsgeschäfte der Zustimmung bedürfen.

cc) Anwendungsbereich der Zustimmung nach § 263 InsO

§ 263 InsO ist als Ausnahmevorschrift konzipiert. Folglich müssen die zustimmungsbedürftigen Rechtsgeschäfte im gestaltenden Teil des Plans hinreichend genau bestimmt werden.[550] Von einer Zustimmung können ausschließlich Rechtsgeschäfte abhängig gemacht werden, faktisches Handeln des Schuldners

546 Zu einzelnen Konstellationen vgl. „Maßnahmen infolge einer Scheiternsanalyse" (gestaltender Teil).

547 K. Schmidt/Spliedt, § 260 Rn. 1; MüKo-InsO/Stephan, § 263 Rn. 1.

548 K. Schmidt/Spliedt, § 260 Rn. 1; K.Schmidt/Spliedt, § 263 Rn. 1; MüKo-InsO/Stephan, § 260 Rn. 1; Andres/Leithaus/Andres, § 263 Rn. 1.

549 Uhlenbruck/Lüer/Streit, § 263 Rn. 3; Andres/Leithaus/Andres, § 263 Rn. 7.

550 Nerlich/Römermann/Braun, § 263 Rn. 2; MüKo-InsO/Stephan, § 263 Rn. 5.

oder gesetzliche Schuldverhältnisse liegen außerhalb des Anwendungsbereichs der Planüberwachung.[551]

Darüber hinaus ist allgemein anerkannt, Rechtsgeschäfte, die den Rahmen des alltäglichen Geschäftsverkehrs nicht überschreiten, nicht einzuschränken.[552] Hierdurch könnte der Wirkungsbereich des Zustimmungserfordernisses in Verbraucherverfahren erheblich eingeschränkt sein. Die Ursachen für die Verschuldung eines Verbrauchers liegen häufig nämlich gerade in den Geschäften des täglichen Lebens, wie etwa in dem Abschluss unzähliger Ratenzahlungsverträge, die schlussendlich nicht bedient werden können. In einschlägigen Kommentierungen wird zur Orientierung für die Art der Rechtsgeschäfte § 160 InsO herangezogen, dessen Anwendungsbereich auf Unternehmensinsolvenzen begrenzt ist.[553] Da § 263 InsO allerdings weder einen derartigen Verweis noch eine Begrenzung auf Unternehmensinsolvenzen enthält, müssen neue Maßstäbe für Verbraucherinsolvenzverfahren entwickelt werden.

Ausgangspunkt für die wirtschaftliche Überwachung des Verbraucherschuldners ist die Scheiternsanalyse. Inhalt dieser Analyse sind Rechtsgeschäfte, die maßgeblich in die Insolvenz der natürlichen Person geführt haben. Im Gegensatz zum Kauf von täglichen Lebensmitteln sind solche Geschäfte nicht als alltäglich einzustufen, sofern sie nicht der Beschaffung pfändungsfreier Gegenstände dienen. Ausschlaggebend für die Insolvenzsituation ist dabei eher selten ein einziges Rechtsgeschäft, sondern vielmehr eine bestimmte Art von Rechtsgeschäften, beispielsweise Ratenkäufe oder Spekulationen. Diese Linien gilt es zu erkennen und ihnen entgegenzuarbeiten, indem die damit zusammenhängenden Rechtsgeschäfte als zustimmungsbedürftig eingestuft werden.

Sollen die Wirkungen der Planüberwachung über den Zeitraum der Zahlungen hinausgehen, müssen im gestaltenden Teil Ansprüche der Gläubiger auf ein bestimmtes künftiges wirtschaftliches Verhalten des Schuldners formuliert sein. Ohne derartige Ansprüche wird die Überwachung nach § 268 Abs. 1 Nr. 1 InsO aufgehoben.[554]

---

551 Uhlenbruck/Lüer/Streit, § 263 Rn. 2.

552 MüKo-InsO/Stephan, § 263 Rn. 5; Nerlich/Römermann/Braun, § 263 Rn. 2.

553 Nerlich/Römermann/Braun, § 263 Rn. 2.

554 Vgl. Uhlenbruck/Lüer/Streit, § 268 Rn. 3; K. Schmidt/Spliedt, § 268 Rn. 2; HK-InsO/Fiebig, § 260 Rn. 3.

dd) Neue Möglichkeiten der Zustimmung nach § 263 InsO

Durch die angestellten Überlegungen kommt der Planüberwachung in Verbraucherinsolvenzverfahren eine neue Bedeutung zu. Sie dient der Lenkung des Schuldners und als Hilfestellung. Nebenher können auch Zahlungen überprüft werden, was jedoch nur sinnvoll ist, wenn mehrere Einzelzahlungen über einen längeren Zeitraum an jeden Gläubiger vorgesehen sind.[555] Bei weniger komplexen Vorgehen, wie etwa einer Einmalzahlung an jeden Gläubiger, verursacht die Überwachung mehr Kosten als Nutzen. Diese Möglichkeiten stehen in Verbraucherinsolvenzverfahren jedoch – wie bereits darauf hingewiesen – stets unter dem Damoklesschwert der Finanzierung dieser.

Eine gewisse Hilfestellung wäre auch für Kleingewerbetreibende vorteilhaft. Allerdings ist bei diesen im Fall einer Unternehmensfortführung zu beachten, dass in bestimmten Situationen eine schnelle, nicht mit einem Zustimmungserfordernis kompatible, wirtschaftliche Entscheidung notwendig ist und daher die Anforderungen an zustimmungsbedürftige Rechtsgeschäfte entsprechend enger zu ziehen sind.

c) Zuständigkeit, Aufhebung und Kosten

Der Insolvenzverwalter ist gemäß § 261 Abs. 1 S. 1 InsO für die Planüberwachung zuständig. Da der Insolvenzverwalter in die Gegebenheiten des Falls eingearbeitet ist, erscheint dies sinnvoll.[556] Wurde in der Insolvenz eines Selbständigen das Insolvenzverfahren unter Eigenverwaltung durchgeführt, ist gemäß § 284 Abs. 2 InsO ein Sachwalter für die Planüberwachung einzusetzen.[557]

Die Durchführung der Überwachung sowie deren Aufhebung sind öffentlich bekannt zu machen, §§ 267, 268 Abs. 2 InsO. Aufgehoben wird die Planüberwachung entweder, wenn die überwachten Ansprüche erfüllt oder seit der Aufhebung des Insolvenzverfahrens drei Jahre verstrichen sind, § 268 Abs. 1 InsO.

Die Kosten der Planüberwachung trägt gemäß § 269 S. 1 InsO der Schuldner.[558] Da die hier für Verbraucherinsolvenzpläne angedachte Planüberwachung primär den Schuldner unterstützt, wird von dieser Kostenübertragung nicht abgewichen werden. Daher ist der Umfang der Planüberwachung an einem dem Schuldner finanziell zumutbaren Maß zu orientieren. Werden über einen

---

555 Ahrens, Aktuelles Privatinsolvenzrecht, Rn. 534.

556 MüKo-InsO/Stephan, § 261 Rn. 4; Bähr, in: Mohrbutter/Ringstmeier, Handbuch Insolvenzverwaltung, Kapitel 14 Rn. 378.

557 Graf/Wunsch, ZIP 2001, 1029, 1035.

558 HambKomm-InsO/Thies/Lieder, § 269 Rn. 1; HK-InsO/Fiebig, § 269 Rn. 1.

gewissen Zeitraum auch die laufenden Einkünfte des Schuldners gepfändet, sollte im Plan vorgesehen sein, die Kosten der Überwachung vor der Ausschüttung von den Einkünften abzuziehen. Andernfalls würde der Plan dem Schuldner unzulässigerweise nicht das Existenzminimum belassen.

d) Alternativkonzept

Gestaltungsfreiheit kommt den Parteien auch hinsichtlich der Regelung der Planüberwachung zu, solange nicht gegen ihren Willen zu Lasten des Schuldners oder Dritter gehandelt wird.[559] Unabänderbar sind nur die den Rechtsverkehr schützenden Vorschriften der §§ 267, 268 InsO.[560]

In Verbraucherinsolvenzverfahren bietet es sich regelmäßig an, auf die bestehenden Regelungen zur Planüberwachung zu verweisen. Hierbei wird dem Insolvenzverwalter nicht ausschließlich die Überwachung von Rechten übertragen, sondern häufig auch eine betriebswirtschaftliche Beurteilung. Ist zu erwarten, dass der Verwalter fachliche Hilfe benötigt, ist es empfehlenswert, sogleich die obligatorische Zuständigkeitszuweisung zugunsten einer fachnäheren Person abzuändern.[561] Dadurch können doppelte Kosten eingespart werden.

V. Plananlagen

1. Anwendbarkeit des § 229 InsO

Ein Unternehmensinsolvenzplan besteht zwingend aus einem darstellenden Teil, einem gestaltenden Teil und den Plananlagen nach §§ 229, 230 InsO. Fraglich ist, ob die Reichweite des § 229 InsO auch auf Verbraucherinsolvenzpläne zu erstrecken ist. Nach dessen Satz 1 entfaltet § 229 InsO nur Wirkung, wenn die „Gläubiger aus den Erträgen des vom Schuldner oder einem Dritten fortgeführten Unternehmen befriedigt werden". Eine direkte Anwendung dieser Vorschrift auf Verbraucherinsolvenzen ist daher ausgeschlossen.

Fraglich ist, ob die Norm entsprechend angewendet werden kann. Wie die gesamten Normen des Insolvenzplanverfahrens wurde auch § 229 InsO mit Blick auf Unternehmensinsolvenzen erlassen, eine Anpassung an spezielle Bedürfnisse in Verbraucherinsolvenzverfahren erfolgte nicht. Folglich kann

---

559 MüKo-InsO/Stephan, § 268 Rn. 17; Bähr, in: Mohrbutter/Ringstmeier, Handbuch Insolvenzverwaltung, Kapitel 14 Rn. 376 f.

560 MüKo-InsO/Stephan, § 268 Rn. 17; für eine Ausweitung der Unabänderbarkeit auf die gesamten §§ 264 ff. InsO Kübler/Prütting/Bork/Pleister, § 264 Rn. 5.

561 MüKo-InsO/Stephan, § 261 Rn. 4; HambKomm-InsO/Thies/Lieder, § 261 Rn. 5.

von einer Regelungslücke ausgegangen werden. Problematisch ist die vergleichbare Interessenlage. Die Plananlagen eines Unternehmensinsolvenzplans dienen dazu, den Gläubigern betriebswirtschaftlich strukturiert die wichtigsten künftigen Kennzahlen des Unternehmens zu liefern.[562] Regelmäßig werden Verbraucherinsolvenzen von sich aus übersichtlicher und die Geschäftspartner nicht derart betriebswirtschaftlich erfahren sein. Dennoch besteht gerade bei nicht betriebswirtschaftlich erfahrenen Gläubigern die Notwendigkeit, die wirtschaftlichen Eckdaten übersichtlich und vollständig darzustellen. Dieses Ziel wird vornehmlich in Form einer tabellarischen oder rechnerischen Darstellung erreicht, die nicht unbedingt betriebswirtschaftliche Kriterien einhalten muss. Folglich besteht eine vergleichbare Interessenlage, sodass der Gedanke des § 229 InsO auch auf Verbraucherinsolvenzpläne anwendbar ist, wenn die Forderungen der Gläubiger zu einem erheblichen Teil aus laufenden Einkünften befriedigt werden sollen. Sofern – wie regelmäßig – erhebliche Drittmittel genutzt werden, findet § 229 InsO hingegen folglich keine Anwendung, da keine vergleichbare Interessenlage besteht.

Sollte es zu einer – theoretisch denkbaren – Anwendung des § 229 InsO kommen, ist auf den speziellen Regelungsgehalt der Vorschrift übertragen auf Verbraucherinsolvenzverfahren einzugehen. § 229 InsO stimmt die Art der Anlagen begrifflich auf die Verhältnisse in einem Unternehmen ab, das „Aufwendungen" tätigt und „Erträge" erwirtschaftet. Eine direkte Übertragung der Norm ist folglich nicht möglich. Es bietet sich an, aus den Anforderungen des § 229 InsO Parallelen für den Insolvenzplan eines Verbrauchers zu ziehen. Der Gedanke der Norm ist folglich ausgefüllt mit neuen Begrifflichkeiten übertragbar. In Anlehnung an Satz 1 muss eine Vermögensübersicht erstellt werden. Schwieriger ist die Anpassung von Satz 2, der einen Finanzplan fordert. Für den Verbraucher bedeutet dies, seine laufenden Einkünfte darzustellen sowie den nicht pfändbaren Anteil hiervon, der das Existenzminimum sichern muss. Eine Planlösung, die dem Verbraucher nicht das Existenzminimum belässt ist nämlich nicht bestätigungsfähig nach §§ 231, 248 InsO. Bei der Aufstellung kann auf die Vermutungsregelung des § 245a S. 1 InsO zurückgegriffen werden.

2. *Weitere Anlagen nach § 230 InsO*

Über § 229 InsO hinaus ordnet § 230 InsO in konkret benannten Konstellationen weitere Anlagen an.

562 HambKomm-InsO/Thies/Lieder, § 229 Rn. 1; MüKo-InsO/Eilenberger, § 229 Rn. 1.

§ 230 Abs. 1 InsO betrifft Kleingewerbetreibende. Diese haben eine Erklärung beizulegen, zur Fortführung des Unternehmens auf der Grundlage des Plans bereit zu sein. Eine solche Erklärung ist nach Abs. 3 S. 1 entbehrlich, wenn der Kleingewerbetreibende als Schuldner selbst den Plan vorgelegt hat.

In allen Kleininsolvenzen – insbesondere auch Planverfahren von Verbrauchern – ist § 230 Abs. 3 InsO relevant. Danach ist dem Plan die Erklärung eines Dritten beizufügen, wenn der Dritte Verpflichtungen gegenüber Dritten übernommen hat. Der Begriff der Verpflichtung ist hierbei weit auszulegen und umfasst etwa Bürgschaften, Garantien und auch die Bereitstellung von Geldmitteln sogenannten Drittmitteln.[563]

Die lange Zeit in Literatur und Rechtsprechung in diesem Zusammenhang umstrittene Frage, ob der Erklärung des Dritten auch Nachweise über dessen Bonität sowie die Verfügbarkeit der Drittmittel beizufügen sind, wurde nunmehr durch den BGH verneint.[564]

Insofern ließ bereits die Ausgangsentscheidung des Landgerichts Hamburg offen, woher es diese qualifizierten Anforderungen ableitet. Der Wortlaut des § 230 Abs. 3 InsO enthält keine Anhaltspunkte für derartige zusätzliche Sicherheiten neben der Erklärung des Drittmittelgebers. Nichts anderes folgt aus der Begründung des Gesetzgebers, wonach § 230 Abs. 3 InsO darauf abzielt, die Gläubiger *„genau zu unterrichten“*, diese sollen aus der Erklärung heraus deren *„genaue Tragweite“* erkennen.[565] Denn auch hier beschränkt sich die Gesetzesbegründung auf den Inhalt der Erklärung, nicht aber dessen tatsächliche Überprüfung. Es bleibt daher nach überzeugender vom BGH vertretener Auffassung dabei, dass es grundsätzlich den Gläubigern überlassen bleibt, festzulegen, ob weitere Maßnahmen zur Sicherstellung der Bonität des Drittmittelgebers erforderlich sind, wie etwa den Drittmittelbetrag auf ein Treuhandkonto zu überweisen oder eine selbstschuldnerische Bankbürgschaft des Drittmittelgebers.[566]

---

563 MüKo-InsO/Eidenmüller, § 230 Rn. 76.

564 BGH, BeckRS 2023, 18664; so auch MüKo-InsO/Eidenmüller, § 230 Rn. 77; Nerlich/Römermann/Ober, § 230 Rn. 10; HambKomm-InsO/Thies/Lieder, § 230 Rn. 12; FK-InsO/Jaffé, § 230 Rn. 15 f.; Madaus, NZI 2017, 2017, 697, 700; a.A. LG Hamburg, NZI 2016, 34 m. Anm. Harder, VIA 2016, 14 f.; AG Hamburg, NZI 2017, 567; wohl auch LG Düsseldorf, ZInsO 2020, 1935 f.; Uhlenbruck/Sinz, § 230 Rn. 5; Graf-Schlicker/Kebekus/Handschuhmacher, § 231 Rn. 4.

565 Zitate aus BT-Drs. 12/2443, S. 204 zu damals noch § 274 InsO.

566 BGH, BeckRS 2023, 18664, wonach etwas Anderes freilich gelten kann, wenn Sorge besteht, dass die Massekosten nicht gedeckt werden können, wobei der BGH explizit offen ließ, wie im Fall eines Insolvenzplans nach § 210a InsO zu verfahren wäre.

E. Ablauf des Insolvenzplanverfahrens

I. Planinitiative

1. Planinitiative durch den Schuldner oder Insolvenzverwalter

Gemäß § 218 Abs. 1 S. 1 InsO kann ein Insolvenzplan ausschließlich vom Schuldner oder Insolvenzverwalter vorgelegt werden. Gläubiger können mittels eines Gläubigerausschusses nach § 218 Abs. 2, Abs. 3 InsO Einfluss auf Art und Weise der Planeinlegung durch den Insolvenzverwalter nehmen.

Der Schuldner kann den Plan bereits mit der Einreichung des Antrags auf Eröffnung des Insolvenzverfahrens vorlegen, sogenannter prepackaged plan, während der Insolvenzverwalter warten muss, bis er bestellt wurde.[567] Jedem Vorlageberechtigten steht es nach weit überwiegender Ansicht zu, einen Insolvenzplan vorzulegen, wobei der Insolvenzverwalter einen Plan im eigenen Namen und einen infolge einer Beauftragung durch die Gläubigerversammlung einreichen kann.[568] Spätestens muss der Insolvenzplan im Schlusstermin vorgelegt werden, § 218 Abs. 1 S. 3 InsO.[569] Eine spätere Vorlage in der Restschuldbefreiungsphase ist nicht zulässig.[570]

Der Planvorlegende kann mittels des Insolvenzplans maßgeblich Einfluss auf das Verfahren nehmen.[571] Um den negativen Folgen einer Insolvenz frühzeitig entgegenzuwirken, ist es dem Schuldner nach § 18 InsO bereits bei drohender Zahlungsunfähigkeit möglich, einen Insolvenzantrag zu stellen.[572] Der vorausschauende Schuldner, der eine Planlösung für vorteilhaft hält, könnte daher bereits bei drohender Insolvenz einen Insolvenzplan vorlegen und so die positiven Wirkungen eines bestätigten Insolvenzplans nutzen, wie etwa die Möglichkeit, einen Antrag auf Aussetzung der Zwangsversteigerungsmaßnahmen nach § 30d Abs. 2 ZVG. Dieses umsichtige Vorgehen scheitert häufig an der fehlenden Einsichtsfähigkeit des Notleidenden.[573] Handelt es sich zudem um einen

---

567 MüKo-InsO/Eidenmüller, § 218 Rn. 112 f.; FK-InsO/Jaffé, § 218 Rn. 12.

568 Stahlschmidt, in: Kübler/Bork/Prütting, HRI II, § 30 Rn. 17; Uhlenbruck/Lüer/Streit, § 218 Rn. 1, 3 f.; MüKo-InsO/Eidenmüller, § 218 Rn. 126, 130; a.A. Vogl, DZWIR 2004, 490.

569 Jaeger/Münch, InsO, § 218 Rn. 79; MüKo-InsO/Eidenmüller, § 218 Rn. 115; Kübler/Prütting/Bork/Spahlinger, § 218 Rn. 3.

570 Ahrens, Aktuelles Privatinsolvenzrecht, Rn. 466; Harder, NZI 2013, 70, 73; a.A. Hingerl, ZVI 2012, 258, 260.

571 FK-InsO/Jaffé, § 218 Rn. 5; Schiessler, Der Insolvenzplan, S. 86.

572 FK-InsO/Schmerbach, § 18 Rn. 1; Uhlenbruck/Mock, § 18 Rn. 2.

573 Hierzu allgemein FK-InsO/Jaffé, § 218 Rn. 16 ff.

Verbraucherschuldner, hemmt diesen die lange Dauer des außergerichtlichen Verfahrens. Zwar kann er die Vorarbeit aus dem außergerichtlichen Einigungsprozess nutzen und mit dem Eröffnungsantrag einen prepackaged plan vorlegen, hierdurch werden die Annahmechancen wegen der zuvor zwingend verlorenen Zeit aber nicht im gleichen Maß gesteigert wie bei Regelinsolvenzverfahren.[574]

2. Planinitiative des Sachwalters bei Kleinunternehmerinsolvenzen

Wird das Insolvenzverfahren eines Kleinunternehmers in nach § 270 InsO angeordneter Eigenverwaltung durchgeführt, steht der Schuldner unter der Aufsicht eines Sachwalters. Dem Sachwalter kommt ein eingeschränktes Initiativrecht zu, indem er ausschließlich auf Auftrag der Gläubigerversammlung aktiv werden kann, §§ 218 Abs. 2, 284 InsO.[575] Ein originäres Planinitiativrecht steht ihm hingegen nicht zu, wie der BGH nunmehr klargestellt hat.[576] Die Einschränkung spiegelt sich bereits im Wortlaut des § 218 InsO wider, der in Abs. 1 ausdrücklich von „Insolvenzverwalter“ spricht, während Abs. 2 allgemein den „Verwalter“ befugt und somit Insolvenz- und Sachwalter einbezieht. Darüber hinaus entspricht eine derartige Auslegung der überwachenden Funktion des Sachwalters.[577]

II. Gerichtliche Vorprüfung gemäß § 231 InsO

1. Aufgabe und Verfahren der Zurückweisungsentscheidung

In einer Vorprüfung nach § 231 Abs. 1 InsO weist der gemäß § 18 Abs. 1 Nr. 2 RPflG zuständige Insolvenzrichter von Amts wegen rechtlich nicht haltbare oder offensichtlich aussichtslose Insolvenzpläne zurück. Passiert ein Insolvenzplan diese erste gerichtliche Hürde, beginnt der Planbestätigungsprozess. Die Zurückweisungsentscheidung als ein der Planaufstellung zugeordneter Verfahrensschritt wirkt einer Verfahrensverschleppung sowie erhöhten Kosten

574 Zur Verbesserung der Annahmechancen in Regelinsolvenzverfahren FK-InsO/Jaffé, § 218 Rn. 18; Braun/Uhlenbruck, Unternehmensinsolvenz, S. 627 ff.; Saegon/Wiester, ZInsO 1999, 627,631.

575 Graf-Schlicker/Graf-Schlicker, InsO, § 284 Rn. 8; MüKo-InsO/Kern, § 284 Rn. 12; Uhlenbruck/Zipperer, InsO § 284 Rn. 3; a.A. für eine analoge Anwendung des § 218 Abs. 1 S. 1 InsO Warrikoff, KTS 1997, 527, 532.

576 BGH, ZInsO 2016, 2077 Rz. 76 f.

577 K. Schmidt/Undritz, § 274 Rn. 8; Stahlschmidt, in: Kübler/Bork/Prütting, HRI II, § 30 Rn. 18.

entgegen und entlastet die Gerichte, indem inhaltlich fehlerhafte oder aussichtslose Pläne aussortiert werden.[578] Zur Entscheidungsfindung ist für das Gericht gemäß § 231 Abs. 1 S. 2 InsO eine Soll-Frist von zwei Wochen vorgesehen.

Gemäß dem Wortlaut der jeweiligen Vorschriften ist dem Planvorleger bei behebbaren Mängeln nach § 231 Abs. 1 S. 1 Nr. 1 InsO unter angemessener Fristsetzung Gelegenheit zur Nachbesserung zu geben. Bei Mängeln nach § 231 Abs. 1 S. 1 Nr. 2 und Nr. 3 InsO besteht hingegen keine Nachbesserungschance. Wird der Plan zurückgewiesen, erfolgt dies durch Beschluss, mit einer Weiterleitung zur Stellungnahme nach § 232 InsO wird ein Plan ohne Beschluss zugelassen.[579] Gegen den Zurückweisungsbeschluss ist nach § 231 Abs. 3 InsO die sofortige Beschwerde eröffnet.

2. *Keine Anwendung des Amtsermittlungsgrundsatzes*

Bevor sogleich auf die Prüfungsintensität eingegangen wird, ist zu klären, ob das Insolvenzgericht entsprechend dem Verfahrensgrundsatz aus § 5 Abs. 1 InsO von Amts wegen Umstände zu ermitteln hat, die für das Verfahren von Bedeutung sind.[580] Gerade in Verbraucherinsolvenzplanverfahren könnte die Gültigkeit des Amtsermittlungsgrundsatzes die Akzeptanz der Gläubiger gegenüber der Planlösung erhöhen.

Einer gerichtlichen Ermittlung von Amts wegen stehen allerdings die Spezialregelungen der §§ 231, 232 und 234 InsO entgegen, die Prüfungsintensität, Prüfungsinhalt und den Zeitpunkt der Einbeziehung der Beteiligten speziell regeln.[581] Gegen eine Entfaltung des Amtsermittlungsgrundsatzes spricht außerdem der im Insolvenzplanverfahren verankerte Grundsatz der Parteiautonomie. Den Parteien obliegt die Entscheidung über das Wie und das Ob, etwa hinsichtlich der Einholung von Gutachten oder der Abgabe von Stellungnahmen. Entscheidungsgrundlage des Insolvenzgerichts bildet folglich allein der vorgelegte Plan inklusive Anlagen. Daher ist der Verbraucherschuldner selbst gehalten, die

578 HambKomm-InsO/Thies/Lieder, § 231 Rn. 1; Uhlenbruck/Lüer/Streit, InsO, § 231 Rn. 1; Nerlich/Römermann/Ober, § 231 Rn. 3; Horstkotte, ZInsO 2014, 1297, 1298.

579 Kübler/Prütting/Bork/Spahlinger, § 231 Rn. 6; HambKomm-InsO/Thies/Lieder, § 231 Rn. 29; Uhlenbruck/Lüer/Streit, § 231 Rn. 41 f.

580 Gegen die Gültigkeit des Amtsermittlungsgrundsatzes MüKo-InsO/Breuer, § 231 Rn. 6; HK-InsO/Fiebig, § 231 Rn. 11; Uhlenbruck/Lüer/Streit, § 231 Rn. 4; Kübler/Prütting/Bork/Spahlinger, § 231 Rn. 5; Stahlschmidt, in: Kübler/Bork/Prütting, HRI II, § 30 Rn. 9; Stapper/Jacobi, ZInsO 2014, 1821, 1824; a.A. Smid, ZInsO 2016, 61, 68 ff.

581 MüKo-InsO/Breuer, § 231 Rn. 6; HK-InsO/Fiebig, § 231 Rn. 12.

im Insolvenzplan getroffenen Entscheidungen – wie etwa seine Vermögensverhältnisse im Rahmen der Vergleichsrechnung oder die Grundlagen der Gruppenbildung – den Gläubigern hinreichend transparent offenzulegen, dass er die Gläubiger für die Planlösung gewinnt.

3. *Zurückweisung nach § 231 Abs. 1 S. 1 Nr. 1 InsO*

a) *Grundlagen*

Der Zurückweisungsgrund des § 231 Abs. 1 S. 1 Nr. 1 InsO erfasst sämtliche Insolvenzpläne, bei denen das Planinitiativrecht (Alt. 1) oder inhaltliche Vorschriften (Alt. 2) missachtet wurden. Im Rahmen der inhaltlichen Überprüfung werden die Vorschriften über die Bildung von Plangruppen besonders hervorgehoben. Dabei führt jede Alternative allein zur Zurückweisung, das erste „und" im Wortlaut des § 231 Abs. 1 S. 1 Nr. 1 InsO ist folglich als „oder" zu lesen.[582] Die Überprüfung bezieht sich allein auf rechtliche Gesichtspunkte, wirtschaftliche Erwägungen bleiben der Gläubigerautonomie überlassen.[583] Ist der Mangel nicht behebbar, was auch bei grundlegenden Planänderungen angenommen wird, ist der Plan zurückzuweisen.[584] Kann der Mangel behoben werden, ist dem Planinitiator eine angemessene Frist zur Berichtigung zu setzen, wobei diese Frist unter Berücksichtigung der damit verbundenen Verfahrensverzögerung – gerade in meist einfacher gelagerten Verbraucherinsolvenzverfahren – einen Monat nicht überschreiten sollte.[585]

b) *Prüfungstiefe in Verbraucher- und Kleinunternehmerinsolvenzen*

Die Intensität der gerichtlichen Überprüfung wurde in Rechtsprechung und Literatur lange Zeit sehr unterschiedlich beurteilt. Mittlerweile hat der BGH allerdings in mehreren Entscheidungen Grundsätze aufgestellt, die eine Orientierung bieten.

---

582 Jaeger/Münch, InsO, § 231 Rn. 17; Nerlich/Römermann/Braun, 37. EL, § 231 Rn. 4; MüKo-InsO/Breuer, § 231 Rn. 8.

583 BGH, BeckRS 2023, 18664; NZI 2018, 691 Rn. 14; ZInsO 2015, 1398, 1399 Nr. 8; LG Hamburg, ZIP 2018, 389, 391; Jaeger/Münch, InsO, § 231 Rn. 15; Stahlschmidt, in: Kübler/Bork/Prütting, HRI II, § 30 Rn. 8; Horstkotte, ZInsO 2014, 1297, 1299; Madaus, NZI 2015, 702, 704.

584 MüKo-InsO/Breuer, § 231 Rn. 19; Nerlich/Römermann/Braun, 37. EL, § 231 Rn. 5.

585 MüKo-InsO/Breuer, § 231 Rn. 20; die Frist in das richterliche Ermessen stellend Jaeger/Münch, § 231 Rn. 25; allgemein zur Einräumung einer „Nachbesserungschance" Madaus, NZI 2015, 702.

Eine Ansicht geht – nach wie vor – anknüpfend an § 231 Abs. 1 S. 1 Nr. 2 und 3 InsO davon aus, eine Evidenzkontrolle genüge.[586] Im Gegensatz zu den Nummern 2 und 3 enthält Nummer 1 des § 231 Abs. 1 S. 1 InsO jedoch gerade keine Angabe zur Qualität der Prüfung. Hieraus wurde in der Literatur von Anderen geschlussfolgert, es sei eine Detailprüfung vorzunehmen, nach der nicht nur offensichtliche Rechtsfehler beanstandet werden.[587] Diese Meinung führte an, eine Detailprüfung diene der Verfahrensökonomie, indem nicht bestätigungsfähige Insolvenzpläne gar nicht weiterverfolgt würden.[588] Noch weitergehend wurde vereinzelt verlangt, sämtliche Rechtsfragen abschließend zu klären.[589]

Der BGH fordert mit Verweis auf den Wortlaut des § 231 Abs. 1 S. 1 Nr. 1 InsO im Gegensatz zu § 231 Abs. 1 S. 1 Nr. 2 und 3 InsO ausdrücklich, nach dieser Vorschrift *„nicht nur offensichtliche Rechtsfehler zu beanstanden“*.[590] Folglich hat die Prüfung der Nummer 1 tiefergehend zu erfolgen als die der Nummern 2 und 3. Ob darüber hinaus eine Prüfung im Detail gefordert wird, bleibt offen.

Einen Hinweis liefert das Verständnis des Zusatzes in § 231 Abs. 1 S. 1 Nr. 1 InsO, besonderes Augenmerk auf das Recht der Gruppenbildung zu legen. Dieser kann exemplarisch verstanden werden oder derart, dass ausführlich geprüft werden muss, ob die Vorschrift zur Gruppenbildung beachtet wurde, während die weitere Prüfung den Umständen anzupassen ist.[591] Nach den Gesetzgebungsmaterialien ist *„besonders darauf zu achten, ob die Gruppenbildung sachgerecht erfolgte“*, da von dieser die Mehrheitsverhältnisse bei Abstimmungen abhingen.[592] Daneben geben die Gesetzgebungsmaterialien keinen Anhaltspunkt dafür, dass auch die anderen Vorschriften der §§ 217–230 InsO immer detailliert zu überprüfen sind. Dies spricht dafür, die Überprüfung der weiteren Vorschriften den Umständen anzupassen.

---

586 K. Schmidt/Spliedt, § 231 Rn. 3; Braun/Braun/Frank, § 231 Rn. 4; für eine summarische Prüfung HambKomm-InsO/Thies/Lieder, § 231 Rn. 27; kursorische Prüfung Frege/Keller/Riedel, Insolvenzrecht, Teil 4 Kapitel 1 Rn. 53.

587 Jaeger/Münch, § 231 Rn. 22; Ahrens/Gehrlein/Ringstmeier/Silcher, § 231 Rn. 2; FK-InsO/Jaffé, § 231 Rn. 4; Smid, ZInsO 2016, 61, 70.

588 MüKo-InsO/Breuer, 3. Aufl. 2014, § 231 Rn. 17.

589 Horstkotte, ZInsO 2014, 1297, 1301

590 BGH, ZInsO 2015, 1398, 1399 Rn. 8; AG Köln, NZI 2016, 537 mit Anm. Madaus.

591 Für ein exemplarisches Verständnis Jaeger/Münch, InsO, § 231 Rn. 21; Paul, ZInsO 2012, 259 f.; lediglich eine zwingende Überprüfung der Gruppenbildung betonend FK-InsO/Jaffé, § 231 Rn. 11.

592 BT-Drs. 17/5712, S. 32.

Weiterhin wird der Prüfungsumfang maßgeblich durch die aufgeworfenen Rechtsfragen eingegrenzt, je einfacher ein Plan gehalten ist, desto weniger Rechtsfragen werden typischerweise aufgeworfen.[593] Sofern keine weitergehenden Rechtsfragen aufgeworfen werden, beschränkt sich die Prüfung auf die Einhaltung der in § 219 InsO vorgegebenen Plangliederung. Dies wird häufig bei Insolvenzplänen von Verbrauchern ohne beträchtliche Vermögenswerte der Fall sein, die ausschließlich die Schuldbefreiung dieses zum Gegenstand haben. Den Gegebenheiten angepasst umfangreicher fällt die Prüfung des Plans eines Kleinunternehmers aus.

Da das fachliche Knowhow einer insolventen natürlichen Person gewöhnlich hinter dem eines breit aufgestellten Unternehmens zurückbleibt, entfalten überhöhte Anforderungen an die Überprüfung zudem schnell prohibitive Wirkungen.[594] Um diesen Umständen gerecht zu werden, ist die frühzeitige gerichtliche Prüfung nicht nur als Hindernis, sondern auch als Hilfestellung zu verstehen.[595] Zurückgewiesen werden sollte folglich nur ein gravierend fehlerhafter Plan. Für einen ausreichenden Schutz der Gläubiger genügt es hierbei, einem Schuldner, der glaubhaft macht, einzelne Angaben zeitnah nachzureichen, wenn das Gericht auf das Fehlen aufmerksam macht oder eine großzügige Frist bis spätestens zum Abstimmungstermin setzt, währenddessen das Planverfahren bereits fortgeführt wird.[596]

Anders verfährt hier zugunsten der Verfahrensökonomie sowie der damit verbundenen Kosten die jüngere Rechtsprechung, die fehlerhafte, evident nicht mehrheitsfähige bzw. nicht erfüllbare Pläne zurückweist.[597] Diese zunächst recht streng wirkende Auffassung geht jedoch meist einher mit der vielfach gegebenen Möglichkeit, dem Planersteller Hinweise zu erteilen und diesen zur Nachbesserung – nicht Neueinreichung – seines Insolvenzplans aufzufordern.[598] Auch auf

---

593 Ahrens, Aktuelles Privatinsolvenzrecht, Rn. 469.

594 Ahrens, Aktuelles Privatinsolvenzrecht, Rn. 470; Blankenburg, ZInsO 2015, 1293, 1293 f.; Horstkotte, ZInsO 2014, 1297, 1297 f., der von vielfachen Fehlern in Plänen berichtet, die durch Insolvenzverwaltern aufgestellt wurden.

595 So auch Madaus, NZI 2023, 172 ff.

596 So auch zu § 230 Abs. 3 InsO Uhlenbruck/Sinz, § 230 Rn. 7; ebenfalls für großzügig bemessene Fristen Gottwald/Haas/Koch/de Bra, Insolvenzrechts-Handbuch, § 66 Rn. 12; a.A. LG Hamburg, BeckRS 2015, 20377.

597 LG Mannheim, BeckRS 2020, 42592; LG Düsseldorf, NZI 2020, 436 m. Anm. Madaus; AG Hamburg, NZI 2023, 172 m. Anm. Madaus

598 Vgl. AG Hamburg, NZI 2023, 172, das erst nach acht Nachbesserungsversuchen den neunten Insolvenzplan als aussichtslos i.S.d. 231 Abs. 1 Nr. 2 InsO zurückwies mit insoweit zustimmender Anm. Madaus

diesem Weg werden folglich die Interessen insbesondere nicht geschäfts- und rechtserfahrener Insolvenzschuldner hinreichend gewährt.

c) Prüfungsumfang – Besonderheiten der Verbraucherverfahren

Umstritten ist zudem, ob neben der rechtlichen Überprüfung die Richtigkeit der im Plan angegebenen Zahlen überprüft werden darf.[599] Hierbei handelt es sich um eine tatsächliche Prüfung, von der nicht die Frage umfasst ist, ob und inwieweit sich der Plan für die Beteiligten wirtschaftlich lohnt.[600] Die Vorteile der Überprüfung liegen insbesondere für kleine Verfahren wie Verbraucherverfahren auf der Hand. Die häufig, verglichen mit Unternehmen, geringere fachliche Kompetenz könnte ausgeglichen werden.[601] Ein derartiger Schutz kann bisher nur mittels einer vereinzelt in der Literatur vorgeschlagenen Plausibilitätskontrolle erreicht werden.[602] Dieser Meinung scheint sich auch ein Teil der neueren Rechtsprechung anzuschließen, die dem Gericht zugesteht, zu überprüfen, ob der Plan „nachvollziehbar" ist.[603]

Um die Prüfung der „Nachvollziehbarkeit" zu begründen, verweist die instanzgerichtliche Rechtsprechung auf eine Entscheidung des BGH, der am angegebenen Ort allerdings ausschließlich rechtliche Planinhalte aufzählt.[604] Nicht ganz klar wird lediglich, was es bedeutet, zu prüfen, *„ob die Plananlagen vollständig und richtig sind"*.[605] Das Wort „richtig" ist in diesem Zusammenhang zweideutig. Es könnte darauf hindeuten, die beigefügten Plananlagen nachzuvollziehen, diese mithin auf ihre Plausibilität zu kontrollieren, es könnte aber auch bedeuten, formell zu kontrollieren, ob sämtliche das konkrete Verfahren fördernde Plananlagen beigefügt wurden. Insoweit hat der BGH mittlerweile richtigerweise klargestellt, dass die Gerichte nur prüfen, ob sämtliche nach dem Gesetz notwendigerweise beizufügende Plananlagen beigefügt wurden.[606] Inwieweit allerdings Nachweise zur Kontrolle etwa der Erklärung eines Dritten nach § 230 InsO gefordert werden, ist den Gläubigern überlassen. Da der BGH

---

599 Smid/Rattunde/Martini, Der Insolvenzplan, Rn. 14.12 ff.; Stapper/Jacobi, ZInsO 2014, 1821, 1823; Horstkotte, ZInsO 2014, 1297, 1300.

600 Blankenburg, ZInsO 2015, 1293, 1293.

601 Blankenburg, ZInsO 2015, 1293, 1293 f.

602 Horstkotte, ZInsO 2014, 1297, 1306 f.; a.A. Frind/Köchling, ZinsO 2013, 1666, 1676.

603 AG Köln, NZI 2016, 537, 537.

604 AG Köln, NZI 537, 537 verweist auf BGH, NZI 2015, 697 Rn. 8.

605 BGH, NZI 2016, 697 Rn. 8

606 BGH, BeckRS 2023, 18664.

eine solche Kontrolle allerdings explizit nur für die Plananlagen formulierte, ist sie nicht automatisch auf das gesamte Planverfahren auszuweiten.

Gegen eine Überprüfung des Inhalts des Plans spricht die Parteiautonomie, die es bei Unstimmigkeiten den Gläubigern überantwortet, gegen diesen zu stimmen, und die es den Planerstellern ermöglicht, im Erörterungstermin Unklarheiten zu beseitigen.[607] Schließlich wird nach der gesetzlichen Vorgabe in § 231 InsO kontrolliert, ob *„das Recht über […] den Inhalt des Plans“* beachtet wurde, nicht aber, ob der Inhalt des Plans den Tatsachen entspricht.[608] Zudem könnte eine gerichtliche Pflicht, die Plananlagen auf ihre Nachvollziehbarkeit und Durchführbarkeit durchzugehen, zu der falschen Vorstellungen bei den Gläubigern führen, die Angaben selbst seien überprüft worden. Hierdurch entsteht der Eindruck der wirtschaftlichen Richtigkeit des Plans, obwohl diese explizit nicht kotrolliert wird. Solche Fehlvorstellungen könnten insbesondere private Kleingläubiger treffen, die speziell in Kleininsolvenzverfahren anzutreffen sind.

Eine gerichtliche Pflicht zur Überprüfung der Tatsachen besteht daher nicht. Klarstellend sollte das Gericht hierauf explizit hinweisen. Fallen dem Gericht aber Unstimmigkeiten auf, kann es einen entsprechenden Hinweis geben, der es den Parteien überlässt, der Frage nachzugehen.

d) Prüfungsinhalte

aa) Reine Vorlagerechte

Einheitlich wird § 218 Abs. 1 S. 1 InsO als originäre Vorlageberechtigung des Schuldners und des Insolvenzverwalters verstanden.[609] Legt ein nicht zur Vorlage Berechtigter den Plan vor, ist dieser Fehler nicht behebbar, sodass der Plan nach § 231 Abs. 1 S. 1 Nr. 1 Alt. 1 InsO zurückgewiesen wird.[610] Um eine Zurückweisung wegen doppelter Planvorlage zu vermeiden, muss ein Insolvenzverwalter zwingend kenntlich machen, ob er von seinem originären Vorlagerecht Gebrauch macht oder auf Anweisung der Gläubiger handelt.[611]

607 Die *„Entscheidungskompetenz der Gläubiger“* explizit betonend BGH, BeckRS 2023, 18664; Blankenburg, ZInsO 2015, 1293, 1293 f.

608 Smid/Rattunde/Martini, Der Insolvenzplan, Rn. 14.13.

609 Jaeger/Münch, InsO, § 231 Rn. 19; Uhlenbruck/Lüer/Streit, InsO, § 231 Rn. 10; MüKo-InsO/Breuer, § 231 Rn. 9.

610 MüKo-InsO/Breuer, § 231 Rn. 9, 19.

611 Uhlenbruck/Lüer/Streit, § 231 Rn. 10; Stahlschmidt, in: Kübler/Bork/Prütting, HRI II, § 30 Rn. 17.

Inzident werden die Voraussetzungen von § 218 Abs. 1 S. 2 und 3 InsO überprüft.[612]

Nicht einheitlich beurteilt wird, ob § 218 Abs. 2 InsO ebenfalls eine Vorlageberechtigung statuiert.[613] Dagegen wird angeführt, § 218 Abs. 2 InsO enthalte keine Berechtigung, sondern verpflichte den Insolvenzverwalter, einen Plan vorzulegen.[614] Die Vertreter der anderen Ansicht stellen auf die primäre Planinitiative der Gläubigerversammlung ab.[615] Für die Beurteilung dieser Frage ist ausschlaggebend, wie weit der Begriff *„Recht zur Vorlage"* aus § 231 Abs. 1 S. 1 Nr. 1 Alt. 1 InsO verstanden wird. Sowohl ein Vorgehen nach Abs. 1 Alt. 1 oder Alt. 2 als auch nach Abs. 2 des § 218 InsO endet darin, dass ein Insolvenzplan bei Gericht eingereicht wird. Es ist kein sachlicher Grund dafür ersichtlich, bei der Überprüfung nach § 231 InsO danach zu differenzieren, ob der Planinitiator den Plan selbst einreicht oder sich einer anderen Person für die Einreichung bedient. Folglich ist primär auf das Initiativrecht abzustellen und § 218 Abs. 2 InsO in die Überprüfung einzubeziehen. Aus eben diesen Gründen ist auch § 284 Abs. 1 S. 1 InsO von der Kontrolle nach § 231 Abs. 1 S. 1 Alt. 1 InsO erfasst.

bb) Keine Prüfung der Beachtung der Mitwirkungsrechte

Ob die Beachtung der Mitwirkungsrechte aus § 218 Abs. 3InsO und § 284 Abs. 1 S. 2 InsO ebenfalls Bestandteil der Vorprüfung ist, ist umstritten.[616] Die Befürworter einer Einbeziehung der Mitwirkungsrechte in den Prüfungskanon weisen ohne nähere Begründung darauf hin, es seien geringe Anforderungen an eine ausreichende Mitwirkung zu stellen.[617] Es scheint eine allgemeine Verweisung von § 231 Abs. 1 S. 1 Alt. 1 InsO auf den gesamten § 218 InsO angenommen zu werden.

Ausgangspunkt einer Betrachtung ist wiederum der Wortlaut. Im Vergleich zu § 250 Nr. 1 Var. 2 InsO, *„verfahrensmäßige Behandlung des Insolvenzplans"*, ist

---

612 Uhlenbruck/Lüer/Streit, § 231 Rn. 10; Stahlschmidt, in: Kübler/Bork/Prütting, HRI II, § 30 Rn. 15 f.

613 Dafür Stahlschmidt, in: Kübler/Bork/Prütting, HRI II, § 30 Rn. 17; dagegen Uhlenbruck/Lüer/Streit, § 231 Rn. 9; Kübler/Prütting/Bork/Spahlinger, § 231 Rn. 8.

614 Uhlenbruck/Lüer/Streit, InsO, § 231 Rn. 9.

615 Stahlschmidt, in: Kübler/Bork/Prütting, HRI II, § 30 Rn. 17.

616 Dagegen Jaeger/Münch, InsO, § 231 Rn. 19; Kübler/Prütting/Bork/Spahlinger, § 231 Rn. 8; Uhlenbruck/Lüer/Streit, § 231 Rn. 9; Stahlschmidt, in: Kübler/Bork/Prütting, HRI II, § 30 Rn. 14; Smid/Rattunde/Martini, Der Insolvenzplan, Kap. 14 Rn. 14.15; a.A. MüKo-InsO/Breuer, § 231 Rn. 10; HambKomm-InsO/Thies/Lieder, § 231 Rn. 5.

617 HambKomm-InsO/Thies/Lieder, § 231 Rn. 5.

§ 231 Abs. 1 S. 1 Alt. 1 InsO enger gefasst. Das „Recht zur Planvorlage“ umfasst daher ausschließlich Vorschriften, die Personen ein Initiativrecht einräumen. Eine Mitwirkungsmöglichkeit bei der Gestaltung ohne Entscheidungsmacht entspricht diesem weder begrifflich noch sinngemäß.[618] Die Befolgung der Mitwirkungsrechte wird daher im frühen Verfahrensstadium des § 231 InsO nicht überprüft.

cc) Prüfung des Planinhalts

(1) Prüfungsbereich in Verbraucher- und Kleinunternehmerverfahren

Weiterhin überprüft das Insolvenzgericht innerhalb der Vorprüfung, ob die Vorschriften über den Inhalt des Plans nach den §§ 217, 219–230 InsO beachtet wurden.[619] In einigen aktuellen Entscheidungen zum Insolvenzplanrecht konkretisiert der BGH unter anderem die Anforderung an die inhaltliche Vorprüfung.[620] Eine besondere Bedeutung wird der Prüfung zugeordnet, ob der gestaltende Teil des Insolvenzplans § 221 InsO entsprechend für die unmittelbare Gestaltungswirkung und die Vollstreckbarkeit bestimmt genug ist, ob die Informationen im darstellenden Teil gemäß § 220 Abs. 2 InsO für die Entscheidung der Beteiligten und des Gerichts ausreichen und ob die Plananlagen vollständig sind, §§ 229, 230 InsO.[621]

Darüber hinaus bezog der BGH überzeugend Stellung zu der in § 231 Abs. 1 S. 1 Nr. 1 InsO besonders erwähnten Gruppenbildung nach § 222 InsO, die auch umfasse, ob die Gruppen sachgerecht voneinander abgegrenzt wurden, § 222 Abs. 2 InsO, und die Gläubiger die einschlägigen Kriterien erfüllen.[622] Wegen der hervorgehobenen Stellung im Wortlaut des § 231 Abs. 1 Nr. 1 InsO ist es zwingend erforderlich, einen Plan zurückzuweisen, der nicht alle gesetzlichen Vorgaben genau einhält. Werden in einem Verbraucher- oder Kleininsolvenzverfahren

---

618 Smid/Rattunde/Martini, Der Insolvenzplan, Kap. 14 Rn. 14.15; Stahlschmidt, in: Kübler/Bork/Prütting, HRI II, § 30 Rn. 14.

619 BT-Drs. 17/5712, S. 32; Jaeger/Münch, InsO, § 231 Rn. 16, 20; MüKo-InsO/Breuer, § 231 Rn. 11; Stahlschmidt, in: Kübler/Bork/Prütting, HRI II, § 30 Rn. 20; a.A. Horstkotte, ZInsO 2014, 1297, 1299, der weitere Vorschriften einbeziehen möchte.

620 BGH, BeckRS 2023, 18664; ZInsO 2015, 1398.

621 BGH, ZInsO 2015, 1398, 1399 Rn. 8.

622 BGH, ZInsO 2015, 1398, 1399 f. Rn. 9; LG Düsseldorf, NZI 2020, 436; AG Köln, NZI 2016, 537, 537 f.; Jaeger/Münch, InsO, § 231 Rn. 21; so nunmehr auch MüKo-InsO/Breuer, § 231 Rn. 15, der noch in der 4. Aufl. 2014, § 231 Rn. 13 anderer Ansicht war mit dem Argument, dass es sich bei §§ 222 Abs. 2 und Abs. 3 InsO um Soll- bzw. Kannvorschriften handele.

wegen der Gleichartigkeit der Gläubiger nur wenige Gruppen gebildet, fällt die Kontrolle entsprechend einfacher aus. In Verbraucherinsolvenzverfahren ist zudem nur zu prüfen, ob die einschlägigen Vorgaben aus § 222 Abs. 1 Nr. 1, 2 und 3 InsO und § 222 Abs. 2 InsO erfüllt wurden.

Enthalten Vorschriften spezielle Anforderungen an den Plan einer Gesellschaft, wie etwa §§ 217 S. 2, 225a, 227 Abs. 2, 230 Abs. 1 S. 2 InsO, entfalten diese keine Wirkung für natürliche Personen. Auf Verbraucher sind weitere Vorschriften wie §§ 230 Abs. 1 S. 1 und 3, 230 Abs. 2 InsO nicht übertragbar und müssen daher nicht überprüft werden. Ein Blick auf die Regelungen der §§ 217, 219–230 InsO verdeutlicht, wie viele Spezialregelungen für Unternehmen bestehen und dass vereinzelt Regelungen für natürliche Personen getroffen werden, während der Verbraucher nicht bedacht ist. Die Fülle an Regelungen birgt vielmehr die Gefahr, den Verbraucher zu verunsichern.

Spezielle Regeln für natürliche Personen bestehen aber außerhalb des Insolvenzrechts. Die rechtliche Vorgabe, dem Verbraucher das Existenzminimum zu belassen, entfaltet ihre Wirkung auch im Insolvenzplanrecht. Daher muss das Insolvenzgericht Pläne abweisen, die die einer natürlichen Person nicht das Existenzminimum belassen.[623]

(2) Die Vergleichsrechnung

Weiterer zentral die Gläubigerentscheidung bestimmender Inhalt des Plans ist die Vergleichsrechnung. Da eine Vergleichsrechnung nach dem durch das SanInsFoG geänderten § 220 Abs. 2 S. 2 InsO nunmehr zwingender Bestandteil eines Insolvenzplans ist, unterliegt sie folglich auch der Überprüfung nach § 231 Abs. 1 S. 1 Nr. 1 Alt. 2 InsO.

Auch unter der zuvor geltenden Fassung des § 220 Abs. 2 InsO, der die Vergleichsrechnung nicht als zwingenden Bestandteil eines Insolvenzplans benannte sprachen gute Argumente dafür, eine solche wenigstens als Plananlage zu fordern, um diese zumindest auf formale Fehler und Plausibilitätsmängel überprüft zu können.[624] An der Plausibilität mangelt es insbesondere bei Rechenfehlern, es obliegt dem Gericht folglich, die Stimmigkeit der Rechnung nachzuvollziehen. Hierfür sprach auch unter der alten Gesetzesfassung insbesondere der

623 BR-Drs. 1/92, S. 204, damals § 275.

624 Blankenburg, ZInsO 2015, 1293, 1294.

Gläubigerschutz. So trägt eine Vergleichsrechnung – viel eher als eine Vermögensübersicht – maßgeblich zur Entscheidungsfindung bei.[625]

Vor diesem Hintergrund ist die Reform des § 220 Abs. 2 InsO und die damit verbundene Aufnahme der Vergleichsrechnung in den zwingenden Planinhalt insbesondere in Verbraucher- und Kleininsolvenzverfahren zu begrüßen. So ist es durchaus wahrscheinlich, dass unter den Gläubigern eines Verbrauchers nicht nur Unternehmen sondern auch Privatpersonen mit weniger Geschäftserfahrung sind. Der besonderen Schutzbedürftigkeit dieser Gläubiger wird mittels einer verbindlich geforderten Vergleichsrechnung entsprochen.

4. Zurückweisung nach § 231 Abs. 1 S. 1 Nr. 2 und 3 InsO

a) Grundlagen

Die weiteren Zurückweisungsgründe der Nummern 2 und 3 des § 231 Abs. 1 S. 1 InsO sind ausschließlich auf Schuldnerpläne anwendbar. Für diese gilt ein verschärfter Prüfungsmaßstab, weil der Gesetzgeber davon ausging, dass Verwalter mit ihrer Sachkenntnis keine aussichtslosen oder unerfüllbaren Pläne vorlegen.[626] Da ein Insolvenzplan in Verbraucher- und Kleinverfahren nicht selten mit großem Engagement auf Schuldnerseite verbunden ist, könnten die Zurückweisungsgründe dort besondere Bedeutung erlangen. Das Insolvenzgericht hat Schuldnerpläne nach § 231 Abs. 1 S. 1 Nr. 2 InsO zurückzuweisen, wenn der Plan offensichtlich keine Aussicht auf Annahme durch die Beteiligten oder auf Bestätigung durch das Gericht hat. Dasselbe gilt gemäß § 231 Abs. 1 S. 1 Nr. 3 InsO, wenn die den Beteiligten nach dem gestaltenden Teil zustehenden Ansprüche offensichtlich nicht erfüllt werden können. In diesen engen Grenzen darf das Gericht folglich eine tatsächliche und wirtschaftliche Prüfung durchführen.

b) Prüfungsumfang

Umstritten ist, welcher Prüfungsmaßstab mit der „Offensichtlichkeit“ verknüpft ist. Einigkeit besteht darüber, dass die Offensichtlichkeit ohne gerichtliche Amtsermittlungen zu beurteilen ist.[627] Uneinheitlich beurteilt wird, ob der Plan mit

625 Rendels/Zabel, Insolvenzplan, Rn. 139; MüKo-InsO/Breuer, § 231 Rn. 14; Laroche, in: Brünkmanns/Thole, Handbuch Insolvenzplan, § 14 Rn. 37.

626 BT-Drs. 12/7302, S. 182 f.; Jaeger/Münch, InsO, § 231 Rn. 9, 26.

627 Uhlenbruck/Lüer/Streit, InsO, § 231 Rn. 29; HK-InsO/Fiebig, § 231 Rn. 7; Ahrens, Aktuelles Privatinsolvenzrecht, Rn. 471.

hoher oder an Sicherheit grenzender Wahrscheinlichkeit abgelehnt werden oder unerfüllbar sein muss.[628] Letztlich darf das Gericht nur in eindeutigen Fällen tätig werden. Um die Gläubigerautonomie nicht einzuschränken, sollen diese grundsätzlich selbst in einer Abstimmung über die Aussicht und Erfüllbarkeit des Plans befinden.[629]

c) Offensichtlich aussichtslose oder nicht bestätigbare Pläne, § 231 Abs. 1 S. 1 Nr. 2 InsO

Ob ein Plan offensichtlich aussichtslos ist, muss aus dem Plan heraus beurteilt werden.[630] Stellungnahmen können berücksichtigt werden, wobei zu beachten ist, dass einzelne Gläubiger ihre Meinung während des Verfahrens ändern können.[631]

Keine voreiligen Rückschlüsse sind aus einfachen Wahrscheinlichkeiten zu ziehen. So führt das Angebot keiner bzw. einer nur ganz geringen Quote nicht zwangsweise zur Ablehnung des Plans durch die Gläubiger. Um die Gläubiger nicht zu bevormunden, ist folglich ein Nullplan nicht von vornherein zurückzuweisen.[632] Ebenso darf ein Plan wegen unlauter erfolgter Gruppenbildung in diesem Stadium nur zurückgewiesen werden, wenn sich die Gläubiger überwiegend und entschieden gegen eine Planannahme entschieden haben.[633] Wiegt das Gericht die Aussichten des Plans nach § 231 Abs. 1 S. 1 Nr. 2 InsO ab, hat es als oberstes Gebot den Gläubigerwillen zu beachten.

Fraglich ist, ob zur Beurteilung auf die Ergebnisse des außergerichtlichen oder gerichtlichen Schuldenbereinigungsplanverfahrens zurückgegriffen werden kann. Zwar könnten abgegebene Stellungnahmen Aufschlüsse geben. Sofern Gläubiger allerdings lediglich nicht zugestimmt haben, sind ihre Gründe hierfür nicht ersichtlich. Zudem leiden sowohl das außergerichtliche als auch das gerichtliche Schuldenbereinigungsplanverfahren an einem Mangel an

---

628 An Sicherheit grenzende Wahrscheinlichkeit BGH, NZI 2017, 751 Rn. 9; MüKo-InsO/Breuer, § 231 Rn. 22; hohe Wahrscheinlichkeit Ahrens, Aktuelles Privatinsolvenzrecht, Rn. 471; offensichtliche Unplausibilität („Planversagen“) Jaeger/Münch, InsO, § 231 Rn. 32 f.; Evidenzkontrolle HK-InsO/Fiebig, § 231 Rn. 7; FK-InsO/Jaffé, § 231 Rn. 21.

629 BT-Drs. 12/2443, S. 204; BGH, BeckRS 2023, 18664.

630 Uhlenbruck/Lüer/Streit, § 231 Rn. 29; HK/Haas, § 231 Rn. 11; FK-InsO/Jaffé, § 231 Rn. 21.

631 MüKo-InsO/Breuer, § 231 Rn. 22; Uhlenbruck/Lüer/Streit, § 231 Rn. 29.

632 Ahrens, Aktuelles Privatinsolvenzrecht, Rn. 471; anders wohl OLG Köln, NJW 2000, 223, 224.

633 Madaus, NZI 2016, 539, 540.

Aufschluss über die Gläubigergesinnung im Fall der Nichtreaktion. Einmal gilt das Ausbleiben einer Reaktion als Ablehnung, einmal als Zustimmung, in keinem der Fälle kann ein Rückschluss auf den tatsächlichen Willen des Gläubigers gezogen werden. Auch systematisch betrachtet steht das Insolvenzplanverfahren in keinem engen Zusammenhang mit den in den §§ 305–309 InsO geregelten Planverfahren. Nur die Aufhebung des ehemaligen § 312 InsO erweitert den Anwendungsbereich der §§ 217 ff. InsO, ohne dass dieser Umstand in den §§ 305 ff. InsO erwähnt wird. Dieser Umstand könnte auf eine Unaufmerksamkeit des Gesetzgebers zurückgeführt werden, der erst im letzten Entwurf die zuvor erwogenen weitgehenden Änderungen in den §§ 305 ff. InsO revidierte und dafür schlicht § 312 InsO aufhob. Dennoch besteht systematisch keine Verknüpfung des Ergebnisses der Abstimmung im Schuldenbereinigungsplanverfahren mit der Entscheidung über die Zurückweisung nach § 231 InsO.

d) Nichterfüllbare Pläne, § 231 Abs. 1 S. 1 Nr. 3 InsO

Im Rahmen der Erfüllbarkeit nach Nummer 3 ist zu prüfen, ob die generierte Masse zur Befriedigung der angegebenen Quoten genügt. Eine Einschätzung dazu, ob die Werte realistisch sind, hat das Gericht nicht abzugeben.[634] Basiert die Quotenzahlung auf Drittmitteln, kann der Plan nicht dadurch gefährdet werden, dass der Schuldner seine eigene Leistungsfähigkeit falsch einschätzt und daraufhin die Quote mit hoher Wahrscheinlichkeit nicht bedienen kann. Möchte man entgegen der hier vertretenen Auffassung Pläne, die dem Schuldner nicht das Existenzminimum belassen, nicht nach § 231 Abs. 1 S. 1 Nr. 1 InsO zurückweisen, werden derartige Schuldnerpläne zumindest von § 231 Abs. 1 S. 1 Nr. 3 InsO erfasst.[635]

5. Zurückweisung nach § 231 Abs. 2 InsO und Beschwerde gemäß § 231 Abs. 3 InsO

Nach § 231 Abs. 2 InsO muss das Gericht einen Schuldnerplan zurückweisen, wenn der Schuldner zuvor bereits einen Plan eingelegt hatte, der von den Beteiligten abgelehnt, vom Gericht nicht bestätigt oder vom Schuldner nach der öffentlichen Bekanntmachung des Erörterungstermins zurückgezogen wurde,

---

634 Jaeger/Münch, InsO, § 231 Rn. 30; Uhlenbruck/Lüer/Streit, § 231 Rn. 31; HK-InsO/Fiebig, § 231 Rn. 8; MüKo-InsO/Breuer, § 231 Rn. 23.

635 MüKo-InsO/Breuer, § 231 Rn. 23, danach erfolgt die Zurückweisung gemäß § 231 Abs. 1 S. 1 Nr. 3 InsO.

und wenn dies vom Insolvenzverwalter mit Zustimmung des Gläubigerausschusses, sofern ein solcher bestellt ist, beantragt wurde. Eine derartige Sicherung ist auch in Klein- und Verbraucherinsolvenzverfahren nötig, um einer Verfahrensverzögerung durch den Schuldner Einhalt zu gebieten.[636]

Gegen die Zurückweisungsentscheidung steht dem Vorlegenden gemäß § 231 Abs. 3 InsO die sofortige Beschwerde zu.

6. *Zusammenfassung: Vorprüfung in Verbraucherinsolvenzverfahren*

Deutlich aufgezeigt wurde das im frühen Verfahrensstadium der Zurückweisungsentscheidung bestehende Spannungsfeld zwischen unnötiger Belastung der Gerichte und der Notwendigkeit, rechtlich unerfahrenen Schuldnern Hilfestellung zu gewährleisten. Zweckmäßig kann diese Hilfestellung nur von den Gerichten geleistet werden. Unter anderem wegen dieser Mehrbelastung wunde anfänglich eine ablehnende Haltung der Gerichte gegenüber der Einleitung von Insolvenzplanverfahren in Verbraucherinsolvenzen prophezeit.[637]

Je nach Art und Weise der Bewältigung des besagten Spannungsverhältnisses durch das Gericht wird die mit der Vorprüfung nach § 231 InsO verbundene frühzeitige gerichtliche Kontrolle von Verbraucher- oder Kleininsolvenzschuldnern als Hürde oder Hilfe empfunden werden. Idealerweise soll den gesetzlichen Vorgaben entsprechend beides in ausgewogenem Maß gewährleistet werden. Nicht hiermit vereinbar ist es, die Prüfungsbefugnisse des Gerichts über den Wortlaut hinaus weit auszulegen. So sind an die Erklärung eines Dritten über deren Vorhandensein nach § 230 Abs. 3 InsO hinaus keine weiteren Anforderungen zu stellen.[638]

7. *Weiterleitung zur Stellungnahme*

Entscheidet das Gericht, den Plan nicht zurückzuweisen, leitet es ihn gemäß § 232 InsO zur Stellungnahme weiter. Ausnahmsweise kann das Gericht den Plan einzelnen Gläubigern bereits im Rahmen der Vorprüfung nach § 231 Abs. 1 InsO zuleiten, wenn deren Stellungnahme der Vorbereitung der Zurückweisungsentscheidung des Gerichts dient.[639]

---

636 FK-InsO/Jaffé, § 231 Rn. 40; Gottwald/Haas/Koch/de Bra, Insolvenzrechts-Handbuch, § 66 Rn. 19.

637 Stephan, VIA 2014, 25, 26.

638 A.A. AG Hamburg, NZI 2023, 172

639 BGH, NZI 2017, 751 Rn. 7 mit Anm. Madaus.

In Kleinverfahren wird es regelmäßig nur nötig sein, den Plan dem Insolvenzverwalter zuzuleiten, wenn der Schuldner als Planverfasser auftritt, und dem Schuldner, wenn ihn der Insolvenzverwalter entworfen hat.[640] Wurde trotz des damit verbundenen Aufwands ein Gläubigerausschuss gebildet, ist auch diesem der Plan zuzuleiten. In Kleinverfahren ist ein Gläubigerausschuss lediglich zu erwarten, wenn auf Antrag des Kleinunternehmers gemäß § 270 InsO Eigenverwaltung angeordnet wurde, da so die Kontrollmöglichkeiten der Gläubiger gestärkt werden. Dasselbe gilt in der Insolvenz eines Kleinunternehmers, falls ein Betriebsrat besteht.

III. Gesetzliche Verfahrenserleichterung

Unmittelbar nach Verabschiedung der Öffnung des Insolvenzplanverfahrens für Verbraucher wurde die Notwendigkeit von Verfahrenserleichterungen diskutiert. Da das bisher meist mündlich durchgeführte Verfahren für Verbraucher als zu umständlich angesehen wurde, hat sich in der Literatur erfolgreich die Meinung durchgesetzt, weitgehend § 5 Abs. 2 InsO anzuwenden.[641] Danach wird das Verfahren grundsätzlich schriftlich durchgeführt, wenn die Vermögensverhältnisse überschaubar und die Zahl der Gläubiger oder die Höhe der Verbindlichkeiten gering sind. Hält das Gericht es für erforderlich, können einzelne Teile oder das gesamte Verfahren gemäß § 5 Abs. 2 S. 2 InsO mündlich erfolgen. Über die Anwendung des § 5 Abs. 2 InsO entscheidet ausschließlich das Insolvenzgericht, die Beteiligten haben kein Einwirkungsrecht und können diese Entscheidung folglich auch nicht zu ihren Gunsten taktisch nutzen.

Positiv kann sich die Anordnung einer schriftlichen Durchführung besonders hinsichtlich der Beteiligung am Erörterungs- und Abstimmungstermin auswirken. Das Verhältnis zwischen der Höhe der Forderung und den Kosten eines persönlichen Erscheinens zu einem bestimmten Termin stehen häufig außer Verhältnis, während einer schriftliche Aufforderung zur Durchführung einer schriftlichen Abstimmung ohne viel Aufwand nachgekommen werden kann. Aus Sicht des Schuldners hat eine höhere Beteiligung an der Abstimmung potentiell positive wie negative Auswirkungen. Positiv ist, dass die Voraussetzung, mindestens einen abstimmenden Gläubiger pro Gruppe auszumachen, regelmäßig und ohne zusätzliche Motivation der Gläubiger durch den Schuldner erfüllt

640 Ahrens, Aktuelles Privatinsolvenzrecht, Rn. 472.

641 Ahrens/Gehrlein/Ringstmeier/Henning, 2. Aufl. 2014, § 312 n.F. Rn. 5; Ahrens, Aktuelles Privatinsolvenzrecht, Rn. 468; Grote, Insbüro 2014, 203, 205; Rein, ZVI 2014, 239, 241; a.A. Uhlenbruck/Sternal, § 311, Rn. 59; Blankenburg, ZInsO 2015, 1293, 1302 f.

wird. Die Kehrseite dieser Überlegung bedeutet für die Schuldner den Nachteil, das Abstimmungsverhalten durch ein bewusstes Einwirken auf bestimmte Gläubiger nicht so leicht steuern zu können.

Vorausgesetzt die §§ 235 ff. InsO stehen einer Anwendung des § 5 Abs. 2 InsO nicht entgegen, obliegt es dem Gericht, über dessen Anwendung zu entscheiden. § 235 InsO fordert nicht explizit eine mündliche Durchführung von Erörterungs- und Abstimmungstermin. Dem könnte § 242 InsO entgegenstehen, der nur bei einer Aufteilung in zwei Termine vorsieht, den zweiten Termin, die Abstimmung, schriftlich auszuführen. In diesem Fall entscheidet jeder Gläubiger selbst, ob er seine Stimme schriftlich abgibt oder zum mündlichen Termin erscheint.[642] Primär bezweckt § 242 InsO allerdings eine Verfahrensvereinfachung für die Gläubiger.[643] Folglich verstärkt eine schriftliche Durchführung beider Termine den Telos des § 242 InsO.

IV. Annahme und Bestätigung des Insolvenzplans

1. Termine, insbesondere Erörterungs- und Abstimmungstermin

a) Kombination der Termine

Hat das Gericht den Plan nicht zurückgewiesen, soll möglichst zeitnah die Abstimmungsentscheidung der Gläubiger herbeigeführt werden. Neben den auch im regulären Verfahren durchzuführenden Terminen, dem Berichts- und dem Prüfungstermin, sind daher ein Erörterungs- und ein Abstimmungstermin anzusetzen. Sieht das Gericht ein mündliches Verfahren vor, bietet es sich an, die Termine miteinander zu kombinieren, um den Zeit- und Kostenaufwand für die Gläubiger gering zu halten.[644] Eine solche Kombinationsmöglichkeit ist bereits gesetzlich in § 236 InsO vorgesehen, wonach eine Kombination von Prüfungs-, Erörterungs- und Abstimmungstermin möglich ist, sofern die zeitliche Abfolge eingehalten wird. Die Termine sind öffentlich bekannt zu machen, § 235 Abs. 2 InsO, und alle Gläubiger sind zu ihnen zu laden, § 235 Abs. 3 InsO. Hierbei soll eine Monatsfrist nicht überschritten werden, § 235 Abs. 1 S. 2 InsO. Von einer solchen Kombination der Termine können gemäß § 241 InsO Ausnahmen gemacht werden. Diese Vorschrift ist eng auszulegen, ihre Anwendung kommt nur in besonders komplexen oder kontrovers diskutierten Verfahren in

---

642 K. Schmidt/Splied, § 242 Rn. 1; Uhlenbruck/Lüer/Streit, § 242 Rn. 1.

643 Uhlenbruck/Lüer/Streit, § 242 Rn. 1; Graf-Schlicker/Kebekus/Handschuhmacher, § 242 Rn. 2.

644 BT-Drs. 12/7302, S. 183, zu § 279.

Betracht.[645] Verbraucherinsolvenzverfahren werden hiervon folglich grundsätzlich ausgeschlossen sein.

Wird die Abstimmung nach Ermessen des Gerichts schriftlich durchgeführt, sind die Adresse, zu der die Stimmzettel geschickt werden, sowie der Abstimmungszeitraum öffentlich bekannt zu geben, § 235 Abs. 2 InsO. Die Form der Abstimmung richtet sich nach § 242 InsO, der die kongruente Situation bei Auseinanderlegung von Erörterungs- und Abstimmungstermin regelt. Gläubiger erhalten auf dem Postweg einen Stimmzettel und werden zugleich darauf hingewiesen, dass ihre Stimme nur berücksichtigt wird, wenn der Stimmzettel spätestens einen Tag vor der Abstimmung dem Gericht zugegangen ist.

Fragwürdig erscheint die Notwendigkeit, einen Berichtstermin durchzuführen, wenn der Insolvenzverwalter bereits nach § 232 InsO ausführlich Stellung genommen oder gar den Insolvenzplan erstellt hat. Zur Wahrung der Form können in weniger komplexen Kleininsolvenzverfahren unter Anwendung des § 5 Abs. 2 InsO schriftliche Empfehlungen und Stellungnahmen der nach § 156 InsO Berechtigten abgegeben werden.[646] Alternativ sollte bei einer mündlichen Terminierung der Berichtstermin mit den übrigen Terminen verbunden werden.[647]

b) Der Erörterungstermin

Aufgabe des Erörterungstermins ist es, dem Planverfasser die Gelegenheit zu geben, den Insolvenzplan zu erläutern und seine wichtigsten Inhalte zusammenzufassen.[648] Dadurch soll eine Entscheidungsgrundlage für die Beteiligten geschaffen werden.[649] Werden im Austausch der Beteiligten inhaltliche Änderungen offenbar, können diese nach § 240 InsO direkt aufgenommen werden.[650] Eine solche Flexibilität kann gerade in Kleininsolvenzverfahren Möglichkeiten bieten, auf Gläubiger einzugehen, deren Stellungnahme im bisherigen Verfahren

645 Kübler/Prütting/Bork/Pleister, § 241 Rn. 4 ff.; MüKo-InsO/Hintzen, § 241 Rn. 8; HK-InsO/Fiebig, § 241 Rn. 1; Bähr, in: Mohrbutter/Ringstmeier, Handbuch Insolvenzverwaltung, Kapitel 14 Rn. 193 ff.

646 K. Schmidt/Jungmann, § 156 Rn. 3; Ahrens, Aktuelles Privatinsolvenzrecht, Rn. 474; a.A. Webel, in: Brünkmanns/Thole Handbuch Insolvenzplan, § 28 Rn. 68.

647 K. Schmidt/Spliedt, § 235 Rn. 1.

648 Bähr, in: Mohrbutter/Ringstmeier, Handbuch Insolvenzverwaltung, Kapitel 14 Rn. 198.

649 K. Schmidt/Spliedt, § 235 Rn. 7; MüKo-InsO/Hintzen, § 235 Rn. 26; Bähr, in: Mohrbutter/Ringstmeier, Handbuch Insolvenzverwaltung, Kapitel 14 Rn. 198.

650 MüKo-InsO/Hintzen, § 235 Rn. 26.

nicht erforderlich war. Gleichzeitig offenbart sich ein Schwachpunkt eines rein schriftlich geführten Verfahrens, das keine vergleichbare Flexibilität anbietet.

c) Der Abstimmungstermin

Im Abstimmungstermin stimmen die Stimmberechtigten über den vorgelegten Insolvenzplan inklusive der nach § 240 InsO aufgenommenen Änderungen ab. Die Abstimmung erfolgt gemäß § 243 InsO in den gebildeten Gruppen. Abstimmungsberechtigt sind Absonderungsberechtigte und Insolvenzgläubiger, wenn ihre Forderungen durch den Plan beeinträchtigt werden, § 237 Abs. 2 InsO. Ein Gläubiger, dessen Forderung voll befriedigt wird, hat folglich kein Stimmrecht. Beeinträchtigt wird eine Forderung allerdings nicht nur bei Erlass oder Kürzung einer Forderung, sondern bereits, wenn eine ratenmäßige Befriedigung oder eine Stundung vorgesehen ist.[651] Nachrangige Insolvenzgläubiger sind ebenso nach § 237 InsO stimmberechtigt, sofern ihre Forderungen nicht § 225 InsO entsprechend als erlassen gelten.[652]

2. Erforderliche Mehrheiten und Obstruktionsverbot

a) Die Mehrheit gemäß § 244 InsO

Wird das Recht des Insolvenzplans an vielen Stellen betriebswirtschaftlich durchzogen, bricht diese Linie bei der Bildung der Abstimmungsmehrheiten. Jedem Gläubiger wird eine Stimme pro Gruppe zugedacht, und zwar unabhängig von der Höhe, der Anzahl oder dem Rechtsgrund der ihm in dieser Gruppe zustehenden Forderungen.[653] Erforderlich zur Annahme des Plans sind grundsätzlich nach § 244 Abs. 1 InsO die Kopf- und Summenmehrheit in jeder Gruppe.[654] Die Kopfmehrheit ist gemäß § 244 Abs. 1 Nr. 1 InsO erreicht, wenn in jeder Gruppe die Mehrheit der abstimmenden Gläubiger dem Plan zustimmt, die Summenmehrheit gemäß § 244 Abs. 1 Nr. 2 InsO, wenn die Summe der Ansprüche der zustimmenden Gläubiger mehr als die Hälfte der Summe der Ansprüche der abstimmenden Gläubiger beträgt. Das erste Erfordernis schützt

---

651 HK-InsO/Fiebig, § 237 Rn. 7 ff.; Bähr, in: Mohrbutter/Ringstmeier, Handbuch Insolvenzverwaltung, Kapitel 14 Rn. 210.

652 Bähr, in: Mohrbutter/Ringstmeier, Handbuch Insolvenzverwaltung, Kapitel 14 Rn. 225.

653 Bähr, in: Mohrbutter/Ringstmeier, Handbuch Insolvenzverwaltung, Kapitel 14 Rn. 223 ff.

654 Braun/Braun/Frank, § 244 Rn. 4; HK-InsO/Fiebig, § 244 Rn. 4.

eine Vielzahl der Kleingläubiger, das zweite verhindert eine Überstimmung weniger Großgläubiger.[655]

Um nicht einem passiven Verhalten eines Gläubigers Einfluss auf das Abstimmungsergebnis zu geben, werden Gläubiger, die sich nicht an der Abstimmung beteiligen oder sich enthalten, nicht berücksichtigt.[656] Entsprechend werden auch Gruppen, in denen kein Gläubiger abgestimmt hat, nicht bei der Mehrheitsfindung nach §§ 244 Abs. 1, 245 InsO berücksichtigt.[657]

Ebenfalls eine Besonderheit enthält § 246 InsO für Gruppen nachrangiger Gläubiger, die zur Abstimmung befugt sind. Ihre Zustimmung gilt gemäß § 246 Nr. 2 InsO als erteilt, wenn sich kein Gläubiger der Gruppe an der Abstimmung beteiligt hat. Weiterhin wird die Zustimmung einer solchen Gruppe mit Forderungen im Rang hinter § 39 Abs. 1 Nr. 3 InsO fingiert, wenn kein Insolvenzgläubiger besser gestellt wird als die Gläubiger dieser Gruppen.

b) Obstruktionsverbot, § 245 InsO

Hat dem Insolvenzplan nur die Mehrheit der Gruppen zugestimmt, muss das Gericht von Amts wegen prüfen, ob die Zustimmung der den Plan ablehnenden Gruppen nach § 245 InsO als erteilt gilt.[658] Dafür müssen die in den Nr. 1 bis 3 des § 245 Abs. 1 InsO enthaltenen Kriterien kumulativ für die jeweilige Gruppe erfüllt sein. Die Angehörigen der Gruppe dürfen durch den Insolvenzplan voraussichtlich nicht schlechter gestellt sein, als sie ohne Plan stünden (Nr. 1), sie müssen je angemessen an dem wirtschaftlichen Wert beteiligt sein, der den am Plan beteiligten zufließen soll (Nr. 2) und die Mehrheit der abstimmenden Gruppen muss dem Plan mit den erforderlichen Mehrheiten zugestimmt haben (Nr. 3).

Die Prüfung dieser Voraussetzungen obliegt dem Insolvenzgericht. Um die Voraussetzungen der Nr. 1 zu beurteilen, ob die Angehörigen der Gruppe durch

655 Bähr, in: Mohrbutter/Ringstmeier, Handbuch Insolvenzverwaltung, Kapitel 14 Rn. 223.

656 MüKo-InsO/Hintzen, § 243 Rn. 4; FK-InsO/Jaffé, § 243, Rn. 5.

657 BT-Drs. 12/2443, S. 209, zu § 290 InsO RegE; Kübler/Prütting/Bork/Pleister, § 244 Rn. 9; MüKo-InsO/Hintzen, § 244 Rn. 9; HK-InsO/Fiebig, § 244 Rn. 3; HambKomm-InsO/Thies/Lieder, § 244 Rn. 3; FK-InsO/Jaffé, § 244 Rn. 12; K. Schmidt/Splied, § 244 Rn. 3; Hingerl, ZInsO 2004, 232, 233; Wegener, ZInsO 2002, 1157, 1161.

658 Jaeger/Kern, InsO, § 245 Rn. 6; Kübler/Prütting/Bork/Pleister, § 245 Rn. 42; HambKomm-InsO/Thies/Lieder, § 245 Rn. 24; Bähr, in: Mohrbutter/Ringstmeier, Handbuch Insolvenzverwaltung, Kapitel 14 Rn. 230 f.; Grub, in: Prütting/Vallender, FS Uhlenbruck, S. 501, 506, 513.

den Insolvenzplan nicht voraussichtlich schlechter gestellt werden, als sie ohne Plan stünden, muss eine Prognose auf Grundlage nachvollziehbarer Überlegungen getroffen werden. Dies verdeutlicht das Wort „voraussichtlich", wodurch dem Gericht Spielraum zugestanden wird.[659] Die Aufstellung dieser Prognose erleichtert die zweifache Vermutung des § 245a InsO. Nach dessen Satz 1 ist bis zur Widerlegung dieser Vermutung von gleichbleibenden Einkommens- Vermögens- und Familienverhältnisse des auszugehen. Um den Zeitraum der Berechnung festlegen zu können, wird nach § 245a S. 2 InsO bei einem zulässigen Restschuldbefreiungsantrag vermutet, dass die Restschuldbefreiung zum Ablauf der regelmäßigen Abtretungsfrist erteilt wird. Diese Vermutung kann nach überzeugender Ansicht durch einen bereits gestellten und hinreichend belegten Versagungsantrag widerlegt werden.[660]

Die in Nummer 2 geforderte Angemessenheit ist gesetzlich in Absatz 2 der Vorschrift definiert, wiederum müssen die drei abschließend aufgezählten Voraussetzungen kumulativ vorliegen.[661] Kein anderer Gläubiger darf wirtschaftliche Werte erhalten, die den Betrag seiner Forderung überschreiten (Nr. 1). Ebenso wenig darf weder ein Gläubiger, der ohne Plan im nachrangig gegenüber den Gläubigern der Gruppe zu befriedigen wäre, noch der Schuldner einen wirtschaftlichen Wert erhalten (Nr. 2). Schließlich ist es untersagt, andere Gläubiger besser zu stellen als die Gruppe, obwohl sie ohne Plan gleichrangig mit den Gläubigern der Gruppen zu befriedigen wären (Nr. 3).

Zwingend zu fordern ist weiterhin nach § 245 Abs. 1 Nr. 3 InsO eine Mehrheit der Gruppen, die dem Insolvenzplan im Abstimmungstermin zugestimmt hat. Diese Mehrheit kann mathematisch betrachtet nicht bei Gruppengleichheit bestehen. Wurden mehrere Gruppen gebildet, kann die Mehrheit der Gruppen bei Zustimmung nur einer einzigen Gruppe folglich nicht erreicht werden.[662] Für eine Mehrheitsbildung erforderlich sind somit mindestens drei

---

659 Bähr, in: Mohrbutter/Ringstmeier, Handbuch Insolvenzverwaltung, Kapitel 14 Rn. 235 ff.

660 Vgl. zu dieser Problematik bereits in diesem Kapitel unter D. III. d) gg) (2).

661 BT-Drs. 12/2443, S. 208 f., zu § 290 RegE-InsO; AG Mühldorf/Inn, NZI 1999, 422, 423; Uhlenbruck/Lüer/Streit, § 245 Rn. 22; Nerlich/Römermann/Rühle, § 245 Rn. 13; Braun/Uhlenbruck, Unternehmensinsolvenz, S. 617.

662 Während die Zustimmung einer einzigen Gruppe zunächst als ausreichend erachtet wurde BT-Drs. 12/2443, S. 209 zu § 290 RegE-InsO, erschien dies dem Rechtsausschuss als zu schwache Grundlage BT-Drs. 12/7302, S. 184; ebenso Kübler/Prütting/Bork/Pleister, § 245 Rn. 2; Nerlich/Römermann/Braun, 37. EL, § 245 Rn. 33; a.A. MüKo-InsO/Drukarczyk/Schüler, § 245 Rn. 25.

Gruppen,[663] bei Insolvenzplänen mit nur einer einzigen Gruppe ist § 245 InsO nicht abwendbar.[664]

Die in § 245 Abs. 3 InsO niedergelegten Regelungen für Anteilsinhaber entfalten in Verbraucherinsolvenzen keine Wirkung, ist der Betrieb eines Selbständigen betroffen, kann diese Norm zu beachten sein. Entsprechendes gilt für die Fiktion der Zustimmung der Anteilsinhaber in § 246a InsO.

c) *Zustimmung des Schuldners, § 247 InsO*

Durch einen Insolvenzplan kann in die Rechte des Schuldners eingegriffen werden, wie beispielsweise durch Auflagen, die sein Auftreten in Angelegenheiten des täglichen Lebens beeinträchtigen. Daher muss dem Schuldner ein Schutzmechanismus zugedacht werden.[665] Diesen enthält § 247 InsO, der ihm eine schriftliche Widerspruchsmöglichkeit bis spätestens im Abstimmungstermin einräumt. Widerspricht der Schuldner nicht, gilt seine Zustimmung als erteilt. Auch kann ein Widerspruch nach Absatz 2 unbeachtlich sein, wenn dem Schuldner keine wirtschaftlichen Nachteile entstehen und kein Gläubiger mehr erhält als ihm wertmäßig mit der Forderung zusteht.

d) *Stimmbindungsverträge*

Die Vorbereitung eines Insolvenzplans ist ersichtlich mit viel Mühe und Aufwendungen seitens des Schuldners verbunden.[666] Verständlicherweise will ein Schuldner diese Aufwendungen nur auf sich nehmen, wenn der Insolvenzplan eine gewisse Erfolgschance hat.[667] Die Verbindung zwischen einer außergerichtlichen Einigung und einem gesetzlich ausgeformten Insolvenzplanverfahren könnten Stimmbindungsverträge herstellen.[668] Hierbei handelt es sich um

---

663 Nerlich/Römermann/Braun, 37. EL, § 245 Rn. 33; HK-InsO/Fiebig, § 245 Rn. 6.

664 AG Duisburg, NZI 2001, 605, 605 f.; Kübler/Prütting/Bork/Pleister, § 245 Rn. 2; Nerlich/Römermann/Braun, 37. EL, § 245 Rn. 33; FK-InsO/Jaffé, § 245 Rn. 3; Ahrens, Aktuelles Privatinsolvenzrecht, Rn. 477.

665 Jaeger/Kern, InsO, § 247 Rn. 4; Bähr, in: Mohrbutter/Ringstmeier, Handbuch Insolvenzverwaltung, Kapitel 14 Rn. 254.

666 Smid/Rattunde/Martini, Der Insolvenzplan, Hauptteil 2, Rn. 4.14.

667 Madaus, Der Insolvenzplan, S. 561, 569, der weiter geht und als Reformmodell eine Bestätigungsinsolvenz vorschlägt, S. 577 f.

668 Smid/Rattunde/Martini, Der Insolvenzplan, Hauptteil 2, Rn. 4.14 ff.; Eidenmüller, Unternehmenssanierung zwischen Markt und Gesetz, S. 443 Fn. 374; vgl. auch BGH NJW-RR 2005, 842 ff.

Verträge, in denen der Gläubiger schuldrechtlich gebunden wird, sein ihm zustehendes Stimmrecht in bestimmter Art auszuführen.[669]

aa) Effizienz der Stimmbindung

Die Idee von Stimmbindungsverträgen im Insolvenzrecht fußt auf der sogenannten pre-voted bankruptcy aus dem amerikanischen Recht.[670] Dabei stimmen die Gläubiger vor Verfahrenseröffnung über einen Insolvenzplan ab.[671] Wird sodann das Insolvenzverfahren eröffnet, sind lediglich der Plan, das disclosure statement, in dem alle relevanten Daten aufgezählt werden und das somit die Gläubiger vor der Entscheidung informierte, und die Zustimmungen vorzulegen.[672] In einem darauf erfolgenden Gerichtstermin erfolgt keine Abstimmung, das Gericht nimmt lediglich Kontrollaufgaben wahr, indem es etwa überprüft, ob die Abstimmung ordnungsgemäß erfolgte und ob die gesetzlichen Anforderungen an einen Insolvenzplan eingehalten wurden.[673]

Da kein vergleichbares Institut im deutschen Recht besteht, kann mit Stimmbindungsverträgen, ein ähnliches Ergebnis zu erzielen. Stimmbindungsverträge verhindern keinen einzigen Verfahrensschritt bis zur Verabschiedung des Insolvenzplans, insbesondere müssen Prüfungs-, Erörterungs-, und Abstimmungstermin durchgeführt werden.[674] Von Vorteil bei der Dauer der einzelnen Verfahrensstufen ist sicherlich die gute Vorbereitung, die auch nötig ist, um die Gläubiger im Vorhinein zu binden. Verstößt ein Gläubiger im Abstimmungstermin gegen die Stimmbindungsabrede, treten die allgemeinen Schadensersatzfolgen ein, ein anderes insolvenzrechtliches Ergebnis wird aber nicht erzielt. Ein Stimmbindungsvertrag bietet dem Schuldner somit eine Bestätigung, aber keine Sicherheit. Auch auf Kostenseite wirkt sich der Stimmbindungsvertrag nicht vorteilhaft aus. Da keine Verfahrensschritte eingespart werden, verringern sich die Verfahrenskosten nicht. Bei einer guten Vorbereitung des Insolvenzplans sind vielmehr Mehraufwendungen für Berater und Anwälte wahrscheinlich.[675]

Sind mit dem Abschluss von derartigen Verträgen erhebliche Mehraufwendungen verbunden, weil etwa Gläubiger besonders überzeugt werden müssen,

---

669 Vgl. MüKo-BGB/Schäfer, § 717 Rn. 18.
670 Eidenmüller, Unternehmenssanierung zwischen Markt und Gesetz, S. 443 f. Fn. 374.
671 Madaus, Der Insolvenzplan, S. 567 f.
672 Madaus, Der Insolvenzplan, S. 568.
673 Madaus, Der Insolvenzplan, S. 568.
674 Eidenmüller, Unternehmenssanierung zwischen Markt und Gesetz, S. 443 f. Fn. 374.
675 Madaus, Der Insolvenzplan, S. 570.

sprechen gute Gründe gegen den Abschluss eines Stimmbindungsvertrags, da – wie gerade angesprochen – der Stimmbindungsvertrag weder insolvenzrechtlich verbindlich ist noch sich Verfahrenskosten sparend auswirkt.

bb) Zulässigkeit des Stimmbindungsvertrags im Insolvenzrecht

(1) Unzulässige Stimmbindungen

Im deutschen Recht wird die Zulässigkeit von Stimmbindungsverträgen hauptsächlich im Gesellschaftsrecht diskutiert.[676] Im Gesellschaftsrecht wird bei der Behandlung der Zulässigkeit von Stimmbindungsabreden grundlegend danach unterschieden, ob dieser mit einem Mitgesellschafter oder einem außenstehenden Dritten geschlossen wird. Beide Formen der Stimmbindungsvereinbarungen sind grundsätzlich zulässig, auch wenn der Abrede mit Dritten eine größere Skepsis entgegengebracht wird, als der mit Mitgesellschaftern.[677]

Wie alle Verträge über das Verhalten einer Person im Prozess ist ein Vertrag über das Abstimmungsverhalten eines Gläubigers zum Insolvenzplan im eröffneten Verfahren zulässig, solange keine zwingenden Prozessvorschriften entgegenstehen.[678] Im Insolvenzplanrecht regelt keine Vorschrift die generelle Unzulässigkeit von Stimmbindungs- oder Forderungskaufverträgen.[679] Eingeschränkt wird deren grundsätzliche Zulässigkeit durch ein Zusammenspiel von § 226 Abs. 3 InsO und § 250 Nr. 2 InsO. Gemäß § 226 Abs. 3 InsO ist jedes Abkommen des Insolvenzverwalters, des Schuldners oder anderer Personen mit einzelnen Beteiligten nichtig, durch das diesen für ihr Verhalten bei Abstimmungen oder sonst im Zusammenhang mit dem Insolvenzverfahren ein nicht im Plan vorgesehener Vorteil gewährt wird. Entspricht der Insolvenzplan nicht dieser gesetzlichen Regelung, ist ihm die Bestätigung gem. § 250 Nr. 2 InsO zu versagen.

Umstritten ist nunmehr die Reichweite des Verbotsgesetzes aus § 226 Abs. 3 InsO i.V.m. § 134 BGB. Eine Ansicht hält Stimmrechtsbindungsabreden für generell unzulässig, weil das Insolvenzplanrecht darauf abziele, eine ungezwungene Abstimmung im Abstimmungstermin herbeizuführen.[680] Im

---

676 BeckOK-BGB/Schöne, § 717 Rn. 13 ff.; zur Stimmbindungsabrede bei der GmbH Herriger, MittRhNotK 1993, 269, 272 ff.; Piehler, DStR 1992, 1654 ff.

677 BeckOK-BGB/Schöne, § 717 Rn. 15; MüKo-BGB/Schäfer, 717 Rn. 20 ff.

678 Musielak/Voit/Musielak, ZPO, Einleitung Rn. 67; MüKo-ZPO/Becker/Eberhard, Vorbemerkung zu §§ 253 ff. Rn. 14.

679 Smid/Rattunde/Martini, Der Insolvenzplan, Hauptteil 2 Rn. 4.17.

680 Eidenmüller, Unternehmenssanierung zwischen Markt und Gesetz, S. 443 f. Fn. 374.

Zeitpunkt vorheriger Stimmbindung seien eventuell noch nicht alle Gesichtspunkte bekannt, sodass der Erörterungstermin seiner Bedeutung als Chance der Einbringung von Änderungen unterlaufen würde (§§ 235 Abs. 1 S. 1, 240 InsO).[681]

Nach anderer Ansicht greift das Verbotsgesetz aus § 226 Abs. 3 InsO i.V.m. § 134 BGB bei allen mit einer Bevorzugung verbundenen Stimmbindungsverträgen ein.[682] Es ist folglich unzulässig, einzelnen Gläubigern einen Zuschuss für ein bestimmtes Abstimmungsverhalten zum Insolvenzplan zukommen zu lassen. Wurden nur durch Stimmkäufe die erforderlichen Mehrheiten erreicht, ist nicht nur der Vertrag nichtig, es ist nach § 250 Nr. 2 InsO auch die Bestätigung des Insolvenzplans zu versagen.[683] Ebenso besteht eine unzulässige Beziehung zum Insolvenzplanverfahren, wenn einzelnen Gläubigern für ihre Forderung mehr Geld geboten wird als sie durch den Insolvenzplan erhalten würden, um so neben der Forderung auch das Stimmrecht für den Forderungsanteil über den Insolvenzplan zu erhalten.[684] Dies gilt unabhängig davon, ob die Bevorzugung durch einen Mitgläubiger oder einen Dritten erfolgt.[685]

Aus der gesetzlichen Systematik ist ersichtlich, dass ein Stimmenkauf nicht grundsätzlich ausgeschlossen ist, weder direkt noch indirekt durch den Kauf der Forderung. Vielmehr werden diesem durch die Regelungen der §§ 226 Abs. 3, 250 Nr. 2 InsO Grenzen gesetzt. Ein Stimmenkauf darf keinen einzigen Gläubiger benachteiligen und nicht unlauter herbeigeführt werden. Ein heimlicher Abschluss des Kaufvertrags führt nicht sogleich zur Unlauterkeit.[686] Im Mittelpunkt steht das erstgenannte Kriterium der Gleichbehandlung. Diese hat in zweierlei Maß zu erfolgen. Erstens muss der Stimmenkauf jedem einzelnen bekannten Gläubiger angeboten werden, zweitens muss jedem Gläubiger bei einem Forderungskauf mindestens die im Insolvenzplan vorgesehene Quote

---

681 Eidenmüller, Unternehmenssanierung zwischen Markt und Gesetz, S. 443 f. Fn. 374.

682 Smid/Rattunde/Martini, Der Insolvenzplan, 2 Hauptteil Rn. 4.18.

683 HambKomm-InsO/Thies/Lieder, § 226 Rn. 11.

684 BGH, NJW-RR 2005, 842, 842; HambKomm-InsO/Thies/Lieder, § 226 Rn. 10; a.A. es sei lediglich Offenheit geschuldet Nerlich/Römermann/Rühle, § 250 Rn. 13; FK-InsO/Jaffé, § 250 Rn. 15.

685 Ahrens/Gehrlein/Ringstmeier/Silcher, § 226 Rn. 8; HambKomm-InsO/Thies/Lieder, § 226 Rn. 7; der BGH hatte sich bisher ausschließlich mit der Bevorzugung durch einen Dritten zu befassen, zieht aber diese allgemeine Regel für den Forderungskauf BGH, NJW-RR 2005, 842, 842; a.A. Emmerich, Die Sanierung Teil I, S. 86; zu § 8 Abs. 3 VglO Künne, DB 1978, 729, 730.

686 BGH, NJW-RR 2005, 842, 842.

angeboten werden.[687] Ob darüber hinaus allen Gläubigern eine im selben Maße gegenüber dem Insolvenzplan erhöhte Quote angeboten werden muss, ist zweifelhaft und eher auf ein auf dem Verhandlungsgeschick der Parteien zurückzuführen. Weiterhin zu erörtern wäre, wie mit Nachzüglern umzugehen ist. Sofern diese noch vor dem Abstimmungstermin bekannt werden, muss diesen ebenfalls ein den Kriterien entsprechender Kaufvertrag angeboten werden.

(2) Zulässige Stimmbindungen

In den umstrittenen Fällen wird weitgehend von der Situation ausgegangen, dass zusätzliche Geldmittel zum Kauf der Stimmen aufgewandt werden. Die Ausgangslage beschrieb hingegen den Fall eines Schuldners, der im Gegenzug zu gewissen Aufwendungen verbunden mit der Insolvenzplanlösung Abstimmungssicherheit erlangen möchte. Ein solcher Vertrag stellt grundsätzlich keinen Gläubiger schlechter als im Insolvenzplanverfahren.[688] Dies wird insbesondere durch die inhaltliche Überprüfung der Pläne vor ihrem In-Kraft-Treten gemäß §§ 231, 250 InsO sichergestellt.

Allerdings kann ein Gläubiger nur insoweit gebunden werden, als der Insolvenzplan nicht mehr in sich unmittelbar oder mittelbar auf den jeweiligen Gläubiger beziehenden Teilen geändert wird. Bei einer Änderung des Insolvenzplans würde der Stimmbindungsvertrag folglich obsolet. Um die Zulässigkeit der Stimmbindungsabrede abzusichern, muss der Schuldner im dem Gericht vorgelegten Insolvenzplan die Stimmabrede offenlegen.[689]

3. Gerichtliche Bestätigung, § 248 InsO

a) Bestätigungsverfahren

In einer gebundenen Entscheidung muss das Insolvenzgericht den Insolvenzplan schließlich bestätigen, es sei denn einer der in §§ 249–251 InsO genannten Gründe steht dem entgegen. Die gerichtliche Bestätigung erfolgt, nachdem in Kleinverfahren entsprechend § 248 Abs. 2 InsO der Insolvenzverwalter und der Schuldner gehört wurden, direkt im Abstimmungstermin, § 252 Abs. 1 S. 1 InsO. Wurden Erörterungs- und Abstimmungstermin schriftlich durchgeführt, ist

687 Smid/Rattunde/Martini, Der Insolvenzplan, 2. Hauptteil Rn. 4.18

688 Smid/Rattunde/Martini, Der Insolvenzplan, 2. Hauptteil Rn. 4.19.

689 Uhlenbruck/Lüer/Streit, InsO, § 226 Rn. 8; Kübler/Prütting/Bork/Spahlinger, § 226 Rn. 8.

nach §§ 252 Abs. 1 S. 2, 74 Abs. 2 InsO ein Beschlusstermin öffentlich bekannt zu machen.

Im Zentrum der gerichtlichen Entscheidung über die Bestätigung des Insolvenzplans steht die Prüfung der Versagungsgründe nach §§ 249–251 InsO. Nach der präventiven Zurückweisungskontrolle gemäß § 231 InsO wird dem Gericht hierdurch eine zweite und finale Prüfungsmöglichkeit gegeben. Dem Gericht wird hierdurch in einem ansonsten weitgehend von den Parteien ausgeführten Verfahren eine Rahmenkontrollkompetenz eingeräumt.

b) Versagung bei Nichteintritt einer Bedingung, § 249 InsO

§ 249 InsO untersagt dem Gericht die Bestätigung eines bedingten Plans, sofern die Bedingung nicht erfüllt ist. Unerheblich ist, ob die Bedingung durch den Schuldner oder einen Dritten erfüllt werden soll. Dieser Versagungsgrund kann in Kleinverfahren besondere Bedeutung in Drittmittelplänen erlangen. Dort ist zu empfehlen, die Gültigkeit des Plans unter die Bedingung der Einzahlung des Drittmittelbetrags auf ein gesondertes Konto zu stellen.

c) Versagung wegen eines Verstoßes gegen Verfahrensvorschriften, § 250 InsO

Den Kern der gerichtlichen Überprüfung regelt § 250 InsO. § 250 InsO enthält zwei Nummern, von denen allerdings die erste Nummer in zwei Einheiten unterteilt werden sollte. Zunächst erfolgt gemäß § 250 Nr. 1 Hs. 1 InsO eine erneute inhaltliche Prüfung wie sie bereits nach § 231 InsO gefordert war. Hierbei kann das Gericht sich darauf beschränken, geänderte oder ergänzte Teile des Insolvenzplans zu beurteilen. Wurden Fehler in der Vorprüfung schlicht nicht beachtet, hat es den Plan trotzdem versagen, da die Nichtbeachtung den Fehler nicht heilt.[690]

In einem nächsten Schritt kontrolliert das Gericht erstmals gemäß § 250 Nr. 1 Hs. 2 und 3 InsO und § 250 Nr. 2 InsO den Ablauf des Insolvenzplanverfahrens. Diese Prüfung beinhaltet, ob die Vorschriften über die verfahrensmäßige Behandlung des Insolvenzplans, die Annahme durch die Beteiligten und die Zustimmung des Schuldners in einem wesentlichen Punkt nicht beachtet wurden. Wesentlich ist ein Verstoß, wenn der Mangel die Annahme des Insolvenzplans hätte beeinflussen können.[691] Konnte der Verfahrensverstoß Einfluss auf

690 LG Berlin, NZI 2005, 335, 337.

691 BGH, NZI 2010, 101, Rn. 3; LG Berlin, NZI 2005; 335, 337; HK-InsO/Fiebig, § 250 Rn. 5.

das Abstimmungsverhalten haben, ist bei einem behebbaren Mangel eine Frist zur Nachbesserung zu gewähren. Nicht behebbar sind Mängel, deren Beseitigung die erneute Durchführung eines Verfahrensabschnitts erfordert, wie etwa des Erörterungs- oder Abstimmungstermins.[692] Da die Wesentlichkeit gerade einen möglichen Einfluss auf die Abstimmungsentscheidung erfordert und die Abstimmung grundsätzlich vor der Prüfung nach den §§ 248 ff. InsO durchgeführt wurde, werden die Fehler regelmäßig nicht behebbar sein. In diesem Fall ist ein neuer Abstimmungstermin anzusetzen.[693]

Nummer 2 fügt hinzu, den Plan ebenfalls nicht zu bestätigen, wenn die Annahme unlauter herbeigeführt wurde. Unlauter in diesem Sinne ist jedes gegen Treu und Glauben verstoßende Verhalten, das kausal zur Planannahme geführt hat.[694] Im Blick hatte der Gesetzgeber bei dieser Regelung den Stimmenkauf.[695] Ob das Verbot auch für den Aufkauf von Forderungen mit dem Ziel gilt, die erforderlichen Mehrheiten für die Zustimmung zum Insolvenzplan zu erreichen, ist umstritten.[696] In der Insolvenz eines Verbrauchers wird es den Gläubigern schlicht an dem Interesse mangeln, Forderungen aufzukaufen, da im Gegensatz zur Unternehmensfortführung auf keinen Mehrgewinn aus dem Fortbestand spekuliert werden kann. Wahrscheinlicher ist der Fall der künstlichen Bildung von Gruppen. Dieses Mittel wird genutzt, um genug zustimmende Gruppen zu schaffen und so die für das Obstruktionsverbot nach § 245 InsO erforderliche Mehrheit zu erreichen.[697]

d) Versagung aus Belangen des Minderheitenschutzes gem. § 251 InsO

§ 251 InsO ist konzeptionell der Gegenspieler zu § 245 InsO. Konnte dort die Mehrheit das Schicksal des Plans beeinflussen, erfährt die Minderheit den besonderen Schutz des § 251 InsO. Es wird gemäß § 251 Abs. 1 InsO jedem einzelnen Gläubiger ermöglicht, eine Versagung des Insolvenzplans zu beantragen,

692 HK-InsO/Fiebig, § 250 Rn. 5; MüKo-InsO/Sinz, § 250 Rn. 39.

693 Kübler/Prütting/Bork/Pleister, § 250 Rn. 14; MüKo-InsO/Sinz, § 250 Rn. 41.

694 Nerlich/Römermann/Rühle, § 250 Rn. 14; Uhlenbruck/Lüer/Streit, § 250 Rn. 30.

695 BT-Drs. 12/2443, S. 211 zu § 297 RegE-InsO.

696 Dafür BGH, NZI 2005, 325, 327 m. zust. Anm. Smid, DZWIR 2005, 234, 235 f.; Kübler/Prütting/Bork/Pleister, § 250 Rn. 17; HK-InsO/Fiebig, § 250 Rn. 6; Nerlich/Römermann/Rühle, § 250 Rn. 17; a.A. wenn der Forderungskauf im Plan offen gelegt wurde Bähr, in: Mohrbutter/Ringstmeier, Handbuch Insolvenzverwaltung, Kapitel 14 Rn. 271 f.

697 AG Köln, NZI 2016, 537, 538 ff. m. Anm. Madaus; Uhlenbruck/Lüer/Streit, Rn. 30; vgl. auch in diesem Kapitel unter D. IV. 3. c).

der stattzugeben ist, wenn der Gläubiger dem Plan spätestens im Abstimmungstermin formgerecht widersprochen hat und durch den Plan voraussichtlich schlechter gestellt wird, als er ohne Insolvenzplan stünde.

Bis zur Einführung des § 245a S. 2 InsO war im Fall der Insolvenz natürlicher Personen noch fraglich, ob und wie gestellte Restschuldbefreiungsanträge die Prognoserechnung tangieren und eventuell im Rahmen des Minderheitenschutzes berücksichtigt werden müssen.[698] Nunmehr wird nach § 245a S. 2 InsO zunächst vermutet, dass die Restschuldbefreiung zum Ablauf der Abtretungsfrist erteilt wird, wenn der Schuldner einen zulässigen Restschuldbefreiungsantrag gestellt hat.[699]

4. *Rechtsmittel, § 253 InsO*

Der Bestätigungsbeschluss wird vom Insolvenzgericht verkündet und der bestätigte Plan den angemeldeten Gläubiger übersandt, § 252 Abs. 1, Abs. 2 S. 1 InsO. Gegen diesen Beschluss steht den Gläubigern und dem Schuldner nach § 253 Abs. 1 InsO die sofortige Beschwerde zu, wenn die Voraussetzungen des § 253 Abs. 2 InsO erfüllt werden. Der Beschwerdeführer muss dafür dem Plan widersprochen haben, gegen den Plan gestimmt haben und wesentlich schlechter gestellt sein, wobei eine nach § 253 Abs. 3 InsO mögliche Kompensationsleistung nicht ausreicht.

V. Aufhebung des Insolvenzverfahrens

1. *Aufhebungsbeschluss*

Im Anschluss an die Bestätigung hebt das Amtsgericht gemäß § 258 Abs. 1 InsO das Insolvenzverfahren auf, sofern im Plan keine anderweitige Regelung getroffen wird. Vor Aufhebung des Verfahrens müssen nach § 258 Abs. 2 InsO zwingend alle Masseverbindlichkeiten berichtigt sein.

---

698 Vgl. zu dem Verhältnis von Restschuldbefreiungs- zu Insolvenzplanverfahren in diesem Kapitel unter D. IV. 6.

699 Vgl. zur Widerlegung dieser Vermutung durch einen Versagungsantrag in diesem Kapitel unter D. III. d) gg) (2); vgl. zu den Folgen nicht gestellter Versagungsanträge in diesem Kapitel unter D. IV. 7. b) bb) (2).

2. *Probleme fehlender langfristiger Verfahrenskostenstundung*

a) Verbraucher

Kehrseite des Erfordernisses, alle Masseansprüche zuvor zu berichtigen, ist die Kassation der Möglichkeit natürlicher Personen, die Verfahrenskosten nach §§ 4a ff. InsO gestundet zu bekommen.[700] Eine Kostenstundung ist folglich nur bis zur Verfahrensaufhebung möglich. Dadurch kann immerhin abgesichert werden, die Kosten nur im Fall eines positiven Ausgangs des Planverfahrens zwingend sofort zu tragen.[701] Der eindeutige Gesetzeswortlaut lässt hieran keinen Zweifel. Häufig führt die dem mittellosen Schuldner mittels der Verfahrenskostenstundung eröffnete „Verschnaufpause" zum Verfahrenserfolg.[702]

Grundsätzlich ist die Intention des Gesetzgebers zu unterstützen. Wer seinen Gläubigern so viel Masse anbieten kann, dass diese sich auf eine einvernehmliche Lösung zur Abwicklung der Insolvenz einlassen, der soll der Staatskasse nicht zur Last fallen.[703] Zu diesem Gedanken im Widerspruch steht die für Verbraucher eröffnete Möglichkeit, die Kosten des gerichtlichen Schuldenbereinigungsplanverfahrens zu stunden.[704] Grund für diese Differenzierung könnte sein, dass in dem einen Verfahren das Insolvenzverfahren eröffnet wurde, während das andere der Eröffnung vorgelagert ist. Es erscheint eher fraglich, ob allein durch die Verfahrenseröffnung ein solch erhebliches Mehr an gerichtlicher Belastung entsteht, das die unterschiedliche Behandlung rechtfertigt.

Ein höherer Arbeitsaufwand des Insolvenzgerichts im Insolvenzplanverfahren liegt in der doppelten gerichtlichen Kontrolle gemäß den §§ 231, 250 InsO. Im Schuldenbereinigungsplanverfahren ist hingegen keine gesetzliche Kontrolle vorgesehen, allerdings bestehen auch keine derart umfangreichen inhaltlichen und verfahrensmäßigen Vorgaben wie im Insolvenzplanverfahren, deren Nichteinhaltung zur Zurückweisung des Plans führen könnten.

---

700 BGH, NJW-RR 2012, 114, 115 Rn. 11 f.; Henning, ZAP 2014, 671, 673; Harder, NZI 2013, 70, 75; Ahrens, Aktuelles Privatinsolvenzrecht, Rn. 464; anders Blankenburg, InsO 2015, 1293, 1298.

701 Laroche/Harder, VIA 2014, 81, 83.

702 Harder, NZI 2013, 70, 75; Gärtner/Tintemann, VuR 2012, 54, 55.

703 BGH, NJW-RR 2012, 114, 115 Rn. 12.

704 Die Verfahrenskostenstundung im Schuldenbereinigungsplanverfahren ist allgemein anerkannt, obwohl gemäß § 308 Abs. 2 InsO die Anträge auf Eröffnung des Verfahrens und auf Restschuldbefreiung als zurückgenommen gelten BT-Drs. 14/5680, S. 22; BGH, NJW-RR 2012, 114, 115 Rn. 12; AG Hamburg, ZVI 2009, 268 f.; Jaeger/Münch, InsO, Vor §§ 217–269 Rn. 27; HK-InsO/Sternal, § 4a Rn. 3.

Die gerichtliche Prüfung der Zustimmung hingegen erfolgt unter ähnlichen Prüfungsschritten in beiden Verfahren. Hier erfährt das Insolvenzgericht im Rahmen des Insolvenzplans eine Erleichterung, indem es nur opponierende Gruppen überprüfen muss, auf einzelne Gläubiger hat es nur nach einem § 251 InsO entsprechenden Antrag einzugehen. Im Schuldenbereinigungsplanverfahren hingegen muss das Insolvenzgericht sich mit jedem einzelnen die Zustimmung verweigernden Gläubiger beschäftigen. Schließlich ist die Belastung der Gerichte stark einzelfallabhängig: Je mehr Gläubiger nicht zustimmen, desto mehr Einzelfallprüfungen stehen für das Gericht an. Die hiermit verbundene Arbeit ist in beiden Fällen gleich einzustufen.

Ein triftiger Grund für die differenzierte Behandlung des Verbrauchers im Schuldenbereinigungs- und Insolvenzplan wird folglich nicht ersichtlich. Wünschenswert wäre eine einheitliche Positionierung des Gesetzgebers zu dem Problemkreis der Verfahrenskostenstundung in Verbraucherplanverfahren.

b) Kleingewerbetreibende

Weitgehend unbeachtet blieb lange Zeit die Zuordnung des als natürliche Person auftretenden Kleingewerbetreibenden. Dieser kann ausschließlich im Regelinsolvenzverfahren Kostenstundung nach § 4a InsO beantragen, nicht jedoch in dem für ihn eröffneten Insolvenzplanverfahren.

Mit der Gesetzesänderung 2001 ordnete der Gesetzgeber die Insolvenz des Kleingewerbetreibenden bezüglich des Planverfahrens bewusst den Unternehmensinsolvenzen zu.[705] Durch die Öffnung des Insolvenzplanverfahrens für Verbraucher ist über diese Zuordnung neu nachzudenken. Wie wegen der ähnlichen persönlichen Lage des Schuldners auf diesen im Rahmen der Reformen durch das SanInsFoG die Vermutungsregelungen des § 245a InsO übertragen wurden, sollte dies auch für die zukünftige einheitliche Regelung zur Verfahrenskostenstundung in sämtlichen Planverfahren natürlicher Personen gelten. Die Grundlagenregelung des § 4a InsO nimmt nämlich keine Abstufung zwischen diesen Personengruppen vor.

F. Wirkungen des bestätigten Insolvenzplans, §§ 254 ff. InsO

Die Wirkungen des Insolvenzplan sind in den §§ 254 bis 259b InsO niedergelegt, wobei die Planüberwachung der §§ 260–269 InsO peripher auch dazugezählt

---

705 BT-Drs. 17/11268, S. 33, zu Nummer 33 (Änderung vor § 304).

werden kann. Bereits quantitativ ist eine bessere Vorsorge als im gerichtlichen Schuldenbereinigungsplanverfahren zu vermuten.

Gemäß der Grundlage in § 254 Abs. 1 InsO treten die im Plan festgelegten Wirkungen ein und somit grundsätzlich nach den §§ 225, 227 InsO die Befreiung von Schulden.[706] Eine Sonderregelung besteht gemäß § 254a Abs. 1 InsO für dingliche Rechtsänderungen. Soweit dingliche Rechte begründet, geändert, übertragen oder aufgehoben werden, gelten die im Pan aufgenommenen Willenserklärungen als in der entsprechenden Form abgegeben.[707] Für Gläubiger, die ihre fällige Forderung nicht bis zum Abstimmungstermin abgemeldet haben, beginnt mit der Bestätigung die einjährige Verjährungsfrist des § 259b InsO. Die Wirkungen treffen folglich alle Gläubiger, bekannte und unbekannte.

Besonderer Erwähnung bedürfen ferner die §§ 255–257 InsO, die die Rechtsfolgen bei Nichterfüllung der im Plan festgelegten Verpflichtungen festlegen. Diese Rechtsfolgen sind gesetzlich geregelt und bedürfen zu ihrem Eintritt – im Gegensatz zum gerichtlichen Schuldenbereinigungsplan – nicht zwingend einer Erwähnung im Plan.

§ 255 Abs. 1 InsO statuiert ein automatisches Wiederaufleben einer Gläubigerforderung, wenn der Schuldner mit der Erfüllung der Planvorgaben gegenüber diesem Gläubiger erheblich in Rückstand gerät. Erheblich ist ein Rückstand gemäß Satz 2 der Vorschrift, sobald der Schuldner trotz schriftlicher Mahnung mit mindestens zweiwöchiger Nachfristsetzung eine fällige Verbindlichkeit nicht zahlt. Auf die Höhe des Rückstands kommt es dabei nicht an.[708] Wird gegen den Schuldner ein neues Insolvenzverfahren eröffnet, leben nach § 255 Abs. 2 InsO alle Gläubigerforderungen wieder auf. Die Dispositivität dieser Vorschrift wird durch § 255 Abs. 3 InsO erheblich eingeschränkt, als von § 255 Abs. 1 InsO nicht in für den Schuldner negativer Weise abgewichen werden darf.

§ 256 InsO regelt den Umgang mit streitigen Forderungen. Sind der Bestand oder die Höhe einer Forderung bestritten, legt das Gericht einen Rahmen für die vorläufige Berücksichtigung der Forderung fest. Zu wenig, § 256 Abs. 2 InsO, oder zu viel gezahlte Beträge, § 256 Abs. 3 InsO, sind nach endgültiger Feststellung auszugleichen.

Der Insolvenzplan bildet in Verbindung mit der Eintragung in die Tabelle gemäß § 257 InsO einen Vollstreckungstitel. Aus diesem Grund ist es

706 Frege/Keller/Riedel, Insolvenzrecht, Teil 4 Kapitel 1 Rn. 112.
707 Uhlenbruck/Lüer/Streit, § 254a Rn. 1; MüKo-InsO/Madaus, § 254a Rn. 1.
708 Uhlenbruck/Lüer/Streit, § 255 Rn. 8; MüKo-InsO/Huber/Madaus, § 255 Rn. 17; Bähr, in: Mohrbutter/Ringstmeier, Handbuch Insolvenzverwaltung, Kapitel 14 Rn. 350 ff.

entscheidend, bei der Formulierung des darstellenden Teils die Grundsätze der Bestimmtheit und Bestimmbarkeit zu wahren.

Ähnlich wie die § 255–257 InsO treten auch die Rechtsfolgen der Planüberwachung in den §§ 260 Abs. 2 InsO bis 269 InsO automatisch ein, sofern der gestaltende Teil vorsieht, eine Überwachung stattfinden zu lassen. Auch diese Rechtsfolgen sind nur eingeschränkt dispositiv.[709]

709 Ebenso MüKo-InsO/Stephan, § 268 Rn. 17; für eine Ausweitung der Unabänderbarkeit auf die gesamten §§ 264 ff. InsO Kübler/Prütting/Bork/Pleister, § 264 Rn. 5.

6. Kapitel: Das Verfahren nach § 213 InsO

A. Einvernehmliche Einstellung nach § 213 InsO als konsensuales Verfahren

Die Durchführung eines Planverfahrens ist nicht der einzige Weg, der von der Insolvenzordnung zur konsensualen Beilegung der Insolvenz vorgesehen ist. Eine weitere Möglichkeit, sich die Vorteile konsensualer Streitbeilegung zu Nutze zu machen, besteht in der Einstellung des Insolvenzverfahrens nach § 213 InsO. Da auf die erhofften Vorteile bei der Durchführung von konsensualen (Plan-) Verfahren bereits ausführlich eingegangen wurde, wird an dieser Stelle nach einer Einführung in das Verfahren darauf eingegangen, inwieweit dieses zur Erreichung einzelner Interessen genutzt werden kann.

B. Einstellung nach Ablauf der Anmeldefrist gemäß § 213 Abs. 1 InsO

Die Grundform ist die Einstellung nach Ablauf der Anmeldefrist, da erst zu diesem Zeitpunkt die Gläubiger endgültig feststehen.[710] Die Einstellung des Verfahrens nach § 213 Abs. 1 InsO setzt einen Antrag des Schuldners voraus. Dieser Antrag muss bei einer Schuldnermehrheit, wie unter anderem im Nachlassinsolvenzverfahren oder bei einer Personengesellschaft, von allen Schuldnern gestellt werden.[711] Kann der Schuldner nach Ablauf der Anmeldefrist, spätestens bis zum Schlusstermin, die Zustimmungen der Gläubiger beibringen, die Forderungen zur Tabelle angemeldet haben, ist das Verfahren vom Gericht einzustellen, § 213 Abs. 1 InsO. Der Antrag kann also gleichzeitig mit den Zustimmungserklärungen formfrei vorgelegt werden.[712]

Der materielle Einstellungsgrund besteht in der auf den Antrag folgenden Zustimmung der Gläubiger, durch die ein Verzicht auf die Fortführung des Insolvenzverfahrens, nicht aber das Erlöschen der Forderungen erklärt wird.[713] Als Prozesshandlung ist die Zustimmungserklärung unwiderruflich, nicht

---

710 Haarmeyer, ZInsO 2009, 556, 557.

711 Gottwald/Haas/Wimmer, Insolvenzrechts-Handbuch, § 72 Rn. 66.

712 Lauck, InsbürO 2009, 131, 135.

713 Gottwald/Haas/Wimmer, Insolvenzrechts-Handbuch, § 72 Rn. 67; Haarmeyer, ZInsO 2009, 556, 557.

anfechtbar und bedingungsfeindlich, kann aber befristet werden.[714] Haben alle Gläubiger zugestimmt, muss das Insolvenzgericht das Verfahren einstellen. Hierdurch wird das Ziel des Insolvenzverfahrens, die Gläubigerbefriedigung gemäß § 1 S. 1 InsO, in den Vordergrund gerückt.[715] Die Zustimmungserklärung ist positiv beizubringen, ein Schweigen ist folglich als Verweigerung der Zustimmung zu werten.

Stimmen Gläubiger bestrittener Forderungen oder absonderungsberechtigte Gläubiger nicht zu, ist es in das Ermessen des Insolvenzgerichts gestellt, die Zustimmung zu ersetzen, § 213 Abs. 1 S. 2 InsO. Die Zustimmung der übrigen Gläubiger ist nicht ersetzbar. Eine weitere Besonderheit betrifft Massegläubiger. Deren Zustimmung ist nicht nötig, da sie von § 214 Abs. 3 InsO berücksichtigt werden, wonach eine Einstellung erst möglich ist, sobald die Verwalter- und Verfahrenskosten sowie Ansprüche der Massegläubiger berichtigt oder sichergestellt sind. Aufgrund dieser den § 53 InsO berücksichtigenden bevorzugten Sicherung der Massegläubiger besteht kein Bedürfnis dafür, ihnen ein Zustimmungsrecht zuzugestehen.

Nachdem alle erforderlichen Zustimmungen beigebracht oder ersetzt wurden und die Kosten nach § 214 Abs. 3 InsO berichtigt oder sichergestellt wurden, hat das Gericht das Insolvenzverfahren einzustellen, § 213 Abs. 1 InsO.

C. Einstellung vor Ablauf der Anmeldefrist gemäß § 213 Abs. 2 InsO

Die Ausnahme bildet die Einstellung des Verfahrens nach § 213 Abs. 2 InsO vor Ablauf der Anmeldefrist. Zu diesem Zeitpunkt haben noch nicht alle Gläubiger ihre Forderungen anmelden müssen, sodass die Anforderungen an die Einstellung zu erhöhen sind. Diese erhöhten Anforderungen bestehen darin, dass der Schuldner die Zustimmungserklärungen aller bekannten Gläubiger beizubringen hat und konkret darlegen muss, dass ihm keine weiteren Gläubiger bekannt sind, § 213 Abs. 2 InsO. Um die Gläubiger zu ermitteln wird auf die nach §§ 152, 153 InsO zu erstellenden Verzeichnisse zurückgegriffen, das Gläubiger- und das Vermögensverzeichnis; keinen Einfluss hat hingegen, ob die Gläubiger bereits Forderungen zur Tabelle angemeldet haben.[716] Sind diese Voraussetzungen

714 Haarmeyer, ZInsO 2009, 556, 557; MüKo-InsO/Hefermehl, § 213 Rn. 6; Gottwald/Haas/Wimmer, Insolvenzrechts-Handbuch, § 72 Rn. 67; a.A. bezüglich der Befristung Hess, Konkursordnung, § 202 KO Rn. 9.

715 MüKo-InsO/Hefermehl, § 213 Rn. 1; HambKomm-InsO/Weitzmann, § 213 Rn. 1.

716 Kübler/Prütting/Bork/Pape, § 213 Rn. 8; MüKo-InsO/Hefermehl, § 213 Rn. 14.

erfüllt, unterliegt das Insolvenzgericht trotzdem keinem Einstellungszwang, sondern kann nach freiem Ermessen entscheiden, ob es das Verfahren einstellt. Bei Zweifeln an der Vollständigkeit der Gläubigerliste sollte das Gericht den Ablauf der Anmeldefrist abwarten.[717]

D. Wirkungen der Einstellung nach § 213 InsO

Mit der Einstellung des Insolvenzverfahrens endet der Insolvenzbeschlag, sodass der Schuldner ex nunc die Verwaltungs- und Verfügungsbefugnis über sein Vermögen zurückerhält, § 215 Abs. 2 InsO.[718] Einer weiteren Klarstellung bedarf die Frage, ob und gegebenenfalls unter welchen Umständen dem Schuldner darüber hinaus Restschuldbefreiung zu gewähren ist. Nach einer Einstellung des Verfahrens ist kein Restschuldbefreiungsverfahren möglich, da die Gläubiger mit ihrer Zustimmung das Einverständnis gegeben haben, außerhalb eines gerichtlichen Verfahrens beim Schuldner Befriedigung zu suchen.[719] Die Erteilung der Restschuldbefreiung kommt nur in Betracht, wenn das Restschuldbefreiungsverfahren bereits eröffnet ist. Grundsätzlich ist die Einstellung nach § 213 InsO nicht von der die Einstellung des Insolvenzverfahrens betreffenden Vorschrift des § 289 InsO umfasst, vorgeschlagen wird zur Erteilung einer vorzeitigen Restschuldbefreiung in besonders gelagerten Fällen eine analoge Anwendung der §§ 213, 299, 300 Abs. 1 Nr. 1 InsO.[720] Bevor die allgemeine dreijährige Restschuldbefreiungsperiode erfolgreich durchlaufen wurde, kann denklogisch nur derjenige Schuldner der geforderten Gläubigerbefriedigung Genüge getan haben, der die zur Tabelle angemeldeten Forderungen vollständig sowie die Verfahrenskosten einschließlich der Masseverbindlichkeiten befriedigt hat. Dies wird überzeugend mit der Funktion der Erteilung der Restschuldbefreiung begründet, den Schuldner zu belohnen, der ausweislich der geforderten Gläubigerbefriedigung nachgekommen ist.[721] Obwohl diese Möglichkeit besteht, vorzeitig Restschuldbefreiung zu erteilen, sollte ein Schuldner, der es in Erwägung zieht, die Einstellung des Insolvenzverfahrens nach § 213 InsO zu beantragen,

---

717 MüKo-InsO/Hefermehl, § 213 Rn. 15.

718 Kübler/Prütting/Bork/Pape, § 212 Rn. 18; MüKo-InsO/Hefermehl, § 213 Rn. 17; Gottwald/Haas/Wimmer, Insolvenzrechts-Handbuch, § 72 Rn. 19.

719 Braun/Ludwig, § 213 Rn. 15; Uhlenbruck/Ries, § 213 Rn. 19; Kübler/Prütting/Bork/Pape, § 212 Rn. 20.

720 BGH, NZI 2005, 399, 399 mit dem Ergebnis zustimmender Anm. Ahrens; MüKo-InsO/Hefermehl, § 213 Rn. 18; Haarmeyer, ZInsO 2009, 556, 564.

721 Ahrens, NZI 2005, 401, 401.

genau überlegen, ob er einen Restschuldbefreiungsantrag stellt. In diesem Fall muss der Schuldner sich sowieso zutrauen, alle Gläubiger zu kennen und diesen außergerichtlich einen Vorschlag zu unterbreiten, der deren Zustimmung findet. Im Fall der Zustimmung wird er regelmäßig die Gläubiger entsprechend befriedigen, sodass demnach vorzeitig die Restschuldbefreiung erteilt werden kann.[722] Hat er aber einmal den Antrag auf Restschuldbefreiung gestellt, wird die Ankündigung der Wohlverhaltensperiode sowie die Bekanntgabe der erfolgreichen Beendigung gewöhnlich gemäß den Vorschriften der DS-GVO ins SCHUFA-Verzeichnis aufgenommen und brandmarkt den Schuldner; eher positiv auf die wirtschaftliche Rehabilitation des Schuldners wirkt sich hingegen die Einstellung des Verfahrens nach Zustimmung der Gläubiger aus, die gemäß § 215 Abs. 1 InsO zu veröffentlichen ist.[723]

Als Rechtsmittel gegen den Einstellungsbeschluss oder die Ablehnung der Einstellung ist die sofortige Beschwerde in § 216 Abs. 1 und 2 InsO vorgesehen.

E. Die Einstellung nach § 213 InsO als Perspektive in der Privatinsolvenz

Als *„verkannten Königsweg“* bezeichnet *Haarmeyer* das Verfahren der Einstellung des Insolvenzverfahrens nach Zustimmung aller Gläubiger gemäß § 213 InsO.[724] Auch wenn diese Bezeichnung bereits darauf hinweist, dass die Vorzüge der Einstellung mit Zustimmung aller Gläubiger nach § 213 InsO Auswirkungen auf alle Insolvenzverfahren, also auch auf Privatinsolvenzen, haben sollen, bleiben die besonderen Vor- und Nachteile für Privatinsolvenzen unbenannt.

I. Antrag des Schuldners

Chronologisch beginnt das Verfahren nach § 213 InsO mit dem Schuldnerantrag. Antragsberechtigt ist der Schuldner allein. Hält ein an einem schnellen und kostengünstigen Verfahren interessierter Gläubiger die mit einer außergerichtlichen Einigung verbundene Möglichkeit der Einstellung nach § 213 InsO für sinnvoll, muss er sich ohnehin mit dem Schuldner hierüber verständigen.

---

722 BGH, NZI 2005, 399, 400 f.; NZI 2011, 947; LG Berlin, ZInsO 2009, 443, 444.

723 Ahrens/Gehrlein/Ringstmeier/Henning, § 213 Rn. 27.

724 Haarmeyer, ZInsO 2009, 556, 556; a.A. K.Schmidt/Jungmann, § 213 Rn. 22.

II. Verfahrensbegleitung

Außergerichtliche Einigungen sind insbesondere erfolgreich, wenn ein Vertrauensverhältnis zwischen dem Schuldner und seinen Gläubigern geschaffen wird. Da der Schuldner zuvor Rechnungen nicht beglichen oder Geld nicht zurückbezahlt hat, ist das Vertrauensverhältnis normalerweise zerrüttet. Daher bedarf es, wie dies auch beim außergerichtlichen Einigungsversuch nach § 305 Abs. 1 Nr. 1 InsO der Fall ist, einer neutralen Mittelsperson. Optimal wäre die Bestellung eines Insolvenzverwalters, der kraft Amtes eher den Gläubigern als dem Schuldner zugeordnet wird und somit eine Vertrauensbasis für die außergerichtliche Abwendung des Insolvenzverfahrens schaffen kann.[725] Der Verbraucherschuldner kann sich gegebenenfalls auch an eine Schuldnerberatungsstelle wenden. Diese sind zwar tendenziell günstiger, ihnen hängt aber auch die öffentliche Meinung an, als Interessenvertreter auf Seiten des Verbraucherschuldners zu stehen, weswegen ihnen von Gläubigerseite weniger Vertrauen entgegengebracht wird.[726] Besteht dieser öffentliche Eindruck, ist diesem entgegenzuwirken, da Schuldnerberatungsstellen als öffentliche Einrichtungen in hohem Maße ihre Neutralität wahren sollten und ihre Begleitung des Verbraucherschuldners in jedem Abschnitt der Insolvenz, also auch bei der Einstellung nach § 213 InsO, eine gängige Alternative bietet.

III. Ersetzung der Zustimmung opponierender Gläubiger

1. *Anwendungsbereich der Zustimmungsersetzung*

Nach § 213 Abs. 1 S. 2 InsO liegt es im Ermessen des Gerichts, die Zustimmung des Gläubigers einer bestrittenen Forderung oder eines absonderungsberechtigten Gläubigers zu ersetzen. Die Zustimmung der übrigen Insolvenzgläubiger ist zwingend erforderlich.[727] Der Zustimmungsersetzung sind damit inhaltlich engere Grenzen gesetzt als im gerichtlichen Schuldenbereinigungsplanverfahren oder im Insolvenzplanverfahren. Die Zustimmungsersetzung dient dazu, das Mehrheitsinteresse der Gläubigerschaft nicht durch unsachliche Einzelinteressen zu gefährden.[728] Zur Beurteilung dieser Frage wird auf die Objektivität eines Gerichts zurückgegriffen. Von zentraler Bedeutung ist daher, welche Entscheidungsspielräume dem Gericht bei der Ausübung seines Ermessens zukommen.

---

725 Du Carrois, Insbüro 2012, 15, 19 f.

726 Du Carrois, Insbüro 2012, 15, 19.

727 MüKo-InsO/Hefermehl, § 213 Rn. 1, 8; Uhlenbruck/Ries, § 213 Rn. 1.

728 Braun/Ludwig, § 213 Rn. 6 f.; Uhlenbruck/Ries, § 213 Rn. 9.

2. *Reichweite des Ermessens in § 213 Abs. 1 S. 2 InsO*

a) *Allgemeines Ermessen*

Allgemein wird einem Gericht ein Ermessen eingeräumt, wenn keine schematische Entscheidung möglich ist, sondern die jeweils im Einzelfall rechtlich am besten passende Lösung gefunden werden muss.[729] Das Ermessen des Gerichts ist im Fall des § 213 Abs. 1 S. 2 InsO auf die Auswahl beschränkt, ob und inwieweit es einer Zustimmung oder einer Sicherheitsleistung gegenüber Gläubigern bedarf, deren Forderungen bestritten werden oder die absonderungsberechtigt sind.[730] Gemäß den allgemeinen Grundsätzen kann das gerichtliche Ermessen nur auf Ermessensfehler hin überprüft werden, den Ermessensnichtgebrauch, den Ermessensfehlgebrauch und die Ermessensüberschreitung.[731] Im Rahmen dieser Entscheidung ist nicht zuletzt das nach § 1 S. 1 InsO mit der Insolvenordnung verfolgte Ziel der Gläubigerbefriedigung zu berücksichtigen. Wie bereits festgestellt, sind die gesetzlichen Regelungen zur Zustimmungsersetzung in § 213 Abs. 1 S. 2 InsO nicht derart weitreichend wie im Insolvenzplanverfahren oder im Schuldenbereinigungsplanverfahren. Hieraus folgt, dass bei Zweifeln die Beibringung der Zustimmung eines Gläubigers gefordert werden sollte.[732]

b) *Abwägungskriterien der Ermessensentscheidung nach § 213 Abs. 1 S. 2 InsO*

Nachdem das zentrale Kriterium für die Abwägungsentscheidung bestimmt wurde, bleibt die Reichweite dieses Kriteriums zu bestimmen. Innerhalb der Vorschriften zur Einstellung des Verfahrens besteht keine entsprechende Regelung. Demnach wären die Gläubigerinteressen uneingeschränkt zu beachten, unerheblich wäre insbesondere, ob sie materiellen oder ideellen Charakters sind. Entsprechende Regelungen zur fiktiven Erteilung der Zustimmung oder zur Ersetzung der Zustimmung befinden sich in § 245 InsO oder § 309 InsO. Gemäß § 245 Abs. 1 InsO gilt die Zustimmung der Gläubigergruppe zu einem Insolvenzplan als erteilt, wenn die Gläubiger der entsprechenden Gruppe voraussichtlich nicht schlechter gestellt sind als ohne den Insolvenzplan (Nr. 1), angemessen an dem wirtschaftlichen Wert beteiligt werden, der allen Gläubigern

---

729 Stelkens/Bonk/Sachs/Sachs, VwVfG, § 40 VwVfG Rn. 70.

730 Andres/Leithaus/Andres, § 213 Rn. 4; Haarmeyer, ZInsO 2009, 556, 559.

731 Stelkens/Bonk/Sachs, VwVfG, § 40 VwVfG Rn. 62 ff.; BeckOK-VwVfG/Aschke, § 40 VwVfG Rn. 79 f.

732 Uhlenbruck/Ries, § 213 Rn. 10; Haarmeyer, ZInsO 2009, 556, 560 f.

auf der Grundlage des Plans zufließt (Nr. 2) und wenn die Mehrheit der Gläubigergruppen dem Plan zugestimmt hat (Nr. 3). Diese Voraussetzungen müssen kumulativ erfüllt sein. Wann genau die Gläubiger angemessen gem. § 245 Abs. 1 Nr. 2 InsO am Planvolumen beteiligt werden, bestimmt § 245 Abs. 2 InsO, dessen Voraussetzungen ebenfalls kumulativ erfüllt sein müssen. Auch wenn Nr. 1 des § 245 Abs. 1 InsO zunächst den Anschein machen könnte, irgendeine beliebige Schlechterstellung genüge, ergibt sich aus dem systematischen Zusammenhang unter anderem mit §§ 245 Abs. 1 Nr. 2, Abs. 2 InsO deutlich, dass nur eine wirtschaftliche Schlechterstellung gemeint sein kann.[733] Dieser wirtschaftlich geprägte Charakter zieht sich durch die Bestimmungen der §§ 245 Abs. 1 Nr. 2, Abs. 2 InsO und wird nicht durch die rein quantitativen Feststellungen gemäß § 245 Abs. 1 Nr. 3 InsO abgeschwächt. In § 309 Abs. 1 InsO wird ein quantitatives Erfordernis an erste Stelle gestellt, das dem des § 245 Abs. 1 Nr. 3 InsO ähnelt. Darauf folgen in § 309 Abs. 1 Nr. 2, 3 InsO wirtschaftliche Kriterien zur Einschränkung. Die unterschiedliche Reihung der Voraussetzungen in § 309 InsO gegenüber § 245 InsO hat keine Auswirkungen auf den Charakter der Vorschrift, da auch im Rahmen der Prüfung des § 245 InsO das Kriterium der Nr. 3 zuerst untersucht wird, weil es einfach und sicher feststellbar ist.[734] Auffällig ist eine gewisse Ähnlichkeit der Voraussetzungen des § 245 InsO mit denen des § 309 InsO. Unabhängig von Unterschieden zwischen den Normen, wie etwa der verschiedenartigen Gruppierung bei der Abstimmung oder der differierenden Rechtsfolgen,[735] ist aus der Gleichartigkeit der Art der Voraussetzungen zu schließen, dass die Ersetzung der Zustimmung nach § 309 InsO ebenso wie die Zustimmungsfiktion des § 245 InsO an wirtschaftlichen Kriterien festgemacht wird. Eine Mehrheitsentscheidung soll nicht an Individualinteressen eines Gläubigers scheitern, es sei denn dieser wird in einer wirtschaftlichen Position stärker als im Regelinsolvenzverfahren beeinträchtigt.[736]

Da § 213 InsO gerade keine vergleichbaren Kriterien enthält, könnte man im Umkehrschluss darauf schließen, das Gericht habe sich nicht nur von wirtschaftlichen, sondern auch von sozialen Aspekten leiten zu lassen. Hierdurch würde dem Inbegriff des „freien" Ermessens entsprochen. Eine Berücksichtigung sozialer Belange bei Entscheidungen im insolvenzrechtlichen Bereich wird von einigen Stimmen gefordert, die der Insolvenzordnung eine soziale Kälte

733 Nerlich/Römermann/Rühle, § 245 Rn. 6; Uhlenbruck/Lüer/Streit, § 245 Rn. 7.

734 Nerlich/Römermann/Rühle, § 245 Rn. 26.

735 MüKo-InsO/Vuia, § 309 Rn. 4.

736 Haarmeyer, ZInsO 2009, 556, 562.

vorwerfen.[737] Andererseits vermag das Wortlautargument nicht vollends zu überzeugen, weil die Insolvenzordnung insgesamt wirtschaftlich und materiell geprägt ist. Dies spiegelt sich in Normen wie den gerade besprochenen §§ 245 und 309 InsO wieder, ergibt sich aber auch aus § 1 S. 1 InsO, der als Primärziel die Gläubigerbefriedigung einordnet.[738] Eine maximale Gläubigerbefriedigung wird durch ökonomische Analysen erreicht, soziale Gesichtspunkte hingegen, wie etwa die Erhaltung des Lebensmittelpunktes einer Person, dies kann im Fall eines Verbrauchers ein Haus oder eine Wohnung, im Fall eines Selbständigen sein Erwerbsgeschäft sein, sind nicht relevant.[739] Folglich muss das Gericht in die Ausübung des Ermessens nach § 213 Abs. 1 S. 2 InsO die materiellen Kriterien der §§ 245, 309 InsO einbeziehen. Maßgeblich hat es zu berücksichtigen, ob der nicht zustimmende Gläubiger wirtschaftlich schlechter gestellt wird. Nur so wird die Einheit der Insolvenzordnung garantiert.

Diese Überlegung wird auch durch den Aufbau des § 213 Abs. 1 InsO unterstützt, der ein Stufenverhältnis zwischen den Gläubigern aufstellt.[740] Auf der zweiten Stufe stehen die Gläubiger bestrittener Forderungen, auf der ersten Stufe alle anderen abgesehen von den Massegläubigern. Gläubigern der ersten Stufe steht es ohne die Möglichkeit gerichtlicher Kontrolle frei, aus rein ideellen Interessen die Verfahrenseinstellung zu verweigern, während die fehlende Zustimmung eines Gläubigers der zweiten Stufe durch eine im Ermessen des Gerichts stehende Entscheidung ersetzt werden kann.

Bei dieser Überwachung ist das Gericht den wirtschaftlichen Vorgaben aus der Insolvenzordnung unterworfen, was insbesondere in den Gesetzesmaterialien deutlich wird. Dort wird bei Absonderungsberechtigten ein Fortführungsinteresse postuliert, wenn die Ausfallforderung gegen den Schuldner nicht voll gedeckt ist, wenn eine vom Insolvenzverwalter begonnene Verwertung dinglicher Sicherheiten zu Ende geführt werden soll oder wenn eine Gesamtverwertung der belasteten Gegenstände für die gesicherten Gläubiger sinnvoll wäre.[741] Die beispielhafte Aufzählung materieller Interessen schließt zwar eine Berücksichtigung ideeller Interessen nicht grundsätzlich aus, gibt aber im

---

737 Nach Madaus, Der Insolvenzplan, S. 436 ist diese Forderung aufgrund der klaren Aussage in § 1 S. 1 InsO vorwiegend außerhalb Deutschlands zu finden, vgl. Martin, 59 Ohio St. L.J. 429, 444 ff. (1998); Warren, 102 Yale L.J. 437, 467 (1992–1993).

738 Madaus, Der Insolvenzplan, S. 436.

739 Diese Erwägungen stellt Madaus für Unternehmensinsolvenzen auf, Madaus, Der Insolvenzplan, S. 436.

740 Haarmeyer, ZInsO 2009, 556, 562.

741 Amtliche Begründung zu § 326 RegEInsO, vgl. Hess, Das neue Insolvenzrecht, S. 582.

Zusammenhang mit der Einstufung der Gläubiger in verschiedene Gruppen ein deutliches Indiz dafür, dass wirtschaftliche Kriterien bei der Entscheidung des Gerichts im Vordergrund stehen müssen. Die mit der Einstellung des Verfahrens verbundene außergerichtliche Einigung unterliegt nicht dem Zwang der Insolvenzordnung, erfolgt aber innerhalb des Insolvenzverfahrens, weswegen das Gericht bei einer Ermessensentscheidung dem Grundgedanken der Insolvenzordnung folgen muss.

c) Konkrete Ausübung des Ermessens in den Fallgruppen des § 213 Abs. 1 S. 2 InsO

Die im Fokus der Ermessensausübung stehenden wirtschaftlichen Interessen sind bei Gläubigern bestrittener Forderungen und absonderungsberechtigten Gläubigern nach unterschiedlichen Kriterien festzustellen. Bei Gläubigern bestrittener Forderungen hat das Gericht auf die Erfolgsaussichten der Forderung im Rahmen der summarischen Forderungsprüfung abzustellen, in der geprüft wird, ob die Forderung sachlich berechtigt erscheint.[742] Bei der Abwägung muss das Gericht insbesondere auf einen Missbrauch des Instituts der Einstellung durch den Schuldner, der eine Forderung nur bestreitet, um die Zustimmungsverweigerung eines Gläubigers zu unterlaufen, oder durch einen Gläubiger geachtet werden, der durch eine überhöhte Anmeldung Druck auf den Schuldner aufbauen möchte.[743]

Während nach der alten Rechtslage des § 202 Abs. 1 KO zwingend eine Zustimmung absonderungsberechtigter Gläubiger vorgesehen war, kann deren Zustimmung nunmehr gem. § 213 Abs. 1 S. 2 InsO durch das Gericht ersetzt werden. Hierdurch soll verhindert werden, dass ein absonderungsberechtigter Gläubiger eine Einstellung des Verfahrens verhindert, obwohl seine Forderung vollständig durch den abgesonderten Gegenstand gedeckt ist.[744] Für die Entscheidung des Gerichts ist daher maßgeblich, ob der Gläubiger ein berechtigtes Interesse an der zumindest zeitweiligen Fortsetzung des Insolvenzverfahrens hat.[745] Dies kann etwa der Fall sein, wenn die Ausfallforderung des Absonderungsberechtigten nicht voll gedeckt ist oder wenn eine Verwertung mehrerer

742 MüKo-InsO/Hefermehl, § 213 Rn. 9; Gottwald/Haas/Wimmer, Insolvenzrechts-Handbuch, § 72 Rn. 70.

743 MüKo-InsO/Hefermehl, § 213 Rn. 9; zur Bestreitung durch den Schuldner Kübler/Prütting/Bork/Pape, § 213 Rn. 6.

744 Kübler/Prütting/Bork/Pape, § 213 Rn. 7; Uhlenbruck/Ries, § 213 Rn. 13.

745 Amtliche Begründung zu § 326 RegEInsO, in: Hess, Das neue Insolvenzrecht, S. 582.

belasteter Gegenstände zusammen vorteilhafter ist.[746] Der Schuldner muss darlegen, um diese materiellen Kriterien glaubhaft zu machen, dass der jeweilige Gläubiger durch die mit der Einstellung nach § 213 InsO verbundenen außergerichtlichen Vereinbarungen nicht schlechter gestellt wird als bei der Durchführung eines Insolvenzverfahrens. Hierfür sollte er wie im Fall des gerichtlichen Schuldenbereinigungsplanverfahrens und des Insolvenzplanverfahrens eine Vergleichsrechnung vorlegen, die die angebotene Quote derjenigen bei der Durchführung eines Insolvenzverfahrens gegenüberstellt.[747]

3. *Zustimmungsersetzung bei Verbraucherinsolvenzen*

Bedeutendere Abgrenzungsschwierigkeiten treten bei einem Verbraucherschuldner auf. Dieser muss, bevor überhaupt das Insolvenzverfahren eröffnet wird, das außergerichtliche Schuldenbereinigungsplanverfahren durchlaufen. Die im außergerichtlichen Schuldenbereinigungsplanverfahren geforderte Zustimmung eines jeden Gläubigers bezieht auch Gläubiger bestrittener Forderungen und Absonderungsberechtigte mit ein.[748] Fraglich ist, ob Gläubiger bestrittener Forderungen auch zustimmen müssen, obwohl noch nicht sicher feststeht, ob ihnen tatsächlich eine zur Einbeziehung berechtigende Forderung zusteht. Das Erfordernis der Zustimmung auch der Gläubiger bestrittener Forderungen folgt systematisch daraus, dass diese in § 213 Abs. 1 S. 2 InsO besonders behandelt werden, in § 305 Abs. 1 Nr. 1 InsO aber nicht. Vorteilhaft an dem Verfahren nach § 213 InsO gegenüber dem außergerichtlichen Schuldenbereinigungsplanverfahren ist folglich die Möglichkeit, die Zustimmung bestimmter Gläubiger zu ersetzen.

Allerdings ist das außergerichtliche Schuldenbereinigungsplanverfahren in einer Einheit mit dem gerichtlichen Schuldenbereinigungsplanverfahren zu sehen, wobei die Entscheidung über die Durchführung des gerichtlichen Schuldenbereinigungsplanverfahrens nach der Insolvenzantragstellung im Ermessen des Gerichts liegt. Innerhalb des gerichtlichen Schuldenbereinigungsplanverfahrens ersetzt das Gericht die Zustimmung einzelner Gläubiger, wenn die Voraussetzungen des § 309 InsO erfüllt sind.[749] Es kann hierbei die Zustimmung jedes

---

746 MüKo-InsO/Hefermehl, § 213 Rn. 10; Gottwald/Haas/Wimmer, Insolvenzrechts-Handbuch, § 72 Rn. 70; Kübler/Prütting/Bork/Pape, § 213 Rn. 7.

747 Haarmeyer, ZInsO 2009, 556, 561.

748 Uhlenbruck/Sternal, § 305 Rn. 17, 21; FK-InsO/Lackmann, § 305 Rn. 12, 19; Schmidt, Privatinsolvenz, § 3 Rn. 2.

749 Näher hierzu bereits: 4. Kapitel B. III. 2.

Gläubigers unabhängig von seinem Status ersetzt werden. Aufgrund dieses Mehr gegenüber dem auf die Zustimmungsersetzung von Gläubigern bestrittener Forderungen und Absonderungsberechtigten reduzierten Bereich nach § 213 Abs. 1 S. 2 InsO ist die Zustimmungsersetzung innerhalb des gerichtlichen Schuldenbereinigungsplans stärker als die des Verfahrens nach § 213 InsO. Ein Schwachpunkt des gerichtlichen Schuldenbereinigungsplanverfahrens gegenüber dem Verfahren nach § 213 InsO besteht darin, dass die Eröffnung des Verfahrens im Ermessen des Gerichts liegt, wohingegen beim Verfahren nach § 213 InsO der Schuldner die Initiative zur Verfahrenseröffnung setzt und sehr viel freier darüber entscheiden kann, welche Unterlagen er offenlegt.[750]

Bei selbständig tätigen Schuldnern ist keine derartige Abwägungsentscheidung zu treffen, da ihnen von vornherein nach Eröffnung des Insolvenzverfahrens zur schnellen und kostengünstigen Abhandlung der Insolvenz nur das Verfahren nach § 213 InsO offen steht. Alternativ kann natürlich das Insolvenzplanverfahren gewählt werden, dazu aber an späterer Stelle.

4. *Behandlung von Nachzüglern*

Wichtig für die Beurteilung der Effektivität einer konsensualen Abwendung des regulären Insolvenzverfahrens ist die Behandlung von sogenannten „Nachzüglern". Dies sind solche Gläubiger, die nicht bis zum Ablauf der Anmeldefrist ihre Forderung angemeldet haben und somit nicht direkt bei der Planung bedacht werden können.[751] Schwierig kann die Aufstellung einer kompletten Gläubigerliste insbesondere bei Verbraucherinsolvenzen sein, da viele Verbraucherschuldner den Überblick über ihre Gläubiger verloren haben. Vorgeschlagen werden könnte eine indirekte Beachtung dieser Gläubiger, indem ein gewisses Budget zunächst beiseitegelegt wird, das Nachzüglern zu Gute kommt. Trotz des bereit liegenden Kapitals wäre nicht klar, in welcher Höhe der jeweilige Gläubiger zu befriedigen ist, da im Rahmen des Verfahrens nach § 213 InsO der Gläubigergleichbehandlungsgrundsatz des Insolvenzplanverfahrens nicht gilt. Vielmehr beruht die Einstellung gemäß § 213 InsO auf einem freien Aushandeln der Einstellungsbedingungen mit jedem einzelnen Gläubiger, aus diesem Grund sind auch Gruppenbildungen von vornherein obsolet. Innerhalb der außergerichtlichen Einigung können Nachzügler folglich nicht ausreichend bedacht werden. Zudem entfaltet die Einigung mit jedem einzelnen Gläubiger – wie dies typisch

---

750 Näher zur Situation im gerichtlichen Einigungsversuch bereits: 4. Kapitel A. I.
751 Otte/Wiester, NZI 2005, 70, 70.

ist für außergerichtliche und damit der gerichtlichen Kontrolle entzogene Verfahren – keine Kollektivwirkung, sodass Nachzügler gar nicht in die Wirkungen einbezogen werden können.[752] Soweit somit kein Restschuldbefreiungsverfahren beantragt und durchgeführt wird, gehen die Forderungen der Nachzügler nicht unter.

IV. Weiteres Verfahren

Liegen die erforderlichen Zustimmungen vor, muss das Gericht das Insolvenzverfahren unter Beachtung der Vorgaben des § 214 InsO einstellen, wenn die Anmeldefrist abgelaufen ist. Läuft diese Frist noch, steht es gemäß § 213 Abs. 2 InsO im Ermessen des Gerichts, das Verfahren einzustellen.

Nach § 214 InsO muss der Eintrag auf Einstellung öffentlich bekannt gemacht und zusammen mit den Zustimmungserklärungen der Gläubiger in der Geschäftsstelle zur Einsicht ausgelegt werden. Daraufhin können die Gläubiger binnen einer Notfrist von einer Woche Widerspruch einlegen, über den das Insolvenzgericht nach § 214 Abs. 2 InsO beschließt.

Sämtliche unstreitigen Masseansprüche und damit auch die Verfahrenskosten sind gemäß § 214 Abs. 3 InsO vor der Einstellung zu berichtigen. Folglich bleibt kein Raum, für eine nach der Einstellung andauernde Verfahrenskostenstundung nach den §§ 4a ff. InsO.[753]

V. Wirkungen und Rechtsmittel

Die Einstellung erfolgt gemäß § 215 Abs. 1 S. 1 InsO durch gerichtlichen Beschluss, der öffentlich bekanntzumachen ist. Zugleich entfallen mit der Einstellung die Verwaltungs- und Verfügungsbeschränkungen, die entsprechenden Befugnisse erlangt der Schuldner ex nunc zurück.[754]

Gegen die Einstellung steht den Gläubigern nach § 216 Abs. 1 InsO die sofortige Beschwerde zu, der Schuldner kann diese bei Ablehnung seines Antrags auf Einstellung gemäß § 216 Abs. 2 InsO geltend machen.

VI. Gläubigergleichbehandlung und Transparenz

Eine Erfolgschance der Einstellung des Verfahrens gemäß § 213 InsO könnte in der fehlenden Verpflichtung zur Gläubigergleichbehandlung bestehen, wodurch

---

752 Du Carrois, Insbüro 2012, 15, 16.
753 FK-InsO/Kießner, § 214 Rn. 10; Uhlenbruck/Ries, § 214 Rn. 12.
754 FK-InsO/Kießner, § 215 Rn. 7; Uhlenbruck/Ries, § 215 Rn. 5.

ein Verhandlungsspielraum eröffnet wird.[755] Innerhalb eines Insolvenzplanverfahrens verhindern verschiedene Vorschriften, wie etwa das Obstruktionsgebot nach § 245 InsO oder der Minderheitenschutz gemäß § 251 InsO, eine unterschiedliche Behandlung der verschiedenen Gläubiger. Vergleichbare Regelungen werden in den §§ 213–216 InsO nicht getroffen. Folglich kann ein Schuldner mit jedem Gläubiger eine spezifische Quote aushandeln und insbesondere Querulanten mit relativ zur Masse kleinen Forderungen eine höhere Quote anbieten, damit diese im Gegenzug der Verfahrenseinstellung zustimmen. Einerseits folgt hieraus die Möglichkeit, alle Gläubiger zu „überzeugen", andererseits birgt diese Vorgehensweise Missbrauchsrisiken gerade in Bezug auf die angesprochenen kleinen Gläubiger, denen ein vergleichsweise hohes und durch entsprechende Zahlungen einfach zu behebendes Drohpotential zukommt. Die fehlende Verpflichtung zur Gläubigergleichbehandlung birgt folglich zugleich Chancen und Risiken.

Eng verknüpft ist die Missbrauchsproblematik mit der dem Verfahren nach § 213 InsO fehlenden Transparenz. Außergerichtliche Verhandlungen des Schuldners mit den einzelnen Gläubigern, die die Grundlage für die Zustimmung zur Einstellung des Verfahrens bilden, sind nicht automatisch miteinander verknüpft,[756] vielmehr obliegt es der Organisation der Beteiligten, für Transparenz zu sorgen. Durch die Organisation eines dem Abstimmungs- und Erörterungstermin aus dem Insolvenzplanverfahren ähnelnden gemeinsamen Treffens zur Verhandlung über den Einigungsvorschlag können Alleingänge einzelner Gläubiger eventuell verhindert werden und das Vertrauen der Gläubiger in den Erfolg der Einigung gestärkt werden.

VII. Die Einstellung gemäß § 213 InsO in Kleininsolvenzen

Damit bleibt noch zu beantworten, wann eine Einstellung des Insolvenzverfahrens, üblicherweise verbunden mit einer außergerichtlichen Einigung, sinnvoll erscheint. Allgemein ist zunächst festzustellen, dass die Einstellung nach § 213 InsO weniger Kosten verursachen wird.[757] Es fallen keine Kosten für einen Insolvenzverwalter an, zu empfehlen ist aber dennoch, einen neutralen Dritten hinzuzuziehen, um zwischen dem Schuldner und den Gläubigern

755 Du Carrois, Insbüro 2012, 15, 16; zur Rechtmäßigkeit darüber hinausgehender Stimmkäufe vgl. Schwarz/Brockmann, ZInsO 2014, 1368.

756 Du Carrois, Insbüro 2012, 15, 16.

757 Lauck, Insbüro 2009, 131, 132; allgemein zur Vergütung du Carrois, Insbüro 2012, 15, 17.

zu vermitteln.[758] Als weiterer Vorteil der Einstellung nach § 213 InsO wird die Schnelligkeit des Verfahrens genannt.[759] Dies ist nicht in jedem Fall überzeugend. Zwar unterliegt die Einstellung nach § 213 InsO keinen gesetzlichen Fristvorgaben. Dies führt aber nicht automatisch zu einem schnelleren Verfahrensablauf, sondern nur zu einer starken Abhängigkeit des Einigungszeitraums von der Mitwirkung der Beteiligten.[760]

Zu den Schwächen der Einstellung mit Zustimmung der Gläubiger gehört die starke Verknüpfung mit den Gläubigerinteressen. Ein reibungsloser Ablauf, unabhängig vom positiven oder negativen Ausgang, wird zu erwarten sein, wenn alle Gläubiger ausschließlich wirtschaftliche Interessen verfolgen und das Verfahren transparent ausgestaltet wird. Sobald ein Gläubiger aus persönlichen Belangen, wie etwa Zwistigkeiten mit dem Schuldner, die Zustimmung verweigert oder schweigt, wird keine Einigung zu erreichen sein. Das Verfahren ist an diesem Punkt stark störanfällig. Es kann nur ein Gläubiger einer bestrittenen Forderung oder ein Absonderungsberechtigter über eine gerichtliche Ersetzung der Zustimmung zwangsweise einbezogen werden.

1. Besonderheiten in Verbraucherinsolvenzverfahren

In Verbraucherinsolvenzverfahren wird der Schuldner nur dann sinnvollerweise einen Antrag stellen, wenn das Gericht zuvor kein gerichtliches Schuldenbereinigungsplanverfahren durchgeführt hat, obwohl der Schuldner davon ausgeht, dass eine Einigung Erfolg haben kann. Der Schuldner muss hierbei beachten, dass im Gegensatz zum gerichtlichen Schuldenbereinigungsplanverfahren die Zustimmung eines Gläubigers nur sehr begrenzt ersetzt werden kann, nämlich nur die Zustimmung des Gläubigers einer bestrittenen Forderung oder eines Absonderungsberechtigten. Weiterhin von besonderer Bedeutung ist für den Verbraucherschuldner die fehlende Universalwirkung des § 213 InsO-Verfahrens. Tritt nachträglich ein Überraschungsgläubiger hinzu, wird der Schuldner womöglich wegen finanzieller Engpässe in das reguläre Verfahren gedrängt.

Auch wenn im Verfahren nach § 213 InsO kein bedeutender Vorteil gegenüber dem Zusammenschluss von außergerichtlichem und gerichtlichen Schuldenbereinigungsplanverfahren gesehen wird, könnten manche Schuldner und Gläubiger trotzdem einen Mehrwert in diesem Verfahren sehen, weil die Freiwilligkeit in den Vordergrund gerückt wird. Die Schuldenbereinigungsplanverfahren

---

758 Siehe unter C. V. 2.

759 Lauck, Insbüro 2009, 131, 137; a.A. du Carrois, Insbüro 2012, 15, 16 f.

760 Du Carrois, Insbüro 2012, 15, 17.

hingegen werden häufig als bloße Formalie abgearbeitet, ohne dass die Chancen dieser Verfahren gesehen und bewusst genutzt werden.[761]

2. Besonderheiten für selbständig Tätige

Für selbständig tätige Schuldner ist das Verfahren nach § 213 InsO die zentrale Möglichkeit, nach Anmeldung der Insolvenz ein schnelles und kostengünstiges Ende dieser zu erreichen. Ein inhaltlich und verfahrensrechtlich anspruchsvolles Insolvenzplanverfahren ist in Fällen eines kleinen Erwerbsgeschäftes mit wenigen Gläubigern umfangreicher ohne ein entsprechendes Mehr an Nutzen zu bringen. Erforderlich hierfür ist natürlich ein Mitwirken der Gläubiger. Hat der Schuldner einen guten Überblick über seine Gläubiger, d.h. ist er sich sicher, keine Gläubiger vergessen zu haben, bietet dieses Verfahren die Chance, ohne zusätzliche Schufa-Eintragungen, wie dies zu Beginn und am Ende des Restschuldbefreiungsverfahrens üblich ist, außergerichtlich die Insolvenz abzuwenden. Hierdurch kann der selbständig Tätige den Ruf seines Erwerbsgeschäfts schützen, auch werden Kreditgeber eher gewillt sein, Kredite zu bewilligen.

VIII. Vergleich der Planverfahren mit der einvernehmlichen Einstellung nach § 213 InsO

1. Verhandlungsbereitschaft beruht nicht zwingend auf Freiwilligkeit

Die einvernehmliche Einstellung nach § 213 InsO weist Parallelen zu allen Planverfahren auf. Wie beim Insolvenzplanverfahren wird dem Schuldner eine Wahlmöglichkeit eingeräumt, ob er das Verfahren einleitet. Zudem beenden sowohl die einvernehmliche Einstellung als auch das Insolvenzplanverfahren das laufende Insolvenzverfahren.

Inhaltlich bestehen Parallelen zwischen der einvernehmlichen Einstellung und dem außergerichtlichen sowie dem gerichtlichen Schuldenbereinigungsplanverfahren. Diese Verfahren wirken nur gegenüber den zustimmenden Gläubigern und sind daher insbesondere bei allgemeiner Einigkeit anwendbar. Im Vergleich zum gerichtlichen Schuldenbereinigungsplanverfahren ist in abgeschwächter Form eine Zustimmungsersetzung möglich. Innerhalb aller drei Verfahren erfolgt die Einigung außerhalb gerichtlicher Kontrolle und somit selbstbestimmt

---

761 MüKo-InsO/Vuia, § 305 Rn. 24.

durch die Beteiligten. Sinn und Zweck der Verfahren ist es, meditative Vorgänge in der Insolvenz- wie auch der Zivilprozessordnung zu stärken.[762]

Trotz inhaltlicher Ähnlichkeit und der allen Verfahren gemeinsamen Insolvenzsituation vermittelt die Einstellung nach §§ 213 ff. InsO den Beteiligten das Gefühl, nützlich und sinnvoll zu sein,[763] die Schuldenbereinigungsplanverfahren hingegen werden nicht selten als aufgedrängte Last empfunden.[764] Das zuletzt beschriebene Gefühl resultiert aus der Assoziation von Zeitverlust, der sich aus zwingend durchzuführenden „Extra-“ Verfahren ergibt. Ein auf Freiwilligkeit basierendes Verfahren kann höhere Erfolgschancen wegen einer erhöhten Verhandlungsbereitschaft der Beteiligten bieten.

Der Ansatz, in Verbraucherverfahren eine konsensuale Lösung zur Beilegung des Verfahrens zu finden, wohnt auch dem Zivilprozessrecht inne. Neuester Ausdruck hiervon ist das am 01.04.2016 in Kraft getretene Gesetz zur alternativen Streitbeilegung in Verbraucherverfahren (VSBG), das für Einigungsversuche in Verbraucherverfahren spezielle Institutionen schafft.[765] Angewandt werden kann das VSBG innerhalb einer außergerichtlichen Einigung, die nach § 278a InsO den Parteien durch den Richter vorgeschlagen werden kann,[766] oder ausnahmsweise auch in einem anhängigen Verfahren, wenn das Gericht nach § 278a Abs. 2 ZPO den Fall zur Schlichtung verwiesen hat, § 14 Abs. 2 S. 1 Nr. 2 VSBG.[767]

Die neue Gesetzgebung im Zivilverfahrensrecht verdeutlicht, wie zentral dem europäischen und deutschen Gesetzgeber das Anliegen ist, Verbraucherverfahren konsensual zu regeln. Dieses Ziel verfolgend erscheint es konsequent, den Verbraucher im Insolvenzverfahren dazu zu verpflichten, über eine außergerichtliche Einigung in Erwägung zu ziehen und ihm gleichzeitig mit den Schuldnerberatungsstellen eine kostengünstige, staatlich unterstützte Beratung zu ermöglichen. Der Zwang soll in diesem Fall anstoßen, eine vorteilhafte Lösung zu finden, und gleichzeitig die Gerichte entlasten. Auch wirtschaftlich unerfahrene Schuldner werden mit der Möglichkeit konfrontiert, die Insolvenz alternativ zu regeln. Angestoßen durch den anfänglichen Zwang können sie während

---

762 Zur Situation in der ZPO vgl. § 278 Abs. 2 ZPO zur gerichtlichen Mediation und § 278a ZPO zur außergerichtlichen Mediation; Greger, DStR 2005, 479, 479.

763 Haarmeyer, ZInsO 2009, 556, 556.

764 Schmidt, Privatinsolvenz, § 3 Rn. 44 f.; Baczako, ZVI 2013, 209, 210 f.

765 Gössl, NJW 2016, 838, 840 ff.

766 Gössl, NJW 2016, 838, 840.

767 Gössl, NJW 2016, 838, 841.

diverser weiterer konsensualer Verfahrensmöglichkeiten neu gewonnene Ideen verfolgen.

Ein anfänglicher Zwang kann sich daher positiv auswirken. Um im weiteren Verlauf die Motivation des Schuldners zu erhalten, sollten weitere Einigungsverfahren freiwillig erfolgen, da Freiwilligkeit positive Synergien erzeugt.

2. *Erfolg einer Einstellung nach § 213 InsO*

Das Verfahren der Einstellung nach § 213 InsO ist zeitlich ungebunden nach Eröffnung des Insolvenzverfahrens möglich. In allen Kleinverfahren verbleibt folglich nur noch die Chance zur konsensualen Beendigung des Verfahrens, wenn sich die Leistungsmöglichkeiten einige Zeit nach Verfahrenseröffnung ergeben. Grund hierfür kann der Anfall einer Erbschaft sein, die alternativ in der Restschuldbefreiungsperiode ausgeschlagen werden würde.[768]

In Verbraucherinsolvenzverfahren ist zudem ein weiterer Anwendungsfall denkbar. Scheiterte die außergerichtliche Einigung an der Zustimmung des Gläubigers einer bestrittenen Forderung oder eines Absonderungsberechtigten und hat das Gericht gegen den Willen des Schuldners nicht das gerichtliche Schuldenbereinigungsplanverfahren eröffnet, kann der Schuldner den kurzen und nicht stark formalisierten Weg der Einstellung nach § 213 InsO nach Verfahrenseröffnung wählen.

768 Heyer, ZVI 2012, 321, 322.

7. Kapitel: Abwägung zwischen den Verfahren

Ziel dieses Kapitels ist es, die Vor- und Nachteile der Planverfahren vergleichend aufzuzeigen. Hierfür wird zunächst untersucht, inwieweit innerhalb der Planverfahren eine Berücksichtigung der Personengruppen Verbraucher und Kleingewerbetreibender gelungen ist, um sodann die Planverfahren in Relation zur Einstellung nach § 213 InsO zu setzen und schließlich zwischen dem Insolvenzplan und den Schuldenbereinigungsplänen abzuwägen.

A. Einbeziehung von Verbrauchern und Kleinunternehmern in Planverfahren

I. Notwendigkeit einer Gegenleistung

In Kleininsolvenzverfahren wird Gläubigern häufig nur eine geringe Befriedigungsquote in Aussicht gestellt. Folglich ist ihr Interesse, eine einvernehmliche Abwicklung der Insolvenz zu unterstützen, an gewisse Gegenleistungen des Schuldners gebunden. Als Gegenleistungen bieten sich verschiedene Möglichkeiten an. Die zentrale Gegenleistung bildet die Quote. Wenn der Schuldner seinen Gläubigern allerdings nur eine gegenüber dem Regelverfahren geringfügig oder gar nicht erhöhte Quote bieten kann, muss er den Gläubigern weitere Vorteile bieten.

Einen wichtigen Faktor spielt für den Gläubiger der Zeitpunkt, an dem er seine Quote bzw. Anteile dieser ausgezahlt bekommt. Außerdem sind Gläubiger an einer zügigen Abwicklung des Verfahrens interessiert. Dies kann der Schuldner fördern, indem er seine Planlösung durchdacht vorbereitet. Zugleich betont der Schuldner hiermit, wie ernsthaft er danach strebt, seine wirtschaftliche Lage künftig zu verbessern.

Um ein Konzept für die Abwicklung seiner Insolvenzsituation mittels eines Planverfahrens zu erstellen, muss der Verbraucherschuldner weiterhin entscheiden, welches konkrete Planverfahren er anstrebt. Strebt er etwa einen Insolvenzplan an, sollte er gegenüber dem Gericht möglichst darauf hinwirken, von seinem gerichtlichen Ermessen derart Gebrauch zu machen, dass ohne Eintritt in das Schuldenbereinigungsplanverfahren die Fortsetzung des Verfahrens nach § 306 Abs. 1 S. 3 InsO angeordnet wird. Dies spart Zeit und beugt unerwartetem

Widerstand durch beispielsweise aufgrund der Verfahrensdauer nicht mehr an einer Planlösung interessierten Gläubigern vor.

II. Anwendbare Verfahren

In Verfahren natürlicher Personen trifft die Entscheidung, welches Verfahren gefördert wird, regelmäßig der Schuldner als Planersteller. Doch nicht in jeder Privatinsolvenz stehen dieselben Wahlmöglichkeiten offen.

Verbraucher können aus dem gesamten Repertoire an Verfahren der Insolvenzordnung zur einvernehmlichen Einigung wählen. Dieses Angebot ist mit Vor- und Nachteilen verbunden. Negativ wirkt sich vor allem der Zwang aus, den außergerichtlichen Einigungsversuch durchzuführen. Anschließend kann der Verbraucher nämlich vom Gericht in den gerichtlichen Einigungsversuch gedrängt werden, bevor er selbst nach Eröffnung des Insolvenzverfahrens ein Insolvenzplanverfahren einleiten kann. Favorisiert der Schuldner für die Auflösung seiner Insolvenz das Insolvenzplanverfahren, verliert er mit den Schuldenbereinigungsplänen Zeit und eventuell auch das Interesse der Gläubiger. Denkbar, aber eher die Ausnahme, ist der spät entschlossene Schuldner, der erst im eröffneten Verfahren eine Einigung anstrebt.[769] Im weiteren Verlauf des Verfahrens kann nach Ablauf der Anmeldefrist das Verfahren jederzeit nach § 213 InsO eingestellt werden, bzw. nach § 213 InsO analog während eines sich an das Insolvenzverfahren anschließenden Restschuldbefreiungsverfahrens.

Einem selbständig tätigen Schuldner stehen erheblich weniger gesetzlich vorgesehene Wahlmöglichkeiten zur Verfügung. Vorgesehen sind ein Insolvenzplanverfahren nach Verfahrenseröffnung und die spätere Einstellung nach § 213 InsO. Der Vorteil des Planverfahrens für den Kleingewerbetreibenden besteht insbesondere darin, frühzeitig im Verfahren die Vermutung des Vermögensverfalls abzuwenden und so seine beruflichen Zulassungen zu erhalten.[770]

Eine Besonderheit ergibt sich bei der außergerichtlichen Einigung. Diese ist in Verbraucherverfahren in ein gesetzliches Schema eingefügt, kann aber auch in sämtlichen anderen Verfahren eigenständig – ohne gesetzliche Bindung – ausgeführt werden. Eine vorgerichtliche Einigung wirkt – wie auch der außergerichtliche Schuldenbereinigungsplan – ausschließlich gegenüber den zustimmenden Gläubigern.

---

769 Heyer, ZVI 2012, 321, 321.

770 Smid/Rattunde/Martini, Der Insolvenzplan, Rn. 27.3.

Daraus ergeben sich zwei Besonderheiten, die Verbraucherinsolvenzverfahren betreffen. Erstens wird die Einigung mit einem gewissen Zwang verbunden, zweitens ist das gerichtliche Einigungsverfahren ausschließlich dem Verbraucher vorbehalten.

III. Plädoyer für ein „Wahlrecht" des Schuldners zwischen gerichtlichem Schuldenbereinigungsplanverfahren und Insolvenzplanverfahren

Wie soeben aufgezeigt, bedeutet die einem Verbraucher im Fall seiner Insolvenz zur Verfügung stehende Vielzahl an Verfahren Fluch und Segen zugleich. Insbesondere muss ein solcher Schuldner darauf bedacht sein, das Verfahren nicht unnötig in die Länge zu ziehen, um die Gläubiger an einer Planlösung interessiert zu halten.

1. Problemaufriss und Lösungsvorschlag

Dies führt zwangsläufig zu der Frage, wer über die Durchführung des jeweiligen Planverfahrens entscheidet. Dies ist gesetzlich klar vorgegeben. Während das außergerichtliche Schuldenbereinigungsplanverfahren zwingend durchzuführen ist, um die für einen Insolvenzantrag nach § 305 Abs. 1 Nr. 1 InsO erforderliche Scheiternsbescheinigung zu erhalten, steht über die Durchführung des gerichtlichen Schuldenbereinigungsplanverfahrens gem. § 306 Abs. 1 S. 3 InsO im Ermessen des Gerichts und erst nach Durchlaufen dieser Verfahrensschritte steht es dem Schuldner selbst nach Eröffnung des Insolvenzverfahrens frei, auf eigenen Antrag gem. § 218 Abs. 1 Alt. 2 InsO ein Insolvenzplanverfahren einzuleiten.

Dieses Konzept stellt sicherlich hinreichend sicher, Einfluss auf den Verbraucherschuldner ausüben zu können, damit dieser gezwungen wird, über eine konsensuale Beilegung seiner Insolvenz nachdenken zu müssen. Fraglich ist allerdings, ob es hierfür gleich der zweifachen Absicherung bedarf, namentlich durch den Zwang im außergerichtlichen Schuldenbereinigungsplanverfahren sowie die gerichtliche Entscheidung im gerichtlichen Schuldenbereinigungsplanverfahren.

So ist Dreh- und Angelpunkt einer jeden Planlösung, wie dies schlussendlich bei jedem Vertrag der Fall ist, der Wille der Parteien und damit im Fall der Insolvenz im Ausgangspunkt derjenige des Schuldners. Hat der Schuldner kein Interesse daran, die Planregelungen zu erfüllen, wird ein jeder Plan zum Scheitern verurteilt sein. Diese Überlegungen führen zu der Frage, ob nicht die

Entscheidung über die Durchführung des gerichtlichen Schuldenbereinigungsplanverfahrens dem Schuldner obliegen sollte.[771]

Zur Beantwortung dieser Frage ist zunächst ein kurzer Blick auf die Entwicklung des gerichtlichen Schuldenbereinigungsplanverfahrens zu werfen. Wurde der mit dem Insolvenzantrag nach § 305 Abs. 1 Nr. 4 InsO vorzulegende Schuldenbereinigungsplan noch als „Kernstück" der vom Schuldner vorzulegenden Unterlagen betrachtet und war das gerichtliche Schuldenbereinigungsplanverfahren nach seiner gesetzlichen Einführung immer durchzuführen,[772] entschied man sich nicht zuletzt aufgrund der eher geringen Erfolgszahlen dieses Verfahrens für die soeben beschriebene fakultative Durchführung dieses Verfahrens mit der Entscheidungskompetenz hierüber bei den Gerichten.[773] Der Regierungsentwurf des Gesetzes zur Verkürzung des Restschuldbefreiungsverfahrens und Stärkung der Gläubigerrechte vom 31.10.2012 sah sodann sogar vor, dieses Verfahren gänzlich abzuschaffen, was letztlich aber nicht umgesetzt wurde, da diesem Verfahren – was nicht von der Hand zu weisen ist – die Funktion eines „Verhandlungsinstruments" zur Besseren Durchsetzung außergerichtlicher Schuldenbereinigungspläne auch gegenüber Akkordstörern zugesprochen wurde.[774]

Um diese Funktion zu erreichen, erscheint aber keineswegs eine gerichtliche Entscheidungsbefugnis zwingend notwendig zu sein. Vielmehr hätte es sogar der Schuldner selbst in der Hand, Akkordstörern entsprechend entgegenzutreten, läge die Entscheidungsbefugnis über die Durchführung des gerichtlichen Schuldenbereinigungsplanverfahrens allein in seiner Hand.[775] Andererseits sind nach hiesiger Auffassung die mit einem gewissen Zwang einhergehenden Synergieeffekte in Verfahren von Verbrauchern nicht zu vernachlässigen, gerade wenn

771 So Heyer, ZVI 2023, 99.

772 Vgl. BT-Drs. 12/7302, S. 190.

773 Vgl. Gesetzentwurf der Bundesregierung für ein Gesetz zur Änderung der Insolvenzordnung und anderer Gesetze vom 28.03.2001, BT-Drs. 14/5680, S. 7; nach dem Statistischen Bundesamt wurden im Jahr 2021 bei rd. 78.000 Verbraucherinsolvenzen nur 768 gerichtliche Schuldenbereinigungspläne angenommen, die Annahmequote bewegt sich mithin bei etwa 1 %, abrufbar unter https://www.destatis.de/DE/Themen/Gesellschaft-Umwelt/Einkommen-Konsum-Lebensbedingungen/Vermoegen-Schulden/Tabellen/verbraucherinsolvenzen.html.

774 Vgl. BT-Drs. 17/11268, S. 34; hierzu entsprechend kritisch Stephan, VIA 2012, 65 ff.; ders. ZVI 2013, 83; Hergenröder/Homann, ZVI 2013, 91, 95; Hofmeister, ZVI 2014, 247, 249.

775 Heyer, ZVI 2023, 99, 101.

es sich hier um Personen handelt, die sich erstmalig in der Insolvenzsituation befinden und in diesem Zusammenhang auf die Möglichkeit einer alternativen konsensualen Beilegung dieser erst aufmerksam gemacht werden müssen. Des Weiteren wäre hieran bedenklich, dass der Schuldner damit über die Einleitung eines gerichtlich zu begleitenden Verfahrens entscheiden würde, bevor das Gericht den Insolvenzantrag prüfen konnte.

Daher wird vorgeschlagen, dem Verbraucherschuldner, der bereits ein außergerichtliches Schuldenbereinigungsplanverfahren durchlaufen hat, zumindest für den Fall, dass er ein Insolvenzplanverfahren anstrebt, die Möglichkeit einzuräumen, das gerichtliche Schuldenbereinigungsplanverfahren zu „überspringen". Hierdurch wird sichergestellt, dass nur einem an einer Planlösung ohnehin interessierten Schuldner eine gewisse Abkürzungsmöglichkeit anheimgestellt wird, während auf andere Schuldner weiterhin das Gericht im Rahmen einer Anhörung nach § 306 Abs. 1 S. 3 InsO Einfluss nehmen kann.

2. *Regelungsvorschlag*

Ein solches Recht könnte dem Schuldner derart überlassen werden, indem ihm für den Fall, dass er einen Insolvenzplan nach § 218 Abs. 1 InsO vorlegt, die Möglichkeit gegeben wird, das gerichtliche Schuldenbereinigungsplanverfahren auszulassen. Dieses Regelungsziel könnte durch eine Ergänzung des § 306 Abs. 1 InsO um folgenden vierten Satz erreicht werden:

> *„Das Verfahren ist unmittelbar fortzusetzen, wenn der Schuldner nach § 218 Abs. 1 InsO einen Insolvenzplan vorlegt."*

Eine darüber hinaus gehende Änderung auch des § 305 Abs. 1 Nr. 4 InsO erscheint nicht erforderlich, würden durch eine Aufnahme des Insolvenzplans alternativ zum Schuldenbereinigungsplan in diese Bestimmung doch die Anforderungen an den Insolvenzantrag eines Verbrauchers deutlich erhöht und hier wohl auch falsch verortet, da das Insolvenzplanverfahren schlicht neben den Sonderregelungen für Verbrauchern steht und daher gerade keine Aufnahme in die Eingangsvoraussetzungen dieser finden soll. Zudem ruht das Verfahren ohnehin nach § 306 Abs. 1 S. 1 InsO bis zur Entscheidung über den Schuldenbereinigungsplan, dem nach dem vorgeschlagenen neuen Satz 4 die Fortsetzung des Verfahrens bei Vorlage eines Insolvenzplans bereits alternativ gegenüberstünde.

IV. Zwischen Angleichung und Sonderregelungen

1. Problemaufriss

Verbraucher und Kleingewerbetreibende werden im Insolvenzrecht allgemein unter dem Begriff der natürlichen Person zusammengefasst. Deren Gegenpol stellt die juristische Person dar. Mit der Abschaffung der §§ 312 bis 314 InsO wollte der Gesetzgeber die Verfahren für natürliche und juristische Personen ersichtlich einander angleichen, wobei die „große Angleichung", nach der auch die §§ 307 bis 311 InsO aufgehoben werden sollten, nicht beschlossen wurde.[776] Ergebnis ist das oben aufgezeigte Nebeneinander vieler Verfahren zur einvernehmlichen Beendigung der Insolvenz in Verbraucherverfahren, wodurch eine Entscheidung zugunsten eines der Verfahren notwendig ist.[777] Auch die besondere Stellung des Kleingewerbetreibenden wirft die Frage auf, inwieweit auch dieser gegebenenfalls in die Verbrauchern vorbehaltenen Verfahren und Diskussionen einbezogen werden sollte.

2. Beispiele

Besonders offensichtlich wird der Zwiespalt zwischen Gleich- und Ungleichbehandlung im Rahmen der Kostenstundung. Im Regelverfahren können Verbraucher und Kleingewerbetreibende Kostenstundung nach §§ 4a ff. InsO beantragen, wohingegen nur dem Verbraucher das gerichtliche Schuldenbereinigungsplanverfahren und damit eine Kombination von Planlösung und Kostenstundung offensteht.

Das Insolvenzplanverfahren wurde vom Gesetzgeber sukzessive allen Schuldnern zur Verfügung gestellt. Der persönliche Anwendungsbereich beschränkte sich zunächst auf juristische Personen, wurde sodann um Kleingewerbetreibende und neuerdings auch Verbraucher erweitert. Konträr zur Erweiterung des persönlichen Anwendungsbereichs beziehen sich inhaltliche Änderungen, insbesondere solche im Rahmen des ESUG, schwerpunktmäßig auf juristische Personen.[778] Anteilsinhaber treten in Kleininsolvenzverfahren naturgemäß nicht auf, ein Gläubigerausschuss wird regelmäßig nicht gebildet. Zu diesen Themengebieten erlassene Vorschriften haben in Verbraucherinsolvenzverfahren keine Bedeutung. Insofern sind keine Synergieeffekte erkennbar. Zumindest

---

776 Vgl. BT-Drs. 17/11268, S. 9.

777 Vgl. sogleich in diesem Kapitel unter B.

778 BT-Drs. 17/5712, S. 2; Wimmer, Das neue Insolvenzrecht nach der ESUG-Reform, S. 1 f.

Kleingewerbetreibende können von einigen Neuerungen profitieren, wie etwa der Möglichkeit eines Schutzschirms, wenn sie eine Sanierung anstreben.

So versuchte man unmittelbar nach Öffnung des Insolvenzplanverfahrens auch für Verbraucher zum 01.07.2014, fehlende Anpassungen des Insolvenzplanverfahrens auf Verbraucher auszugleichen, indem etwa § 309 Abs. 1 S. 2 Nr. 2 Hs. 2 InsO entsprechend angewandt wird und dem Schuldner der Zugang zu kostengünstigen Schuldnerberatungsstellen auch im Insolvenzplanverfahren offenstehen soll.[779] Teils wurde dies mittlerweile durch Einführung des § 245a InsO zum 01.01.2021 in das Gesetz übernommen.

3. *Kritik*

Nicht immer eröffnen zahlreiche Möglichkeiten Vorteile. Das von vielen Parteien mit einer einvernehmlichen Einigung verfolgte Ziel, das Insolvenzverfahren rasch zu beenden, ist mit einem zwingenden Nebeneinander vieler Verfahren allerdings eher schlecht zu erreichen. Vorteilhafter wäre es, dem Verbraucher, wie soeben thematisiert, die die Möglichkeit zu eröffnen, das gerichtliche Schuldenbereinigungsplanverfahren auszulassen, wenn er einen Insolvenzplan vorlegt.[780]

Aber auch innerhalb des Insolvenzplanverfahrens gilt es Unstimmigkeiten zu überwinden. Viele Vorschriften, die für Anteilsinhaber oder auch eine Gläubigerversammlung gelten, können außer Betracht bleiben und sind daher – zumindest gedanklich – zu streichen. Die sodann verbleibenden Regelungen könnten umso verständlicher gestaltet werden, indem das Insolvenzplanverfahren in einen allgemeinen und einen besonderen Teil gegliedert würde. Der allgemeine Teil enthielte dann für alle Verfahren gültige Vorschriften und der besondere Teil spezifische Vorschriften für Verbraucher- und Kleinunternehmerinsolvenzen sowie für Unternehmensinsolvenzen.

Ein Rückgriff auf verbraucherspezifische Regelungen des gerichtlichen Schuldenbereinigungsplanverfahrens vermag einige Unstimmigkeiten auszugleichen. Sinnvoller erschiene es jedoch, wenn eine klare Linie verfolgt würde. Zu entscheiden ist dafür, ob Verbraucher- und Unternehmensinsolvenzen grundsätzlich in einem Einheitsverfahren oder in klar voneinander abgegrenzten Verfahren verfolgt werden sollen.

---

779 Zu § 309 Abs. 1 S. 2 Hs. 2 InsO Ahrens, Aktuelles Privatinsolvenzrecht, Rn. 503; Smid/Rattunde/Martini, Der Insolvenzplan, Rn. 27.17; Harder, VIA 2016, 14, 15; Laroche/Harder, VIA 2014, 81, 84; zur Beratung durch Schuldnerberatungsstellen Ahrens, Aktuelles Privatinsolvenzrecht, Rn. 465.

780 Hierzu in diesem Kapitel unter A. III.

Der nächste Kritikpunkt betrifft den Kleingewerbetreibenden. Während der Kleingewerbetreibende im Regelverfahren mit der Kostenstundung und der Möglichkeit, Restschuldbefreiung zu erlangen, weitgehend dem Verbraucher gleichgestellt wird, soll er eine Planlösung angepasst an Unternehmen finden. Wegen der speziellen Verknüpfung zwischen natürlicher Person und Unternehmen muss dem Kleingewerbetreibenden die Chance gewährt werden, selbst zu entscheiden, worauf er bei der einvernehmlichen Einigung den Schwerpunkt setzt. Ihm sollte folglich nach bestehender gesetzlicher Lage Zugang zum gerichtlichen Schuldenbereinigungsplanverfahren verschafft werden, allerdings nicht zwangs-, sondern wahlweise.

B. Entscheidung für eine Verfahrensart in Verbraucherinsolvenzverfahren

Wie bereits mehrfach hervorgehoben, sollte ein Verbraucher, der seine Insolvenzsituation mittels eines Plans zu regeln beabsichtigt, von vornherein eine bestimmte Planlösung favorisieren und fördern. Hierfür muss er eine Abwägungsentscheidung treffen, deren Grundlage die Vor- und Nachteile der zur Verfügung stehenden Verfahren bilden. Hieran anknüpfend wird im Folgenden herausgearbeitet, dass der außergerichtliche und gerichtliche Schuldenbereinigungsplan als Einheit konzipiert wurden, um Verbraucherinsolvenzen zu bewältigen (hierzu unter I.), und sodann das Insolvenzplanverfahren mit dem außergerichtlichen und gerichtlichen Schuldenbereinigungsplanverfahren verglichen (hierzu unter II.). Abschließend wird auf das Verhältnis von Insolvenzplanverfahren zum Restschuldbefreiungsverfahren eingegangen, den beiden einem Verbraucher nach Eröffnung des Insolvenzverfahrens verbleibenden Entscheidungsalternativen (hierzu unter III.).

I. Außergerichtlicher und gerichtlicher Einigungsversuch als Gesamtkonzept

1. Bisher geltendes Gesamtkonzept zur konsensualen Einigung

Außergerichtliche und gerichtliche Schuldenbereinigung bilden ein Gesamtkonzept zur einvernehmlichen Abwendung des Insolvenzverfahrens. Die kostengünstigste aller Planvarianten wird dem Verbraucher mit der außergerichtlichen Einigung geboten. Es fallen keine Verfahrenskosten an und die kostenlose Beratung durch eine Schuldnerberatungsstelle ist möglich.[781] Zudem erfolgt diese

781 AG Darmstadt, ZVI 2013, 100, 101.

Planlösung weitgehend form- und vorschriftenfrei. Hierdurch ergeben sich positive wie negative Effekte.

In positiver Hinsicht kann eine Einigung ungebunden von festen Verfahrensvorgaben und damit schnell erfolgen – es sind weder feste Zustellungsfristen noch Versammlungstermine einzuhalten. In negativer Hinsicht ist ein vorgegebenes Verfahren besser geeignet, bei Gläubigern das Gefühl hervorzurufen, ausreichend informiert worden zu sein, und so eine positive Entscheidung herbeizuführen. Der Schuldner muss daher selbst abwägen, wie er den Gläubigern die Einigung anträgt.

Die stärkste Begrenzung erfährt der außergerichtliche Schuldenbereinigungsplan in seiner Wirkung. Erstens wirkt er ausschließlich gegenüber den Beteiligten, Nachzügler werden nicht erfasst.[782] Zweitens kommt er nur zustande, wenn alle Gläubiger zustimmen, wobei Enthaltungen nicht als Zustimmung gewertet werden und eine Zustimmungsersetzung nicht vorgesehen ist.[783] Drittens schafft er einen Vergleich, hat aber keine Titelwirkung. Zur Durchsetzung der Zahlungsverpflichtungen bedarf es folglich einer Geltendmachung im Mahn- oder Klageverfahren.[784]

Dieses Manko behebt der Gesetzgeber im gerichtlichen Schuldenbereinigungsplanverfahren. Die stärkere gerichtliche Einbindung in das Verfahren geht einher mit der Möglichkeit, die Zustimmung einzelner Gläubiger durch das Gericht ersetzen zu lassen, und einer Zustimmungsfiktion, falls ein Gläubiger nicht fristgerecht reagiert. Stärker ist die gerichtliche Beteiligung allerdings nur im Vergleich zum außergerichtlichen Einigungsversuch, deutlich weitgehendere Befugnisse werden dem Gericht im Insolvenzplanverfahren eingeräumt. So dürfen im gerichtlichen Schuldenbereinigungsplanverfahren inhaltliche Aspekte dürfen nicht überprüft werden, mit Ausnahme der für die Zustimmungsersetzung erforderlichen Details. Aber auch diese Prüfung ist persönlich und sachlich stark eingegrenzt. Zum einen sind ausschließlich widersprechende Gläubiger zu überprüfen, zum andern dürfen vergleichbare Gläubiger explizit leicht unterschiedlich behandelt werden, § 309 Abs. 1 S. 2 Nr. 1 InsO.

Insgesamt bilden das außergerichtliche und gerichtliche Schuldenbereinigungsplanverfahren ein Gesamtkonzept. Das gerichtliche Schuldenbereinigungsplanverfahren ist die logische Fortsetzung einer gescheiterten

---

782 K. Schmidt/Stephan, § 305 Rn. 14; Uhlenbruck/Sternal, § 305 Rn. 26.

783 K. Schmidt/Stephan, § 305 Rn. 13; Uhlenbruck/Sternal, § 305 Rn. 24; Schmidt, Privatinsolvenz, § 3 Rn. 2.

784 K. Schmidt/Stephan, § 305 Rn. 14; Uhlenbruck/Sternal, § 305 Rn. 26.

außergerichtlichen Einigung. Die Zustimmung einzelner Akkordstörer kann ersetzt werden, scheiterte der Plan außergerichtlich an desinteressierten Gläubigern, so gilt ihre Zustimmung nunmehr als erteilt.

2. *Keine lückenlose Eingliederung des Insolvenzplans*

Fraglich erscheint, ob auch die weiteren Verfahren sich nahtlos in dieses Bild einfügen. Sowohl der Insolvenzplan als auch die Einstellung nach § 213 InsO können erst mit bzw. nach Eröffnung des Insolvenzverfahrens angestrebt werden. Daher erfolgt zwingend ein Eintrag bei der SCHUFA, der erhebliche negative Auswirkungen auf das private sowie geschäftliche Wirken einer natürlichen Person hat.[785]

Gegenüber dem gerichtlichen Schuldenbereinigungsplanverfahren sind im Insolvenzplanverfahren die Einwirkungsmöglichkeiten des Insolvenzgerichts auf den Inhalt des Insolvenzplans erweitert. Allerdings geht damit keine Ausweitung der Zustimmungsersetzungsmöglichkeiten einher, sondern eine Umgestaltung.[786]

Des Weiteren sind einige Vorschriften des Insolvenzplanverfahrens explizit auf Unternehmen zugeschnitten. Eine Anwendung in Verbraucherinsolvenzverfahren erfordert Rückgriffe auf speziell für Verbraucher geschaffene Rechtsgedanken. Namentlich wird nach umstrittener Ansicht die Zweifelsregelung des § 309 Abs. 1 S. 2 Nr. 2 Hs. 2 InsO auf das Insolvenzplanverfahren übertragen.[787]

Das Insolvenzplanverfahren bietet Verbrauchern eine zusätzliche Möglichkeit, ihre Insolvenz abzuwenden, wobei das Insolvenzplanverfahren neben das Konzept der Schuldenbereinigungspläne tritt. Folglich muss herausgearbeitet werden, welche Vor- oder Nachteile die einzelnen Verfahren für den Verbraucher mit sich bringen.

---

785 Jaeger/Foerste, InsO, § 311 Rn. 36; Hänel/Harig, ZVI 2015, 282, 283; Gärtner/Tintemann, VuR 2012, 54, 54 f.

786 Vgl. 5. Kapitel C. II. 3 sowie 6. Kapitel E. III. 2. b).

787 Ahrens, Aktuelles Privatinsolvenzrecht, Rn. 503; Smid/Rattunde/Martini, Der Insolvenzplan, Rn. 27.17; Harder, VIA 2016, 14, 15; Laroche/Harder, VIA 2014, 81, 84; a.A. AG Hamburg, NZI 2016, 34 f., wonach eine übliche angemessene Gehaltssteigerung in die Berechnung einzubeziehen ist; Frind, ZInsO 2014, 280, 282.

II. Vergleich des Insolvenzplans mit den Schuldenbereinigungsplänen

Wie bereits bei der Besprechung der Verfahren im Einzelnen deutlich wurde, unterscheiden sich die Planverfahren teils erheblich voneinander. Um den Planbeteiligten eine schnelle Entscheidung zugunsten eines der Verfahren zu ermöglichen, werden im Folgenden die drei Planarten, der außergerichtliche Einigungsversuch, der gerichtliche Einigungsversuch und der Insolvenzplan, anhand ausgewählter Kategorien miteinander verglichen. Betrachtet wird, welche wirtschaftlichen Folgen die Durchführung eines der Verfahren hat (1.), welche Verfahrensvorschriften die Planverfahren maßgeblich bestimmen (2.), welche Auswirkungen die gerichtliche Mitwirkung den Verfahren haben kann (3.), welche Wirkung die Pläne gegenüber den Gläubigern entfalten (4.), wie die Ausführung eines beschlossenen Plans rechtlich abgesichert wird (5.), ob der Schuldner kostengünstig bei der Erstellung eines Plans beraten werden kann (6.) und wie hoch die Kosten des jeweiligen Verfahrens sind und wer diese trägt (7.). Unter Einbeziehung dieser Kategorien wird schließlich ein Gesamtergebnis aufgestellt (8.).

1. Zeitpunkt der Verfahrenseinleitung und damit zusammenhängender Eintrag bei Wirtschaftsauskunfteien

a) Hintergrund

Mittels eines Planverfahrens möchte der Schuldner regelmäßig schneller seine Fähigkeit zurückerlangen, ohne Einschränkungen am allgemeinen Wirtschaftsleben teilzunehmen. Diesem Wunsch steht ein Eintrag bei einer Wirtschaftsauskunftei, beispielsweise der SCHUFA Holding AG (im Folgenden: „SCHUFA"), erheblich entgegen. Es wird dem Schuldner hierdurch etwa erschwert, einen Mietvertrag zu schießen, Kredite bewilligt zu bekommen, ein Konto zu eröffnen oder Lieferkontakte aufzubauen, da durch einen entsprechenden Eintrag bei einer Wirtschaftsauskunftei gebrandmarkte Personen regelmäßig gemieden werden.[788]

Die die Wirtschaftsauskunfteien bedienen sich zur Erstellung ihrer Einträge der Insolvenzbekanntmachungen. Dort werden entsprechend § 9 InsO

788 Jaeger/Foerste, InsO, § 311 Rn. 36; Hänel/Harig, ZVI 2015, 282, 283; Gärtner/Tintemann, VuR 2012, 54, 54 f.; vlg. Hierzu auch AG Halle, ZD 2013, 456, das sogar einen Schadensersatzanspruch bei einer unzulässigen Eintragung aus §§ 280 Abs. 1, 241 Abs. 2 BGB annimmt.

bestimmte Verfahrensabschnitte öffentlich bekannt gemacht, wie etwa die Eröffnung des Insolvenzverfahrens oder auch die Erteilung der Restschuldbefreiung. § 3 Abs. 1, 2 InsBekV sieht für diese Daten eine maximal sechsmonatige Speicherung vor. Wirtschaftsauskunfteien, wie beispielsweise die SCHUFA, speicherten entsprechende Daten hingegen regelmäßig für drei Jahre. Durch den Kauf einer Auskunft von diesen Auskunfteien konnten Marktakteure folglich auch über den Zeitraum der Speicherung dieser Daten in öffentlichen Register hinaus an diese gelangen. Gerade dieser zusätzliche „Service" machte das Geschäft der Auskunfteien vielfach für Kunden interessant.

Insbesondere aufgrund dieser zusätzlichen Speicherdauer und der damit verbundenen bereits aufgezeigten negativen Konsequenzen über den Zeitraum des eigentlichen Verfahrens hinaus ist es für Verbraucher und Kleingewerbetreibende von erheblichem Vorteil, keinen Eintrag zu erhalten. Dies ist im Fall des Verbrauchers der Fall, wenn dieser erfolgreich einen außergerichtlichen oder gerichtlichen Schuldenbereinigungsplan mit seinen Gläubigern schließt, da in diesem Stadium vor Verfahrenseröffnung keine öffentliche Bekanntmachung erfolgt. Strebt der Verbraucherschuldner hingegen ein Insolvenzplanverfahren an, das zwingend die Eröffnung des Insolvenzverfahrens voraussetzt, erfolgt eine entsprechende Eintragung, auf die die Wirtschaftsauskunfteien zurückgreifen.

Möchte ein Kleinunternehmer, für der Eintrag bei einer Wirtschaftsauskunftei ebenfalls erhebliche private wie auch geschäftliche Folgen hat, einer Eintragung entgehen, muss er sich außergerichtlich mit den Gläubigern einigen. Hierbei steht ihm – auch nach Umsetzung der Restrukturierungsrichtlinie – regelmäßig kein gerichtlich begleitetes Verfahren mit der Möglichkeit der Ersetzung der Zustimmung widersprechender Gläubiger offen. Denn Der Gesetzgeber hat von einer Gestaltung durch einen Restrukturierungsplan nach dem StaRUG gem. § 4 S. 2 InsO ausdrücklich solche Forderungen natürlicher Personen ausgenommen, die mit dessen unternehmerischer Tätigkeit in keinem Zusammenhang stehen.

b) Unzulässigkeit der Speicherung von Daten durch Wirtschaftsauskunfteien über sechs Monate hinaus

Die Zulässigkeit und vor allem die Dauer der Speicherung der aus den Insolvenzbekanntmachungen erlangten Informationen ist in Rechtsprechung und Literatur stark umstritten.[789] Erst kürzlich hat sich der Generalanwalt vor dem EuGH

---

789 Eher restriktiv, insbesondere keine Speicherung nach Ablauf der sechsmonatigen Löschungsfrist annehmend OLG München, ZD 2023, 221; OLG Schleswig, ZVI 2022, 261; OLG Schleswig, ZVI 2021, 293 m. Anm. Heyer; diese Frage offen lassend OLG

in seinen Schlussanträgen vom 16.03.2023 dafür ausgesprochen, dass zumindest kein berechtigtes Interesse der Wirtschaftsauskunfteien dafür vorliege, entsprechende Daten über die gesetzlich vorgesehene Dauer bis zur Löschung dieser zu speichern.[790] Die Entscheidung des EuGH steht derzeit noch aus. Der BGH setzte ein entsprechendes dort anhängiges Verfahren bis zur Entscheidung des EuGH aus.[791] Die SCHUFA ließ bereits am 28.03.2023 in einer Presseerklärung verlauten, die Speicherdauer insolvenzbezogener Daten auf sechs Monate zu verkürzen und ließ hierbei – offenbar in Abwendung von den über Jahre hinweg genau gegenteilig geführten Rechtsstreitigkeiten – verlautbaren, den *„Restschuldbefreiten einen schnellen wirtschaftlichen Neustart"* ermöglichen zu wollen.[792] Abzuwarten bleibt, wie sich hier weitere Wirtschaftsauskunfteien verhalten.

aa) Beurteilung ausschließlich anhand der Grundsätze der DS-GVO

Bis zum Inkrafttreten der DS-GVO beruhte das von den Wirtschaftsauskunfteien praktizierte Vorgehen, aus den Insolvenzbekanntmachungen entnommene Daten für die Dauer von drei Jahren zu speichern auf § 35 Abs. 2 Nr. 4 BDSG, der dies ausdrücklich erlaubte. Diese Rechtslage wurde auch nach Inkrafttreten der DS-GVO, die das BDSG ablöste, faktisch durch die weit überwiegende Rechtsprechung aufrechterhalten, ohne dass der deutsche Gesetzgeber zugleich eine entsprechende Rechtsgrundlage geschaffen hätte.[793]

Dieser Ansicht widersprach nunmehr der Generalanwalt vor dem EuGH in seinen Schlussanträgen entschieden. Dieser stellte richtigerweise heraus, dass die Beurteilung, ob die Erhebung sowie Speicherung der Daten durch Wirtschaftsauskunfteien entgegen des grundsätzlichen Verbots ausnahmsweise rechtmäßig

---

Brandenburg, NZI 2023, 588; a.A. OLG Oldenburg, ZVI 2022, 298; OLG Köln, NZI 2022, 565; OLG Frankfurt a.M., ZD 2023, 100; KG, ZInsO 2022, 1354; OLG Hamburg, ZD 2023, 96; OLG München, ZIP 2023, 535; OLG Stuttgart, ZD 2022, 691; OLG Dresden, NZI 2022, 863.

790 Schlussanträge des Generalanwalts beim EuGH Priit Pikamäe zu den verbundenen Rechtssachen C-26/22 und C-64/22 vom 16.03.2023, BeckRS 2023, 4638 m. Anm. Heyer, NZI 2023, 375.

791 BGH, ZVI 2023, 210.

792 Pressemitteilung der SCHUFA vom 28.03.2023, abrufbar unter https://www.schufa.de/ueber-uns/presse/pressemitteilungen/schufa-loescht-restschuldbefreiung-sechs-monaten/.

793 OLG Oldenburg, ZVI 2022, 298; OLG Köln, NZI 2022, 565; OLG Frankfurt a.M., ZD 2023, 100; KG, ZInsO 2022, 1354; OLG Hamburg, ZD 2023, 96; OLG München, ZIP 2023, 535; OLG Stuttgart, ZD 2022, 691; OLG Dresden, NZI 2022, 863.

ist, nach Art. 6 DS-GVO vorgenommen werden muss, von dessen Bedingungen insbesondere Art. 6 Abs. 1 lit. f) DS-GVO in Betracht kommt.

bb) Zu den Voraussetzungen des Art. 6 Abs. 1 lit. f) DS-GVO

Nach Art. 6 Abs. 1 lit. f) DS-GVO ist die Verarbeitung von Daten rechtmäßig, wenn hierfür ein berechtigtes Interesse besteht, die Verarbeitung der Daten zur Verwirklichung des berechtigten Interesses erforderlich sind und nicht die Interessen oder Grundrechte und Grundfreiheiten der betroffenen Person die Interessen des Verarbeitenden überwiegen.

(1) Berechtigtes Eigen- oder Fremdinteresse der Wirtschaftsauskunfteien

Der Begriff des berechtigten Interesses umfasst jedes Verlangen, das bei vernünftiger Erwartung durch die Sachlage gerechtfertigt ist. Hiervon ist jedes von der Rechtsordnung gebilligte, ferner aber auch jedes wirtschaftliche und individuelle Interesse umfasst.[794]

Die Wirtschaftsauskunftei verfolgt mit der Speicherung der Daten aus den öffentlichen Bekanntmachungen ein rein wirtschaftliches Eigeninteresse, die Speicherung erfolgt lediglich, weil durch einen späteren Abruf Umsätze erzielt werden. Allerdings kann die Auskunftei sich auch auf das deutlich stärker zu gewichtende Interesse der Kunden dieser berufen, die die verarbeiteten Daten nutzen, um sich über die Kreditwürdigkeit potentieller Vertragspartner zu informieren.[795] Dieses ist als Teil ihrer unternehmerischen Freiheit durch Art. 16 EU-GRCh geschützt.

(2) Zur Erforderlichkeit der Verarbeitung insolvenzbezogener Daten

Die Datenverarbeitung ist nur so lange erforderlich, wie der Zweck der Datenverarbeitung noch vorliegt und nicht erfüllt wurde. Dies kann denknotwendig nur der Fall sein, wenn diese Informationen tatsächlich – d.h. insbesondere auch nach Erteilung der Restschuldbefreiung oder Abschluss eines Insolvenzplanverfahrens – überhaupt noch eine Aussagekraft über die Zahlungsfähigkeit bzw. Kreditwürdigkeit einer natürlichen Person treffen können. Dies wurde mit Verweis auf verschiedene Studien zu Recht bezweifelt.[796]

---

794 Kühling/Buchner/Buchner/Petri, DS-GVO/BDSG, Art. 6 DSGVO Rn. 117; Wolff, in: Schantz/Wolff, Das neue Datenschutzrecht, Rn. 643.

795 Schlussanträge des Generalanwalts beim EuGH Priit Pikamäe zu den verbundenen Rechtssachen C-26/22 und C-64/22 vom 16.03.2023, BeckRS 2023, 4638 Rz. 65 ff.; Zwanziger, ZVI 2022, 327; Gutowski, ZVI 2020, 291, 295.

796 Zwanziger, ZVI 2022, 327, 333; Gutowski, ZVI 2020, 291, 296.

Nicht zu verkennen ist aber auch der Umstand, dass ein ehemaliger Schuldner zumindest unmittelbar nach Abschluss des jeweiligen Verfahrens zunächst grundsätzlich kein verwertbares Vermögen hat. Dies könnte sich natürlich insbesondere bei einem laufenden Einkommen aus einer Erwerbstätigkeit fortschreitend ändern, weswegen grundsätzlich davon auszugehen ist, dass die Erforderlichkeit der Speicherung insolvenzbezogener Daten mit zunehmendem Zeitablauf abnimmt.[797] Da diese Erwägung jedoch in jedem Einzelfall zu unterschiedlichen Ergebnissen führen wird, kann hieraus kein genereller Rückschluss auf einen bestimmten allgemein gültigen Zeitraum gezogen werden.

(3) Angemessenheit der Verarbeitung insolvenzbezogener Daten

Die Rechtmäßigkeit der Verarbeitung insolvenzbezogener Daten setzt weiterhin nach Art. 6 Abs. 1 lit. f) DS-GVO eine Abwägung der betroffenen Interessen voraus. Auf Seiten der schuldbefreiten natürlichen Person sind hier sowohl deren durch Art. 7 EU-GRCh geschütztes Recht auf ein Privat- und Familienleben, als auch der besondere Schutz personenbezogener Daten aus Art. 8 EU-GRCh zu nennen.

Wägt man diese Interessen insbesondere mit dem Interesse der Kunden der Wirtschaftsauskunfteien ab, über die Kreditwürdigkeit potentieller Kunden informiert zu sein, ist bereits im Ansatz festzuhalten, dass es sich bei den hier in Frage stehenden Daten um besonders sensible handelt.[798] Diese betreffen die Zahlungsunfähigkeit einer natürlichen Person und haben im Fall ihrer Weitergabe wie bereits eingangs aufgezeigt immense Auswirkungen auf das private wie auch geschäftliche Leben des je Betroffenen.

Des Weiteren ist das mit der Einführung der Restschuldbefreiung durch den Gesetzgeber verfolgte Ziel zu berücksichtigen. Hierdurch sollte es einer natürlichen Person ermöglicht werden, nach einer gewissen Zeitspanne weitgehend von ihren Schulden befreit zu werden und erneut am Wirtschaftsleben teilzunehmen, wenn sie zuvor auch nach Abschluss des Insolvenzverfahrens in der Wohlverhaltensperiode ihren Verpflichtungen ordnungsgemäß nachkam und

---

797 Vgl. hierzu auch Gutowski, ZVI 2020, 291, 296, der die überlange Speicherung insolvenzbezogener Daten bereits für nicht erforderlich hält und hierbei einen Zeitraum von 12 Monaten für angemessen hält.

798 Schlussanträge des Generalanwalts beim EuGH Priit Pikamäe zu den verbundenen Rechtssachen C-26/22 und C-64/22 vom 16.03.2023, BeckRS 2023, 4638 Rz. 73.

insbesondere ihre laufenden Einkünfte weitgehend abtrat.[799] Diese Wertung manifestiert der Gesetzgeber nicht zuletzt, indem er sukzessiv die gewöhnliche Abtretungsphase von zunächst sechs Jahren auf nunmehr drei Jahre verkürzte, zuletzt durch das Gesetz zur weiteren Verkürzung des Restschuldbefreiungsverfahrens zum 01.10.2020.[800]

Kongruent hierzu soll es einer natürlichen Person auch möglich sein, die Befreiung von (sämtlichen) Schulden mittels eines Insolvenzplans zu erreichen, dem schuldbefreienden Insolvenzplan. Dies brachte der Gesetzgeber durch die Abschaffung der Ausschlussregelung des § 312 InsO und der damit verbundenen Öffnung des Insolvenzplanverfahrens auch für Verbraucher zum Ausdruck.[801] Auch wenn diesen Verfahren im Detail leicht unterschiedliche Rechtsschutzinteressen zugrunde liegen, kann es aufgrund dieses gemeinsamen Ziels in der Bewertung keinen Unterschied machen, auf welchem Weg die Schuldbefreiung erreicht wird.

Noch richtig mag in diesem Zusammenhang zwar noch sein, dass unmittelbar nach der Schuldbefreiung üblicherweise keinerlei verwertbares Vermögen vorliegt. Dies ändert sich jedoch insbesondere bei einem laufenden pfändbaren Vermögen typischerweise stetig. Dies führt zu dem Schluss, dass dem Kriterium der Dauer einer entsprechenden Speicherung maßgebliches Gewicht zukommt, die in Einklang mit den europäischen Vorgaben zu bringen ist.

(4) Zur Dauer der Speicherung

Eine dreijährige Speicherung, wodurch der geltende regelmäßig dreijährige Abtretungszeitraum des § 287 Abs. 2 InsO quasi verdoppelt würde, erscheint vor diesem Hintergrund deutlich überzogen.[802]

Fraglich ist, ob die gesetzliche Regelung des § 3 Abs. 1, 2 InsBekV zwingend als Anhaltspunkt dienen muss, wie dies der Generalanwalt vor dem EuGH in seinen Schlussanträgen gesehen hat.[803] Grundsätzlich steht bereits der Durchführung einer Interessenabwägung durch nationales Recht der Anwendungsvorrang des

799 Schlussanträge des Generalanwalts beim EuGH Priit Pikamäe zu den verbundenen Rechtssachen C-26/22 und C-64/22 vom 16.03.2023, BeckRS 2023, 4638 Rz. 75; Zwanziger, ZVI 2022, 327, 334 f.

800 BGBl. I 2020, S. 3328.

801 BGBl. I 2013, S. 2379.

802 Ebenso Zwanziger, ZVI 2022, 327, 335.

803 Schlussanträge des Generalanwalts beim EuGH Priit Pikamäe zu den verbundenen Rechtssachen C-26/22 und C-64/22 vom 16.03.2023, BeckRS 2023, 4638 Rz. 85 ff.; ebenso Heyer, NZI 2023, 375.

Unionsrechts entgegen.[804] Diesem widerspricht die Vorschrift des § 3 InsBekV grundsätzlich auch gar nicht, da sie allein eine Aussage über das Insolvenzbekanntmachungsportal trifft und sich nicht dazu verhält, ob und wie lange entsprechende Daten durch private Wirtschaftsauskunfteien gespeichert werden dürfen.[805]

Dennoch ist dem Generalanwalt insoweit zuzustimmen, dass der Gesetzgeber bei der Einführung des § 9 InsO i.V.m. § 3 InsBekV eine wenigstens vergleichbare Abwägungsentscheidung zu treffen hatte, nämlich ob und wie lange insolvenzbezogene Daten in öffentlichen Registern zu speichern sind, um dem geschäftlichen Interessen der Wirtschaftsteilnehmer Rechnung zu tragen. Hierbei entschied der Gesetzgeber sich für eine recht kurz bemessene Speicherdauer von nur sechs Monaten.

Wenngleich dies über Jahre hinweg von den Wirtschaftsauskunfteien und teils auch Gerichten anders gesehen wurde,[806] entspricht die Eingriffsintensität bei einer Speicherung insolvenzbezogener Daten in privaten Wirtschaftsauskunfteien durchaus derjenigen bei einer Speicherung in öffentlich zugänglichen Registern. Denn Abfragen erfolgen auch bei privaten Wirtschaftsauskunfteien gerade in Fällen sich anbahnender Vertragsabschlüsse, mithin in wirtschaftlich für den Betroffenen entscheidenden Momenten. Das hierfür anfallende Entgelt stellt regelmäßig keine Hinderung dar bzw. ist von dem Betroffenen sogar selbst zu tragen. Dies spricht dafür, die in § 3 InsBekV aus der entsprechenden Wertung getroffene recht strenge Abwägungsentscheidung, die in einem hohen Maße dem Datenschutzinteresse des Betroffenen Rechnung trägt, auch auf den hiesigen Fall der Speicherung dieser Daten durch private Auskunfteien zu übertragen. Nicht zuletzt hat der deutsche Gesetzgeber auch nach Außerkrafttreten des § 35 Abs. 2 Nr. 4 BDSG bisher keinen Anlass dazu gesehen, für diesen Fall eine anders gelagerte Vorgabe zu schaffen. Eine Speicherung insolvenzbezogener Daten durch private Wirtschaftsauskunfteien ist daher orientiert an § 3 InsBekV für einen lediglich sechsmonatigen Zeitraum zulässig.

---

804 Kühling NJW 2017, 1985, 1986; Ehmann/Selmayr/Heberlein, DSGVO, 2. Aufl. 2018, Art. 6 Rn. 33.

805 Heyer, NZI 2023, 375, 376; Decker/Mitzscherlich, VIA 2022, 73.

806 OLG Oldenburg GRUR-RS 2021, 35540 Rn. 22; OLG Köln NZI 2022, 565 Rn. 38 f.; Schmid, BKR 2021, 718, 720; Thüsing/Flink/Rombey, NZI 2021, 951, 952 f., 956.

2. *Ablauf der Verfahren*

Die Vor- bzw. Nachteile eines Verfahrens liegen nicht selten in den gesetzlichen Vorgaben zu dessen Ablauf. Für die drei Planverfahren wird daher im Folgenden herausgearbeitet, welche verfahrensbeteiligten Personen oder Einrichtungen die Durchführung eines bestimmten Verfahrens veranlassen können (a), welchen Einfluss Schuldnerberatungsstellen auf das Vertrauen in ein bestimmtes Verfahren haben (b), wie sich Passivität auf Gläubigerseite auf den Verfahrensfortgang auswirkt (c), wie sich die Abstimmungsmodi auf die Annahme bzw. Ablehnung der Pläne auswirken (d) und schließlich welche Fristen zu beachten sind, um damit zusammenhängend die Verfahrensdauer zu beurteilen (e).

a) Kriterien der Entscheidung über die Durchführung der Verfahren

Ernsthaft betriebene außergerichtliche Einigungsbemühungen sind Voraussetzung für die Ausstellung einer zur Verfahrenseröffnung in Verbraucherinsolvenzen nötigen Bescheinigung über das Scheitern der Bemühungen. Daher müssen diese zwingend ausgeführt werden.[807]

Das gerichtliche Schuldenbereinigungsplanverfahren und das Insolvenzplanverfahren müssen hingegen nicht verpflichtend durchgeführt werden. Den Impuls für das gerichtliche Schuldenbereinigungsplanverfahren setzt nach § 306 Abs. 1 S. 3 InsO ein gerichtlicher Ermessensbeschluss, der regelmäßig auf den Angaben des Schuldners zu den Gründen des Scheiterns der außergerichtlichen Einigung beruht.[808] Das Insolvenzplanverfahren wird gemäß § 218 Abs. 1 S. 1 InsO durch die Einreichung des Plans vom Schuldner oder Insolvenzverwalter initiiert. Sodann hat der Plan der gerichtlichen Prüfung nach § 231 InsO standzuhalten. Die Einleitung der Verfahren erfolgt zwar unter Beteiligung derselben Personen, jedoch in unterschiedlicher Reihenfolge. Um das Verfahren insgesamt zu straffen, wäre es nach hiesiger Auffassung sinnvoll, dem Schuldner bei Vorlage eines Insolvenzplans dir Möglichkeit zu gewähren, das gerichtliche Schuldenbereinigungsplanverfahren zu überspringen.[809] Dies nicht zuletzt deswegen, da sich meist der weiterhin an einer Planlösung interessierte Schuldner

---

807 BeckOK-InsO/Savini, § 305 Rn. 15; Uhlenbruck/Sternal, § 305 Rn. 41 f.

808 Uhlenbruck/Sternal, § 306 Rn. 18, 20; umstritten, ob es einer Anhörung des Schuldners bedarf dafür FK-InsO/Lackmann, § 306 Rn. 15; Kübler/Prütting/Bork/Wenzel, § 306 Rn. 4; Nerlich/Römermann/Römermann, § 306 Rn. 12; a.A. Uhlenbruck/Sternal, § 306 Rn. 20; K. Schmidt/Stephan, § 306 Rn. 6.

809 Hierzu bereits in diesem Kapitel unter A. III.

nach erfolglosem außergerichtlichem Schuldenbereinigungsplanverfahren für nur eines dieser Verfahren entscheiden wird.

b) Neutrale Person

Dem Insolvenzplanverfahren wird teilweise Erfolg in Verbraucherinsolvenzen prophezeit, weil die Schuldenbereinigungspläne an dem Mangel einer neutralen Person krankten.[810] Gemeint sind die Schuldnerberatungsstellen, die nach dieser Ansicht den Schuldner bevorteilen wollen anstatt neutral zu vermitteln. Ihren Ursprung hat diese Ansicht wohl darin, dass es ausschließlich Verbrauchern vorbehalten ist, Schuldnerberatungsstellen in Anspruch zu nehmen. Andererseits sind Schuldnerberatungsstellen an das Gesetz gebunden und sollten bei der Beratung zwar den Verbraucher unterstützen, aber nur auf der Grundlage einer für alle Beteiligten fairen Basis. Gewinnt der Schuldnerberater nicht das Vertrauen der Gläubiger, könnte ein Insolvenzverwalter als neutrale Person beauftragt werden. Dabei gilt es jedoch, streng auf Kosten und Nutzen zu achten. Die Beratung durch den Schuldnerberater erfolgt nämlich grundsätzlich kostenfrei und belastet die Insolvenzmasse daher nicht.[811]

Überdies ist der Ansatz der soeben kritisierten Ansicht fragwürdig. Inzident scheint davon ausgegangen zu werden, ein Insolvenzplanverfahren werde nie von einer Schuldnerberatungsstelle begleitet. Diese Frage ist nicht ganz unumstritten.[812] Überzeugend ist es, auf der Grundlage des § 305 Abs. 4 InsO eine Beratung durch die Schuldnerberatungsstellen auch im Insolvenzplanverfahren zuzulassen.[813]

c) Die Problematik aktiven Handelns in Kleininsolvenzverfahren

Eine geringe Forderungssumme, auf die eine ebenso geringe Quote zu erwarten ist, führt zu einem geringen Interesse an der aktiven Gestaltung des Verfahrens

810 Smid/Rattunde/Martini, Der Insolvenzplan, Rn. 27.1.

811 HK-InsO/Waltenberger, § 305 Rn. 12, und auch Rn. 11 zu der besonderen Regelung des Ausführungsgesetztes in Rheinland-Pfalz, das die Unentgeltlichkeit der Beratung zur Anerkennung als Schuldnerberatungsstelle ausdrücklich fordert; Janlewing, ZVI 2005, 617, 620.

812 Für eine Beratung auch im Insolvenzplanverfahren durch die Schuldnerberatungsstelle Ahrens, Aktuelles Privatinsolvenzrecht, Rn. 450; Kohte/Ahrens/Grote/Busch/Lackmann/Grote/Lackmann, § 305 Rn. 68; a.A. noch zur alten Rechtslage K. Schmidt/Henning, 19. Aufl., § 287 a.F. Rn. 1.

813 Vgl. 5. Kapitel B.

seitens der Gläubiger. Um diesem mangelnden Interesse entgegen zu wirken, eröffnen die Planverfahren unterschiedliche Möglichkeiten.

Das außergerichtliche Planverfahren kann schriftlich oder mittels telefonischer Kommunikation abgehalten werden, was wenig Aufwand für die Gläubiger bedeutet. Konkrete Vorgaben für die Durchführung des Verfahrens oder die Zustellung von Materialien bestehen nicht. Erschwerend wirkt sich das Erfordernis der expliziten Zustimmung eines jeden Beteiligten aus, zumindest an dieser Stelle ist ein aktives Verhalten der Gläubiger notwendig. Mangelt es auch nur einem Gläubiger an dem Willen, sich zu beteiligen, muss das Insolvenzverfahren eröffnet werden.[814] Da keine Möglichkeit besteht, die Zustimmung einzelner Gläubiger zu ersetzen, ist der Schuldner stark abhängig von der Mitwirkung aller Gläubiger.

Das gerichtliche Schuldenbereinigungsplanverfahren sieht schriftlich durchzuführende Verfahrensschritte vor. Dies beinhaltet die Zustellung des Plans an genannte Gläubiger, § 307 Abs. 1 S. 1 InsO.[815] Ob der Schuldner seine Situation darüber hinaus persönlich erläutert, obliegt den Beteiligten und deren Absprache. Hinsichtlich des Zustandekommens des Plans bestehen dafür erhebliche Erleichterungen. Reagiert ein informierter Gläubiger nicht, wird seine Zustimmung fingiert, § 308 Abs. 1 S. 1 Alt. 1 InsO.[816] Im Extremfall von Passivität auf Gläubigerseite, der Schuldner erhält weder eine einzige Zustimmung noch einen Widerspruch, ist der Plan folglich angenommen. Widerspricht nur ein einziger Gläubiger, kann mit diesem eine spezielle Lösung gefunden werden, da der Schuldner nicht verpflichtet ist, alle Gläubiger gleich zu behandeln.

Im Insolvenzplanverfahren erfolgt die Information der Gläubiger ebenso wie in den Schuldenbereinigungsplanverfahren schriftlich. Ob die verpflichtend vorgesehenen Termine, Berichts-, Erörterungs- und Abstimmungstermin, schriftlich oder mündlich durchgeführt werden, entscheidet nach überzeugender Ansicht das Gericht verbindlich.[817] Nicht abstimmende Gläubiger werden bei der Ergebnisauswertung nicht berücksichtigt. Dies hat zweierlei Auswirkungen. Zum einen kann sich eine einzelne Person enthalten, zum anderen kann

---

814 K. Schmidt/Stephan, § 305 Rn. 13; Uhlenbruck/Sternal, § 305 Rn. 24; Schmidt, Privatinsolvenz, § 3 Rn. 2.

815 MüKo-InsO/Vuia, § 307 Rn. 7; Schmidt, Privatinsolvenz, § 3 Rn. 50.

816 BayObLG, NZI 2001, 145, 146; MüKo-InsO/Vuia, § 308 Rn. 6.

817 Uhlenbruck/Pape, § 5 Rn. 28; BeckOK-InsO/Madaus, § 5 Rn. 20; Ahrens/Gehrlein/Ringstmeier/Henning, 2. Aufl. 2014, § 312 n.F. Rn. 5; Ahrens, Aktuelles Privatinsolvenzrecht, Rn. 468; Grote, Insbüro 2014, 203, 205; Rein, ZVI 2014, 239, 241; a.A. Uhlenbruck/Sternal, § 311, Rn. 59; Blankenburg, ZInsO 2015, 1293, 1302 f.

sich auch eine ganze Gruppe enthalten und so nicht die Abstimmung tangieren. Zur Planannahme ist folglich das aktive Verhalten zumindest eines betroffenen Gläubigers erforderlich, im umgekehrten Fall genügt ein einzelner Gläubiger, damit der Plan abgelehnt wird.

Am stärksten von der aktiven Beteiligung der Gläubiger abhängig ist folglich das außergerichtliche Schuldenbereinigungsplanverfahren. Gegenüber dem Insolvenzplanverfahren weist das gerichtliche Schuldenbereinigungsplanverfahren erhebliche Vorteile auf. Die Parteien können selbst darauf einwirken, ob es neben den vorgesehenen schriftlichen Verfahrensvorgaben ein dem Erörterungstermin entsprechendes Treffen gibt. Zudem reicht die Fiktion der Zustimmung in ihrer Wirkung weiter als die Wertung eines ausbleibenden Abstimmungsverhaltens als Enthaltung.

d) Das Abstimmungsverfahren und widersprechende Gläubiger

aa) Eingeschränkte Stimmmachtverschiebung im Insolvenzplanverfahren

Ein besonderes Merkmal des Insolvenzplanverfahrens ist die Abstimmung in Gruppen. Eingeschränkt durch die Vorgaben zur Gruppenbildung ist es dem Planersteller möglich, auf das Abstimmungsergebnis einzuwirken.[818] Idealerweise bündelt er widersprechende Gläubiger in einer Gruppe und stellt dieser genügend Gruppen gegenüber, deren Gläubiger voraussichtlich zustimmen werden. Damit derartige Planungen nicht ausufern, setzt das Gesetz Grenzen, hinsichtlich der das Insolvenzgericht die Gruppenbildung strikt überprüft.[819] Trotzdem bleibt dem Planersteller innerhalb der gesetzlichen Grenzen ein gewisser Gestaltungsspielraum.[820]

Nach der gesetzlichen Vorgabe können Gruppen gleicher Rechtsstellung ausschließlich nach wirtschaftlichen Kriterien separiert werden.[821] Hier zeigt sich das Spannungsverhältnis zwischen § 222 Abs. 1 InsO und § 222 Abs. 2 InsO, während die in § 222 Abs. 1 InsO enthaltene Differenzierung zwingend einzuhalten ist, besteht über diejenige aus § 222 Abs. 2 InsO ein Entscheidungsspielraum der Parteien. Um die Gruppenbildung nach § 222 Abs. 2 InsO nicht zu einem ausufernden Instrumentarium des Planerstellers zu machen und die Gläubiger

818 Jaeger/Foerste, InsO, § 311 Rn. 37; Uhlenbruck/Lüer/Streit, § 222 Rn. 23, § 231 Rn. 24; MüKo-InsO/Breuer, § 231 Rn. 16.

819 Uhlenbruck/Lüer/Streit, § 231 Rn. 19.

820 Nerlich/Römermann/Rühle, § 222 Rn. 3 f.; MüKo-InsO/Breuer, § 231 Rn. 16.

821 Vgl. Nerlich/Römermann/Rühle, § 222 Rn. 4 ff.; Andres/Leithaus/Andres, § 222 Rn. 2, 6a; MüKo-InsO/Eidenmüller, § 222 Rn. 90.

zu schützen, ist daher Folgendes zu beachten: Wird für ein bestimmtes wirtschaftliches Interesse eine Gruppe gebildet, müssen dieser zwingend alle Gläubiger dieses Interesses zugeordnet werden.[822] Gläubiger, die ein nur ähnliches wirtschaftliches Interesse verfolgen, dürfen nicht derselben Gruppe angehören.

Den Interessen von Schuldner und Gläubigern in Kleininsolvenzverfahren könnte eine rein von wirtschaftlichen Erwägungen geprägte Gruppenbildung nicht gerecht werden. Daher wird vorgeschlagen, die Gruppenbildung unter anderem von emotionalen Bindungen abhängig zu machen.[823] Diesem Vorschlag kann mit Einschränkungen gefolgt werden. Richtigerweise ist ein Umdenken notwendig, allerdings muss dieses Umdenken auf bestehende wirtschaftliche Interessen gegründet werden, da bei einer weitgehenden Öffnung der Abgrenzungsinteressen der beschriebene Missbrauch droht. Anzuerkennen ist bei natürlichen Personen aber sicherlich eine Gruppe der Unterhaltsberechtigten, deren Forderungen sich durch den besonderen Rechtsgrund auszeichnen und damit ein eigenes wirtschaftliches Interesse begründen.[824] Darüber hinaus bleibt es Verwandten des Schuldners natürlich frei, Teile ihrer Forderung zu erlassen und nur mit der restlichen Forderung am Planverfahren teilzunehmen. Nicht hingegen darf es möglich sein, die verwandtschaftliche Beziehung ausschlaggebend für die Gruppenbildung zu machen und so eine sicher zustimmende Gruppe zu schaffen.

In den Schuldenbereinigungsplanverfahren gibt jeder Gläubiger seine Stimme unabhängig von den übrigen Gläubigern ab. Jeder Gläubiger erhält damit bei der Abstimmung denselben Einfluss. Im Gegensatz dazu beeinflusst im Insolvenzplanverfahren die Anzahl der Gläubiger einer Gruppe die jeweiligen Einflussmöglichkeiten. Je weniger Gläubiger Mitglied einer Gruppe sind, desto größer ist die Einwirkung eines Gläubigers. Nur im Insolvenzplanverfahren sind folglich Machtverschiebungen zugunsten einzelner Gläubiger möglich.

bb) Kein direkter Einfluss der Höhe der Forderung

Grundsätzlich erhält jeder Gläubiger in einem Planverfahren eine Stimme. Nur im Insolvenzplanverfahren kann ein Gläubiger Einfluss auf mehrere Gruppen nehmen, wenn ihm mehrere Forderungen zustehen, die in je unterschiedliche Gruppen fallen.

---

822 BGH, NZI 2016, 537, 539 m. Anm. Madaus; HambKomm-InsO/Thies/Lieder, § 222 Rn. 20; MüKo-InsO/Eidenmüller, § 222 Rn. 100.

823 Ahrens, Aktuelles Privatinsolvenzrecht, Rn. 446.

824 Ahrens, Aktuelles Privatinsolvenzrecht, Rn. 515.

Die Höhe der dem Gläubiger zustehenden Forderungen hat daher zunächst in keinem der Verfahren unmittelbaren Einfluss auf die Stimmmacht. Einfluss erlangt die Höhe der Forderung erst über § 244 Abs. 1 Nr. 2 InsO bzw. § 309 Abs. 1 S. 1 InsO. Ein Insolvenzplan kann nach § 244 Abs. 1 Nr. 2 InsO nur angenommen werden, wenn die dem Plan zustimmenden Gläubiger mehr als die Hälfte der Forderungssumme der abstimmenden Gläubiger vereinen. § 309 Abs. 1 S. 1 InsO fordert für eine Zustimmungsersetzung, dass die zustimmenden Gläubiger mehr als die Hälfte der Gesamtforderungssumme halten. Das Erfordernis des § 244 InsO setzt verglichen mit dem aus § 309 InsO zeitlich früher an und ist in persönlicher Hinsicht begrenzt auf die tatsächlich an der Abstimmung teilnehmenden Gläubiger.

Relativiert werden diese Unterschiede durch die den Verfahren je eigenen Fiktionen. Ein Insolvenzplan kann auch angenommen sein, wenn nicht jeder einzelne Gläubiger zugestimmt hat,[825] während es im Schuldenbereinigungsplanverfahren bei einem Widerspruch immer einer Zustimmungsersetzung bedarf.[826] Ausdruck dieser Fiktionen ist die den Verfahren eigene Berücksichtigung der einzelnen Gläubiger. Im Insolvenzplanverfahren werden nicht abstimmende Gläubiger ignoriert.[827] Im gerichtlichen Schuldenbereinigungsplanverfahren hingegen gilt ihre Zustimmung als erteilt.[828] Dementsprechend muss der Anknüpfungspunkt der Berechnung angepasst werden. Dies bedeutet, im Schuldenbereinigungsplanverfahren sind alle Gläubiger mit ihren Forderungen maßgeblich, während im Insolvenzplanverfahren nur die abstimmenden Gläubiger berücksichtigt werden. In beiden Verfahren sind folglich vergleichbare Sicherungsmechanismen für Gläubiger mit hohen Forderungssummen eingebaut.

Eine Stimmeinflussverschiebung zugunsten eines Großgläubigers ist in einem Insolvenzplanverfahren jedoch denkbar, indem eine besondere Gruppe gebildet wird, besetzt ausschließlich mit dem Großgläubiger. Dafür erforderlich ist jedoch ein eigenständiges besonderes wirtschaftliches Interesse.

Ebenso ist eine Stimmeinflussverschiebung möglich, indem nach § 222 Abs. 3 S. 2 InsO eine Gruppe der Kleingläubiger gebildet wird. Sind viele Kleingläubiger vorhanden und werden diese so gebündelt, damit sie nicht Großgläubiger

825 Nerlich/Römermann/Braun, § 244 Rn. 2; MüKo-InsO/Hintzen, § 244 Rn. 4.

826 BeckOK-InsO/Savini, § 309 Rn. 1; Uhlenbruck/Sternal, § 309 Rn. 1.

827 Nerlich/Römermann/Braun, § 244 Rn. 3; MüKo-IsnO/Hintzen, § 244 Rn. 5.

828 Nerlich/Römermann/Römermann, § 308 Rn. 3; Andres/Leithaus/Andres, § 308 Rn. 1.

der anderen Gruppen überstimmen können, wirkt sich diese Verteilung negativ für Kleingläubiger aus.

Die Höhe einer Forderung erhält folglich im gerichtlichen Schuldenbereinigungsplanverfahren und im Insolvenzplanverfahren einen untergeordneten, absichernden Charakter gegenüber der Anzahl der Gläubiger. Die Absicherung dient insbesondere Großgläubigern, die zunächst wie jeder andere (Klein-) Gläubiger eine Stimme erhalten. Nur im Insolvenzplanverfahren kann indirekt durch eine entsprechende Gruppenbildung dem Gläubiger einer hohen Forderungssumme ein größerer Einfluss auf das Abstimmungsergebnis zugestanden werden.

cc) Widersprechende Gläubiger

(1) Annahmevoraussetzungen

Der außergerichtliche und gerichtliche Schuldenbereinigungsplan erfordern Einigkeit bzw. das Fehlen von Einwendungen aller beteiligten Gläubiger.[829] Allein der Insolvenzplan ist gemäß § 244 Abs. 1 Nr. 1 InsO bereits angenommen, wenn in jeder Gruppe die Mehrheit der abstimmenden Gläubiger zustimmt. Möchte ein überstimmter Gläubiger dagegen vorgehen, muss er aktiv einen Antrag nach § 251 InsO stellen.

(2) Zustimmungsersetzung

Im Gegensatz zum außergerichtlichen Schuldenbereinigungsplanverfahren ist im gerichtlichen Schuldenbereinigungsplanverfahren und im Insolvenzplanverfahren eine Zustimmungsersetzung möglich. Bereits die unterschiedlichen Voraussetzungen der Planannahme sind ein Indiz für differierende Bezugspunkte der Zustimmungsersetzung. Im gerichtlichen Schuldenbereinigungsplanverfahren muss die Zustimmung eines widersprechenden Gläubigers im Insolvenzplanverfahren, die einer widersprechenden Gruppe ersetzt werden. Die in § 309 Abs. 1 InsO bzw. § 245 Abs. 1 InsO statuierten Anforderungen an die Zustimmungsersetzung gleichen sich.[830] Seit der Einführung der Vermutungsregelung des § 245a InsO zum 01.01.2021 bildet auch § 309 Abs. 1 S. 2 Nr. 2 Hs. 2 InsO kein Alleinstellungsmerkmal mehr.

---

829 Zum außergerichtlichen Schuldenbereinigungsplanverfahren Schmidt, Privatinsolvenz, § 3 Rn. 4; zum gerichtlichen Schuldenbereinigungsplanverfahren BayObLG, NJW-RR 2002, 623, 624; BeckOK-InsO/Savini, § 308 Rn. 1.

830 Hierzu näher unter 6. Kapitel E. III. 2. b).

Maßgeblicher Unterschied zwischen den Mechanismen der Zustimmungsersetzung ist das nach § 309 Abs. 1 S. 1 InsO bestehende Antragserfordernis. Verliert der Schuldner zu diesem späten Zeitpunkt das Interesse an der Schuldenbereinigungsplanlösung, kann er das Verfahren torpedieren, falls nicht einer der Gläubiger aktiv wird. Im Gegensatz dazu kann ein Schuldner das Insolvenzplanverfahren ausschließlich durch ein aktives Verhalten in Form eines Widerspruchs nach § 247 Abs. 1 InsO blockieren. Ein solcher Widerspruch hat nur Erfolg, wenn er nicht unbeachtlich nach § 247 Abs. 2 InsO ist. Die Ersetzung der Zustimmung hingegen erfolgt im Insolvenzplanverfahren von Amts wegen.[831]

(3) Verfahrensvorteile beim Umgang mit widersprechenden Gläubigern

Auf den ersten Blick könnte man annehmen, die Möglichkeiten des Insolvenzplans, mit widersprechenden Gläubigern umzugehen, erweiterten die sich stark ähnelnden Voraussetzungen der Zustimmungsersetzung des gerichtlichen Schuldenbereinigungsplans. Jeweils wird gefordert, die Gläubiger voraussichtlich nicht schlechter zu stellen als im regulären Verfahren und sie angemessen zu beteiligen. Im Gegensatz zum Zustimmungsersetzungsverfahren, das gemäß § 309 Abs. 1 S. 1 InsO nur bei Kopf- und Summenmehrheit angewendet werden kann, ist die Anwendung des Obstruktionsverbots nach § 245 Abs. 1 Nr. 3 InsO bereits möglich, wenn die Mehrheit der Gruppen zugestimmt hat. Eine Forderungsmehrheit ist erst für die Annahme des Plans nach § 244 Abs. 1 Nr. 2 InsO notwendig.

Dies verkennt den erheblichen strukturellen Unterschied der Verfahren. Während ein Insolvenzplan bereits dann angenommen ist, wenn in einer jeden Gruppe die Kopf- und Summenmehrheit erreicht wird, erfordert die Annahme des Schuldenbereinigungsplans die Zustimmung eines jeden Gläubigers, beziehungsweise deren Fiktion oder Ersetzung. Hierdurch entstehen zwei unterschiedliche Konzepte zum Umgang mit Gläubigern, die eine Planlösung ablehnen.

Ob die Gruppen- oder Einzelzustimmungsersetzung vorteilhafter ist, ist einzelfallabhängig. Insgesamt ergibt sich ein leichter Vorteil zugunsten des Insolvenzplanverfahrens, das für die Annahme des Plans nicht zwingend die Zustimmung oder Nichtbeteiligung jedes Gläubigers erfordert, solange nur in jeder Gruppe die Mehrheit für den Plan stimmt. Wird im Insolvenzplanverfahren jedoch eine Zustimmungsersetzung notwendig, folgt der mit dem Vorteil korrespondierende Nachteil. Die Voraussetzungen der Zustimmungsersetzung

831 Frind, BB 2014, 2179, 2180.

müssen für jeden Gläubiger der Gruppen geprüft werden und nicht nur für Gläubiger, die den Plan ablehnen. Eventuell werden auf diese Weise neue Plangegner aktiviert.

e) Fristenregiment

Verfahrensfristen werden allgemein aufgestellt, um das Verfahren zu beschleunigen und Rechtssicherheit zu schaffen.[832] Um die Früchte des außergerichtlichen Einigungsversuchs mit in das Insolvenzverfahren zu nehmen, muss der Eröffnungsantrag innerhalb von sechs Monaten nach dem Scheitern erfolgen.[833] Es besteht jedoch keine gesetzliche Vorgabe für die Dauer des außergerichtlichen Einigungsversuchs an sich. Wegen der allgemeinen Überlastung der Schuldnerberatungsstellen ist letztlich von Wartezeiten bis zu maximal annehmbaren sechs Monaten auszugehen.[834]

Für das gerichtliche Schuldenbereinigungsplanverfahren stellt § 306 Abs. 1 S. 2 InsO direkt eine Sollfrist von drei Monaten bis zur Entscheidung über den Schuldenbereinigungsplan auf. Ausgestaltet wird diese Frist durch § 307 InsO, der in Absatz 1 den Gläubigern nach der Planzustellung eine Notfrist von einem Monat zur Stellungnahme gibt und in Absatz 3 dem Gericht die Befugnis erteilt, dem Schuldner eine angemessene Frist für Änderungen auszusprechen. Wegen der maximal dreimonatigen Gesamtverfahrensdauer können folglich grundsätzlich nur einmal Änderungen vorgenommen werden. Ohne Änderungswünsche besteht bei weitgehender Einigkeit die Chance, das Verfahren in einem guten Monat abzuschließen. Nicht zu verkennen ist allerdings der erhebliche Einfluss von Planänderungen auf die Dauer des gerichtlichen Schuldenbereinigungsplanverfahrens.

Das Recht des Insolvenzplanverfahrens ist ebenfalls von Fristen durchzogen. Nach zwei Wochen soll das Gericht die Vorprüfung gemäß § 231 Abs. 1 S. 2 InsO abschließen, daraufhin folgt eine regelmäßig zwei Wochen betragende – dies ist gerichtlich festzusetzen – Frist zur Stellungnahme, § 232 Abs. 3 S. 2 InsO. Außerdem soll spätestens einen Monat nach der Vorprüfungsentscheidung der Erörterungs- und Abstimmungstermin anberaumt werden, § 235 Abs. 1 S. 2 InsO.

---

832 Nerlich/Römermann/Römermann, § 287 a.F. Rn. 17; Saenger/Saenger, ZPO, § 234 Rn. 1.

833 HK-InsO/Waltenberger, § 305 Rn. 22; Uhlenbruck/Sternal, § 305 Rn. 41a.

834 Zum Erfordernis einer übermäßig langen Wartezeit, das zur Beantragung von Beratungshilfe berechtigt AG Bad Sobernheim, Rpfleger 2007, 207; AG Hamm, ZVI 2005, 628, 628 f.; AG Schwerte, NZI 2004, 680, 680 f.

Binnen dieser Frist laufen die mindestens zweiwöchige Anmeldefrist, § 28 Abs. 2 InsO, sowie die einwöchige Frist vor dem Prüftermin, § 177 Abs. 2 InsO. Gegen den bestätigenden Beschluss des Insolvenzgerichts kann innerhalb von zwei Wochen sofortige Beschwerde eingelegt werden. Addiert man die Zeiträume, verläuft das Insolvenzplanverfahren idealerweise binnen knapp drei Monaten.[835] Planänderungen steht der Insolvenzplan gemäß § 240 InsO vor der Abstimmung offen, es kann flexibel reagiert werden ohne Verzögerungen zu riskieren. Dafür kann auch bei weitgehender Einigkeit der Beteiligten das Verfahren nicht in deutlich weniger als drei Monaten durchgeführt werden.

Die Dauer der einzelnen Verfahren scheint überschaubar. Anders verhält es sich, wenn die Verfahren kombiniert werden. Gesetzlich zwingend ist eine Kombination des außergerichtlichen Schuldenbereinigungsplanverfahrens mit einem der weiteren Planverfahren. Durch eine entsprechende gerichtliche Ermessensausübung können theoretisch auch alle drei Verfahren miteinander kombiniert werden, was wegen des damit verbundenen Zeitverlusts nicht zu empfehlen ist.

3. *Vor- und Nachteile gerichtlicher Einwirkung auf den Planinhalt*

Wie bereits der Name vermuten lässt, steht das außergerichtliche Schuldenbereinigungsplanverfahren außerhalb gerichtlicher Einwirkungsmöglichkeiten.[836] Auch im gerichtlichen Schuldenbereinigungsplanverfahren wird dem Gericht keine Kompetenz zur inhaltlichen Überprüfung des Plans zugedacht.[837] Nur wenn ein Gläubiger widerspricht und ein Gläubiger oder der Schuldner einen Antrag stellt, prüft das Insolvenzgericht im Rahmen der Zustimmungsersetzung, ob dieser Gläubiger angemessen beteiligt und nicht schlechter gestellt wurde als voraussichtlich im Regelverfahren.[838] Die Prüfung ist folglich zweifach beschränkt, sie bezieht sich in persönlicher Hinsicht nur auf den widersprechenden Gläubiger und sachlich ausschließlich auf die Quotenbeteiligung.

Im Insolvenzplanverfahren ist eine wesentlich umfangreichere Prüfung vorgesehen. Der Pan wird einleitend, § 231 InsO, und abschließend, § 250 InsO, von Gesetzes wegen auf inhaltliche und Verfahrensmängel überprüft. Eine wirtschaftliche Betrachtung erfolgt, wie auch beim gerichtlichen Schuldenbereinigungsplan, ausschließlich im Rahmen der Änderung des Abstimmungsergebnisses

835 Ahrens, Aktuelles Privatinsolvenzrecht, Rn. 452.

836 HK-InsO/Waltenberger, § 305 Rn. 1.

837 K. Schmidt/Stephan, § 307 Rn. 5; MüKo-InsO/Vuia, § 307 Rn. 16.

838 HK-InsO/Waltenberger, § 309 Rn. 1; BeckOK-InsO/Savini, § 309 Rn. 1 ff.

durch das Obstruktionsverbot oder den Minderheitenschutz hinsichtlich einzelner Gläubiger.

Die inhaltliche Kontrolle durch das Insolvenzgericht im Insolvenzplanverfahren basiert auf im Vergleich zu den Schuldenbereinigungsplanverfahren umfangreicheren inhaltlichen und verfahrensrechtlichen Vorgaben, die der Planersteller beachten muss. Fraglich ist, ob das Zusammenwirken gesetzlicher Vorgaben und gerichtlicher Überprüfung der Einhaltung dieser den Beteiligten Hilfestellung oder Hinderung ist. Trotz vieler Instruktionen zu Gliederung des Plans und Gruppenbildung ermöglicht das Insolvenzplanverfahren Freiheiten in der konkreten Ausgestaltung. Nicht umsonst ist er als flexibles Instrument zur Bewältigung der Insolvenz bekannt.[839] Die Kehrseite der Flexibilität wiederum ist die gerichtliche Kontrolle. Für den gerichtlichen Schuldenbereinigungsplan hingegen bestehen Formblätter, die der Schuldner bei Bedarf schlicht ausfüllen kann.[840] Entgegen zunächst sehr offen wirkenden gesetzlichen Regelung erhält der Schuldner als Planersteller dadurch genaue Vorgaben, die eine umfangreiche Prüfung entbehrlich machen und so Zeit sparen.

Wie sich die gerichtliche Kontrolle in Insolvenzplanverfahren von Verbrauchern auswirkt, bleibt abzuwarten. Grundsätzlich ist eine Kontrolle als Hindernis zu verstehen. Pläne, die nicht den Vorgaben entsprechen, werden nicht bestätigt. Andererseits kann durch die doppelte Kontrolle auch eine Hilfestellung gegeben werden, indem das Insolvenzgericht auf leichte Fehler zunächst nur hinweist und nur einem nicht abgeänderten Plan die Bestätigung versagt.

4. *Wirkung*

a) *Allgemeine Wirkungen erfolgreicher Planlösungen*

Je später im Verfahrensablauf das Planverfahren ansetzt, desto weitreichender sind die Wirkungen des entsprechenden Plans. Der außergerichtlich erreichte Schuldenbereinigungsplan stellt materiell-rechtlich eine Vergleichsvereinbarung

---

839 Nerlich/Römermann/Nerlich, Einleitung Rn. 19; Braun/Braun/Frank, Vorbemerkung vor §§ 217–269 Rn. 1; Ahrens, Aktuelles Privatinsolvenzrecht, Rn. 445.

840 Abrufbar unter http://www.justiz.de/formulare/zwi_bund/vinsolvenz.pdf, zum gerichtlichen Schuldenbereinigungsplan: Anlagen 7, 7A, 7B, 7C; Vermögensübersicht Anlage 4; Vermögensverzeichnis Anlage 5; umstritten ist, ob die Anlagen 7A und 7C zwingend verwendet werden müssen dagegen BeckOK-InsO/Savini, § 305 Rn. 46; a.A. Uhlenbruck/Sternal, § 305 Rn. 142; Schmidt, Privatinsolvenz, § 3 Rn. 33.

i.S.d. § 779 Abs. 1 BGB dar, der keine Titelwirkung zukommt.[841] Auf der Grundlage des Plans kann folglich ein Klage- oder Mahnverfahren eingeleitet werden. Einbezogen in die Planwirkungen sind nur die erfassten Gläubiger, die dem Plan zugestimmt haben.[842]

Aus dem gerichtlichen Schuldenbereinigungsplan sowie dem Insolvenzplan in Verbindung mit der Tabelle kann demgegenüber direkt vollstreckt werden.[843] Unterschiede zwischen den Verfahren bestehen in der Reichweite der Wirkung. Wie von der außergerichtlichen Planlösung werden vom gerichtlichen Schuldenbereinigungsplan nur einbezogene Gläubiger erfasst.[844] Im Gegensatz dazu wirkt der Insolvenzplan auch gegenüber Gläubigern, die ihre Forderung nicht angemeldet haben, sei es, weil sie vergessen wurden oder unbekannt sind.[845] Darüber hinaus gelten im Insolvenzplan enthaltene Willenserklärungen mit der Bestätigung als abgegeben, sogar Formvorschriften werden hierdurch gewahrt.[846]

Unverkennbar reicht die Wirkung des Insolvenzplans über die der Schuldenbereinigungspläne erheblich hinaus.

b) Wirkungen gegenüber besonderen Gläubigern

aa) Einbeziehung von § 302 InsO-Gläubigern

Einen besonderen Vorteil gegenüber dem Restschuldbefreiungsverfahren bietet der Insolvenzplan dadurch, dass Forderungen, die nach § 302 InsO von der Restschuldbefreiung ausgenommen sind, erfasst werden können. Dieser Vorteil besteht jedoch nicht gegenüber den Schuldenbereinigungsplänen, in die § 302 InsO-Gläubiger ebenfalls einbezogen werden können. Besonders bedeutsam kann dieser Vorteil aller Planverfahren für Schuldner mit

---

841 Uhlenbruck/Sternal, § 305 Rn. 26; Allemand/Pape, in: Mohrbutter/Ringstmeier, Handbuch Insolvenzverwaltung, Kapitel 17 Rn. 29.

842 Allemand/Pape, in: Mohrbutter/Ringstmeier, Handbuch Insolvenzverwaltung, Kapitel 17 Rn. 29.

843 Zum gerichtlichen Schuldenbereinigungsplan Allemand/Pape, in: Mohrbutter/Ringstmeier, Handbuch Insolvenzverwaltung, Kapitel 17 Rn. 66; zum Insolvenzplan Uhlenbruck/Lüer/Streit, § 257 Rn. 5; MüKo-InsO/Huber/Madaus, § 257 Rn. 19.

844 Jaeger/Foerste, InsO, § 311 Rn. 38; Allemand/Pape, in: Mohrbutter/Ringstmeier, Handbuch Insolvenzverwaltung, Kapitel 17 Rn. 67.

845 Jaeger/Foerste, InsO, § 311 Rn. 38; Smid/Rattunde/Martini, Der Insolvenzplan, Rn. 22.1.

846 Smid/Rattunde/Martini, Der Insolvenzplan, Rn. 22.5.

vielen von § 302 InsO erfassten Forderungen sein. Dies betrifft beispielsweise Strafgefangene.[847]

bb) Nachzügler

Der Insolvenzplan wirkt im Gegensatz zum gerichtlichen Schuldenbereinigungsplan gegenüber Nachzüglern, mit allen positiven wie negativen Folgen.[848] Dieser Aspekt kann in Kleinverfahren einen erheblichen Vorteil gegenüber dem gerichtlichen Schuldenbereinigungsplan bedeuten.

Mit der Weite des Wirkungskreises sind teils unkalkulierbare Kosten für die Befriedigung der Nachzügler verbunden. Versuche diesem Problem mittels einer eigenen Gruppe oder eines Ausschlusses zu begegnen, blieben jedoch erfolglos.[849] Möglich bleibt, den Nachzügler durch eine Hemmungsklausel auf den Klageweg in Höhe der Planquote zu verweisen und ihn nicht direkt am Insolvenzplan zu beteiligen. Gleichzeitig läuft gemäß § 259b Abs. 2 InsO die Jahresfrist des § 259b Abs. 1 InsO, sobald die Forderung fällig und die Bestätigung des Insolvenzplans rechtskräftig ist. Diese beiden Hindernisse bewirken zwar keine vollkommene Planungssicherheit, erschweren es dem Gläubiger aber erheblich, seine Forderung durchzusetzen.

In Kleinverfahren kann einer Hemmungsklausel eine zentrale Stellung zukommen. Da der Nachzügler wegen der Hemmungsklausel nicht die Titelwirkung des Plans nutzen kann, muss er eine Leistungsklage anstrengen. Insbesondere bei einer geringen Forderungssumme oder einer geringen Quote wird der Nachzügler von einer Klage Abstand nehmen wollen, da er die dadurch entstehenden Verfahrenskosten zunächst vorstrecken muss. Für beide Parteien kann in diesem Fall eine besondere außergerichtliche Einigung sinnvoll sein, die nicht zwingend eine Befriedigung in Höhe der Planquote vorsehen muss.

Daneben schafft die Verjährungsfrist des § 259b InsO ein Jahr nach der Bestätigung des Insolvenzplans weitgehend Rechtssicherheit. Das Risiko einer nicht abschätzbaren Verjährungsfrist wegen erst nach der Bestätigung fällig werdenden Forderungen ist in Kleinverfahren, insbesondere in Verbraucherinsolvenzverfahren, gering. Nach dem Zeitpunkt der Entstehung der Forderung werden nur wenige Wochen Zahlungsaufschub zugestanden. Zahlungsaufschübe von

---

847 Wiedenhaupt, ZVI 2014, 430, 440.

848 BAG, ZInsO 2016, 220, Rn. 21; FK-InsO/Jaffé, § 254b Rn. 1; Ahrens, Aktuelles Privatinsolvenzrecht, Rn. 526; Stephan, VIA 2014, 25, 26.

849 BAG, ZInsO 2016, 220 Rn. 23 f.; BGH, ZInsO 2015, 1398 Rn. 16; Jaeger/Foerste, InsO, § 311 Rn. 31.

mehreren Monaten sind im täglichen Geschäftsverkehr unüblich. Folglich kann ein Schuldner von einem Ende der Verjährungsfrist für sämtliche Forderungen bereits ein Jahr und wenige Wochen nach der Rechtskraft des Bestätigungsbeschlusses ausgehen.

5. *Verfahrensrechtliche Absicherungen*

Vorteilhaft sind die im Insolvenzplanrecht verankerten verfahrensrechtlichen Absicherungen. Die stärkste Absicherung enthält die Wiederauflebensklausel des § 255 InsO, deren Wirkung automatisch eintritt, sofern die Parteien keine abweichende Vereinbarung treffen.[850] Darüber hinaus enthält das Gesetz Vorschläge, deren Umsetzungen vereinbart werden müssen, wie etwa die Anpassungsbefugnis des Insolvenzverwalters in § 221 S. 2 InsO, flankiert durch das Erfordernis einer gerichtliche Bestätigung gemäß § 248a Abs. 1 InsO, oder die Vorschriften zur Planüberwachung.[851] Hierdurch werden die Beteiligten auf bestimmte mögliche Regelungsansätze aufmerksam gemacht. Außerdem genügt für die Vereinbarung ein schlichter Hinweis im Plan, durch den die gesetzlichen Vorgaben aktiviert werden.

Das Gesetz gibt im Insolvenzplanverfahren folglich Vorgaben und Anregungen zur Sicherstellung der Planleistungen. Vergleichbare Regelungen enthalten das Recht zum gerichtlichen Schuldenbereinigungsplan und die hierzu bereitgestellten Formblätter nicht. Es liegt natürlich im Rahmen der Parteiautonomie, sich an dem Recht zum Insolvenzplan zu orientieren und derartige Regelungen aufzunehmen. Gerade dem Schuldner und nicht unternehmerisch organisierten Gläubigern in Kleininsolvenzverfahren werden diese Automatismen nutzen.

Fraglich ist, ob bzw. für welche Partei die jeweiligen Regelungsansätze positive oder auch negative Folgen haben. Denn nicht zwangsläufig folgt aus einer geringeren Anzahl an Absicherungen ein schlechteres Resultat für die jeweils Beteiligten.

Gläubiger sind grundsätzlich an gewissen Sicherungen ihrer Forderungen interessiert. Für sie bringt das vorgegebene Konzept des Insolvenzplanverfahrens folglich Vorteile. Der Schuldner hingegen erhält im Schuldenbereinigungsplanverfahren hinsichtlich der Vereinbarung von verfahrensrechtlichen Absicherungen mehr Gestaltungsspielraum. Für ihn ist es nicht vorteilhaft, wenn

850 Uhlenbruck/Lüer/Streit, § 255 Rn. 1; MüKo-InsO/Huber/Madaus, § 255 Rn. 1.

851 Zu §§ 221 S. 2, 248a InsO MüKo-InsO/Eidenmüller, § 221 Rn. 6; Uhlenbruck/Lüer/Streit, § 221 Rn. 14; zur Planüberwachung Nerlich/Römermann/Braun, § 260 Rn. 1; Uhlenbruck/Lüer/Streit, § 260 Rn. 1.

eine Forderung bei Nichterfüllung des Plans automatisch wiederauflebt. Die beschriebenen negativen Auswirkungen für den Schuldner verdeutlicht § 255 Abs. 3 InsO. Danach wird ein negatives Abweichen von den Vorgaben des § 255 Abs. 1 und 2 InsO zum Schutz des Schuldners verboten, da bereits die Grundnorm den Schuldner benachteiligt, indem sie ihn disziplinieren möchte.[852] Das Insolvenzplanverfahren mit seinen Vorgaben begrenzt den Schuldner und kann zudem dazu führen, Gläubiger erst auf gewisse Problemkreise aufmerksam zu machen.

6. *Verfahrenshilfen*

Kann der Schuldner einfach und kostengünstig Hilfestellung erlangen, hat dies positive Auswirkungen auf die Wahl des entsprechenden Verfahrens. Organ für diese Unterstützung sind in Verbraucherinsolvenzverfahren die Schuldnerberatungsstellen.

Für den gerichtlichen Einigungsversuch und die zu erstellenden Verzeichnisse existieren Formblätter, an denen der Verbraucher sich orientieren muss.

Im Insolvenzplanverfahren helfen Musterinsolvenzpläne, die in der Literatur veröffentlicht wurden.[853] Zudem kann ein Schuldner sich hinsichtlich der zu formulierenden Plananlagen an den Formblättern für das gerichtliche Schuldenbereinigungsplanverfahren orientieren. Damit besteht die Möglichkeit, die Beratung ähnlich der beim gerichtlichen Schuldenbereinigungsplanverfahren zu strukturieren.

7. *Kosten*

a) Verfahrenskosten

Äußerst relevant für die Entscheidung der Gläubiger zu einem Befriedigungssystem ist, wie hoch die entstehenden Kosten sein werden und wer diese trägt.

Die Verfahrenskosten steigen mit der Dauer und Intensität gerichtlicher und beratender Tätigkeit. Es besteht folglich eine Steigerung der Gesamtverfahrenskosten vom außergerichtlichen zum gerichtlichen Schuldenbereinigungsplan und von diesem zum Insolvenzplanverfahren.[854]

---

852 Nerlich/Römermann/Rühle, § 255 Rn. 1; MüKo-InsO/Huber/Madaus, § 255 Rn. 38.

853 Smid/Rattunde/Martini, Anhang 3 S. 349 ff.; Grote, InsBüro 2014, 252, 254; Allemand/Dobiey/Henning, ZVI 2014, 296 ff.; Beyer, ZVI 2014, 298 ff.; Beyer, ZVI 2013, 334, 335 ff.

854 Laroche/Harder, VIA 2014, 81, 83.

Gerichtskosten entstehen im außergerichtlichen Einigungsverfahren nicht, während für das Ruhen nach § 306 InsO im gerichtlichen Schuldenbereinigungsplanverfahren Kosten nach Nr. 2310 GKG KostVerz wie für die Eröffnung des Insolvenzverfahrens anfallen. Die vollen Gerichtskosten für Verfahrenseröffnung und -durchführung entsprechend Nr. 2310, 2312 GKG KostVerz fallen im Insolvenzplanverfahren an.

Die Höhe der Beratervergütung hängt in allen Planverfahren von dem Wert der Insolvenzmasse sowie davon ab, ob eine Schuldnerberatungsstelle oder eine andere geeignete Person beauftragt wird. Daher lassen sich hierzu keine konkreten Angaben machen.

Die Verfahrenskosten trägt der Schuldner oder sie werden durch für diesen Zweck bereitgestellte Drittmittel beglichen. Allerdings ist es einer privatautonom gestalteten Planlösung immanent, hiervon abweichen zu können. Im Gegensatz zum Insolvenzplanverfahren können dem Schuldner in den Schuldenbereinigungsplanverfahren auch über die eigentliche Verfahrensdauer hinaus die Verfahrenskosten gestundet werden.[855]

b) Aufwendungen der Gläubiger

Einer Regelung bedarf die Frage, wer die Aufwendungen der Gläubiger trägt, die diese im Zusammenhang mit dem Plan auf sich nehmen. Kosten können etwa durch Fahrten zu mündlichen Terminen, wie etwa dem Abstimmungs- und Erörterungstermin, oder durch rechtlichen oder betriebswirtschaftlichen Beistand entstehen.

§ 310 InsO wälzt solche Kosten im gerichtlichen Schuldenbereinigungsplanverfahren auf die Gläubiger selbst ab. Hiervon kann nicht abgewichen werden.[856] Umstritten ist, ob dasselbe im außergerichtlichen Einigungsversuch gilt.[857] § 310 InsO geht von „dem" Schuldenbereinigungsplan aus. Die Einzahl spricht gegen eine Einbeziehung des außergerichtlichen Einigungsversuchs.[858]

---

855 BT-Drs. 14/5680, S. 22; BGH, NJW-RR 2012, 114, 115 Rn. 12; AG Hamburg, ZVI 2009, 268 f.; HK-InsO/Sternal, § 4a Rn. 3.

856 Kübler/Prütting/Bork/Wenzel, § 310 Rn. 2; Nerlich/Römermann/Römerman, § 310 Rn. 4; Uhlenbruck/Sternal, § 310 Rn. 6.

857 Dafür Uhlenbruck/Sternal, § 310 Rn. 3; HK-InsO/Waltenberger, § 310 Rn. 1; K. Schmidt/Stephan, § 310 Rn. 4; MüKo-InsO/Vuia, § 310 Rn. 5; Graf-Schlicker/Pollmächer, § 310 Rn. 2; a.A. Kübler/Prütting/Bork/Wenzel, § 310 Rn. 1; Nerlich/Römermann/Römermann, § 310 Rn. 2; offen lassend, ob § 310 IsnO auch für Prozesskosten im Rahmen der Beschwerde über die Zustimmungsersetzung gilt LG Karlsruhe, NZI 2004, 330, 331.

858 A.A. Uhlenbruck/Sternal, § 310 Rn. 3.

So ist auch in den Vorschriften §§ 307, 308, 309 InsO von dem Wortlaut „dem/den Schuldenbereinigungsplan" ausschließlich der gerichtliche Schuldenbereinigungsplan erfasst. Teleologisch betrachtet bereitet der außergerichtliche Einigungsversuch das Verfahren um den gerichtlichen Schuldenbereinigungsplan vor. Daher kann die Kostenregelung des § 310 InsO auch auf das außergerichtliche Verfahren um den Schuldenbereinigungsplan angewandt werden.[859]

Eine § 310 InsO entsprechende Regelung existiert in den Vorschriften zum Insolvenzplanverfahren nicht. Die Kosten der Gläubiger können im Plan folglich dem Schuldner auferlegt werden. Besteht keine derartige Regelung, tragen die Gläubiger ihre Kosten selbst. Allerdings können sie unter Umständen Schadensersatzansprüche geltend machen.

Der Wert der Regelung des § 310 InsO für den Schuldner ist offensichtlich.[860] Seine eigenen Beratungskosten und Gerichtskosten kann er einplanen und abschätzen, Kosten der Gläubiger nicht. Dadurch könnten die Kosten der Gläubiger zu einer unberechenbaren Gefahr für die Schuldnerfinanzierung werden. Der Regelungsinhalt des § 310 InsO ist folglich grundsätzlich vorteilhaft für den Schuldner.

Erwarten Gläubiger ihrerseits hohe Beratungskosten, kann § 310 InsO die Einigungsbereitschaft der Gläubiger negativ beeinflussen. Um diese Kosten zu kompensieren, könnte der Schuldner einen Teil der Quote als Kostenausgleich deklarieren.

8. *Gesamtbewertung*

a) *Abhängigkeit zwischen Wirkungen und Initiative*

Stellt man die verschiedenen Planverfahren einander gegenüber, wird eine Abhängigkeit zwischen der Reichweite der Planwirkung und der Höhe der eingesetzten Mittel deutlich. Je weitreichender die Wirkungen eines Plans, desto mehr Initiative und Mittel werden von dem Schuldner verlangt. Der günstige außergerichtliche Schuldenbereinigungsplan verursacht kaum Verfahrenskosten, bietet dafür aber weder eine Möglichkeit obstruierende Gläubiger zu überstimmen, ihre Zustimmung zu ersetzen oder nicht bedachte Gläubiger einzubeziehen.

---

859 Uhlenbruck/Sternal, § 310 Rn. 3; HK-InsO/Waltenberger, § 310 Rn. 1; K. Schmidt/Stephan, § 310 Rn. 4; MüKo-InsO/Vuia, § 310 Rn. 5; Graf-Schlicker/Pollmächer, § 310 Rn. 2.

860 Bedenken aus rechtspolitischen Gründen äußern Nerlich/Römermann/Römermann, § 310 Rn. 2; Wittig, WM 1998, 157, 165.

Andere Möglichkeiten bietet das Zustimmungsersetzungsverfahren des gerichtlichen Schuldenbereinigungsplanverfahrens, das eine geringe Gebühr für die gerichtliche Beteiligung erfordert. Darauf folgt schließlich das Insolvenzplanverfahren, das auch gegenüber nicht beteiligten Gläubigern wirkt, dafür aber höhere Gerichtskosten für die Verfahrenseröffnung und die Begleitung des Insolvenzplanverfahrens voraussetzt und auch die Kosten des Insolvenzverwalters beglichen werden müssen. Wie hoch die Beratungskosten in den jeweiligen Verfahren ausfallen, hängt davon ab, wessen Beratung in Anspruch genommen wird und wie umfangreich die Beratung ausfällt.

Wie soeben aufgezeigt, führt auch die Wirkung des Insolvenzplans zu keiner absoluten Risikofreiheit vor Nachzüglern. Daher muss der einigungsbereite und -fähige Schuldner strikt abwägen, welches das beste Verfahren für ihn ist. Ist ein Schuldner nach erfolglosem außergerichtlichem Schuldenbereinigungsplanverfahren weiterhin an einer Planlösung interessiert, muss er regelmäßig abwägen, ob er ein gerichtliches Schuldenbereinigungsplanverfahren oder ein Insolvenzplanverfahren anstrebt. Da eine Durchführung beider Verfahren sowohl aus Zeit- wie auch Kostengründen nicht sinnvoll ist, sollte dem diese Abwägungsentscheidung treffenden Schuldner die Möglichkeit geben werden, das gerichtliche Schuldenbereinigungsplanverfahren auslassen zu können, wenn er einen Insolvenzplan vorlegt.[861]

b) *Eigenständigkeit des außergerichtlichen Einigungsversuchs*

Die außergerichtliche Einigung ist kostengünstig, schnell und informell. Dem steht eine erhebliche Schwäche gegenüber. Der außergerichtliche Einigungsversuch ist strikt von der aktiven positiven Zustimmung jedes Gläubigers abhängig. Ein einziger Gläubiger kann alle Bemühungen zunichtemachen. Für die zeitlich nachfolgenden Planverfahren kann der außergerichtliche Einigungsversuch trotz eines Scheiterns als Vorarbeit dienen, die Einigungsbereitschaft der Gläubiger und damit zusammenhängend die Erfolgsaussichten eines stärkeren Planverfahrens abzuwägen.

c) *Abwägung zwischen gerichtlichem Schuldenbereinigungsplan und Insolvenzplan*

Hat die außergerichtliche Einigung keinen Erfolg, gibt es aber Anzeichen für die Einigungsbereitschaft mehrerer Gläubiger und des Schuldners, kann der

861 Hierzu im Einzelnen bereits in diesem Kapitel unter A. III.

Schuldner von seinem eingeschränkten Wahlrecht zwischen gerichtlichem Schuldenbereinigungsplanverfahren und Insolvenzplanverfahren Gebrauch machen. Wie bereits aufgezeigt, ist das Stimmersetzungssystem des einen oder anderen Verfahrens nicht zwingend vorteilhaft, sondern schlicht unterschiedlich ausgestaltet. Auch die durch Fristen ausgeformte Gesamtverfahrensdauer unterscheidet sich nur unwesentlich voneinander.

Aus Schuldnersicht bietet das gerichtliche Schuldenbereinigungsverfahren einige Vorteile. Der Verbraucherschuldner erhält keinen SCHUFA-Eintrag und kann daher ohne Einschränkungen Geschäfte des täglichen Lebens abschließen. Weiterhin erlaubt dieses Verfahren eine Plananahme ohne jegliche aktive Beteiligung eines einzigen Gläubigers und ist somit besonders geeignet, wenn die Gläubiger nur geringes Interesse an der Abwicklung der Insolvenz zeigen. Einen weiteren Vorteil für den Schuldner bietet die in diesem Verfahren vereinte Mischung aus Vorgaben und Freiheiten. Vorgegeben werden die zur Planaufstellung zu verwendenden Formblätter und damit konkrete Anhaltspunkte zu der Art und Weise der Planerstellung. Frei ist der Schuldner hingegen darin, Absicherungen der Planleistungen zu formulieren. Wegen fehlender Regelungen hierzu werden weder Schuldner noch Gläubiger konkret auf dieses Problem hingewiesen. Tendenziell schuldnerfreundlich gestaltet sind darüber hinaus die Kostenregelungen. Die Gläubiger müssen nach § 310 InsO ihre Verfahrensaufwendungen selbst tragen und der Schuldner seine eigenen Kosten gestundet bekommen.[862]

Verglichen mit dem gerichtlichen Schuldenbereinigungsplanverfahren ist das Insolvenzplanverfahren weniger schuldnerbezogen konzipiert und bedenkt Schuldner und Gläubiger mit Vorteilen. Der Schuldner erhält eine weitgehende Einwirkungsmöglichkeit auf das Abstimmungsergebnis mittels der Stimmeinflussverschiebung, die der Gruppenbildung immanent ist. Außerdem wird ausschließlich in diesem Verfahren vergessenen Gläubigern nach Ablauf der Verjährungsfrist des § 259b InsO Einhalt geboten. Daher kann nur dieses Verfahren Sicherheit bieten, wenn der Schuldner viele Gläubiger und den Überblick über diese verloren hat. Kehrseite dieser weitergehenden Möglichkeiten auf Schuldnerseite sind gesetzliche Sicherungsmechanismen zugunsten der Gläubiger. Erfüllt der Schuldner seine Planleistungen nicht, leben die Forderungen der Gläubiger nach § 255 InsO automatisch wieder auf. Daneben besteht ein gesetzliches System der Planüberwachung, das durch einen einfachen Verweis

862 BT-Drs. 14/5680, S. 22; BGH, NJW-RR 2012, 114, 115 Rn. 12; AG Hamburg, ZVI 2009, 268 f.; HK-InsO/Sternal, § 4a Rn. 3.

Planinhalt werden kann. Außerdem ist es den Parteien überlassen, die Übernahme von Kosten zu frei regeln. Den Gläubigern durch die Planverhandlung entstehende Kosten können daher potenziell dem Schuldner auferlegt werden.

d) Konzeptionelle Vorteile des gerichtlichen Schuldenbereinigungsplanverfahrens

Das gerichtliche Schuldenbereinigungsplanverfahren ist insgesamt schuldnerfreundlicher konzipiert als das Insolvenzplanverfahren. Diese besondere Ausrichtung sollte der Schuldner würdigen und das gerichtliche Schuldenbereinigungsplanverfahren grundsätzlich vorziehen. Dies gilt jedoch nicht, wenn der Schuldner viele Nachzügler befürchtet oder eine der Besonderheiten nutzen möchte, die nur das Insolvenzplanverfahren bietet.[863]

III. Das Verhältnis zwischen Insolvenzplan und Restschuldbefreiung

Mit Inkrafttreten des Gesetzes zur weiteren Verkürzung des Restschuldbefreiungsverfahrens und zur Stärkung der Gläubigerrechte am 01.10.2020, BGBl. I 2020 S. 3328, wurde in Insolvenzverfahren natürlicher Personen die regelmäßige Abtretungsfrist des § 287 Abs. 2 S. 1 InsO auf drei Jahre verkürzt. Nur wenn dem Schuldner der erneut einen Antrag auf Restschuldbefreiung stellt, beträgt die Abtretungsfrist gem. § 287 Abs. 2 S. 2 InsO fünf Jahre. Im Ergebnis wird durch die Restschuldbefreiung dasselbe Ziel erreicht, das ein Schuldner mit einer Planlösung anstrebt.

Mit einem Insolvenzplan kann flexibel reagiert werden. Demgegenüber ist die Restschuldbefreiungsentscheidung an strikte gesetzliche Vorgaben geknüpft, die insbesondere während der Wohlverhaltensphase zu beachten sind.[864] Außerdem ist der Insolvenzplan aufgrund der Regelung des § 1 Abs. 2 Nr. 5 InsVV kostengünstiger, wenn Drittmittel aufgewandt werden. Nach dieser Vorschrift werden im Insolvenzplanverfahren bereitgestellte Drittmittel nicht in die Insolvenzmasse eingerechnet, von deren Höhe die Vergütung des Insolvenzverwalters abhängig ist. Bereits wirtschaftlich betrachtet kann das Insolvenzplanverfahren folglich immer für beide Seiten sinnvoller sein als eine Restschuldbefreiung.

---

863 Eine Zusammenfassung der angesprochenen Besonderheiten folgt sogleich im 8. Kapitel unter B.

864 Pape, ZAP Fach14, 655, 668 f., 670; Grote/Pape, ZInsO 2013, 1433, 1436.

Dies gilt allerdings nur, wenn von der Kosteneinsparung nach § 1 Abs. 2 Nr. 5 InsVV tatsächlich Gebrauch gemacht wird. Der Schuldner muss folglich planen, Drittmittel einzusetzen. Durch den Einsatz von Drittmitteln wird er eine dem Regelverfahren vergleichbare Quote in weniger als drei Jahren begleichen und so in weniger als drei Jahren schuldenfrei sein. Bei einem solch kurzen Zeitraum muss der Schuldner die Verjährung des § 259b InsO beachten, die nicht so weitreichend ist, wie die Wirkung der Restschuldbefreiung. Der Schuldner muss sich folglich vergewissern, ob gegen ihn Forderungen bestehen, die erst einige Jahre nach Abschluss eines Insolvenzplans fällig werden. Des Weiteren kann die Vereinbarung eines Insolvenzplans bei hohen zu erwartenden Einnahmen des Schuldners vorteilhaft sein, wenn der Schuldner einige Gläubiger mit von § 302 InsO umfassten Forderungen hat.

Obwohl das Insolvenzplanverfahren wie auch das Restschuldbefreiungsverfahren auf dasselbe Ziel gerichtet sein können, werden sie sich selten in ihrem Anwendungsbereich überschneiden. Dies liegt nicht zuletzt an den bereits aufgezeigten unterschiedlichen Rechtsschutzinteressen dieser beiden Verfahren.[865]

865 Hierzu bereits unter Kapitel 5 D. IV. 6.

8. Kapitel: Aufgaben und Aussicht des Insolvenzplanverfahrens in Kleinverfahren

A. Aussicht des Insolvenzplans

Eine Entwicklung des Insolvenzplanverfahrens hin zu einem Massenverfahren ist nicht zu erwarten.[866] Dagegen sprechen bereits die im Verhältnis zu anderen Planverfahren hohen und nicht flexiblen Kosten sowie die negativen Auswirkungen durch einen SCHUFA-Eintrag. Zudem blieb der erhoffte Ansturm auf dieses Verfahren wie auch andere konsensuale Lösungen bereits in der Vergangenheit aus.[867] Grund hierfür sind nicht zuletzt fehlende Geldmittel. Um den Insolvenzplan Verbrauchern zugänglicher zu machen, wird vorgeschlagen, einen einheitlichen Leitfaden – nach dem Vorbild der Vorgaben des IDW an seine Mitglieder – durch eine unabhängige paritätisch mit Schuldner- wie Gläubigervertretern besetzte Kommission vorzubereiten.[868]

Einen Erfolg kann die durch die Öffnung des Insolvenzplanverfahrens angestoßene Diskussion dennoch haben. Die Planverfahren wurden hierdurch präsent und als ernsthafte Alternative wahrgenommen. Bisher bezog sich diese Diskussion schwerpunktmäßig auf den Insolvenzplan, sollte aber um den gerichtlichen Schuldenbereinigungsplan erweitert werden.

Der gerichtliche Schuldenbereinigungsplan fristet bisher ein Schattendasein als großer Bruder des außergerichtlichen Einigungsversuchs, obwohl er ein eigenständiges von diesem zu trennendes Verfahren mit einigen Vorteilen bietet.[869] In Verbraucherinsolvenzverfahren konnten bedeutende Vorteile des gerichtlichen Schuldenbereinigungsplanverfahrens herausgearbeitet werden, während ein Insolvenzplanverfahren nur in bestimmten Situationen Vorteile bietet.[870]

---

866 Blankenburg, ZInsO 2015, 1293, 1293.

867 Zum Insolvenzplanverfahren Ehlers, DStR 2010, 2523, 2523 zum außergerichtlichen und gerichtlichen Schuldenbereinigungsplanverfahren Schmidt, Privatinsolvenz, § 3 Rn. 16, 44.

868 Vgl. unter 5. Kapitel D. I. 6.

869 Bast/Deyda/Laroche/Schöttler/Siebert, ZInsO 2017, 2471, 2471.

870 Ausführlich zu den Vor- und Nachteilen im Einzelnen im 7. Kapitel, dort insbesondere unter B. 8.

B. Aufgaben des Insolvenzplans – die Nischen

I. Unübersichtliche Forderungsverhältnisse

Aufgrund der am weitesten reichenden Wirkung aller Planverfahren kann nur ein Insolvenzplan schlussendlich vor Nachforderungen schützen. Fürchtet ein Verbraucherschuldner nachträglich auftretende Gläubiger, kommt nur ein Insolvenzplan für ihn in Betracht. Allerdings sollte ein solcher Schuldner sicher sein, ob nicht ein Restschuldbefreiungsverfahren mit mittlerweile auf drei Jahre verkürzter regelmäßiger Abtretungsfrist ebenso sinnvoll bzw. sogar sinnvoller für ihn ist. Die Wirkung ist der des Insolvenzplans ähnlich bzw. weitreichender, da keine Unsicherheitsperiode im Sinne des § 259b InsO besteht. Andererseits ist mit einem Ablauf der Unsicherheitsphase auch im Insolvenzplanverfahren nach drei Jahren zu rechnen. Wie im Insolvenzplanverfahren ist keine über die Erteilung hinausgehende Verfahrenskostenstundung möglich und auch ein SCHUFA-Eintrag erfolgt. Allerdings muss der Schuldner seinen Gläubigern in einem Restschuldbefreiungsverfahren keine Befriedigungsquote zudenken und benötigt keine Drittmittel. Sinnvoll kann ein Insolvenzplan jedoch sein, wenn ein Schuldner mehrere Gläubiger mit Forderungen vermutet, die nach § 302 InsO von der Restschuldbefreiung ausgenommen sind, von den Wirkungen eines Insolvenzplans aber erfasst werden können

II. Erhalt der beruflichen Zulassung und des Gewerbes

Anders ist die Situation eines Kleinunternehmers zu beurteilen. Diesem steht zur Erhaltung seiner beruflichen Zulassung und eventuell auch seines Gewerbes nur das Insolvenzplanverfahren oder eine selbst initiierte außergerichtliche Einigung offen. Einen Restrukturierungsplan nach dem StaRUG wird der Kleingewerbetreibende hingegen regelmäßig nicht nutzen können, da dort gem. § 4 S. 2 InsO ausdrücklich solche Forderungen natürlicher Personen ausgenommen sind, die mit dessen unternehmerischer Tätigkeit in keinem Zusammenhang stehen. Auch kann nicht auf die Restschuldbefreiung ausgewichen werden, um dieses Ziel zu erreichen.

III. Teilinsolvenzplan mit dem Ziel der Schuldbefreiung

1. Konzeption als verfahrensleitender Insolvenzplan?

Bereits seit einiger Zeit wird in der Literatur ein verfahrensleitender Insolvenzplan mit dem Ziel vorzeitiger Restschuldbefreiung diskutiert.[871] Durch diese

871 Hänel/Harig, ZVI 2015, 282 ff.; Jacobi/Melzer, VIA 2017, 65.

Verfahrensvariante erhält der Schuldner die schnelle Möglichkeit eines Neustarts und entgeht der Unsicherheit, ob nachträglich Gründe eintreten, die einer Erteilung der Restschuldbefreiung entgegenstehen. Ebenso kann der Schuldner hierauf zurückgreifen, wenn er im Regelverfahren keine Restschuldbefreiung mehr erlangen kann.[872] Grund hierfür können ein unterbliebener Restschuldbefreiungsantrag, eine nicht abgelaufene Sperrfrist oder ein offensichtlich verwirklichter Restschuldbefreiungsversagungsgrund sein.

Systematisch würde ein solcher verfahrensleitender Insolvenzplan künstlich ein asymmetrisches Verfahren schaffen.[873] Dem Schuldner werden seine Schulden erlassen, bevor die Verwertung sämtlicher Massegegenstände innerhalb des Insolvenzverfahrens abgeschlossen ist. Für während der regulären Restschuldbefreiungsfrist voraussichtlich anfallende Einnahmen aus laufender Erwerbstätigkeit sollen die Gläubiger entsprechend entschädigt werden.[874] Dieses Vorgehen entspricht der Vermutungsregelung des § 245a S. 1 InsO für die Beurteilung der wirtschaftlichen Schlechterstellung, wonach grundsätzlich auch von gleichbleibenden Einkommens-, Vermögens- und Familienverhältnissen auszugehen ist.

2. *Notwendigkeit der eigenständigen Regelung der Rechtsfolgen im Insolvenzplan*

Fraglich ist allerdings, ob tatsächlich schlicht auf die Rechtsfolgen eines asymmetrischen Verfahrens verwiesen werden kann.[875] Die Restschuldbefreiung wird vom Insolvenzgericht gem. § 300 InsO in gebundener Entscheidung erteilt, wenn die gesetzlichen Voraussetzungen erfüllt sind. Die Legitimation eines Schuldenverzichts oder -erlasses im Insolvenzplanverfahren durch die Gläubiger erhält nicht dieselbe hoheitliche Wirkung, zumal vor endgültiger Erfüllung des Plans ein Wiederaufleben nach § 255 InsO möglich ist. Auch fehlt im Insolvenzplanrecht keine entsprechende Rechtsfolgenregelung. Vielmehr ist es diesem Rechtsgebiet immanent, die Regeln selbständig aufzustellen. Nicht zuletzt sei erneut auf die unterschiedlichen Rechtsschutzinteressen verwiesen, die diesen Verfahren innewohnen.[876]

---

872 Ahrens, Aktuelles Privatinsolvenzrecht, Rn. 455a.

873 Hänel/Harig, ZVI 2015, 282, 284.

874 Hänel/Harig, ZVI 2015, 282, 283 f.

875 So Hänel/Harig, ZVI 2015, 282, 284; a.A. Jacobi/Melzer, VIA 2017, 65, die als gesetzlichen Anknüpfungspunkt § 227 InsO wählen, als Plankompetenz, die Rechtsfolgen der Restschuldbefreiung (teilweise) zu übertragen.

876 Vgl. AG Göttingen, NZI 2021, 283; Ahrens, ZVI 2021, 209 f.; RieflingVIA 2021, 39; hierzu bereits ausführlich im 5. Kapitel D. IV. 6.

Darüber hinaus ist zweifelhaft, ob eine schlichte Übertragung der Regelung des § 300a Abs. 1 InsO dem Willen der Parteien entspräche. § 300a Abs. 1 S. 1 InsO differenziert nach dem Zeitpunkt der Entstehung des Erwerbsgrundes.[877] Folglich unterfielen in dem Zeitraum zwischen der Eröffnung des Insolvenzverfahrens und dem Eintritt der restschuldbefreienden Wirkung des Insolvenzplans anfallende laufende Einkünfte dem Massebeschlag. Ein weiteres Problem kann sich bei Miet- oder Pachteinnahmen ergeben. Diese sind gemäß § 300a Abs. 1 S. 2 Alt. 3 InsO nur dann der Masse unterworfen, wenn sie auf einem Verwertungshandeln des Insolvenzverwalters beruhen. Sofern ein Miet- oder Pachtvertrag noch von dem Schuldner geschlossen wurde und der Insolvenzverwalter keine ausreichenden Betreuungshandlungen zum Fortbestand des Vertragsverhältnisses unternommen hat, würden die Einnahmen massefreier Neuerwerb.[878]

Konträr hierzu besteht die Idee der vorzeitigen Schuldbefreiung mittels verfahrensleitenden Insolvenzplans darin, die Gläubiger in einer Einmalzahlung ausschließlich für prognostizierte laufende Einkünfte aus Arbeitsleistungen zu entschädigen. Hinsichtlich darüber hinaus generierter Einkünfte aus Miet- oder Pachtverträgen bietet es sich an, sie abgesehen von einem unpfändbaren Anteil den Gläubigern zu überlassen, da ansonsten auch hierfür ein entsprechender Ausgleich geschaffen werden müsste. Die Berechnung eines solchen Ausgleichs könnte verschiedene Probleme bereiten, weil weder die Mietdauer einzelner Parteien noch der genaue Zeitpunkt der Verwertung feststeht. Bei einem Mieterwechsel nimmt die Neuvermietung der Insolvenzverwalter vor, sodass nunmehr das Einkommen auf einem Verwalterhandeln beruht. Nach dem Verkauf des Miet- oder Pachtobjektes enden die Einnahmen ohnehin.

Folglich müssen gewollte Rechtsfolgen der Befreiung des Schuldners von seinen Schulden explizit geregelt werden. Weder systematisch noch nach dem Parteiwillen kann die Wirkung der Restschuldbefreiung oder auch § 300a Abs. 1 S. 1 InsO herangezogen werden.

3. *Der Insolvenzplan mit dem Ziel der Schuldbefreiung*

Ein Insolvenzplan zur vorzeitigen Schuldbefreiung bietet natürlichen Personen viele Vorteile. Die Planrechnung und der Ausgleich beziehen sich ausschließlich auf den pfändbaren Anteil der Einnahmen aus selbständiger oder unselbständiger Erwerbstätigkeit. Das weitere Vermögen wird wie im regulären Verfahren

877 Voß, VIA 2015, 33, 33 f.

878 Voß, VIA 2015, 33, 35; weitergehender alle Einnahmen dem massefreien Neuerwerb zuordnend Ahrens, Aktuelles Privatinsolvenzrecht, Rn. 1108a.

verwaltet und verwertet. Dafür entfällt die langwierige Phase der Restschuldbefreiung, der letzte Eintrag bei der SCHUFA erfolgt mit der Aufhebung des Insolvenzverfahrens nach Abschluss der Masseverwertung und damit regelmäßig vor Ablauf der dreijährigen Restschuldbefreiungsphase.[879] Somit kann der Schuldner entsprechend früher ohne Einschränkungen am Geschäftsverkehr teilnehmen.

Der schuldbefreiende Insolvenzplan verschafft dem Schuldner mit relativ geringem Drittmittelaufwand eine im Verhältnis zum regulären Verfahren deutlich schnellere Rückerlangung seines wirtschaftlichen Spielraums. Zudem können die Gläubiger sich auf das ihnen vertrauenswürdig erscheinende System gesetzlicher Verwertung der Massegegenstände verlassen. Diese Sicherheit vermag kein anderes Planverfahren zu geben, da bei diesen entweder das Insolvenzverfahren noch gar nicht eröffnet oder explizit beendet wird. Bei der Kombination von vorzeitiger Schuldbefreiung mit der regulären insolvenzrechtlichen Verwertung handelt es sich folglich um ein Alleinstellungsmerkmal des Insolvenzplanverfahrens. Da ein Aufkommen Dritter für den Erhalt von Immobilienvermögen nur bei großer familiärer Verbundenheit zu erwarten ist, könnte ein derartiger Insolvenzplan künftig häufig zu erwarten sein.

IV. Der Insolvenzplan als Lenkungsinstrument

Das Insolvenzplanverfahren bietet, wie gezeigt, verschiedene Vorteile für Gläubiger. Hierzu zählt auch eine in den gestaltenden Teil und die Planüberwachung integrierbare Lenkungsmöglichkeit.[880] Der Schuldner wird hierdurch nicht generell am Abschluss bestimmter Geschäfte gehindert. Er wird kontrolliert, sinnvolle Geschäfte werden geschlossen und der Schuldner verinnerlicht bestenfalls für die Zukunft einen maßvollen Umgang beim Abschluss von Geschäften.

Nur das konkrete Zusammenwirken von gestaltendem Teil und Planüberwachung ermöglicht die Umsetzung einer solchen Zielsetzung. Vergleichbare Gestaltungen könnten zwar theoretisch auch in einen Schuldenbereinigungsplan aufgenommen werden, wobei allerdings eine hohe Fehlerquote zu vermuten ist. In diesem Punkt überzeugen die aufeinander abgestimmten und miteinander verzahnten Vorschriften des Insolvenzplanverfahrens, die ein weitgehend lückenloses System aufstellen, sodass ein einfacher Verweis im Plan auf die bereits bestehenden Regelungen ausreicht. Ein ebensolcher Verweis in einem

879 Hänel/Harig, ZVI 2015, 282, 283.

880 Vgl. 5. Kapitel D. III. 2. d) ff) und 5. Kapitel D. IV. 11. b).

Schuldenbereinigungsplanverfahren hätte nicht denselben Erfolg, da es bereits an Grundvoraussetzungen wie einem gestaltenden Teil fehlt. Es müssten folglich mit erheblichem Aufwand entsprechende neue Regelungen in den Plan formuliert werden, wodurch Fehler und Lücken entstehen können.

Wird den Gläubigern eine im Vergleich zur regulären Restschuldbefreiung gar nicht oder nur geringfügig erhöhte Befriedigungsquote angeboten, kann die Lenkungswirkung des Insolvenzplans die Abstimmungsentscheidung der Gläubiger über den Plan positiv beeinflussen. Die Gläubiger sehen das Engagement und den Willen zu Änderungen auf Seiten des Schuldners und können eventuell zu einem späteren Zeitpunkt von dessen besserer wirtschaftlicher Lage profitieren. Der Schuldner hingegen ist für eine gewisse Zeit in seinem geschäftlichen Auftreten eingeschränkt.

C. Ausblick

I. In Verbraucherinsolvenzverfahren

Insbesondere in Verbraucherverfahren sind der europäische und deutsche Gesetzgeber bemüht, konsensuale Einigungen zu stärken und zu fördern, Ausdruck dieser Entwicklung ist nicht zuletzt die Öffnung des Insolvenzplanverfahrens für Verbraucher.

Wie in dieser Bearbeitung gezeigt werden konnte, hat jedes einzelne der Planverfahren eine eigenständige Bedeutung und einen spezifischen Anwendungsbereich. Dennoch fehlt es an einer klar strukturierten gesetzlichen Abstimmung der Verfahren aufeinander. Die Zugangsformen zu den Verfahren etwa unterscheiden sich stark und sind nur unter hohem Zeitverlust miteinander kombinierbar. Dieses Problem könnte gelöst werden, indem der Schuldner durch Vorlage eines Insolvenzplans das gerichtliche Schuldenbereinigungsplanverfahren „überspringen" könnte. Hierdurch könnte – bei grundsätzlicher Beibehaltung einer hoheitlichen Einwirkungsmöglichkeit durch die gerichtliche Entscheidung über die Durchführung des gerichtlichen Schuldenbereinigungsplanverfahrens – das Verfahren für den einen Insolvenzplan favorisierenden Schuldener erheblich verkürzt werden.[881]

Darüber hinaus ist das Insolvenzplanverfahren in seinen Grundzügen auf Unternehmensinsolvenzen ausgelegt. Dies verdeutlichen die Regelungen zu den Grundlagen der Vergleichsrechnung, den Plananlagen und der Planüberwachung. Erste Anpassungen erfolgten durch die Einführung der

881 Hierzu ausführlich im 7. Kapitel A. III.

Vermutungsregelung des § 245a InsO, auf die auch im Rahmen des Minderheitenschutzes sowie der Rechtsmittel gegen den Bestätigungsbeschluss Bezug genommen wird. Sinnvollerweise erfassen diese Regelungen sämtliche natürliche Personen, sodass die Differenzierung zwischen Verbrauchern und weiteren natürlichen Personen, zu denen auch Kleingewerbetreibende gehören, zusehends aufgegeben wird.

II. In Kleinunternehmerinsolvenzverfahren

1. Gleichbehandlung von Verbrauchern und Kleinunternehmern im Insolvenzplanverfahren

Die Anpassungen im Insolvenzplanverfahren, die für Verbraucher zu treffen sind, führen zu offenen Fragen in Bezug auf die Anwendung des Insolvenzplans in der Insolvenz des Kleinunternehmers. Zentral zu beantworten ist die Zuordnung des Kleinunternehmers im Hinblick auf Insolvenzplanverfahren. Diese bereitete bereits bei der Einführung des Insolvenzplanverfahrens Schwierigkeiten. War er anfänglich vom Anwendungsbereich der §§ 304 ff. InsO erfasst, wurde dies durch das Reformgesetz im Jahr 2001 aufgehoben, sodass diesem einzig das Insolvenzplanverfahren als gesetzliches Planverfahren offen steht. Denn auch einen Restrukturierungsplan nach dem StaRUG wird der Kleinunternehmer regelmäßig nicht nutzen können, da dort gem. § 4 S. 2 InsO ausdrücklich solche Forderungen natürlicher Personen ausgenommen sind, die mit dessen unternehmerischer Tätigkeit in keinem Zusammenhang stehen. In der Insolvenz eines Kleinunternehmers werden aber regelmäßig gerade auch solche Forderungen bestehen.

Das Insolvenzplanverfahren wiederum wurde (zunächst) nicht den spezifischen Belangen der Kleinunternehmer angepasst. Hervorgerufen durch weitaus stärkere Differenzen zwischen den Bedürfnissen von Unternehmen und Verbrauchern wurde bereits unmittelbar nach Öffnung des Insolvenzplanverfahren für Verbraucher diskutiert, das Insolvenzplanverfahren abzielend auf diese neuen spezifischen Gegebenheiten anzupassen. Umgesetzt wurde schließlich die zweifache Vermutungsregelung des § 245a InsO, deren Anwendungsbereich sinnvollerweise sogleich auf sämtliche natürliche Personen und damit auch Kleinunternehmer erstreckt wurde.

Um dieser Nähe gerecht zu werden, müssen Anpassungen, die ihren Ursprung in der Rechtsstellung als natürliche Person haben, auch auf Kleinunternehmer angewendet werden. Dieses Ziel kann bestmöglich erreicht werden, indem die Vorgaben des Insolvenzplanverfahrens im Sinne eines Kleingewerbetreibenden ausgelegt werden und der Kleingewerbetreibende fakultativ auf die für Verbraucher geltenden Verfahrenserleichterungen zurückgreifen kann.

2. *Zugang zum gerichtlichen Schuldenbereinigungsplanverfahren auch für Kleinunternehmer*

Insgesamt betrachtet erscheint das Gesamtkonzept der Planverfahren an einigen Stellen inkongruent. Während für Verbraucher Verfahrensunterschiede beseitigt werden, erfährt das System der Planverfahren keine entsprechende Öffnung für weitere Personen derselben Rechtspersönlichkeit und vergleichbarer Vermögensverhältnisse. Um eine Parallelität zwischen natürlichen Personen mit vergleichbaren Vermögensverhältnissen zu schaffen, wie sie im Bereich der Kostenstundung und der Restschuldbefreiung besteht, wäre es nötig, das gerichtliche Schuldenbereinigungsplanverfahren auch für Kleinunternehmer zu öffnen. Mittels des gerichtlichen Schuldenbereinigungsplans wäre es dann auch Kleingewerbetreibenden möglich, gegen das Votum einzelner Gläubiger eine Planlösung zu erreichen und gleichzeitig einem SCHUFA-Eintrag zu entgehen. Wegen ihrer geschäftlichen Erfahrungen erscheint es hingegen nicht zwingend erforderlich, auch einen außergerichtlichen Einigungsversuch und damit verbunden zur Verfahrenseröffnung eine Scheiternsbescheinigung zu fordern.

Ein anderer Weg, eine kongruente Verfahrenslösung zu erzielen, bestünde darin, eine einzige Plansystematik für alle Verfahren zu schaffen.[882] Wegen der stark unterschiedlichen Gegebenheiten, besonders zwischen natürlichen und juristischen Personen, kann ein solches Verfahren keiner der Personen gerecht werden. Ausdruck der unterschiedlichen Gegebenheiten sind die detailreichen Vorschriften zum Insolvenzplanverfahren gegenüber den erheblich weniger umfangreichen zum gerichtlichen Schuldenbereinigungsplanverfahren.

882 So mit Hinweis auf die Aufhebung der §§ 312–314 InsO Grote/Pape, ZInsO 2013, 1433, 1437 f.

Literaturverzeichnis

Ahrens, Martin, Abpfiff – Stellungnahme zu den geplanten Änderungen in § 302 Nr. 1 InsO-RefE 2012, ZVI 2012, 122–126.

Ahrens, Martin, Anmerkung zu BGH, Beschl. v. 19.05.2022 - IX ZB 6/21, NZI 2021, 746–747.

Ahrens, Martin, Aktuelles Privatinsolvenzrecht, Reform und neue Entwicklungen, 3. Aufl., Köln 2019.

Ahrens, Martin, Das neue Privatinsolvenzrecht, Reform und aktuelle Entwicklungen, Regelungen und Probleme des Gesetzes zur Verkürzung des Restschuldbefreiungsverfahrens und zur Stärkung der Gläubigerrechte, 2. Aufl., Köln 2016.

Ahrens, Martin, Die Reform des Privatinsolvenzrechts 2014, Gesetz zur Verkürzung des Restschuldbefreiungsverfahrens und zur Stärkung der Gläubigerrechte, NJW 2014, 1841–1847.

Ahrens, Martin, Insolvenzplan und Restschuldbefreiung, ZVI 2021, 209–210.

Ahrens, Martin, Keine Anmeldung als privilegierte Forderung ohne Restschuldbefreiungsantrag AG Aurich, NZI 2016, 143, NZI 2016, 121–123.

Ahrens, Martin, Privatinsolvenzrecht – Umrisse eines Systems, ZZP 122 (2009), 133–155.

Ahrens, Martin, Rechtsschutz gegen die Nichtzulassung der Rechtsbeschwerde, NZI 2020, 1036–1040.

Ahrens, Martin, Zur Frage der Restschuldbefreiung im Schlusstermin bei fehlender Forderungsanmeldung, NZI 2005, 401–403.

Ahrens, Martin/Gehrlein, Markus/Ringstmeier, Andreas (Hrsg.), Fachanwaltskommentar Insolvenzrecht, 4. Aufl., Köln 2020 (zit.: Ahrens/Gehrlein/Ringstmeier/Bearbeiter).

Ahrens, Martin/Gehrlein, Markus/Ringstmeier, Andreas (Hrsg.), Fachanwaltskommentar Insolvenzrecht, 2. Aufl., Köln 2014 (zit.: Ahrens/Gehrlein/Ringstmeier/Bearbeiter, 2. Aufl. 2014).

Allemand, Hildegard/Dobiey, André/Henning, Kai, Musterinsolvenzplan, ZVI 2014, 296–299.

Andres, Dirk/Leithaus, Rolf/Dahl, Michael (Hrsg.), Insolvenzordnung (InsO), Kommentar, 4. Aufl., München 2018 (zit.: Andres/Leithaus/Bearbeiter).

Arbeitskreis für Insolvenzwesen Köln e.V. (Hrsg.)/Wrobel-Sachs (Gesamtred.), Kölner Schrift zur Insolvenzordnung, 3. Aufl., Münster 2009.

Arnold, Hans, Das Insolvenzverfahren für Verbraucher und Kleingewerbetreibende nach der Insolvenzordnung von 1994, DGVZ 1996, 129–136.

Baczako, Norwin, Was lange währt wird endlich gut?, Die zweite Stufe der Insolvenzrechtsreform, ZVI 2013, 209–214.

Bader, Johann/Ronellenfitsch, Michael (Hrsg.), Beck'scher Onlinekommentar Verwaltungsverfahrensgesetz mit VwVG und VwZG, 60. Edition, Stand 01.07.2023, München 2023 (zit.: BeckOK-VwVfG/Bearbeiter).

Bornemann, Alexander, Frankfurter Kommentar zur Insolvenzordnung, Band 2, §§ 270–359 InsO, EuInsVO, EGInsO (Auszug), InsVV, ArbnErgG, 10. Aufl. 2023, Köln 2023 (zit.: FK-InsO/Bearbeiter).

Hau, Wolfgang/Posek, Roman, Beck'scher Online-Kommentar BGB, 66. Edition, Stand 01.05.2023, München 2023 (zit.: BeckOK-BGB/Bearbeiter).

Bast, Klaus/Deyda, Stephan/Laroche, Peter/Schöttler, Alexandra/Siebert, Volker, Das gerichtliche Schuldenbereinigungsplanverfahren in der Verbraucherinsolvenz – ein praxistaugliches Entschuldungsverfahren, ZInsO 2017, 2471–2484.

Beck, Sigfried/Depré, Peter/Ampferl, Hubert (Hrsg.), Praxis der Insolvenz, Ein Handbuch für die Beteiligten und ihre Berater, 4. Aufl., München 2023.

Beule, Dieter, Aktuelles zur Insolvenzrechtsreform, InVo 1997, 197–203.

Beyer, Annamia, Insolvenzplanverfahren bei natürlichen Personen, ZVI 2013, 334–338.

Beyer, Annamia, Insolvenzplanverfahren bei natürlichen Personen (Teil II), ZVI 2014, 289–295.

Bieg, Thorsten/Borchardt, Peter-Alexander/Frind, Frank (Hrsg.), Unternehmenssanierung und Betriebsfortführung, 1. Aufl., München 2021.

Bindemann, Reinhard, Handbuch Verbraucherkonkurs, eine praxisorientierte Einführung für Schuldner, Schuldnerberater, Gläubiger und Rechtsberater, Baden-Baden 1997.

Blankenburg, Daniel, Probleme des Insolvenzplans in Kleinverfahren, ZInsO 2015, 1293–1303.

Blankenburg, Daniel, Restschuldbefreiung durch Teilinsolvenzplan – eine problematische und riskante Alternative zu § 300 InsO, ZInsO 2015, 2211–2215.

Blankenburg, Daniel, Restschuldbefreiung im Insolvenzplanverfahren und bei Einstellung des Verfahrens, ZVI 2017, 89–92.

Boecken, Winfried/Düwell, Josef/Diller, Martin/Hanau, Hans (Hrsg.), Gesamtes Arbeitsrecht, Kommentar, Band 3, 2. Aufl., Baden-Baden 2023.

Bork, Reinhard, Einführung in das Insolvenzrecht, 10. Aufl., Tübingen 2020.

Bork, Reinhard, Prozesskostenhilfe für den Schuldner des Insolvenzverfahrens, ZIP 1998, 1209–1218.

Bork, Reinhard/Hölzle, Gerrit, Handbuch Insolvenzrecht, 2. Aufl., Köln 2019.

Braun, Eberhard (Hrsg.), Insolvenzordnung (InsO), 9. Aufl., München 2022 (zit.: Braun/Bearbeiter).

Braun, Eberhard/Uhlenbruck, Wilhelm, Unternehmensinsolvenz, Grundlagen, Gestaltungsmöglichkeiten, Sanierung mit der Insolvenzordnung, Düsseldorf 1997.

Bremen, Michael, Das Leitbild des sanierten Unternehmens im Schutzschirmverfahren, NZI 2014, 137–144.

Brünkmanns, Christian, Präklusions- und Ausschlussklauseln in Insolvenzplänen, ZInsO 2016, 245–248.

Brünkmanns, Christian/Thole, Christoph, Handbuch Insolvenzplan, 2. Aufl., Köln 2020.

Bruns, Karin, Entschuldung auf Staatskosten: Darf die Prozesskostenhilfe die materiellen Voraussetzungen für das Verbraucherinsolvenzverfahren schaffen?, NJW 1999, 3445–3450.

Buchalik, Robert/Stahlschmidt, Jasper, Die neue richterliche Zuständigkeit bei Insolvenzplänen in Eigenverwaltung – ein Erfahrungsbericht, ZInsO 2014, 1144–1150.

Buth, Andrea K./Hermanns, Michael (Hrsg.), Handbuch Restrukturierung, Sanierung, Insolvenz, 5. Aufl., München 2022.

Büttner, Holger, Private Vermögensverwaltung – Abgrenzung zwischen Regel- und Verbraucherinsolvenz, zugleich Anmerkung zu AG Leipzig, Beschl. v. 29.01.2010 – 401 IK 2141/09, ZInsO 2011, 2201–2212.

Crezelius, Georg, Festschrift für Volker Röhricht zum 65. Geburtstag, Gesellschaftsrecht, Rechnungslegung, Sportrecht, Köln 2005.

Decker, Darvin/Mitzscherlich, Johann, Die Speicherung von Schuldnerdaten bei Auskunfteien nach Erteilung der Restschuldbefreiung, VIA 2022, 73–76.

Doliwa, Cornelia J., Die geplante Insolvenz, Unternehmenssanierung mittels Prepackaged Plan und Eigenverwaltung, Baden-Baden 2012, zugl. Diss., Berlin 2012.

du Carrois, Michael, Einstellung des Insolvenzverfahrens gem. § 213 InsO, Insolvenzplan oder vorzeitige Erteilung der Restschuldbefreiung in der Wohlverhaltensperiode durch Vergleich – Überlegungen für die Praxis, Insbüro 2012, 15–20.

Ehlers, Harald, Insolvenzplanverfahren – Die Alternative, DStR 2010, 2523–2528.

Ehmann, Eugen/Selmayr, Martin, Datenschutz-Grundverordnung: DS-GVO, 2. Aufl., München 2018.

Eidenmüller, Horst, Unternehmenssanierung zwischen Markt und Gesetz: Mechanismen der Unternehmensreorganisation und Kooperationspflichten im Reorganisationsrecht, Köln 1999, zugl. Habil.-Schr., München 1998.

Emmerich, Hugo, Die Sanierung, Teil 1, der Begriff der Sanierung, der außergerichtliche Vergleich, die Sanierungstreuhand, Mannheim, Berlin, Leipzig 1930.

Flitsch, Michael (Hrsg.), Festschrift für Jobst Wellensiek zum 80. Geburtstag, München 2011.

Foerste, Ulrich, Besorgter Blick nach Hamburg, ZInsO 2017, 2424–2426.

Frege, Michael C./Keller, Ulrich/Riedel, Ernst, Handbuch der Rechtspraxis Insolvenzrecht, 9. Aufl., München 2022 (zit.: Frege/Keller/Riedel, Insolvenzrecht).

Fridgen, Alexander/Geiwitz, Arndt/Göpfert, Burkard (Hrsg.), Beck'scher Online-Kommentar Insolvenzrecht, InsO, EGInsO, SanInsKG, InsVV, EuInsVO, Spezialthemen und Länderberichte, 32. Edition Stand 15.07.2023, München 2023 (zit.: BeckOK-InsO/Bearbeiter).

Frind, Frank, Das hindernisreiche Insolvenz-Planverfahren für natürliche Personen, Lösungswege zur schnelleren Restschuldbefreiung insbesondere für den (ehemaligen) Selbständigen, BB 2014, 2179–2185.

Frind, Frank, Das Verhältnis von Restschuldbefreiungsantrag und Insolvenzplan, Zugleich Erwiderung auf Madaus, NZI 2017, 697, NZI 2017, 842–845.

Frind, Frank, Ein „schlankes" neues Privatinsolvenzverfahren?, ZInsO 2012, 1455–1461.

Frind, Frank, Insolvenzordnung 2021: Überzeugendes Sanierungsrecht oder Stückwerk?, Zu den insolvenzgesetzlichen Änderungsvorschlägen im RefE eines SanInsFoG, NZI 2020, 865–871.

Frind, Frank, Praxishandbuch Privatinsolvenz, 3. Aufl., München 2021.

Frind, Frank, Praxis-Prüfstand: Die Vorschläge zur Neuordnung des Insolvenzverfahrens natürlicher Personen – Teil 1, Zum Referentenentwurf v. 18.01.2012 eines Gesetzes zur Verkürzung des Restschuldbefreiungsverfahrens, zur Stärkung der Gläubigerrechte und zur Insolvenzfestigkeit von Lizenzen, ZInsO 2012, 475–479.

Frind, Frank, Störeinflüsse im Privatinsolvenz-Planverfahren, ZInsO 2014, 280–286.

Frind, Frank/Köchling, Marcel, Die misslungene Sanierung im Insolvenzverfahren, Eine Betrachtung über Gründe und Verhinderungsmöglichkeiten von Folge- oder Zweitinsolvenzen, ZInsO 2013, 1666–1677.

Fuchs, Karlhans, Die Änderungen im Verbraucherinsolvenzverfahren – Problemlösung oder neue Fragen?, NZI 2002, 239–244.

Fuchs, Karlhans/Bayer, Heiko, Beratungshilfe im außergerichtlichen Teil des Verbraucherinsolvenzverfahrens, Rpfleger 2000, 1–4.

Ganter, Hans Gerhard, Paradigmenwechsel bei der Insolvenzverwaltervergütung, ZIP 2014, 2323–2334.

Gärtner, Stephan/Tintemann, Sven, Die Speicherung des Negativmerkmals „Restschuldbefreiung" in der Auskunftei, VuR 2012, 54–58.

Georg, Thomas, Insolvenzplanverfahren: Erste Erfahrungen, ZInsO 2000, 93–95.

Gössl, Susanne L., Das Gesetz über die alternative Streitbeilegung in Verbrauchersachen – Chancen und Risiken, NJW 2016, 838–842.

Gottwald, Peter/Haas, Ulrich (Hrsg.), Insolvenzrechts – Handbuch, 6. Aufl., München 2020 (zit.: Gottwald/Haas/Bearbeiter, Insolvenzrechts-Handbuch).

Graeber, Thorsten, Vergütungsbestimmung durch Vereinbarung zwischen einem Insolvenzverwalter und den weiteren Beteiligten eines Insolvenzverfahrens, ZIP 2013, 916–920.

Graf, Ulrich/Wunsch, Irene, Eigenverwaltung und Insolvenzplan – ein gangbarer Weg in der Insolvenz von Freiberuflern und Handwerkern?, ZIP 2001, 1029–1040.

Graf-Schlicker, Marie Luise (Hrsg.), InsO, Kommentar zur Insolvenzordnung, 6. Aufl., Köln 2022 (zit.: Graf-Schlicker/Bearbeiter, InsO).

Greger, Reinhard, Zwischen Mediation und Inquisition – Neue Wege der Informationsbeschaffung im Zivilprozess, DStR 2005, 479–484.

Grote, Hugo, Ersetzung der Zustimmung nach § 309 InsO, Anmerkung zu LG Mönchengladbach Beschl. v. 26.07.2001 – 5 T 23/01, ZInsO 2001, 1117–1118.

Grote, Hugo, Paradox: Der Zwang des Verbraucherschuldners zu Verhandlungen mit verhindert außergerichtliche Einigungen, ZInsO 2001, 17–19.

Grote, Hugo, Planautonomie oder Richterhoheit? – Anmerkung zu AG Hamburg, Beschl. v. 24.05.2017 – 67c IN 164/15, ZInsO 2017, 1380.

Grote, Hugo, Reform des Verbraucherinsolvenz- und Restschuldbefreiungsverfahrens – Teil 11, Insbüro 2014, 203–207.

Grote, Hugo, Reform des Verbraucherinsolvenz- und Restschuldbefreiungsverfahrens – Teil 12, Insbüro 2014, 252–257.

Grote, Hugo/Pape, Gerhard, Das Ende der Diskussion? Die wichtigsten Neuregelungen zur Restschuldbefreiung, ZInsO 2013, 1433–1448.

Grote, Hugo/Pape, Gerhard, Endlich: Die Reform der Verbraucherinsolvenz – lohnte das den Aufwand?, Details zählen: Das neue Verfahren zur Restschuldbefreiung, AnwBl 2013, 601–614.

Grote, Hugo/Pape, Gerhard, Verkürzung des Restschuldbefreiungsverfahrens und Stärkung der Gläubigerrechte – Bemerkungen zu dem Regierungsentwurf, ZInsO 2012, 1913–1912.

Grützner, Thomas/Jakob, Alexander (Hrsg.), Compliance A–Z, 2. Aufl., München 2015.

Gutowski, Mario, Rechtmäßigkeit der Verarbeitung von Insolvenzinformationen durch Staat und Wirtschaftsauskunfteien unter Geltung der DSGVO, ZVI 2020, 291–297.

Hackling, Peter, Die Bescheinigung durch geeignete Personen oder Stellen über das Scheitern der außergerichtlichen Einigung ohne Mitwirkung an der außergerichtlichen Einigung, ZVI 2006, 225–229.

Hänel, Robert/Harig, Florian, Der Teilinsolvenzplan zur Erlangung vorzeitiger Restschuldbefreiung, ZVI 2015, 282–284.

Haarmeyer, Hans, Die Einstellung des Insolvenzverfahrens nach § 213 InsO – ein verkannter Königsweg, ZInsO 2009, 556–564.

Haarmeyer, Hans, Anmerkung zu LG München I, Beschl. v. 02.08.2013 - 14 T 16050/13, ZInsO 2013, 1967.

Hänel, Robert/Harig, Florian, Der Teilinsolvenzplan zur Erlangung vorzeitiger Restschuldbefreiung, ZVI 2015, 282–284.

Harder, Sebastian, Anforderungen an die Vergleichsrechnung im Insolvenzplanverfahren, VIA 2016, 14–15.

Harder, Sebastian, Insolvenzplan für alle? – Die Reform der außergerichtlichen und gerichtlichen Schuldenbereinigung, NZI 2013, 70–76.

Harig, Florian, Der neue § 245a InsO – Schlechterstellung in Insolvenzplänen natürlicher Personen, VIA 2021, 41–43.

Häsemeyer, Ludwig, Insolvenzrecht, 4. Aufl., Köln 2007.

Heinrich, Jens, Der Insolvenzplan – Verfahrensbeendend! Verfahrensbegleitend?, NZI 2008, 74–78.

Henckel, Wolfram, Fehler bei der Eröffnung des Insolvenzverfahrens – Abhilfe und Rechtsmittel, Regelinsolvenz und Verbraucherinsolvenz, Abgrenzung und Verfahren, ZIP 2000, 2045–2053.

Henning, Kai, Die aktuellen Änderungen des Insolvenzverfahrens natürlicher Personen aus Sicht des schuldnerischen Rechtsanwalts, ZAP Fach 14, 671–684.

Henning, Kai, Die Stärkung der außergerichtlichen Verhandlung, Ein Bericht über die bisherige Tätigkeit der „Stephan-Kommission“, ZVI 2012, 126–129.

Hennrichs, Joachim/Kleindiek, Detlef/Warin, Christoph, Münchener Kommentar zum Bilanzrecht, Band 2, 1. Aufl., München 2013 (zit.: MüKo-Bilanzrecht/Bearbeiter).

Henssler, Martin/Willemsen, Heinz Josef/Kalb, Heinz-Jürgen (Hrsg.), Arbeitsrecht Kommentar, 10. Aufl., Köln 2022.

Herriger, Tilmann, Stimmrechtbindung im GmbH-Recht, MittRhNotK 1993, 269–283.

Hess, Harald, Kommentar zur Konkursordnung, 6. Aufl., Neuwied u.a. 1998.

Hess, Harald/Kranemann, Karl Robert/Pink, Andreas, InsO’99 – Das neue Insolvenzrecht, Köln 1998 (zit.: Hess, Das neue Insolvenzrecht).

Heyer, Hans-Ulrich, Das gerichtliche Schuldenbereinigungsplanverfahren, ZVI 2023, 99–101.

Heyer, Hans-Ulrich, Diskussion um Speicherfristen 2.0, Zugleich Besprechung OLG Schleswig v. 02.07.2021 – 17 U 15/21, ZVI 2021, 293, ZVI 2021, 291–293.

Heyer, Hans-Ulrich, Der Insolvenzplan im Verbraucherinsolvenzverfahren – gut gemeint, aber schlecht gemacht – zum Regierungsentwurf vom 18.07.2012, ZVI 2012, 321–324.

Heyer, Hans-Ulrich, Der „Null-Plan“ in der Verbraucherinsolvenz, JR 1996, 314–317.

Heyer, Hans-Ulrich, Die qualifizierte Abschlussbescheinigung nach der Insolvenzrechtsreform 2013/2014, ZVI 2013, 214–217.

Heyer, Hans-Ulrich, Keine Vereinbarkeit überlanger Speicherungen von Insolvenzdaten durch private Wirtschaftsauskunfteien mit dem Datenschutzrecht, Anmerkung zu EuGH NZI 2023, 399 Ls. = BeckRS 2023, 4638, NZI 2023, 375–377.

Heyer, Hans-Ulrich, Nochmals: problematischer Selbstversuch – außergerichtliche Einigungsversuche durch Schuldner ohne hinreichende Unterstützung durch Beratungsstellen oder geeignete Personen, ZVI 2011, 41–45.

Hingerl, Josef, Gruppenbildung im Insolvenzplanverfahren, Manipulation durch „Ein-Gläubiger-Gruppen“?, ZInsO 2007, 1337–1341.

Hingerl, Josef, Insolvenzplan und richterliches Engagement, ZInsO 2004, 232–233.

Hingerl, Josef, Notwendigkeit einer Vergütungsbestimmung im Insolvenzplan?, ZIP 2015, 159–163.

Hingerl, Josef, Verkürzung des Verbraucherinsolvenzverfahrens durch Insolvenzplan, ZVI 2012, 258–261.

Hirte, Heribert/Vallender, Heinz (Hrsg.), Uhlenbruck Insolvenzordnung, 15. Aufl., Band 1, München 2019 (zit.: Uhlenbruck/Bearbeiter).

Hofmeister, Klaus, Top oder Flopp?, Der außergerichtliche Einigungsversuch nach der InsO, ZVI 2003, 12–21.

Hofmeister, Klaus, Insolvenzrechtsreform 2014: Kein Hinkelstein aber jede Menge Schotter im Detail, ZVI 2014, 247–252.

Hofmeister, Klaus/Schilz, Erika, Stärkung der außergerichtlichen Einigung – wirklich gut oder gut gemeint?, ZVI 2012, 134–140.

Holzer, Johannes, Krisenerkennung bei insolvenzgefährdeten Unternehmen aus Sicht der gerichtlichen Praxis, NZI 2005, 308–316.

Hölzle, Gerrit, Unternehmenssanierung außerhalb der Insolvenz – Überlegungen zu einem Sanierungsvergleichsgesetz, NZI 2010, 207–214.

Horstkotte, Martin, Der insolvenzplan in der gerichtlichen Vorprüfung, 18 Monate Insolvenzrecht in Richterzuständigkeit – § 231 InsO in der Praxis, ZInsO 2014, 1297–1312.

Hümmerich, Klaus/Reufels, Martin (Hrsg.), Gestaltung von Arbeitsverträgen und Dienstverträgen für Geschäftsführer und Vorstände, 5. Aufl., Baden-Baden 2022.

Huth, Karl-Heinz, Beratungshilfe für Insolvenzberatung, Rpfleger 2007, 125–128.

Jacobi, Christoph Alexander/Melzer, Felix, Der verfahrensbegleitende Insolvenzplan als Instrument vorzeitiger Restschuldbefreiung vor dem Hintergrund eines europäischen Paradigmenwechsels, VIA 2017, 65–67.

Jaeger, Ernst (Begr.)/Henckel, Wolfram (Hrsg.)/Gerhard, Walter (Hrsg.), Jaeger Insolvenzordnung, Großkommentar, Band 1 §§ 1–55, 1. Aufl., Berlin 2004;

Band 7 §§ 217–285, 1. Aufl., Berlin/Boston 2019;

Band 8 §§ 286–334, 1. Aufl., Berlin/Boston 2020 (zit.: Jaeger/Bearbeiter, InsO).

Jaffé, Michael, Drei Jahre Insolvenzplan, ZIP 2001, 2301–2303.

Jäger, Ulrich, Kein großer Wurf – der Reformentwurf vom 18. Januar 2012, ZVI 2012, 177–189.

Janlewing, Gabriele, Anwaltliche und öffentliche geförderte Schuldnerberatung – zwei gleichberechtigte Hilfsangebote für Überschuldete, ZVI 2005, 617–621.

Kainz, Stefanie, Das Scheitern der Reform des Verbraucherinsolvenzverfahrens, Gegenüberstellung der Rechtslage mit den Änderungen im Referenten- und Regierungsentwurf aus 2007, Hamburg 2010, zugl. Diss., Regensburg 2009.

Kayser, Godehard/Thole, Christoph (Hrsg.), Insolvenzordnung, Heidelberger Kommentar, 11. Aufl., Heidelberg 2023 (zit.: HK-InsO/Bearbeiter).

Keller, Ulrich, Bedarf es wirklich einer Reform des insolvenzrechtlichen Vergütungsrechts?, ZIP 2014, 2014–2023.

Kirchhof, Hans-Peter, Das Verbraucherinsolvenzverfahren aus Gläubigersicht, ZInsO 1998, 54–61.

Kluth, David, Keine wirksame Bescheinigung nach § 305 Abs. 1 Nr. 1 InsO bei nur telefonischem Kontakt zwischen Schuldner und Aussteller, Anmerkung zu AG Göttingen, Beschl. v. 20.04.2016 – 74 IK 74/16, VIA 2016, 70–71.

Koch, Christine Maria, Die Insolvenz des selbständigen Rechtsanwalts, Baden-Baden 2008, zugl. Diss., Köln 2007.

Kohte, Wolfhard, Regierungspläne zur Benachteiligung verletzlicher Verbraucher, VuR 2012, 381–382.

Kohte, Wolfhard/Ahrens, Martin/Grote, Hugo/Busch, Dörte/Lackmann, Frank, Verfahrenskostenstundung, Restschuldbefreiung und Verbraucherinsolvenzverfahren, Kommentar, 8. Aufl., Köln 2017 (zit.: Kohte/Ahrens/Grote/Busch/Lackmann/Bearbeiter).

Krüger, Ulrich/Reifner, Udo/Jung, Martin, Die Barwertmethode – Perspektiven der Plangestaltung in Verbraucherinsolvenzverfahren, ZInsO 2000, 12–21.

Krüger, Wolfgang/Rauscher, Thomas, Münchener Kommentar zur Zivilprozessordnung mit Gerichtsverfassungsgesetz und Nebengesetzen, Band 1 §§ 1–354 (Band 2 §§ 355–945b), 6. Aufl., München 2020 (zit.: MüKo-ZPO/Bearbeiter).

Kübler, Bruno/Bork, Reinhard/Prütting, Hanns (Hrsg.), HRI II, Handbuch Restrukturierung in der Insolvenz, Eigenverwaltung und Insolvenzplan, 4. Aufl., Köln 2023 (zit.: Bearbeiter, in: Kübler/Bork/Prütting, HRI II).

Kübler, Bruno/Prütting, Hanns/Bork, Reinhard (Hrsg.), InsO, Kommentar zur Insolvenzordnung, Band I Stand März 2023, Band II Stand März 2023, Band III Stand März 2023, Band IV Stand März 2023, Band V Stand März 2023, Köln (zit.: Kübler/Prütting/Bork/Bearbeiter, InsO).

Kühling, Jürgen/Buchner, Benedikt, Datenschutz-Grundverordnung, BDSG: DS-GVO / BDSG, 3. Aufl., München 2020 (zit.: Kühling/Buchner/Bearbeiter, DS-GVO/BDSG).

Kühling, Jürgen, Neues Bundesdatenschutzgesetz – Anpassungsbedarf bei Unternehmen, NJW 2017, 1985–1990.

Kuhn, Georg/Uhlenbruck, Wilhelm/Mentzel, Franz (Begr.), Konkursordnung, Kommentar, 11. Aufl., München 1994.

Künne, Karl, Vorschläge zur Reform der Vergleichsordnung, DB 1978, 729–733.

Landmann, Walter, Beratungshilfe zur Vorbereitung und Durchführung des außergerichtlichen Einigungsversuchs nach der InsO, Kritische Anmerkung zu Fuchs/Bayer in Rpfleger 2000, 1 ff., Rpfleger 2000, 196–200.

Laroche, Peter/Harder, Sebastian, Keine Angst vor dem Insolvenzplan!, VIA 2014, 81–84.

Laroche, Peter/Madaus, Stephan/Saager, Stefan/Dawe, Christian/Pape, Gerhard/Henning, Kai/Allemand, Hildegard, Musterinsolvenzplan für Verbraucherinsolvenzen, VIA 2018, 41–44.

Laroche, Peter/Pruskowski, Wolfgang/Schöttler, Alexandra/Siebert, Volker/Vallender, Heinz, Insolvenzreform 2. Stufe – die geplanten Änderungen in der Insolvenz natürlicher Personen, ZIP 2012, 558–568.

Laroche, Peter/Pruskowski, Wolfgang/Schöttler, Alexandra/Siebert, Volker/Vallender, Heinz, 30 Monate ESUG – eine Zwischenbilanz aus insolvenzrechtlicher Sicht, ZIP 2014, 2153–2166.

Lauck, Stefanie, Vorzeitige Einstellung eines Insolvenzplanverfahrens gem. § 213 InsO, Insbüro 2009, 131–137.

Leipold, Harald, Anmerkung eines Rechtspflegers in Insolvenzsachen zum Gesetz zur „Verkürzung der Wohlverhaltensphase", ZInsO 2013, 2052–2053.

Lissner, Stefan, Beratungshilfe für den außergerichtlichen Einigungsversuch im Insolvenzrecht, Rpfleger 2006, 458–461.

Lissner, Stefan, Der außergerichtliche Einigungsversuch – Notwendigkeit oder staatliche Subvention?, ZInsO 2014, 229–233.

Lissner, Stefan, Der perspektivlose Einigungsversuch oder warum Beratungshilfe- und Insolvenzzugangsvoraussetzungen differenzieren sollen, ZInsO 2017, 371–375.

Madaus, Stephan, Anmerkung zu AG Hamburg, Beschl. v. 15.06.2022 – 68h IK 14/20, NZI 2023, 172–174.

Madaus, Stephan, Anmerkung zu BGH, Beschl. v. 07.05.2015 – IX ZB 75/14, NZI 2015, 702–704.

Madaus, Stephan, Anmerkung zu BGH, Beschl. v. 20.07.2017 – IX ZB 13/16, NZI 2017, 752–753.

Madaus, Stephan, Anmerkung zu BGH, Beschl. v. 11.12.2020 – 74 IN 76/18, NZI 2021, 284–285.

Madaus, Stephan, Der Insolvenzplan, von seiner dogmatischen Deutung als Vertrag und seiner Fortentwicklung in eine Bestätigungsinsolvenz, Tübingen 2011, zugl. Habil.-Schr., Rostock 2010 (zit.: Madaus, Der Insolvenzplan).

Madaus, Stephan, Erforderlichkeit eines sachlichen Grunds für Gruppenbildung, Anmerkung zu AG Köln, Beschluss v. 06.04.2016 – 74 IN 45/15, NZI 2016, 539–540.

Madaus, Stephan, Insolvenzpläne in Verbraucherinsolvenzverfahren – AG Hamburg, NZI 2017, 567, NZI 2017, 697–700.

Madaus, Stephan/Heßel, Konrad-Tassilo, Die Verwaltervergütung in Reorganisationsfällen – Unzulänglichkeiten und Reformansätze, ZIP 2013, 2088–2093.

Martin, Nathalie D., Noneconomic Interests in Bankruptcy: Standing on the Outside Looking In, 59 Ohio State Law Journal (1998), p. 429–505.

Martini, Torsten, Die Totgeburt des außergerichtlichen Einigungsversuchs, ZInsO 2001, 249–251.

McCormack, Gerard, Corporate Rescue Law – an Anglo-American Perspective, Cheltenham 2008.

Möhlen, Peter, Trügerischer Anreiz 35 % – die Kostenhürde auf dem Weg zur vorzeitigen Restschuldbefreiung nach 3 Jahren gem. § 300 Abs. 1 S. 2 Nr. 2 InsO, ZInsO 2015, 1603–1607.

Mohrbutter, Harro/Ringstmeier, Andreas (Hrsg.), Handbuch Insolvenzverwaltung, 10. Aufl., Köln 2021.

Müller-Glöge, Rudi/Preis, Ulrich/Schmidt, Ingrid (Hrsg.)/Dietrich, Thomas/Hanau, Peter/Schaub, Günter (Begr.), Erfurter Kommentar zum Arbeitsrecht, 23. Aufl., München 2023 (zit.: Erfurter Kommentar zum Arbeitsrecht/Bearbeiter).

Musielak, Hans-Joachim/Voit, Wolfgang (Hrsg.), Kommentar Zivilprozessordnung: mit Gerichtsverfassungsgesetz, 20. Aufl., München 2023 (zit.: Musielak/Voit/Bearbeiter, ZPO).

Nerlich, Jörg/Römermann, Volker (Hrsg.), Insolvenzordnung, 47. Ergänzungslieferung Stand März 2023, München (zit.: Nerlich/Römermann/Bearbeiter); 37. Ergänzungslieferung Stand Oktober 2018, München (zit.: Nerlich/Römermann/Bearbeiter, 37. EL)

Otte, Karsten/Wiester, Roland, Nachmeldungen im Planverfahren, NZI 2005, 70–77.

Pape, Gerhard, Bevorstehende Änderungen der InsO nach dem InsOÄndG 2001, ZInsO 2001, 587–595.

Pape, Gerhard, Neuregelung des Insolvenzverfahrens über das Vermögen natürlicher Personen – Vieles neu ab dem 1. Juli 2014, ZAP Fach 14, 655–670.

Pape, Gerhard, Restschuldbefreiung und Masselosigkeit, RPfleger 1997, 237–244.

Pape, Gerhard (Begr. und Bearb.)/Uhlenbruck, Wilhelm (Begr.)/Reichelt, Daniel (Bearb.)/Schultz, Volker (Bearb.)/Viogt-Saulus, Joachim (Bearb.), Insolvenzrecht, 3. Aufl., München 2022.

Paul, Uwe, §§ 231, 232 InsO: Planzurückweisung trotz vorliegender Stellungnahmen der beteiligten? – Anmerkung zu BGH, Beschl. v. 30.06.2011 – IX ZB 30/10, ZInsO 2012, 259–260.

Piehler, Klaus, Die Stimmbindungsabrede bei der GmbH, DStR 1992, 1654–1661.

Poller, Stefan/Härtl, Dominik/Köpf, Jürgen, Gesamtes Kostenhilferecht – Prozesskosten, Beratungshilfe, Pflichtverteidigung, Gebühren, Rechtsschutzversicherung, Handkommentar, 3. Aufl., Baden-Baden 2018.

Prütting, Hanns/Gehrlein, Markus, Kommentar zur Zivilprozessordnung, 14. Aufl., Köln 2023 (zit.: Prütting/Gehrlein/Bearbeiter).

Prütting, Hanns/Vallender, Heinz, Insolvenzrecht in Wissenschaft und Praxis: Festschrift für Wilhelm Uhlenbruck zum 70. Geburtstag, Köln 2000 (zit.: Bearbeiter, in: Prütting/Vallender, FS Uhlenbruck).

Reill-Ruppe, Nicole, Persönliche Beratung und Qualitätssicherung im Rahmen des § 305 Abs. 1 InsO, VuR 2016, 340–344.

Rein, Andreas, Der Insolvenzplan im Verbraucherinsolvenzverfahren, ZVI 2014, 239–244.

Reinhardt, Volker, Zur Zulässigkeit von Vergütungsvereinbarungen im Insolvenzplan, Zugleich Anmerkung zu LG Heilbronn, Beschl. v. 25.03.2015 – Bm 1 T 130/15, ZInsO 2015, 943–945.

Rendels, Dietmar/Zabel, Karsten, Insolvenzplan, 2. Aufl., Köln 2015.

Riefling, Finn, Keine Erteilung der Restschuldbefreiung durch einen Insolvenzplan, VIA 2021, 39.

Rolfs, Christian/Giesen, Richard/Meßling, Miriam/Udsching, Peter (Hrsg.), Beck'scher Online-Kommentar Sozialrecht, 69. Edition Stand 01.06.2023, München 2023 (zit.: BeckOK-SozialR/Bearbeiter).

Rugullis, Sven, Schuldenbereinigungsplan und Insolvenzplan – ein Rechtsfolgenvergleich, NZI 2013, 869–874.

Rugullis, Sven, Neue Gesetze schaffen neue Probleme – zur Auslegung der besonderen Verjährungsfrist des § 259b InsO, NZI 2012, 825–828.

Säcker, Franz Jürgen/Rixecker, Roland/Oetker, Hartmut/Limperg, Bettina (Hrsg.), Münchener Kommentar zum Bürgerlichen Gesetzbuch, Band 1 §§ 1–240, 9. Aufl., München 2021;

Band 4/2 §§ 481–534, 9. Aufl., München 2023;

Band 7 §§ 705–853, 8. Aufl., München 2020 (zit.: MüKo-BGB/Bearbeiter).

Saegon, Christopher/Wiester, Roland, Erste praktische Erfahrungen mit der Insolvenzordnung aus Verwaltersicht, ZInsO 1999, 627–632.

Saenger, Ingo (Hrsg.), Zivilprozessordnung, Familienverfahren, Gerichtsverfassung, Europäisches Verfahrensrecht, Handkommentar, 9. Aufl., Baden-Baden 2021.

Schantz, Peter/Wolff, Heinrich Amadeus, Das neue Datenschutzrecht, 1. Aufl., München 2017.

Schäferhoff, Werner, Probleme bei der gerichtlichen Zustimmungsersetzung nach § 309 InsO, ZInsO 2001, 687–691.

Schaub, Günter (Begr.)/Ahrendt, Martina/Koch, Ulrich/Linck, Rüdiger/Rinck, Ursula/Treber, Jürgen/Vogelsang, Heinrich, Arbeitsrechts – Handbuch, Systematische Darstellung und Nachschlagewerk für die Praxis, 19. Aufl., München 2021 (zit.: Bearbeiter, in: Schaub, Arbeitsrechts-Handbuch).

Schlüter, Andreas/Stolte, Stefan, Stiftungsrecht, Erscheinungsformen und Errichtung der Stiftung, Stiftungsaufsicht, Verwaltung des Stiftungsvermögens, Stiftungssteuerrecht, Rechnungslegung und Publizität, Internationales Stiftungsrecht, mit Mustern, 3. Aufl., München 2016.

Schmerbach, Ulrich, Aktuelle Probleme in Insolvenzverfahren natürlicher Personen, VIA 2016, 33–36.

Schmerbach, Ulrich, Anmerkung zu AG Köln, Beschl. v. 20.08.2015 – 73 IK 373/15, NZI 2015, 866.

Schiessler, Wolfram, Der Insolvenzplan, Bielefeld 1997, zugl. Diss., Regensburg 1996.

Schmid, Daniel, Anmerkung zu OLG Schleswig, Urt. v. 02.07.2021 – 17 U 15/21, BKR 2021, 718–721.

Schmidt-Preuß, Matthias, Entschädigungspflicht für den Verlust von Anteilseigentum in der Insolvenz, NJW 2016, 1269–1273.

Schmidt, Andreas (Hrsg.), Hamburger Kommentar zum Insolvenzrecht, InsO – InsVV – SchVG – Haftungsrecht – Steuerrecht – Strafrecht, 9. Aufl., Köln 2022 (zit.: HambKomm-InsO/Bearbeiter).

Schmidt, Andreas, Privatinsolvenz – Schuldenbereinigung, Restschuldbefreiung, Insolvenzplan –, 4. Aufl., München 2014.

Schmidt, Andreas, Restschuldbefreiung i.S.d. §§ 286 ff. InsO und insolvenzplanspezifische Entschuldung – Unterschiede und Gemeinsamkeiten, ZVI 2018, 41–42.

Schmidt, Karsten (Hrsg.), Insolvenzordnung, 19. Aufl., München 2016 (zit.: K. Schmidt/Bearbeiter, 19. Aufl.); Insolvenzordnung, 20. Aufl., München 2023 (zit.: K. Schmidt/Bearbeiter).

Schmidt, Karsten/Uhlenbruck, Wilhelm (Hrsg.), Die GmbH in Krise, Restrukturierung und Insolvenz, 6. Aufl., Köln 2023.

Schmittmann, Jens M., Nachweis der Deliktseigenschaft bei fehlendem RSB-Antrag durch Eintragung zur Insolvenztabelle, VIA 2017, 20–21.

Schöttler, Alexandra, Gerichtliche Bindung an Vergütungsvereinbarungen im Insolvenzplan?, NZI 2014, 852–855.

Schwarz, Helmut/Brockmann, Christian, Die Einstellung des Insolvenzverfahrens mit Zustimmung der Gläubiger gem. § 213 InsO – Übertragbarkeit der Rechtsprechung des BGH zur unlauteren Herbeiführung eines Insolvenzplans durch Stimmkäufe, ZInsO 2014, 1368–1371.

Siebert, Volker, Anforderungen an die persönliche Beratung nach § 305 Abs. 1 Nr. 1 InsO, Anmerkung zu AG Potsdam, Beschl. v. 19.02.2015 – 35 IK 1239/14, VIA 2015, 55–56.

Siebert, Volker, Persönlichkeit der Beratung i.S.v. § 305 Abs. 1 Nr. 1 InsO durch den Bescheiniger, Anmerkung zu AG Düsseldorf, Beschl. v. 03.02.2015 – 513 IK 233/14, VIA 2015, 71–72.

Smid, Stefan, Unlauteres Herbeiführen eines Insolvenzplans, zugleich Besprechung des BGH Beschlusses v. 03.03.2005 – IX ZB 153/04, DZWIR 2005, 234–236.

Smid, Stefan, Vorprüfung des Insolvenzplans, insbesondere in Schutzschirm- und Eigenverwaltungsverfahren, ZInsO 2016, 61–74.

Smid, Stefan, Vorprüfung des Insolvenzplans, insbesondere in Schutzschirm- und Eigenverwaltungsverfahren, ZInsO 2016, 128–135.

Smid, Stefan/Rattunde, Rolf/Martini, Torsten, Der Insolvenzplan, Handbuch für das Sanierungsverfahren gemäß §§ 217 bis 269 InsO mit praktischen Beispielen und Musterverfügungen, 4. Aufl., Stuttgart 2015.

Stapper, Florian, Insolvenzplan bei natürlichen Personen, ZVI 2018, 303–309.

Stapper, Florian/Jacobi, Christoph Alexander, Insolvenzplan – Was prüft das Gericht?, ZInsO 2014, 1821–1830.

Stelkens, Paul/Bonk, Heinz Joachim/Sachs, Michael (Hrsg.)/Schmitz, Heribert (Hrsg.), Verwaltungsverfahrensgesetz, Kommentar, 10. Aufl., München 2023 (zit.: Stelkens/Bonk/Sachs/Bearbeiter, VwVfG).

Stephan, Guido, Der Insolvenzplan in Verbraucherinsolvenzverfahren, Kassel 2014.

Stephan, Guido, Die „vergessenen Gläubiger“ im Verbraucherinsolvenzplan, NZI 2014, 539–541.

Stephan, Guido, Die Verkürzung des Restschuldbefreiungsverfahrens durch den Insolvenzplan, VIA 2014, 25–27.

Stephan, Guido, Regelinsolvenzverfahren und Nebentätigkeit, VIA 2011, 36–37.

Storz, Thomas, Anmerkung zu BGH, Beschl. v. 16.02.2017 – IX ZB 103/15, NZI 2017, 264–265.

Stürner, Rolf (Hrsg.), Jauernig Bürgerliches Gesetzbuch mit Rom-I-, Rom-II-VO, EuUnthVO/HUntProt und EuErbVO, Kommentar, 18. Aufl., München 2021 (zit.: Jauernig/Bearbeiter, BGB).

Stürner, Rolf/Eidenmüller, Horst/Schoppmeyer, Heinrich (Hrsg.), Münchener Kommentar zur Insolvenzordnung, 4. Aufl., München 2019 (Bände 1, 2) und 2020 (Band 3) (zit.: MüKo-InsO/Bearbeiter).

Stürner, Rolf/Eidenmüller, Horst/Schoppmeyer, Heinrich (Hrsg.), Münchener Kommentar zur Insolvenzordnung, Band 3, 3. Aufl., München 2014 (zit.: MüKo-InsO/Bearbeiter, 3. Aufl. 2014).

Theiß, Peter, Der Schuldenbereinigungsplan gemäß §§ 306 ff. InsO als Vergleich des bürgerlichen Rechts – Möglichkeit der Anfechtung und des Rücktritts, ZInsO 2005, 29–32.

Thüsing, Gregor/Flink, Maike/Rombey, Sebastian, Keine Löschpflicht für Insolvenz- und Restschuldbefreiungsdaten aus § 3 InsoBekV für Auskunfteien, Anmerkung zu OLG Schleswig, NZI 2021, 794, NZI 2021, 951–957.

Uhlenbruck, Wilhelm/Hirte, Heribert/Vallender, Heinz (Hrsg.), Uhlenbruck Insolvenzordnung, 13. Aufl., München 2010 (zit.: Uhlenbruck/Bearbeiter, 13. Aufl. 2010).

Vallender, Heinz, Das Schicksal nicht berücksichtigter Forderungen im Verbraucherinsolvenz- und Restschuldbefreiungsverfahren, ZIP 2000, 1288–1291.

Vallender, Heinz, Die bevorstehenden Änderungen des insolvenz- und Restschuldbefreiungsverfahrens auf Grund des InsOÄndG 2001 und ihre Auswirkungen auf die Praxis, NZI 2001, 561–568.

Vogl, Thorsten, Die Einreichung mehrerer Insolvenzpläne durch den Schuldner, DZWIR 2004, 490–493.

Vorwerk, Volker/Wolf, Christian (Hrsg.), Beck'scher Online-Kommentar ZPO, 49. Edition Stand 01.07.2023, München 2023 (zit.: BeckOK-ZPO/Bearbeiter).

Voß, Catharina, Neuerwerb in asymmetrischen Verfahren, VIA 2015, 33–36.

Voß, Catharina, Ausschluss- und Hemmungsklauseln im Insolvenzplan, VIA 2016, 20.

Warren, Elisabeth, The Untenable Case for Repeal of Chapter 11, 102 Yale Law Journal (1992–1993), p. 437–479.

Warrikoff, Alexander, Gestaltungsmöglichkeiten im Insolvenzplan, KTS 1997, 527–552.

Wegener, Burghard, Insolvenzplan und Restschuldbefreiung – untrennbare Geschwister?, ZVI 2018, 43–45.

Wegener, Burghard, Sanierungshindernisse durch mangelnde Gläubigerbeteiligung im Planverfahren, Zur Auslegung der §§ 244, 245 InsO, ZInsO 2002, 1157–1161.

Weßling, Johannes, Das Insolvenzplanverfahren unter besonderer Berücksichtigung der Berufszulassung als Freiberufler, DStR 2019, 644–648.

Wiedenhaupt, Frank, Insolvenzplan für Strafgefangene, ZVI 2014, 439–446.

Wiedenhaupt, Frank, Standardisierter Insolvenzplan in den Insolvenzverfahren natürlicher Personen – Das Beste aus zwei Welten, ZInsO 2018, 306–310.

Willemsen, Josef/Hohenstatt, Klaus-Stefan/Schnitker, Elmar/Schweibert, Ulrike, Umstrukturierung und Übertragung von Unternehmen – Arbeitsrechtliches Handbuch, 6. Aufl., München 2021.

Wimmer, Klaus, Das neue Insolvenzrecht nach der ESUG Reform, Köln 2012.

Wimmer, Klaus (Hrsg.), Frankfurter Kommentar zur Insolvenzordnung, mit EuInsVo, InsVV und weiteren Nebengesetzen, 9. Aufl., Köln 2018 (zit.: FK-InsO/Bearbeiter).

Wimmer, Klaus/Dauernheim, Jörg/Wagner, Martin/Gietl, Josef (Hrsg.), Handbuch des Fachanwalts Insolvenzrecht, 8. Aufl., Köln 2018.

Wittig, Arne, Insolvenzordnung und Konsumentenkredit – Teil I –, WM 1998, 157–169.

Zipperer, Helmuth, Die gerichtliche Kontrolle der Bescheinigung des § 305 Abs. 1 Nr. 1 InsO, Anmerkung zu AG Düsseldorf v. 03.02.2015 – 513 IK 233/14, ZVI 2015, 171; LG Potsdam v. 23.06.2015 – 2 T 24/15, ZVI 2015, 285 und Heyer, ZVI 2013, 214, ZVI 2015, 363–366.

Zwanziger, Bertram, Zur Speicherung der Information über die erteilte Restschuldbefreiung durch Wirtschaftsauskunfteien – Altes und Neues, ZVI 2022, 327–335.

Abkürzungsverzeichnis

Soweit Abkürzungen nicht besonders erläutert sind, werden sie in der bei

Duden, Konrad (gegründet von)/Dudenredaktion (Hrsg.), Die deutsche Rechtschreibung, 28. Aufl., Berlin 2020,

oder

Kirchner, Hildebert, Abkürzungsverzeichnis der Rechtssprache, 10. Aufl., Berlin 2021,

angeführten Bedeutung verwendet.